Zu diesem Buch

Überraschend viele Frauen leben in Beziehungen, in denen sie nicht glücklich sind. Wenn sie ihren Gefühlen nachgehen, finden sie heraus, daß sie sich vor ihrem Mann fürchten. Vielleicht nur ein wenig, eine kleine Anspannung und Unruhe hin und wieder, vielleicht sehr, weil er sie oft verächtlich behandelt. Sie überlegen ständig, was sie selbst ändern, was sie besser machen könnten.

«Das Problem liegt bei ihm», sagen Ann Jones und Susan Schechter. «Sie können sich noch so sehr anstrengen, er wird sich nicht ändern, wenn er sich nicht ändern will. Hören Sie auf, die Schuld bei sich zu suchen, fangen Sie an, sich die Fragen zu stellen, die Ihrer Verwirrung ein Ende setzen.»

Die Autorinnen stellen klar, daß Frauen nicht dafür verantwortlich sind, wenn ihr Partner sie schlecht behandelt, sondern daß es der Mann ist, der sich für dieses Verhalten entscheidet und davon profitiert. Sie gehen davon aus, daß «kontrollierende Männer», die ihre Partnerinnen in Schach halten, sehr wohl wissen, was sie tun.

Dieses Buch zeigt den betroffenen Frauen Wege und Mittel, den psychischen und physischen Mißhandlungen zu entkommen. Es setzt an bei dem selbstverständlichen Wunsch nach einem glücklichen Leben und gibt konkrete Tips und Hilfestellungen für einen neuen Anfang – mit oder ohne Mann.

Die Autorinnen

Ann Jones ist Dozentin am Mount Holyoke College in den USA und in Deutschland bekannt durch ihr Buch «Frauen, die töten».

Susan Schechter ist Sozialarbeiterin und Koordinatorin am Kinderkrankenhaus von Boston und Autorin von «Women and Male Violence».

Ann Jones / Susan Schechter

Ich kann ihm nichts mehr recht machen

Entscheidungshilfen für Frauen
in unglücklichen Beziehungen

Deutsch von Rüdiger Hipp

Rowohlt

Die deutsche Erstausgabe erschien unter dem Titel
«Das ist die wahre Liebe nicht. Was zu tun ist, wenn man
nichts mehr recht machen kann»
Die Originalausgabe erschien unter dem Titel
«When Love Goes Wrong»
1992 bei HarperCollins Publishers, New York
Kapitel 10 wurde mit Einwilligung der Autorinnen
durch den Beitrag von Alexandra Goy
«Mißhandlung und Vergewaltigung in ehelichen und
eheähnlichen Beziehungen» aus *Rechtsratgeber Frauen*,
rororo Frauen aktuell, Reinbek 1990, ersetzt.
Brigitte Helbling übersetzte den Text von Susan Schechter
im 10. Kapitel und die Anmerkungen.

Redaktion Ursula Locke-Groß

Veröffentlicht im Rowohlt Taschenbuch Verlag GmbH,
Reinbek bei Hamburg, Juni 1995
Copyright © 1993 by Rowohlt Verlag GmbH,
Reinbek bei Hamburg
«When Love Goes Wrong» Copyright © 1992
by Ann Jones und Susan Schechter
Umschlaggestaltung: Barbara Hanke und Nina Rothfos
(Illustration: Andrea Nikol)
Gesamtherstellung Clausen & Bosse, Leck
Printed in Germany
1690-ISBN 3 499 19926 2

Inhalt

Vorwort

Wir beschäftigen uns praktisch und theoretisch schon seit vielen Jahren mit Frauen, die mißhandelt wurden. Am Anfang standen die ganz krassen Fälle. So arbeitete Susan Schechter bereits im Jahr 1976 bei einem Projekt mit, das in Chicago neue Einrichtungen für geschlagene Frauen schuf. Ann Jones schrieb zu jener Zeit ein Buch, in dem sie sich unter anderem mit mißhandelten Frauen befaßte, die ihren Partner umgebracht hatten. Was uns bei diesen Frauen besonders auffiel, war die Tatsache, daß sie sich – von den Gewalttaten und ihren schrecklichen Folgen einmal abgesehen – von anderen Frauen, die wir kannten, nicht unterschieden. Und was noch erstaunlicher war, auch ihre Partner schienen ganz normale Durchschnittsbürger zu sein.

Im Laufe der Jahre stellten wir fest, daß Gewalt, wenn auch in subtilerer Form, im Leben sehr vieler «normaler» Frauen eine Rolle spielt. Tätlichkeiten sind nur eine von vielen Praktiken, die Männer anwenden, um ihre Partnerinnen unter Kontrolle zu halten. Zahllose andere Methoden, vom Anschreien bis zum verstockten Schweigen, kommen viel häufiger vor, und diesen kann eine jede von uns ausgesetzt sein. (Es ist durchaus möglich, daß wir solche kontrollierenden Techniken selbst anwenden, besonders bei unseren Kindern.) Wir gelangten zu der Überzeugung, daß sich viele Frauen in ihren Beziehungen deshalb so unwohl und unglücklich fühlen, daß sie insbesondere den frustrierenden Eindruck haben, nichts recht machen zu können, weil sie vom Partner unter Kontrolle gehalten werden. Wir haben dieses Buch geschrieben, um begreiflich zu machen, welche Verhaltensformen auf Kontrolle abzielen, und um zu zeigen, was wir Frauen tun können, um unser Leben und unsere Beziehungen selbst zu gestalten.

Bei unseren Untersuchungen befaßten wir uns insbesondere mit der Frage, wie Frauen mit gewalttätigen Männern zurechtkommen, wie sie sich ihnen gegenüber verhalten und wie sie sich von ihnen lösen. Wir befragten Frauen hauptsächlich über ihre heterosexuellen Beziehungen, und die Beispiele, die wir anführen, beziehen sich ausschließlich darauf. Da die Dynamik innerhalb von Machtverhältnissen jedoch meist dieselbe ist, glauben wir, daß sich auch Lesbierinnen und Homosexuelle in vielen der Geschichten wiederfinden und dem Buch nützliche Informationen entnehmen können.

Wenn es jedoch bei lesbischen und bei heterosexuellen Frauen darauf ankommt, etwas zu unternehmen und Hilfe zu bekommen, stehen sie ganz unterschiedlichen Problemen gegenüber. Zwar haben alle Frauen gleichermaßen unter Institutionen zu leiden, die dem männlichen Herrschaftsanspruch Geltung verschaffen wollen, doch lesbische Frauen werden zudem noch ihrer sexuellen Präferenz wegen belästigt, nicht ernst genommen oder völlig ignoriert. Was der heterosexuellen Frau hilft, kann der lesbischen Frau schaden. Deshalb haben wir bei unseren Ratschlägen manchmal spezielle Empfehlungen für Lesbierinnen aufgeführt.

Rassismus und gesellschaftliche Diskriminierung führen zu ähnlichen Ungleichheiten. Was für Frauen, die der oberen Mittelschicht angehören, funktioniert, kann für andere, die ethnischen Minderheiten entstammen oder arm sind, bedeutungslos oder gar nachteilig sein, besonders im Hinblick auf staatliche Stellen. Deshalb geben wir gelegentlich spezielle Ratschläge für farbige Frauen, arme Frauen und solche, die als illegale Einwanderer gelten – alles Frauen, für die es schwieriger sein dürfte, Hilfe zu finden, und an deren Einfallsreichtum größere Anforderungen gestellt werden.

Wir Frauen haben trotz all der Unterschiede, die es zwischen uns gibt, eine gemeinsame Identität. Die nachfolgenden Informationen und Anregungen stammen von Frauen und sind an Frauen gerichtet. Wir hoffen, daß dieses Buch jeder Leserin von Nutzen sein wird.

Viele haben uns ihre Hilfe zuteil werden lassen. So schulden wir all den Frauen Dank, mit denen wir im Laufe der Jahre gesprochen haben und die dazu beitrugen, daß wir die Problematik von Kontrolle und Gewalt verstehen lernten. Insbesondere Dr. Anne Ganley und Ellen Pence, von denen wir all die Zeit über wertvolle Anregungen erhalten haben und die uns behilflich waren, unsere Ideen zu formulieren. Unser besonderer Dank geht an die über fünfzig Frauen unterschiedlicher Gesellschaftsschichten und verschiedener ethnischer Zugehörigkeit, die sich in den vergangenen fünf Jahren zur Teilnahme an den langen systematischen Befragungen über ihre Beziehung bereitfanden. Daß diese Frauen sich entschlossen zu erzählen, was sie erlebt hatten, damit andere Frauen daraus lernen konnten, hat dazu beigetragen, daß wir die Problematik der Mißhandlung genauer kennenlernten, und es hat uns gezeigt, was es heißt, mutig zu sein.

Michelle Fine von der University of Pennsylvania half uns beim Erstellen unseres Fragebogens und testete ihn mit Hilfe zweier Studentinnen der Sozialpsychologie, Lynn Phillips und Rhonda Jeter. Barbara Schwartz, eine begabte Forschungsassistentin, suchte viele Frauen für uns aus, interviewte sie und schlug neue Untersuchungsbereiche vor. Wir sind dankbar für die unschätzbare kritische Hilfe von Sarah Buel, Mona Lou Callery, Deborah Smith-Byrne, der Women's Action Group in Duluth (Minnesota), und wir danken den Mitarbeiterinnen und dem Förderkreis des Battered Women's Support Committee in Waltham (Massachusetts) sowie den Mitarbeiterinnen des Transition House in Boston, insbesondere Carole Sousa und Mary Brennick. Coral McDonell, Ellen Pence, Jill Abernathy und Kitty Kale, alle vom Domestic Abuse Intervention Project in Duluth, standen uns am Anfang dieses Buchprojekts bei und begleiteten die Arbeit. Von Anne Ganley, Valli Kanuha, Ellen Pence und Beth Richie wurde das gesamte Manuskript aufmerksam und sorgfältig durchgesehen.

Der Beraterstab von EMERGE, einer Bostoner Einrichtung für Männer, erlaubte uns, Gruppensitzungen mitzuverfolgen; mit ihm gab es einen regen Gedankenaustausch. David Adams, Lundy Bancroft und Ted German von EMERGE sowie Fernando Mederos und David Douglas von Common Purpose sind wir zu besonderem Dank verpflichtet. Sue Doucette und Ruth McCambridge stellten uns nützliche Informationen über die Drogen- und Alkoholprobleme von Frauen zur Verfügung; Teresa Swartzlander und Marilyn J. White vom Realization Center in New York sowie Dan Domench vom Mid-Coast Substance Abuse Center in Maine haben das betreffende Kapitel durchgesehen. Von Joan Duncan, Lonna Davis-Loblundo und Susan Hoye sowie vom Mitarbeiterstab von AWAKE in Boston (Lisa Gary, Emily Davern und Josie Pandolfino) erhielten wir wertvolle Ratschläge. Guilietta Swenson half uns als Forschungsassistentin.

Verschiedene Einzelpersonen und Stiftungen unterstützten uns bei unserer Arbeit, allen voran unsere literarische Agentin Charlotte Sheedy. Mary Ann Snyder vom Chicago Resource Center, Sunny Fischer vom Sophia Fund und Anne Beaver sind wir besonders dankbar für ihre Förderung der Forschungsarbeit von Susan Schechter. Unsere unermüdliche Redakteurin Janet Goldstein und deren Assistentin Peternelle Van Arsdale trugen wesentlich zur Entstehung dieses Buches bei.

Zum Schluß möchten wir Allen Steinberg und Zachary Schechter-Steinberg für ihre Aufgeschlossenheit danken.

Erster Teil

Die Situation begreifen

1. Wenn das Liebe ist, warum geht es mir dann so schlecht?

Wenn Liebe in die Brüche geht, *spüren* Sie es – meist lange bevor Sie es wissen oder die Probleme genau benennen können. Ein bedrückendes Gefühl befällt Sie wie eine schlimme Grippe. Sie nehmen es nicht ernst und hoffen, daß es verschwinden werde, oder Sie treffen Vorkehrungen, um die Sache «in Ordnung» zu bringen. Doch das schreckliche Gefühl ist nach wie vor da und macht sich in Ihrem Leben breit. Wenn eine Beziehung beendet ist und Sie Rückschau halten, sehen Sie oft, daß Sie mit ihr eigentlich nie ganz zufrieden waren.

Haben wir nicht alle diese Erfahrung gemacht? Haben wir nicht alle einmal über irgendeine Beziehung rückblickend gesagt: «Ich hätte das eigentlich viel früher merken müssen»?

Stellt sich dieses bedrückende Gefühl aber in einer Beziehung mit einem kontrollierenden Partner ein, dann kann es sehr schwer sein, der Sache auf den Grund zu gehen, weil Sie der Alltag mit ihm ganz gefangennimmt. Sie sind vollauf damit beschäftigt, Ihren Partner bei Laune zu halten, um selbst ein halbwegs glückliches und sicheres Leben führen zu können.

Dieses Kapitel – und das gesamte Buch – soll Ihnen helfen, einen Überblick über die Situation zu bekommen und Verhaltensmuster zu erkennen, die im Zusammenleben mit einem kontrollierenden Partner oft übersehen oder ignoriert werden. Wir definieren in diesem Kapitel das Schlüsselwort *Kontrolle* und beschreiben Männer, die ihre Partnerin kontrollieren. Wer ist damit gemeint? Wie verhalten sie sich? Und vor allem: Wie können Sie feststellen, ob Sie mit einem solchen Mann zusammenleben?

Barbara

Barbara hatte bei ihrem Freund von Anfang an ein etwas ungutes Gefühl, obwohl er nicht netter hätte sein können. Irgend etwas mißfiel ihr an Kenneth, aber sie wußte nicht recht, was es war. Je mehr sie darüber nachdachte, desto schuldiger fühlte sie sich ihrer Vorbehalte wegen, denn er war meist sehr rücksichtsvoll und aufmerksam. Barbara glaubte, ihr ungutes Gefühl rühre von ihrer Angst vor Nähe, und sie sagte sich, wenn sie einen Freund haben wolle, dann müsse sie diese Angst eben überwinden. Sie wollte Kenneths positive Züge und die guten Aspekte ihrer Beziehung in den Vordergrund stellen. Sie wollte nichts kaputtmachen.

Schon in der Zeit vor ihrer Ehe bereitete Kenneths Verhalten Barbara Schwierigkeiten, die sie jedoch als «Problemchen» abtat. Sie fühlte sich von ihm sexuell bedrängt, und wenn sie nicht in der Stimmung war, mit ihm zu schlafen, wurde er manchmal böse oder bekam schlechte Laune. Er wollte so viel mit ihr zusammensein, daß sie gelegentlich das Bedürfnis hatte, alleine wegzugehen. Trotzdem glaubte sie nach wie vor, ihre eigene «Angst vor Nähe» sei das größte Problem in ihrer Beziehung, und Kenneth war ebenfalls dieser Meinung. Er sagte, er sei bereit, mit Barbara eine feste Bindung einzugehen, und wollte wissen, warum sie das nicht fertigbringe.

Barbara kam zu dem Schluß, daß seine und ihre Probleme

verschwinden würden, wenn sie Kenneth heiratete und ihn
«noch mehr» liebte. Das war jedoch nicht der Fall. Nach den
Flitterwochen war ihr ungutes Gefühl immer noch da. Barbara
fragte sich, warum Kenneth so schwierig war, warum er allem
Anschein nach so enttäuscht war von ihr. Sie wußte sehr wohl,
daß sie alles andere als perfekt war, doch Kenneth schien nicht
nur im Bett mit ihr unzufrieden zu sein, sondern fast alles, was
sie tat, mißfiel ihm.

Das Problem benennen

Für viele von uns ist das nichts Neues. Haben wir nicht alle
ähnliche Erfahrungen gemacht, wenn wir uns in einer Beziehung bemühten, einen Partner glücklich machen wollten? Ihr
Partner legt ein Verhalten an den Tag, das Sie ärgert oder frustriert, doch Sie glauben, daß er das ablegen wird und die Beziehungsprobleme verschwinden werden, wenn er spürt, daß er
geliebt und umsorgt wird. Sie denken vielleicht – und er mag
Ihnen das beteuern –, daß nur Sie und Ihre Liebe ihn glücklich
machen und eine Wende zum Guten herbeiführen können.
Oder Sie sehen über ein Verhalten, das Ihnen Kummer berei-
tet, einfach hinweg. Sie suchen nach Entschuldigungen für die
Art und Weise, wie er sich aufführt, und machen die Umwelt
dafür verantwortlich. Vielleicht geben Sie sich selbst die
Schuld. Wenn er Ihnen gegenüber die Fassung verliert, sagen
Sie sich: «Ich hätte nicht mit ihm reden sollen, wenn er so
schlechter Laune ist.»

Wahrscheinlich wird auch er die Schuld bei Ihnen suchen,
genauso wie Kenneth die Verantwortung Barbara zuschob.
Wenn er Ihnen mit etwas auf die Nerven geht, dann behauptet
er, *Sie* hätten ja damit angefangen. Und Sie müssen zugeben,
daß Sie nicht ganz schuldlos sind. Wenn Sie zu einem Therapeuten gehen oder einen Ratgeber lesen, werden Sie – völlig zu

Recht – erfahren, daß Sie nur bei sich selbst etwas verändern können und nicht bei Ihrem Partner.

Kurz gesagt: Alle zeigen mit dem Finger auf Sie. Manche Beziehungsprobleme werden jedoch von beiden Partnern verursacht, und beide sind aufgerufen, sie zu beheben. Während Sie sich ganz auf die Rolle konzentrieren, die Sie in der Beziehung spielen, übersehen Sie, welche Rolle Ihr Partner spielt. Schlimmer noch: Sie bemerken gar nicht, daß manche Probleme ausschließlich von Ihrem Partner verursacht werden. Sie versuchen vielleicht wie Barbara, Ihr eigenes Verhalten zu korrigieren, ohne *sein* Verhalten überhaupt in Frage zu stellen.

Vielleicht übersehen Sie – wie Barbara – Hinweise darauf, daß das eigentliche Problem bei Ihrem Partner liegt. Vielleicht ist Ihr Partner eigensinnig, egozentrisch, launisch, manipulativ, besitzergreifend, mäkelig, eigenbrötlerisch, anspruchsvoll, einengend, einschüchternd, unberechenbar, streng, rechthaberisch, schikanös, unvernünftig, unreif oder tyrannisch, vielleicht neigt er zu Wutausbrüchen oder will immer seinen Kopf durchsetzen – kurz gesagt, vielleicht ist er ein kontrollierender Partner.

Im dritten Kapitel befassen wir uns mit der Frage, warum sich kontrollierende Partner so verhalten, wie sie es tun. Aber schon die nachfolgenden Geschichten zeigen, daß Frauen dieses Verhaltens wegen oft einen Teil ihrer Freiheit verlieren: Sie üben keinen Beruf mehr aus, fahren nicht mehr Auto oder verlassen das Haus nicht. Wenn sich Ihr Partner ähnlich aufführt, ist es kein Wunder, daß die Liebe in die Brüche geht. Und es ist auch kein Wunder, daß Sie sich manchmal elend fühlen. Aber es ist wichtig, daß Sie genau erkennen, wo das Problem liegt.

Ein kontrollierender Partner stiftet *absichtlich* Verwirrung. Zum Beispiel, indem er das eine sagt und das andere tut. Sobald Sie erkennen, daß das kontrollierende Verhalten Ihres Partners das eigentliche Problem ist, bekommen Sie einen klareren Blick für das, was er *tut*, und Sie werden sich nicht mehr so leicht durch das verwirren lassen, was er *sagt*.

Wir zeigen nun an einigen Beispielen, wie ein kontrollierender Partner Verwirrung stiftet und Verunsicherung betreibt.

Betty

Bettys Ehemann Joe hatte nichts gegen ihre Berufstätigkeit einzuwenden, bis sie schließlich einen Job bekam, der besser war als seiner. Statt ihr zu sagen, daß ihm dies Probleme bereite, sorgte er dafür, daß sie den Job verlor. Betty schildert, wie er das anstellte, wie verwirrend die Situation für sie war und welche Schwierigkeiten sie hatte, sich gegen einen Partner zu wehren, der nicht zugeben wollte, worauf er in Wirklichkeit hinauswollte.

Ich war etwa ein Jahr lang in einer Hosenfabrik als Näherin beschäftigt, dann wurde von einer anderen Firma eine Stelle als stellvertretender Abteilungsleiter ausgeschrieben. Ich versuchte mein Glück und bekam den Job. Ich war überglücklich, denn es war eine Stelle mit Aufstiegschancen, und man sagte mir, daß ich es noch weit bringen könne. Doch die Sache dauerte nur zwei Wochen, weil Joe völlig aus dem Häuschen geriet. Er wollte nicht zugeben, daß er dagegen war, aber er tat alles, was er nur konnte, damit ich der Arbeit nicht mehr gewachsen war. Ich kam bis halb vier Uhr morgens nicht zur Ruhe, weil er auf mich einschrie, dabei mußte ich um sieben zur Arbeit. Ich mußte kündigen – ich war zu erschöpft. Er hat nie gesagt, daß ich kündigen soll; bei seinen Freunden gab er sogar an mit meiner neuen Stelle. In Wirklichkeit hat er meine Arbeit sabotiert. Was sich da im einzelnen abspielt, kannst du nicht dingfest machen, du weißt nur, daß es passiert. Du kannst ihm nicht vorhalten «Meine Arbeit paßt dir nicht!», weil er ja nie sagte, daß er an ihr etwas auszusetzen hat.

Patricia

Wie Betty bekam auch Patricia von ihrem Mann verwirrende Doppelbotschaften. Auch sie gab ihres Mannes wegen etwas auf, was ihr wichtig war.

> Mein Mann sah es nicht gern, daß ich mit dem Bus in die Stadt fuhr. Er sagte, er mache sich Sorgen um mich. Zuerst war ich gerührt, daß er so besorgt um mich war. Doch dann fiel mir auf, daß er jedesmal, wenn ich mit dem Bus weg wollte, einen Streit vom Zaun brach wegen meiner Angehörigen. Er beschimpfte sie in unflätigster Art, und der Krach wollte kein Ende nehmen. Ich war wütend und völlig ratlos. Schließlich merkte ich, daß es bei den Tiraden im Grunde darum ging, daß ich mit dem Bus wegfahren wollte. Er untersagte mir das nicht ausdrücklich, so war er nicht, er war ja ein Lehrer. Statt dessen mußte ich einen hohen Preis bezahlen, wenn ich den Bus nahm – was er über meine Familie zu sagen hatte, war so verletzend, daß ich nicht mehr oft wegfuhr, daß ich selten alleine ausging.

Inez

Inez machten die widersprüchlichen Doppelbotschaften des Mannes, mit dem sie zusammenlebte, ebenfalls schwer zu schaffen.

> Als er mich nach der Geburt unseres dritten Kindes nicht mal im Krankenhaus besuchte, sagte ich zu ihm, ich hätte nun endgültig die Nase voll. Aber er wollte mich nicht gehen lassen. Endlos beteuerte er seine Liebe und redete mir den Kopf voll: ich sei seine Königin, seine Göttin. Dann gab es verschiedene Vorfälle. Er entfernte an meinem Auto die Verteilerkappe, so daß ich es nicht mehr benutzen konnte. Er nahm mir das Geld aus der Brieftasche. Er zerriß meine guten Sachen, so daß ich nicht zur Arbeit gehen konnte. Wenn ich Samstag abends mit

meiner Schwester oder mit meinen Freundinnen in irgendein
Lokal ging, spürte er mich unweigerlich auf und machte mir
eine Szene. Ich muß drei Kinder durchbringen, und dieser
Mann macht mir nichts als Kummer. Dabei erzählt er mir die
ganze Zeit, wie sehr er mich liebe und daß er für mich sorgen
wolle.

Phuong

Phuongs Mann hatte, was andere Menschen betraf, sehr bestimmte Vorstellungen, über die er allerdings nie sprach. Aber
er verlangte von allen Familienmitgliedern, daß sie sich danach
richteten. Was ihr Mann wollte, konnte sich Phuong in der Regel denken, doch den Grund dafür kannte sie meist nicht. Das
verunsicherte und ängstigte sie, aber eine der Regeln war, daß
seine Regeln niemals hinterfragt werden durften.

Er sagte nie: «Danach habt ihr euch zu richten.» Trotzdem gab
es diese Vorschriften, und zwar eine ganze Menge. Ich kannte
sie, er kannte sie und die Kinder ebenfalls. Er sagte nie klipp
und klar: «Ihr dürft nicht auf den Hinterhof gehen.» Statt dessen sagte er in freundlichem Ton: «Geht lieber nicht auf den
Hinterhof, ihr wißt ja, wie die Nachbarn sind.» Wenn ich gegen
die Regeln verstieß, dann merkte ich gleich, wenn er zur Tür
hereinkam, daß er verstimmt war. Ich sah ihm das sofort an. Er
brauchte gar nichts zu sagen. Auf diese Weise hatte er mich in
der Hand, denn ich wollte ja mit ihm auskommen. Ich mag
Streitereien nicht. Ich möchte ein glückliches Zusammenleben.
Aber ich konnte es ihm nicht recht machen.

Jeanette

Jeanettes Mann hatte ebenfalls eine feste Vorstellung: Er wollte nicht, daß sie das gemeinsame Auto benutzte. Und er ließ sich allerlei einfallen, um sie davon abzuhalten. Zuerst sorgte er dafür, daß sie Schuldgefühle bekam, später jagte er ihr Angst ein und setzte sie unter Druck. Jeanette fand seine Haltung unbegreiflich.

> Ich hatte zwei kleine Kinder, wir wohnten ungefähr neun Meilen von der Stadt entfernt, und mein Mann war dagegen, daß ich den Führerschein machte. Ich saß also draußen auf der Farm fest. Ich bedrängte meinen Mann monatelang, doch Carl sagte immer nur in nettem, freundlichem Ton: «Wozu brauchst du einen Führerschein? Ich fahre dich doch immer, wenn du irgendwohin mußt, ich schlage dir doch nie etwas ab.» Ich besorgte mir schließlich die Unterlagen, lernte die Verkehrsvorschriften und brachte ihn dazu, mich in die Stadt zu fahren, damit ich die theoretische Prüfung machen konnte. Er behauptete, ich hätte ihn verletzt und beleidigt; er habe mich die ganze Zeit herumgefahren, und das sei nun der Dank dafür. Es war schlimm! Und als ich dann den Führerschein hatte, wollte er mir das Auto nicht überlassen. Er rückte die Schlüssel nicht raus. Einmal beschaffte ich mir die Schlüssel, aber ich konnte vor lauter Angst nicht losfahren. Ich wußte genau, wenn ich in die Stadt fahren würde oder auch nur zu den Nachbarn, dann gäbe es nach meiner Rückkehr einen fürchterlichen Streit. Darauf wollte ich's nicht ankommen lassen.

Lucy

Lucy war betroffen und verunsichert, weil sie den Erwartungen ihres Mannes einfach nicht gerecht werden konnte. Sie hatte in der Schule gut abgeschnitten und dann mit Erfolg im Büro gearbeitet. Aber nach ihrer Heirat konnte sie sich im Haushalt noch so sehr abmühen – es gab nichts als Mißerfolge.

Ich habe mich wirklich angestrengt, damit ja nichts schief ging, damit alles richtig lief. Ich stand morgens auf und stellte den Thermostat genau so ein, wie Tom es haben wollte. Dann schaltete ich eine bestimmte Lampe an und machte sein Frühstück. Dazu gehörte eine halbe Grapefruit mit speziellem Besteck und eine Stoffserviette; das Radio mußte auf einen bestimmten Sender eingestellt sein. Dann sollte ich ihn rufen. Wenn ich etwas davon vergaß, war zwei Tage lang die Hölle los: Er behauptete, ich wolle ihn verunsichern und kaputtmachen. Er sagte, ich vermittle ihm auf diese Weise das Gefühl, daß er von mir nicht geliebt und umsorgt werde.

Ich gab mir die größte Mühe. Bei mir war alles blitzsauber. Ich mußte diese zwanghaften Anstrengungen machen, damit keine Probleme aufkamen. Wenn ich alles richtig gemacht hatte, hatte er trotzdem irgend etwas auszusetzen. Selbst wenn es nichts zu kritisieren gab, wenn alles perfekt geregelt war, beschuldigte er mich, ich ginge ihm aus dem Weg und machte den Mund nicht auf. Er wollte wissen, ob ich damit andeuten wolle, daß er leicht erregbar sei.

Es gelang mir schließlich, Probleme vorauszuahnen und mich darauf einzustellen. Ich entwickelte geradezu übermenschliche Fähigkeiten. Nicht zu fassen, wie ich mich Tag für Tag abmühte, um ihn bei Laune zu halten! Es war unglaublich.

Karen

Wie Lucys Mann machte auch Karens Freund seine Partnerin für die eigene Reizbarkeit verantwortlich. Dann «arbeitete» er an ihrer Beziehung, indem er Karen vorhielt, was bei ihr nicht stimme. Wie Lucy wurde auch Karen dadurch stark verunsichert. Und als sie von ihrem Partner fortwährend ihre «Fehler» vorgehalten bekam, glaubte sie allmählich selbst, daß bei ihr etwas nicht in Ordnung sei.

Wenn wir eine Auseinandersetzung hatten, lief er oft plötzlich weg und ging in eine Kneipe. Nach seiner Rückkehr machte er genau da weiter, wo wir aufgehört hatten, und zog über mich her. Wenn ich danach nicht mehr mit ihm reden wollte, weinte er und entschuldigte sich. Er sagte, er wolle «ganz vernünftig» über meine Probleme reden: Wie ich ihn dazu zwänge, die Wohnung zu verlassen. Er wolle ja gar nicht weg, aber durch mich gerate er in eine so miese Stimmung, daß er ein paar Gläser Bier brauche, um sich zu entspannen.

Bei mir sei etwas nicht in Ordnung, sagte er. Ich sei ein unglücklicher und unausgefüllter Mensch und verlangte zuviel von einem Mann. Ich wolle eine Erfüllung von ihm, die ich von niemandem bekommen könne. Ich müsse erst mal erwachsen werden und lernen, einen Mann wirklich zu lieben und zu achten. Er fragte mich, wie ich es anstellen wolle, das zu lernen. Ich sagte, ich wisse es nicht. Ich war ratlos. Ich fühlte mich elend.

Anna

Was Anna von ihrem Freund zu hören bekam, verwirrte und verunsicherte sie ebenfalls. Er war Drogenberater, und er behauptete, er sei ein Menschenkenner. Er liebe sie, und deswegen wolle er ihr helfen, sich selbst besser zu verstehen. Anna freute sich, daß er sich so um sie bemühte, aber dann merkte sie, daß sie nach jedem der intensiven, «hilfreichen» Gespräche unglücklicher war als vorher. Doch wie konnte sie die «Hilfe» dessen zurückweisen, der ihr seine Liebe beteuerte?

Mein Freund versuchte mich davon zu überzeugen, daß meine Eltern nichts von mir wissen wollten, daß ich als Kind vernachlässigt worden sei und daß ich ohne sie besser dran wäre. Er behauptete, sie könnten ihn nicht leiden und wollten uns auseinanderbringen. Daran war durchaus etwas Wahres: Meine Eltern hätten mir geholfen, von ihm wegzukommen, und er merkte, daß sie in dieser Hinsicht eine Bedrohung darstellten. Ich glaube, indem er meine Eltern attackierte und immer wieder behauptete, ich sei ein armes, vernachlässigtes Kind gewesen, wollte er meine Selbstachtung untergraben und mich dazu bringen, daß ich ihn als meine einzige Hoffnung betrachtete, daß ich glaubte, ich sei wirklich schlimm dran und hätte außer ihm niemanden, auf den ich mich verlassen könnte.

Betty, Patricia, Inez, Phuong, Jeanette, Lucy, Karen, Anna und die meisten der anderen Frauen, die wir im Zusammenhang mit diesem Buch befragten, sprachen davon, daß sie, als sie – manchmal über Jahre hinweg – alles daransetzten, ihren Partner glücklich und die Beziehung lebensfähig zu machen, «verunsichert» gewesen seien. Sie hatten sich angestrengt, «gute» Ehefrauen oder Freundinnen zu sein, und erst als ihre Bemühungen fehlgeschlagen waren, suchten sie Hilfe. Die meisten von ihnen besprachen die Situation mit Familienangehörigen, mit sonstigen Verwandten oder mit ihren Freundinnen. Viele von ihnen wandten sich auch an Außenstehende: Manche sprachen mit einem Geistlichen, andere zogen einen Sozialarbeiter oder einen Arzt ins Vertrauen, wieder andere konsultierten Therapeuten oder Eheberater; einige suchten bei öffentlichen Einrichtungen Rat oder in Frauenhäusern. Manche dieser Frauen mußten viel Zeit aufwenden, bis sie die Informationen und die Hilfe bekamen, die sie brauchten.

Wir fragten sie: «Was glauben Sie, welche Informationen wären für Sie nützlich gewesen?» Und häufig bekamen wir zur Antwort:

> «Wenn mir nur jemand den Grund für das Verhalten meines Partners genannt hätte!»
>
> «Ich meinte damals, ich tue mein Äußerstes für diese Beziehung, aber ich drehte mich im Kreis und erreichte einzig und allein, daß die Probleme sich vertieften. Ich wünschte, mir hätte damals jemand klar gesagt, welche Bemühungen sinnvoll sind und welche nicht!»

Unser Buch behandelt diese beiden Hauptpunkte. Es hilft Ihnen zu begreifen, welche Rolle Ihr Partner in der Beziehung spielt und welche Sie selbst; es hilft Ihnen, der Verunsicherung, die Sie empfinden, entgegenzuwirken und Entscheidungen zu treffen.

Was ist ein kontrollierender Partner?

Um es einmal ganz einfach auszudrücken: Eine Person, die Kontrolle ausübt, möchte über andere Menschen herrschen. Kontrollierer wollen ihren Willen durchsetzen; sie glauben obendrein, daß sie das Recht haben, dies auf Kosten anderer zu tun, und daß ihnen möglichst wenig Widerstand entgegengesetzt werden sollte. Oft sagen sie zu ihrer Partnerin: «Wenn du mich liebtest, würdest du immer genau das tun, was ich für richtig halte, ohne daß ich es dir erst lange sagen müßte.» (Wie sie zu dieser Einstellung kamen, werden wir später eingehend erläutern.)

Wir alle möchten unseren Vorstellungen so oft wie möglich Geltung verschaffen, doch ein Kontrollierer setzt alle Hebel in Bewegung, um die Oberhand zu behalten. Bezeichnenderweise achtet er dabei so gut wie gar nicht auf die Gefühle und Wünsche anderer, auch nicht – oder besonders wenig – auf die Gefühle und Wünsche derer, die er angeblich liebt.

Kontrollierer sind nicht durchweg gleich. Sie zeigen nicht alle dasselbe Verhalten. Alle Menschen haben unterschiedliche Wertvorstellungen, Erfahrungshorizonte und Ressourcen, und Kontrollierer setzen die Mittel ein, die ihnen zur Verfügung stehen. Ein wohlhabender Geschäftsmann mag sein Geld und seinen Einfluß aufbieten, ein gutaussehender Mann mag sich auf seine körperliche, sexuelle Anziehungskraft verlassen. Ein Rechtsanwalt oder ein Universitätsdozent kann seine Eloquenz aufbieten, ein Verkäufer seine Überredungstaktik, und ein Sportler kann seine Kraft einsetzen. Alle Kontrollierer möchten ihren Willen durchsetzen, aber sie verwenden jeweils ganz unterschiedliche Vorgehensweisen, um ihr Ziel zu erreichen. Zudem praktiziert ein jeder mal die eine, mal die andere Taktik. Diejenige, mit der sich der Kontrollierer in einem bestimmten Stadium der Beziehung durchsetzt, funktioniert eventuell in einem anderen Stadium nicht mehr; vielleicht findet er auch eine einfachere oder schnellere Methode, um das gewünschte Resultat zu erzielen. Diese Fähigkeit, die Taktik zu ändern, ist von besonderer Bedeutung: Sie schafft Verwirrung und sorgt dafür, daß das, was sich eigentlich abspielt, schwer zu fassen ist. Eine Gefahr liegt auch darin, daß viele Kontrollierer, wie gesagt, alles daransetzen, um ihr Ziel zu erreichen. Das bedeutet, daß sie jederzeit zu Taktiken überwechseln können, die nicht nur verschieden, sondern umfassender oder *schlimmer* sind.

Diese neuen Taktiken führen zu weiterer Verunsicherung. Sie denken: «Das hat er noch nie gemacht! Wie konnte er mir das bloß antun? Was hat das zu bedeuten? Womit habe ich das verdient? Was soll ich denn machen, damit das nicht noch einmal passiert?» Es macht Sie ganz ratlos. Es kann auch sein, daß Ihr Partner aus Gründen, die undurchschaubar und widersprüchlich sind, zu einer seiner früheren Verhaltensweisen zurückkehrt. Es ist nicht so, daß ein kontrollierender Partner zunehmend Druck ausübt und die Lage immer schlimmer wird; gelegentlich sieht es vielmehr so aus, als ob er sich etwas beruhigt hätte oder aufhören würde. Dann mag sich die Situation vorübergehend bessern, aber schließlich wird sie nur noch verwirrender.

Wenn ein Kontrollierer auf sexuellem Gebiet Gewalt anwendet, wenn es zu Tätlichkeiten kommt und er Ihnen droht, sind Sie nicht nur verunsichert, sondern geschockt, und Sie haben Angst. Sie müssen befürchten, daß er seine Drohungen wahr macht. Sie fragen sich, wie weit er gehen wird. In dieser Situation haben viele Frauen ein schreckliches Gefühl von Gefahr – und das zu Recht.

Was er tut, ist für den Kontrollierer unwichtig; ihm kommt es darauf an, was er durch sein Tun *erreicht*. Er wird mit allen ihm zur Verfügung stehenden Mitteln versuchen, daß Sie sich ihm unterwerfen. Er mag Sie durch Schmeicheleien dazu bringen. Er mag Sie beschwatzen und verführen. Er mag Sie mit seinen Aufmerksamkeiten und seinem Charme beeindrucken. Er kann Sie beeinflussen, indem er droht, Sie zu verlassen. Er kann Sie durch Hartnäckigkeit mürbe machen, indem er Ihr Nein einfach nicht akzeptiert. Er kann Sie dazu bringen, daß Sie Mitleid mit ihm empfinden. Ist etwas schiefgegangen, kann er es Ihnen zur Last legen und sich Ihre Schuldgefühle zunutze machen. Er kann seelischen Druck ausüben oder Sie physisch bedrohen und Ihre Ängste instrumentalisieren. Er kann Ihnen das entziehen, was Sie haben möchten: seine Zuneigung und seine Aufmerksamkeit. Er kann aufdringlich, besitzergreifend und eifersüchtig sein. Er kann Sie zu Hause und in der Öffentlichkeit beleidigen und herabwürdigen. Er kann Sie zwingen, Dinge zu tun, die Sie nicht tun möchten. Er kann Sie mit Drohungen einschüchtern und durch Gewaltanwendung in Schrecken versetzen. Er kann Sie quälen und terrorisieren. Er kann Ihnen eine Höllenangst einjagen. Er kann Ihnen schmerzhafte, bleibende Verletzungen zufügen. Die schlimmsten Kontrollierer, diejenigen, die eine Frau niemals freigeben wollen, können sie sogar umbringen.

Wann wird aus Kontrolle «Mißhandlung»?

Kein Einzelbegriff kennzeichnet all die Verhaltensformen, die auf Kontrolle abzielen. Wenn der Kontrollierer auf sexuellem Gebiet oder allgemein Gewalt anwendet, spricht man von «mißbrauchten» und von «mißhandelten» Frauen. Viele Frauen, welche mit Kontrollierern zusammenleben, die (noch) nie Gewalt angewandt haben, sagen jedoch, daß sie sich seelisch unter Druck gesetzt fühlen. Wir sind der Meinung, daß es sich auch dann um Mißhandlung handelt, wenn die Partnerin, wie dies bei kontrollierenden Partnern so oft der Fall ist, «nur» absichtlich verunsichert und in Angst versetzt wird, wenn seelischer Druck auf sie ausgeübt wird. Aus diesem Grund verwenden wir in diesem Buch den Begriff «Mißhandlung» für alle Formen kontrollierenden Verhaltens, auch wenn manche – etwa Kenneths überaus nettes und aufmerksames Verhalten – auf den ersten Blick das genaue Gegenteil zu sein scheinen.

Wir definieren Mißhandlung als ein *Verhaltensmuster*, das dadurch gekennzeichnet ist, daß ein Mensch über Kontrolle Zwang auf einen anderen ausübt, um diesen gefügig zu machen und seinen Willen durchzusetzen. Alles Verhalten, das körperliche Beeinträchtigungen hervorruft, Angst erzeugt, jemandem die Handlungsfreiheit nimmt oder jemanden zu bestimmten Handlungen zwingt, ist Mißhandlung.[1]

Wir sind der Meinung, daß die Institution Ehe, welche dem Mann durch eine jahrhundertealte Tradition das Recht verleiht, in «seinem» Haushalt zu herrschen, ihn auch dazu ermutigt, seine Macht gegenüber Frauen und Kindern zu mißbrauchen. Darüber hinaus wird die Herrschaft des Mannes von allen bedeutenden Institutionen unserer Gesellschaft aus dem einfachen Grund gestützt, weil Männer an der Spitze stehen – im Rechtswesen, bei den Kirchen, in der Regierung, in allen Einrichtungen, die zum sogenannten System gehören.

Von «Mißbrauch» und «Mißhandlung» zu reden ist vielen Frauen unangenehm, besonders dann, wenn diese Bezeichnungen auf sie selbst angewandt werden. Kay, eine Weiße, die in einem Haus für geschlagene Frauen lebte, erzählte uns: «‹Mißhandelte Frauen› – das waren diese hilflosen, schwachen Geschöpfe, aber das galt doch nicht für mich. Ich war immer berufstätig. Ich bin robust. Ich sorge für meine Kinder.» Maralee, eine Afroamerikanerin, die nach der Scheidung von ihrem Mann, der sie mißhandelt hatte, Leiterin eines Frauenhauses wurde, fügte hinzu: «Wer von mißhandelten Frauen spricht, denkt gleich an *hilflose Opfer*. Damit kann ich nichts anfangen – ich habe mich immer für eine sehr starke Frau gehalten.»

Kay und Maralee fühlten sich durch diese Bezeichnungen herabgesetzt, weil sie – wie die meisten Frauen – große Anstrengungen unternommen hatten, um ihr Leben in den Griff zu bekommen und ihre Ehe zu retten. Einige Frauen sagten uns, diese Bezeichnungen vermittelten ihnen ein Gefühl der Illoyalität gegenüber einem Partner, der ja meist recht anständig und liebevoll sei. Außerdem liegt keiner Frau etwas daran zu erfahren, daß eine Beziehung hoffnungslos ist und daß sie etwas Drastisches unternehmen müsse – etwa die Beziehung aufzugeben, was sie zu diesem Zeitpunkt noch gar nicht will. Etwas davon mag auch bei Ihnen eine Rolle spielen, wenn Ihnen das Wort «mißhandelt» unpassend vorkommt. Viele Frauen halten es jedoch für völlig richtig, sich als «mißbraucht» oder «mißhandelt» zu bezeichnen, weil ihnen diese Bezeichnungen in Erinnerung rufen, was ihre früheren Partner getan haben. Darüber hinaus verbindet sie das mit Tausenden von Frauen, die sich gegen Gewaltanwendung einsetzen.

Vielleicht hilft es auch, sich klarzumachen, daß sich die Bezeichnungen «mißbraucht» und «mißhandelt» auf die *Handlungen des Täters* beziehen, und nicht auf Handlungen der Frau, und daß diese Bezeichnungen keineswegs etwas über *Sie* aussagen. Wenn Ihnen Ihr Partner Furcht einflößt, wenn Sie unter den Auswirkungen des kontrollierenden Zwangs, den wir in diesem Buch beschreiben, zu leiden haben, dann werden Sie mißhandelt – auch wenn Sie nie geschlagen oder verletzt worden sind, auch wenn Sie stark und tüchtig sind.

Wir glauben, daß ein kontrollierender Partner auch noch in anderer Hinsicht «mißhandelt». Er mißbraucht seine Macht, insbesondere die Macht, die er über Sie hat. Unsere Gesellschaft, deren Geschichte von männlicher Vorherrschaft geprägt ist, verleiht allen Männern Macht über Frauen. Wir

Frauen sind ungeachtet unserer individuellen Stärken kollektiv benachteiligt. Und es kann sehr wohl sein, daß Sie sich noch größere Nachteile einhandeln, wenn Sie sich verlieben. Allein dadurch, daß Sie Ihren Partner lieben und ihm vertrauen, geben Sie freiwillig Macht an ihn ab. Sie geben ihm zum Beispiel die Macht, Ihre Gefühle zu verletzen, und da er Sie liebt (oder es zumindest behauptet), verlassen Sie sich darauf, daß er sich bemühen wird, Ihre Gefühle nicht zu verletzen. Für den Kontrollierer gilt dies nicht. Die überlieferte männliche Vorherrschaft gibt ihm nicht nur Macht über Frauen, sondern bestärkt ihn auch in dem Glauben, daß sie ihm zustehe. Um Macht über Sie ausüben zu können, wird er Ihr Vertrauen mißbrauchen und Ihre Zuneigung gegen Sie verwenden. Für einen Partner, der Sie als Mensch wirklich achtet, ist die Macht, die Sie ihm anvertrauen, ein kostbares Geschenk; der Kontrollierer hingegen glaubt, er habe ein Anrecht auf sie und findet sie meist noch unzureichend.

Was diese Partner tun, bezeichnen wir in unserem Buch als «Kontrolle» oder «Mißhandlung». Für uns sind diese Begriffe austauschbar, denn wir sind der Meinung, daß Kontrolle Mißhandlung ist und jede Art von Mißhandlung, sei sie emotionaler, physischer oder sexueller Art, auf Kontrolle abzielt.

Viele Frauen haben für die Taktiken des Kontrollierers auch noch andere charakteristische Bezeichnungen. Eine Frau sagte uns, ihr Freund halte sich «für den König des Campingplatzes». Andere sprachen von dem Partner, der sie kontrollierte, als «Feudalherr», «Diktator», «King Kong», «Haustyrann», «Klein-Hitler», «Wichtigtuer» oder «Gernegroß». Eine Frau sagte, ihr Exmann habe dauernd vor dem Fernseher gesessen und sich dabei aufgeführt wie der Hunnenkönig Attila; sie nannte ihn einen «Second-Hand-Terroristen».

Viele dieser Frauen reden ganz anders, wenn es darum geht, das Verhalten zu charakterisieren, das ein kontrollierender Partner zu Beginn ihrer Beziehung an den Tag gelegt hat –

da war er der «Märchenprinz», der «Charmeur», ein «Sensibler». Doch die Erfahrung zeigt, daß sich der Märchenprinz allzuoft in einen King Kong verwandelt.

Der Schrumpftest

Alle genannten Bezeichnungen lassen erkennen, daß sich der Kontrollierer sehr wichtig nimmt, andere dagegen für ihn weniger wichtig sind. Er steht gern im Mittelpunkt. Viele Kontrollierer lassen ihre Muskeln spielen und markieren den starken Mann; sie wollen sich hervortun und ihre Macht zur Schau stellen. Manche wählen raffiniertere Methoden, um Aufmerksamkeit zu erlangen: Es gibt niemanden, suggerieren sie ihrer Umwelt, der so sehr unter Unterdrückung und Verfolgung zu leiden hat wie sie, der so sensibel ist, der so sehr mißverstanden, der so wenig geliebt wird. Aber auch dieser Typ verlangt Vorzugsbehandlung, und auch er genießt es, über andere Menschen Macht auszuüben.

Da sich der Kontrollierer auf Kosten anderer entfaltet, kann niemand eine Beziehung zu ihm aufrechterhalten, ohne einen wesentlichen Teil seines Ichs einzubüßen. So gab Betty ihren Job auf, und Patricia verzichtete darauf, alleine auszugehen. Zuerst geben Sie gewisse Aktivitäten und Interessen auf, dann merken Sie, daß Sie drauf und dran sind, Ihre eigene Meinung, Ihre Wünsche, Ihre Ambitionen, Ihren Zorn, Ihren Stolz und Ihr Glück aufzugeben.

Es ist jedoch ein Unterschied, ob Sie einen Partner unterstützen, der Ihnen ebenfalls hilft, oder ob Sie sich an einen Partner verlieren, der sich auf Ihre Kosten profiliert. Wenn Sie sich über Ihre Beziehung Gedanken machen, können Sie den folgenden Test anstellen. Überlegen Sie sich: Bin ich noch der intakte Mensch, der ich einmal war? Bin ich der aufgeschlossene, unternehmungslustige Mensch, der ich werden wollte?

Oder ist ein Teil von mir verlorengegangen, ohne daß ich es wollte? Werde ich immer weniger? Wer steht in unserer Beziehung im Vordergrund? Wird er größer, indem er mich kleiner macht? Kommt er sich groß vor, weil *ich mich* kleiner mache? Wenn Sie das Gefühl haben, daß Sie «schrumpfen», dann haben Sie wahrscheinlich einen kontrollierenden Partner.

Ist mein Partner ein Kontrollierer?

Die nachfolgenden Checklisten verdeutlichen, welch unterschiedliche Taktiken Kontrollierer anwenden. Die Listen geben Ihnen die Möglichkeit, einige der Taktiken zu erkennen, denen Sie ausgesetzt sind. Kreuzen Sie bei der Lektüre das an, was Ihnen bekannt vorkommt. Schauen Sie am Schluß nach, wieviel Punkte Sie angekreuzt haben und worum es dabei ging. Viele dieser Punkte scheinen bei isolierter Betrachtung unwichtig zu sein, aber aus Ihren Ankreuzungen kann sich durchaus ein bezeichnendes Muster ergeben. Beachten Sie dabei, daß diese Listen nur einige der Taktiken aufführen, die Kontrollierer anwenden. Vielleicht hat das, was dort aufgeführt ist, gar keinen Bezug zum Verhalten Ihres Partners. Andererseits fallen Ihnen aber vielleicht Methoden ein, mit denen Ihr Partner Druck ausübt, die hier nicht erwähnt werden. Sollte dies der Fall sein, dann schreiben Sie sie auf.

Kontrolle durch Kritik

_____ Mein Partner gibt mir das Gefühl, daß ich immer alles falsch mache. Nichts ist ihm gut genug.

_____ Mein Partner gibt mir das Gefühl, daß ich ihn nicht genug unterstütze und nicht genug liebe.

_____ Meinem Partner mißfällt, wie ich koche, wie ich

putze, wie ich mich kleide, wie ich mich im Bett verhalte, wie ich in der Öffentlichkeit auftrete.

———— Ich bekomme von meinem Partner keine Unterstützung. Selbst seine Komplimente sind nicht viel wert: «Das ist das erste gute Essen seit Monaten.»

———— Wenn ich meinen Partner ins Vertrauen ziehe und über meine Ängste rede, dann sagt er, ich sei ein Baby; ich müsse endlich erwachsen werden und die Welt so nehmen, wie sie sei.

———— Wenn wir mit Verwandten und Freunden zusammen sind, ist das für mich ein einziger Eiertanz, weil ich damit rechnen muß, daß er mich wegen irgend etwas zurechtweist.

Kontrolle durch Launenhaftigkeit, Wutausbrüche und Drohungen

———— Wenn ich fünf Minuten zu spät komme, habe ich Angst, daß er wütend ist.

———— Mein Partner erwartet von mir, daß ich seine Gedanken lese, und ist außer sich, wenn ich das nicht kann oder nicht will.

———— Es ist äußerst aufreibend, mit meinem Partner zusammenzuleben, weil ich nie weiß, was ihn als nächstes wieder aufregt.

———— Wenn ich etwas «falsch» mache, verliert mein Partner die Fassung und redet hinterher keinen Ton mehr mit mir.

———— Mein Partner hüllt sich in Schweigen, und ich muß mir dann überlegen, was ich falsch gemacht habe, und mich entschuldigen.

———— Mein Partner bekommt Depressionen, und ich muß dann alles daransetzen, um ihn aufzuheitern.

_____   Wenn ich nicht mache, was er will, droht mir mein Partner, er werde dem Jugendamt mitteilen, daß ich eine schlechte Mutter sei.

_____   Mein Partner sagt, er werde es niemals zulassen, daß ich ihn verlasse.

Kontrolle durch übertriebene Fürsorglichkeit

_____   Mein Partner hat es nicht gern, wenn ich von zu Hause weg bin; er sagt, er mache sich zu viele Sorgen um mich.

_____   Mein Partner ist eifersüchtig, wenn ich mit Fremden rede.

_____   Mein Partner ruft oft an oder schaut unerwartet zu Hause vorbei, um sich zu erkundigen, wie es mir geht.

_____   Mein Partner erledigt die Einkäufe, damit ich nicht wegzugehen brauche.

_____   Mein Partner sagt, ich müsse nie arbeiten gehen, er werde für mich sorgen.

_____   Mein Partner sucht meine Kleider aus, weil er möchte, daß ich genau richtig angezogen bin.

_____   Mein Partner fährt mich zur Arbeit und holt mich dort ab, damit meine Kollegen «nicht auf dumme Gedanken kommen».

_____   Mein Partner bringt mich dazu, Drogen zu nehmen, damit wir gemeinsam «high» sein können.

Kontrolle durch Infragestellung
Ihrer eigenen Wahrnehmungen

_____   Mein Partner führt sich schrecklich auf und sagt dann, ich sei zu empfindlich und verstünde keinen Spaß.

_____   Mein Partner macht Versprechungen, dann hält er sie nicht und behauptet auch noch, er habe nichts zugesagt.

_____   Mein Partner fängt in der Öffentlichkeit oder bei Familientreffen Streitereien an, und wenn ich ihm deswegen Vorhaltungen mache, wirft er mir vor, daß ich übertreibe oder daß ich mir alles aus den Fingern gesogen habe.

_____   Mein Partner zeigt ein übertriebenes Interesse für mein Gefühlsleben und möchte mich dazu bringen, daß ich zu einem Psychiater gehe. Gleichzeitig behauptet er, mit ihm selbst sei alles in Ordnung.

_____   Mein Partner sagt, ich litte an Einbildungen.

_____   Mein Partner schlägt mich, und später fragt er, woher die Verletzungen kämen.

_____   Mein Partner bringt mich zum Weinen; hinterher sagt er zu mir, ich sei hysterisch, und will wissen, warum ich mich denn so aufrege.

_____   Mein Partner sagt, er könne mir helfen, meine Charakterfehler zu beheben. Er bringt mich dazu, daß ich aufliste, was bei mir nicht stimmt.

_____   Wenn ich mich bemühe, ernsthaft mit meinem Partner zu reden, sagt er: «Jetzt mach mal einen Punkt! Beruhige dich.» Er tut so, als hätte ich die Fassung verloren, obwohl das gar nicht stimmt.

Kontrolle durch Ignorieren
Ihrer Bedürfnisse und Überzeugungen

_____ Wenn die Kinder krank sind oder wenn mir nicht gut ist, bekomme ich von meinem Partner keine Hilfe. Er verspricht manchmal, mir zu helfen, aber dann vergißt er es.

_____ Mein Partner erwartet von mir, daß ich alles stehen- und liegenlasse, wenn er etwas von mir will, aber er selbst ist dazu nicht bereit.

_____ Wenn ich rede, unterbricht er mich und dreht mir das Wort im Mund herum, oder er weiß bald darauf nicht mehr, was ich gesagt habe.

_____ Wenn ich einem Problem auf den Grund gehen möchte, wechselt er sofort das Thema.

_____ Mein Partner kommt bei mir vorbei, wann es ihm gerade paßt, aber wenn ein Treffen vereinbart wurde, kommt er nicht. Unter diesen Umständen kann ich schlecht etwas planen.

_____ Wenn mein Partner alleine ausgehen möchte, dann tut er das. Ich kann das nicht, weil ich mich um die Kinder kümmern muß.

_____ Wenn ich zu irgendeinem Thema meine Meinung sage, reagiert mein Partner überhaupt nicht, geht weg oder macht sich über mich lustig.

Kontrolle durch einseitige Entscheidungen

_____ Mein Partner will immer das letzte Wort haben.

_____ Wenn ich meine, wir hätten uns auf etwas geeinigt, geht er fort und tut das genaue Gegenteil.

_____ Wenn ich auf eine Entscheidung zu sprechen komme, die er getroffen hat, ohne mit mir darüber zu reden, fragt er mich, wieso ich auf etwas herumreiten würde, das längst erledigt sei.

—— Mein Partner sagt, über gewisse Punkte könne nicht diskutiert werden.

—— Mein Partner sagt, in Familienangelegenheiten habe der Mann die Entscheidungen zu treffen.

Kontrolle im Zusammenhang mit Geld

—— Mein Partner gibt mir keine Auskunft über unsere finanzielle Lage. Er sagt, ich hätte genug zu tun und bräuchte mich nicht auch noch um Gelddinge zu kümmern.

—— Ich muß über alle Ausgaben genauestens Rechenschaft ablegen und sehen, wie ich mit dem Geld auskomme.

—— Mein Partner kauft, was er gerade will. Wenn er Geld braucht und keines da ist, ärgert er sich und gibt mir die Schuld.

—— Mein Partner gibt mir kein Haushaltsgeld. Wenn ich Geld brauche, muß ich ihn darum bitten.

—— Mein Partner sagt, er tue so viel für mich, daß es mir eine Freude sein müßte, ihm finanziell unter die Arme zu greifen.

—— Mein Partner gibt mir alles, was ich brauche, doch er erinnert mich stets daran, daß ich ohne ihn nicht so gut leben könnte.

—— Mein Partner arbeitet nicht. Er nimmt Geld aus meiner Brieftasche oder läßt meine Sachen mitgehen und verkauft sie.

Kontrolle durch Schuldzuweisungen

_____ Wenn ich meinen Partner bitte, nicht so streng und rechthaberisch zu sein, behauptet er, ich sei unreif. Und zum Schluß ist dann immer von *meinen* charakterlichen Defiziten die Rede.

_____ Mein Partner beklagt sich, er könne kein anständiges Leben führen, weil er mit einer Schlampe wie mir zusammenwohne.

_____ Mein Partner sagt, er werde sich umbringen, wenn ich ihn verlasse. Und ich sei dann schuld daran.

_____ Als mein Partner seinen Job verlor, gab er mir die Schuld. Jetzt weigert er sich zu arbeiten.

_____ Mein Partner sagt, wenn ich bei den Kindern besser für Ruhe sorgte, würde er auch nicht die Fassung verlieren.

_____ Mein Partner meint, wenn ich besser auf mich achtete, wäre er nicht so sehr hinter anderen Frauen her.

_____ Mein Partner behauptet, bei anderen Leuten sei er immer gutmütig; wenn er die Kontrolle verliere, müsse das an mir liegen.

Kontrolle durch Einschränkung der Außenkontakte

_____ Wenn ich ausgehen will, fängt mein Partner Streit an.

_____ Mein Partner sieht es nicht gern, daß ich mich bei meinen Angehörigen aufhalte, ganz gleich, ob er mit dabei ist oder nicht.

_____ Mein Partner sagt, ich verwendete nicht genug Zeit und Mühe auf ihn; mein Freundeskreis und meine Angehörigen seien mir wichtiger als er.

_____ Mein Partner wünscht, daß ich ihn um Erlaubnis bitte, bevor ich irgendwohin gehe.

_____   Wann immer ich ausgehe, will mein Partner genau wissen, was ich gemacht habe.

_____   Mein Partner wirft mir vor, ich hätte Affären mit anderen Männern.

_____   Ich kam meines Partners wegen so oft zu spät zur Arbeit, daß ich meinen Job verlor.

_____   Wenn ich mich mit meinen Freundinnen treffe, beschuldigt mich mein Partner, ich sei lesbisch.

Kontrolle durch Einschüchterung

_____   Wenn wir Streit haben, stellt sich mein Partner vor die Tür, so daß ich nicht fortgehen kann.

_____   Mein Partner jagt mir Angst ein, wenn er wütend ist; er stellt sich vor mich hin und ballt die Fäuste.

_____   Wenn wir streiten, bekomme ich manchmal Angst, daß er mir etwas tun könnte, und dann gebe ich klein bei.

_____   Wenn mein Partner böse auf mich ist, fährt er wie ein Wilder, und ich habe schreckliche Angst.

_____   Mein Partner wirft mit Gegenständen und schlägt Sachen kaputt.

_____   Mein Partner zerreißt meine Kleider und vernichtet Dinge, an denen ich hänge.

_____   Mein Partner weigert sich zu gehen, wenn ich ihn darum bitte.

_____   Mein Partner läßt mich nicht schlafen.

Kontrolle durch sexuelle Erniedrigung

_____ Mein Partner zwingt mich zu Sexualpraktiken, die mir unangenehm sind.

_____ Mein Partner macht vor den Kindern und vor anderen Leuten zotige Anspielungen auf mich.

_____ Mein Partner spottet über meine Figur.

_____ Mein Partner versucht meine Freundinnen und Verwandten zu verführen.

_____ Mein Partner zwingt mich dazu, «Sexwäsche» zu tragen, obwohl mir das zuwider ist.

_____ Mein Partner vergleicht mich mit Frauen in Pornomagazinen und Pornovideos.

_____ Mein Partner erzählt schmutzige Witze, die für mich und für alle Frauen herabsetzend sind.

Kontrolle durch Gewaltanwendung

_____ Mein Partner wirft mit Gegenständen nach mir.

_____ Mein Partner schlägt meinen Kopf gegen die Wand.

_____ Mein Partner würgt mich.

_____ Mein Partner versetzt mir Tritte.

_____ Mein Partner schubst und stößt mich herum.

_____ Mein Partner schlägt mich.

_____ Mein Partner zwingt mich dazu, mit anderen ins Bett zu gehen.

_____ Mein Partner vergewaltigt mich.

_____ Mein Partner bedroht mich mit Waffengewalt.

_____ Mein Partner bringt mir Verletzungen bei, und dann läßt er mich nicht ins Krankenhaus oder zu einem Arzt gehen.

Wie dieses Buch helfen kann

Wenn Sie in den Checklisten Dinge entdeckt haben, die auf Ihren Partner und Ihre Beziehung zutreffen und jetzt traurig, verunsichert oder böse sind, sollten Sie daran denken, daß Sie nicht allein sind. Millionen anderer Frauen geht es so. Wir werden Ihre Situation in diesem Buch noch genauer untersuchen und überlegen, wie Abhilfe geschaffen werden kann.

Dieses Buch ist für Frauen gedacht, die ihr Leben verändern wollen. Das braucht jedoch Zeit. Viele dieser Frauen (auch diejenigen, mit denen wir sprachen) haben einen weiten Weg vor sich. Sie kommen Schritt für Schritt voran, erhalten neue Informationen und Denkanstöße, begegnen hilfsbereiten Leuten, mit denen sie reden können, betrachten die Dinge allmählich in einem anderen Licht, schöpfen durch ihre Berufstätigkeit, durch Freundschaften und durch eine innere Umorientierung neue Kraft und finden neues Selbstvertrauen. Unser Buch soll Ihnen bei diesem Umwandlungsprozeß helfen.

In den folgenden Kapiteln versuchen wir herauszufinden, was in Ihrer Beziehung vor sich geht. Im zweiten und vierten Kapitel beschäftigen wir uns damit, was mit *Ihnen* geschieht, und versuchen klarzulegen, woran es liegt, daß sich trotz vielfältiger Bemühungen keine Besserung der Situation ergibt. Wir befassen uns auch damit, was in Ihrem Partner vorgeht; im dritten Kapitel erörtern wir die Gründe für sein Verhalten, und im fünften Kapitel gehen wir der Frage nach, ob und unter welchen Bedingungen er sich ändern kann.

Der zweite Teil des Buches befaßt sich erneut mit Ihnen. Dort gibt es Ratschläge, wie Sie Kraft schöpfen und wichtige Entscheidungen treffen können. Im dritten Teil widmen wir uns besonders den Frauen, die sich endgültig entschlossen haben, ihren Partner zu verlassen, sowie denjenigen, die diesen Schritt erst in Erwägung ziehen. Dort finden sich praktische Hinweise und Ratschläge.

Im vierten Teil finden sich Hinweise für Frauen mit speziellen Problemen: für Frauen, die Suchtprobleme haben; für Frauen, die um die Sicherheit und das Wohlergehen ihrer Kinder besorgt sind, sowie für Frauen, die um ihre eigene Sicherheit fürchten. (Falls dies auf Sie zutrifft, empfehlen wir die sofortige Lektüre der Kapitel sieben und zehn.) Der vierte Teil enthält außerdem Informationen und Hinweise für Angehörige, Freunde, Berater und sonstige Helfer mißhandelter Frauen; wenn Sie das Buch gelesen haben, könnten Sie es den Leuten zeigen, die Ihnen helfen, oder auch denen, die Sie um Unterstützung bitten möchten.

Wir wollen uns nun der Frage zuwenden, was mit Ihnen geschieht. Sie brauchen nicht zu befürchten, daß die Lektüre Sie frustrieren oder deprimieren wird. Die Frauen, mit denen wir sprachen, haben uns Tausende schlimmer Vorfälle mit launischen, manipulativen, nörgelnden und tyrannischen Partnern geschildert, aber jede von ihnen hatte auch Wichtiges zu berichten über die Art und Weise, wie sie ihre eigene Würde bewahrte und gegen das unfaire, diktatorische Verhalten des Partners rebellierte. Was sie uns erzählt haben, war für uns wertvoll, und wir glauben, daß Sie es ebenfalls nützlich finden werden.

2. Was geschieht mit mir?

Wenn Liebe in die Brüche geht, macht Ihnen das schlimme Gefühl, das Sie befällt, schwer zu schaffen. Bei allen, die den Taktiken eines Kontrollierers ausgesetzt sind, treten ganz zwangsläufig komplizierte psychische Reaktionen auf. Um das Verhalten des Partners in den Griff zu bekommen, entwickeln die Betroffenen überdies ihre eigenen Taktiken, auch wenn sie diese nur ungern praktizieren.

In diesem Kapitel wollen wir die vom Kontrollierer betriebene Verunsicherung genauer analysieren. Wir zeigen, welche Reaktionen bei Frauen, die eine Beziehung zu einem kontrollierenden Partner haben, am häufigsten auftreten. Wir befassen uns mit den Strategien, die von diesen Frauen angewandt werden, um die Situation in den Griff zu bekommen, und schildern typische Aspekte der emotionalen Verfassung, in der sie sich befinden. Zum Schluß beschreiben wir ein Problem, das vielen Frauen zu schaffen macht: daß die Situation durch manche der Strategien, die im Umgang mit einem Kontrollierer angewandt werden, nur noch schlimmer wird.

Wir beginnen mit Tinas Geschichte. Tina war vom Glück begünstigt. Sie wuchs in einem begüterten Elternhaus in Kalifornien auf, besuchte ein College, absolvierte ein Jurastudium, war in einer Großstadt des Mittleren Westens bei einer renommierten Anwaltskanzlei als Rechtsanwältin tätig, heiratete einen vielversprechenden Geschäftsmann und bekam zwei Kinder – die jetzt zehn Jahre alte Daisy und den inzwischen acht Jahre alten Tim. Über Jahre hinweg leistete Tina für die Bewohnerinnen eines Frauenhauses kostenlose Rechtsberatung, und sie war froh, daß sie einen Partner hatte, der nicht gewalttätig, sondern sensibel, entgegenkommend und hilfsbereit war. Terry, ihr Mann, sympathisierte sogar mit ihren feministischen Anschauungen und bezeichnete sich selbst als Feministen.

Es dauerte acht Jahre, bis Tina merkte, daß ihr Partner ein Kontrollierer war, der sie psychisch mißhandelte. Sie weiß jetzt, daß sie zwar weit weniger gefährdet war als Frauen, die körperlich mißhandelt oder sexuell mißbraucht werden, daß sie aber mit der Annahme, Terrys Verhalten werde ihr und den Kindern nicht schaden, im Irrtum war.

TINA Ich lernte Terry während meines Jurastudiums kennen. Ich erinnere mich noch gut daran, wie enthusiastisch er meine beruflichen Pläne unterstützte. Ich war überzeugt, den Richtigen gefunden zu haben: Er war gutaussehend, warmherzig und aufmunternd und brachte meinen Bestrebungen, anderen Frauen zu helfen, Achtung entgegen. Oberflächlich betrachtet änderte sich daran während unserer acht Ehejahre nichts. Für meine berufliche Tätigkeit fand er stets lobende Worte, und bei seinen Freunden und Verwandten stellte er mich immer groß heraus.

Doch nach unserer Heirat zeigte er sich allmählich von einer anderen Seite. Anderen gegenüber war er schon immer sehr ungeduldig gewesen, doch nun bekam auch ich diese Ungeduld zu spüren. Verspätete ich mich um zehn Minuten, geriet er außer sich. Zuerst war ich völlig verblüfft; ich hatte so etwas noch bei keinem Erwachsenen erlebt. «Warum tust du mir das an?» fuhr er mich an, und bevor ich eine Antwort geben konnte, schrie er los: «Warum muß so etwas immer wieder passieren? Warum kannst du dein Leben nicht in den Griff bekommen?» Ich erklärte ihm dann, weshalb ich mich verspätet hatte – eine Besprechung hatte sich etwas hingezogen, oder es hatte dichter

Verkehr geherrscht –, doch das interessierte ihn wenig. Er schien zu glauben, daß sich die ganze Welt nach seinen Zeitvorgaben richten müsse – ganz besonders ich.

Nach solchen Vorfällen fühlte ich mich elend – ich betrachtete sie als Zurückweisung und war frustriert, weil ich nicht wußte, wie ich ihn beruhigen und wieder ein harmonisches Verhältnis herstellen sollte. Manchmal wurde ich wütend und sagte: «Sei nicht albern, lies doch einfach zehn Minuten lang die Zeitung, und warte auf mich.» Daraufhin redete er manchmal stunden- oder tagelang nicht mit mir.

Die schlimmste Schweigeperiode dauerte einen ganzen Urlaub lang und ruinierte unseren einwöchigen Aufenthalt in Hawaii. Der Krach begann unterwegs. Ich vertrage das Fliegen sowieso nicht, und wir hatten einen schrecklichen Flug wegen eines Sturmes. Ich dachte, ich müsse sterben. Er sagte später, ich sei für ihn eine große Enttäuschung gewesen. Wenn ich daran zurückdenke, kommt es mir so vor, als habe er von mir erwartet, daß ich perfekt sei, daß ich keine Schwäche zeige und nur für ihn da sei. Daß ich ihn brauchte, war ihm zuwider.

Terrys Wut ängstigte mich sehr. Daß er mich schlagen würde, brauchte ich nicht zu befürchten, aber ich war in einem ständigen Angstzustand, weil ich nicht wußte, was ich machen sollte. Als wir Kinder hatten, wurde alles nur noch schlimmer, da es mehr Anlässe für Meinungsverschiedenheiten gab. Und Meinungsverschiedenheiten konnte er nicht akzeptieren. Er wollte immer recht haben, und jeder Einwand lieferte den Zündstoff für eine Explosion. Als ich zu klären versuchte, welche Schule die Kinder besuchen sollten, und wir uns nicht umgehend einigen konnten, brach er das Gespräch nach fünf Minuten mit den Worten ab: «Dafür ist mir meine Zeit zu schade. Immer verplemperst du meine Zeit. Meine Kinder gehen in diese Schule, und damit basta.»

Nach derartigen Ausbrüchen gab es nie eine Entschuldigung. Ich versuchte jedoch weiterhin, die Wellen zu glätten – um Ruhe zu haben, um unsere Familie intakt zu halten.

Wir waren beide unglücklich und wußten sehr wohl, daß wir uns zuviel stritten. Also gingen wir zur Eheberatung – über Jahre hinweg. Ich machte das, weil ich ihm näherkommen und unsere Probleme bewältigen wollte. Manchmal war ich jedoch so wütend und fühlte mich so in die Enge getrieben, daß ich aus der Ehe ausbrechen wollte. Ich fragte ihn immer wieder: «Was frustriert und ärgert dich so an mir? Woran liegt es?» Er gab mir nie eine Antwort. In der Therapie verwies er nur auf meine Fehler: Ich sei zu anspruchsvoll und zu kritisch. Nach den Sitzungen versuchte ich dann zu Hause, die Lage zu besprechen; ich wollte ihn dazu bringen, seine Gefühle auszudrücken und dafür zu sorgen, daß er mich und die Kinder nicht fortwährend kritisierte, daß er nicht ständig in Rage geriet. Ich erreichte nichts. Nach wie vor war ich an allem schuld.

Wenn ich vor Jahren gefragt worden wäre, wie ich unsere Beziehung einschätze, hätte ich gesagt: «Ich habe einen hervorragenden Ehemann, auch wenn er etwas schwierig ist.» Nie wäre ich auf die Idee gekommen, daß er ein Kritikaster war und mir angst machte; auch nicht, daß er mir und den Kindern mit seinem Verhalten schaden könnte. Ich sagte mir: Mein Mann hilft mir bei meiner Karriere. Er ist allem Anschein nach ein freigebiger Mensch und kein Geizkragen. Er kocht und hilft beim Putzen. Er ist ein unglaublich engagierter Vater. Es ist aber nicht ganz leicht mit ihm, denn er hat sehr unterschiedliche Charakterzüge. Ich dachte, Terry sei eben schwierig. Ich meinte, nahm sogar an, das sei ein Zeichen seiner Intelligenz.

Daß Terry ein Tyrann war, sagte mir zum ersten Mal eine meiner Freundinnen. Als ich von Trennung sprach, drohte er, er werde um das Sorgerecht für die Kinder kämpfen. Er behauptete, meine Karriere sei mir wichtiger als meine Kinder; beruflich hätte ich Erfolg, doch zu Hause sei ich ein Versager. Das war schrecklich für mich. Ich entwickelte starke Schuldgefühle. Als diese Freundin einmal eine seiner endlosen Tiraden mitbekam, sagte sie: «Mein Gott, wie der sich aufspielt! Das ist ein richtiger Tyrann.» Es war der entscheidende Augenblick. Erst da wurde mir klar, woran es lag, daß ich dieses schreckliche Gefühl in der Magengegend bekam, wenn er so mit mir redete: Er drangsalierte mich. Heute kann ich es kaum glauben, daß ich damals so blind war. Meine Klientinnen im Frauenhaus berichteten mir die ganze Zeit von diesen Typen, aber erst in diesem Augenblick merkte ich, woran ich war.

Inzwischen ist mir klar, daß unsere Beziehung einseitig war. Ich machte die ganze Arbeit, er stellte nur Ansprüche. Und er war einfach nicht gewillt, sein Verhalten zu überprüfen und sich auch nur im geringsten zu ändern. Er hielt sich für vollkommen; die Ursache für alle seine Probleme lag bei mir. Er hat immer nur an sich gedacht. Ich bin seit drei Jahren geschieden, aber seine Kritik dröhnt mir immer noch in den Ohren.

Wenn ich an seine Beschuldigungen denke, muß ich immer noch gegen das Gefühl ankämpfen, als Frau und Mutter versagt zu haben. Wenn ich manchmal zu später Stunde arbeiten muß oder einen auswärtigen Klienten aufsuche, höre ich seine Vorwürfe: «Wenn du um deinen Mann so besorgt gewesen wärst wie um deine Karriere, hätte alles gutgehen können.» Oder seine Vorhaltungen wegen der Kinder: «Wenn du nicht immer nur an dich dächtest, würde ich den Kampf ums Sorgerecht aufgeben, aber ich kann meine Kinder nicht im Stich lassen, so wie du es getan hast.» (Dabei hatte ich immer geglaubt, es sei ihm recht, daß ich meinen Beruf ausübe.) Ich werde wohl lange brauchen, um mich von seiner Gehirnwäsche zu erholen und mit den Selbstvorwürfen aufzuhören. Ich muß mir immer wieder sagen, daß *ich* die Geschädigte war. Eines ist jedoch sicher: Diese Scheidung war das Beste, was ich je für mich und meine Kinder getan habe.

Tinas Geschichte verdeutlicht, daß das Grundproblem einer Beziehung mit einem kontrollierenden Partner darin besteht herauszufinden, was eigentlich vor sich geht. Als Rechtsanwältin, die Tag für Tag mit Kollegen und Klienten zu tun hatte, war gute Menschenkenntnis und Durchsetzungsfähigkeit gegen Konkurrenten und Widersacher für Tina eine selbstverständliche Voraussetzung. In ihrer Ehe dagegen fühlte sie sich zwar unglücklich und wußte, daß etwas nicht stimmte, glaubte aber jahrelang, ihr Mann sei ein ungewöhnlich guter und entgegenkommender Ehepartner. Acht Jahre mühte sie sich mit der Beziehung ab, wollte sie retten, indem sie versuchte, ihn glücklich zu machen. Wie hatte sie sich nur so irren können?

Wodurch Frauen irregeführt werden

Die gesellschaftlichen Rollen von Mann und Frau sind zwar einem dauernden Wandel unterworfen, aber die meisten von uns sind mit alten, überkommenen Rollenvorstellungen groß geworden. Auch Tina hatte gelernt, daß sie mit Beziehungen pfleglich umgehen müsse und daß *sie* die hauptsächliche Verantwortung für ihr Gelingen trage. Obwohl sie, wie das heutzutage bei den meisten Frauen der Fall ist, einen Beruf hatte, in dem sie genauso hart arbeitete wie ihr Mann, war sie immer noch von den Vorstellungen geprägt, mit denen sie aufgewachsen war: daß sich die Frau um die häusliche Harmonie und um das Wohlergehen des Mannes zu kümmern habe. Tina mußte jedoch feststellen, daß eine Frau nicht allein dafür Sorge tragen kann, daß eine Beziehung funktioniert. Der Partner spielt dabei ebenfalls eine wichtige Rolle.

An der Redewendung «Dazu gehören zwei» ist etwas Wahres. Aber leider interessiert sich ein kontrollierender Partner weniger für Sie und die Beziehung als für sich und seine Machtbefugnisse. Auch er hat die überkommenen Vorstellungen der von Männern beherrschten Gesellschaft eingetrichtert bekommen: daß Männer wichtiger sind als Frauen und daß Frauen hauptsächlich dazu da seien, Männer zu bedienen und für sie zu sorgen. Folglich ist der Kontrollierer weder bereit, sein eigenes Verhalten noch seine Rolle in der Beziehung in Frage zu stellen. Er ist der Überzeugung, daß er ein Recht darauf habe, seine Wünsche erfüllt zu bekommen, und um dies durchzusetzen, wendet er alle Mittel an, die erfolgversprechend sind – auch solche, die ihn entgegenkommend, hilfreich und nett erscheinen lassen. Sein Verhalten kann deshalb äußerst widersprüchlich und irritierend sein.

Terrys Küchenarbeit ist ein gutes Beispiel. Tina wurde von ihren Freundinnen beneidet, daß sie einen Mann hatte, der das Essen kochte. Für sie war das ein Beweis, daß die beiden eine

«emanzipierte» Ehe führten, in der die Hausarbeit gemeinsam
bewältigt wurde. Auch Tina war dieser Ansicht. Lange Zeit
war sie Terry dafür dankbar, daß er einen Teil der «Aufgaben
einer Ehefrau» übernahm. Allerdings hatte Terry Tina erst
durch seine Kritik dazu gebracht, daß sie das Kochen aufgab.
Danach übernahm er die Küche und genoß es, daß Tina und
ihre Freundinnen ihn als «emanzipierten» Mann bewunderten
und beachteten. Bei jeder Auseinandersetzung brachte er das
Kochen ins Spiel; Tina entwickelte Schuldgefühle und kam sich
nutzlos vor. «Du kümmerst dich nicht um die Kinder», pflegte
er zu sagen. «Du machst dir nicht mal die Mühe, für sie zu
kochen.» Und als sie schließlich wegen des Sorgerechts vor Gericht gingen, wurden Tinas Leistungen als Mutter Terrys Küchenarbeit gegenübergestellt.

Wären Kontrollierer ganz einfach «schlechte» Menschen,
die «schlimme» Dinge tun, dann wären die Beziehungen, die
wir zu ihnen haben, weit weniger kompliziert – und vor allem
sehr kurz. Viele Kontrollierer manipulieren uns jedoch gerade
dadurch, daß sie «positive» Dinge tun. Und so wie Terry tun
die meisten beides. Er konnte einerseits sehr entgegenkommend sein, andererseits furchtbar zornig und einschüchternd.
Er kochte das Essen, und er überzog Tina mit Beschimpfungen. Kein Wunder, daß es ihr Mühe machte, der Sache auf
den Grund zu kommen.

Im Gegensatz zu Terry, der sich für seine Ausfälle nie entschuldigte, wechseln manche Kontrollierer von «schlechtem»
zu «gutem» Verhalten über und umgekehrt – besonders wenn
sie befürchten, daß sie zu weit gegangen sind. Einem Streit
folgt dann ein Strauß Rosen, einem blauen Auge folgen Tränen
der Reue. Psychologen, die mißhandelte Frauen unter ihren
Patientinnen haben – Frauen, deren Partner Gewalt als Kontrollmethode anwenden –, nennen diesen Wechsel zwischen
Gewalt und Reue «den Kreislauf der Gewalt». Sie sprechen
von der Phase der «Flitterwochen», wenn ein gewalttätiger

Partner freundlich und liebevoll ist, bis sich die Spannungen wieder aufbauen und es erneut zu Gewaltausbrüchen kommt.

Das «Schlechte» und das «Gute», die Schläge und die Entschuldigungen, die Gewalttätigkeit und die Zärtlichkeit der «Flitterwochen» sind jedoch in Wirklichkeit Einzelaspekte eines Kontrollmechanismus, mit dem ein Mensch Macht über einen anderen ausübt (im ersten Kapitel war davon die Rede). Manche Psychologen sind der Ansicht, daß es außerordentlich schwierig sei, sich von einem derart unberechenbaren, widersprüchlichen Menschen zu lösen, weil uns seine Unberechenbarkeit noch Hoffnung läßt. Wäre der Kontrollierer immer «schlecht», würde keine Frau bei ihm bleiben. Da er aber auch «gut» ist, bringt er seine Partnerin dazu, auf Besserung zu hoffen und an der Beziehung festzuhalten. Eine Frau klammert sich eigenartigerweise oft an diese Hoffnung, auch wenn der Kontrollierer sich «schlecht» aufführt oder sie die meiste Zeit schlichtweg ignoriert.

Das widersprüchliche Verhalten eines kontrollierenden Partners schadet der Frau auch noch in anderer Hinsicht: Es schafft Ambivalenzen. Wenn er «gut» ist, liebt sie ihn oder glaubt zumindest, es sei richtig, die Beziehung fortzuführen. Wenn er «schlecht» ist, haßt sie ihn und möchte ausbrechen. Sie ist, wie Tina, mit sich selbst nicht im reinen und geht mal in diese mal in jene Richtung. Diese Ambivalenz ist unter den gegebenen Umständen natürlich, doch kann sie dazu führen, daß die Frau ihr Selbstvertrauen verliert oder sich womöglich selbst die Schuld gibt. Tina sagt dazu: «Mir war nicht klar, was ich eigentlich empfand, und ich glaubte allmählich, das Problem liege bei mir, oder, genauer gesagt, es liege darin, daß ich mir keine feste Meinung bilden könne. Warum konnte ich mir nicht darüber klarwerden, was ich meinem eigenen Mann gegenüber empfand? Es kam mir verrückt vor. Ich stellte Listen auf: ‹Weshalb ich es noch einmal versuchen sollte› und ‹Weshalb ich die Scheidung einreichen sollte›. Das führte zu nichts.»

Oft hören wir, daß Frauen von ihrem kontrollierenden Partner als von «Dr. Jekyll und Mr. Hide» sprechen. In dem Roman von Robert Louis Stevenson ist Dr. Henry Jekyll ein ange-
sehener Arzt, der mit Drogen experimentiert und dabei einen
verborgenen Teil seiner Persönlichkeit ans Licht bringt – in Ge-
stalt des bösen Mr. Hyde. Zahllose Frauen berichten, ihr Partner habe zwei gegensätzliche Persönlichkeiten. Sie gehen mit
«Dr. Jekyll» eine Beziehung ein, so wie sich Tina in den «ent-
gegenkommenden» Terry, den «Feministen», verliebte. Und
wenn «Mr. Hyde» zum Vorschein kommt, versuchen sie, mit
ihm zurechtzukommen und ihn wieder in den netten Arzt zu
verwandeln. Sobald «Dr. Jekyll» zurückkehrt, denken sie nicht
mehr an seine schlimme Seite, an jene ganz andere Person. Sie
glauben statt dessen, ihr Mann sei im Grunde seines Herzens
gut und mache nur ab und zu etwas Gemeines oder Verletzen-
des. Doch wie in Stevensons Roman und wie in Tinas Ehe
geschieht allzuoft folgendes: Der unwillkommene Besucher
taucht immer wieder, immer häufiger auf und zerstört schließlich die gesamte Persönlichkeit des «guten» Menschen.

Am Schluß des Romans stellen Dr. Jekylls Freunde und Be-
dienstete fest, daß er und Mr. Hyde nicht, wie alle geglaubt
hatten, zwei verschiedene Personen, sondern ein und derselbe
Mensch sind. Tina machte eine ähnliche Entdeckung: der «ent-
gegenkommende» Terry und der nörglerische, tyrannische
Terry waren ein und dieselbe Person, und diese Person war ein
Kontrollierer.

Sie sollten überprüfen, ob Sie durch ein zwiespältiges Verhalten Ihres Partners verunsichert und irregeführt werden. Im
folgenden Kapitel werden wir das Verhalten Ihres Partners genauer untersuchen und Ihnen Anleitungen für eine Beurteilung
geben. Doch zuvor wollen wir uns wieder Ihnen zuwenden und
all dem, was Sie mit Ihrem Partner durchmachen. Auch wenn –
oder *gerade wenn* – Sie verunsichert sind, sind Ihre eigenen Reaktionen und Gefühle die besten Wegweiser.

Strategien, um mit der Situation zurechtzukommen

Bevor Tina merkte, daß sie sich in Terry getäuscht hatte, wandte sie viele unterschiedliche Strategien an, um mit ihm zurechtzukommen. Selbstverständlich ist die Situation nicht bei allen Frauen gleich, und jede reagiert auf ihre Weise, doch sind manche von Tinas Reaktionen sicherlich typisch. Wenn Sie selbst mit einem kontrollierenden Partner zusammenleben, verwenden Sie möglicherweise ähnliche Strategien.

1. Nicht-wahrhaben-Wollen und Verharmlosung

Die erste verbale oder körperliche Attacke eines Kontrollierers versetzt vielen Frauen einen Schock. Wie Tina sind sie völlig perplex. Sie können es einfach nicht glauben. Vielleicht zeigt Ihr Partner Reue und verspricht, er werde das nie wieder tun. Nach Ihren bisherigen Erfahrungen spricht nichts dagegen, diesem Versprechen Glauben zu schenken. Doch selbst wenn er sich nicht entschuldigt, selbst wenn er so tut, als sei nichts geschehen, haben Sie keinen Grund zu der Annahme, der Vorfall werde sich wiederholen. Denn er hat sich ja bisher noch nie so aufgeführt.

Sie mögen aufgebracht, böse oder verletzt sein, trotzdem werden Sie versuchen, den Vorfall zu vergessen und weiterzumachen. Genau dies tun die meisten Frauen. Sie wollen vernünftig sein und den Menschen, den sie lieben, nicht im Stich lassen, sobald Schwierigkeiten auftauchen. Wenn Ihr Partner arbeitslos wäre, wenn er verhaftet würde oder wenn er eine Affäre hätte, würden Sie ihn ja wohl auch nicht so einfach verlassen. Ist es also schlimmer, wenn er Sie anschreit oder schlägt?

Die meisten Frauen glauben, daß sich der Vorfall nicht wiederholen wird. Gleichzeitig sorgen sie dafür, daß er sich nicht wiederholen kann. Möglicherweise finden sie für das, was ge-

schehen ist, einen einleuchtenden Grund: Er war übermüdet
oder betrunken oder stand unter zu großem Stress. Oder sie
nehmen sich die Kritik des Partners zu Herzen und versuchen,
die Dinge zu ändern, die ihn angeblich dazu brachten, daß er
die Fassung verlor. Als Terry Tinas Verspätung wegen explodierte, bemühte sie sich, pünktlich zu sein, und hoffte, damit
die Ursache des Problems beseitigt zu haben.

Eine andere Methode, die Frauen anwenden, um mit diesen
schockierenden und belastenden Vorfällen zurechtzukommen,
besteht darin, sie so schnell wie möglich zu vergessen. Die
Menschen reagieren mit Vergessen, um sich gegen bedrohliche
Erfahrungen aller Art abzuschirmen, die sie bei Unfällen oder
bei Naturkatastrophen wie Überschwemmungen oder Stürmen
gemacht haben. Wer etwas Traumatisches erlebt hat, erhält
meist den Rat: «Du mußt darüber hinwegkommen.» Frauen,
denen das Verhalten eines kontrollierenden Partners einen
Schock versetzt hat, handeln oft nach dieser Devise. Tina gelang es, Terrys ersten Ausbruch vollkommen zu vergessen, und
als er zum zweiten und zum dritten Mal die Fassung verlor, war
sie von neuem schockiert. «Danach wußte ich, daß es tatsächlich passiert war», berichtet sie. «Ich wußte auch, daß es schon
mehr als einmal passiert war. Und ich sagte mir, daß es ja wohl
nicht so schlimm sein könne.»

Die Auswirkungen gravierender Vorfälle zu verharmlosen
ist ebenfalls ein verbreiteter Abwehrmechanismus. Er wird
angewandt, um Geschehnisse herunterzuspielen, damit sie
besser verarbeitet werden können. Frauen verharmlosen das
repressive Verhalten ihres Partners, damit sie ohne größere
Beeinträchtigungen ihren Aufgaben nachkommen können:
die Kinder zu betreuen, zur Arbeit zu gehen und Geld zu
verdienen. Viele Frauen, die eine Beziehung zu einem Kontrollierer haben, machen es wie Tina und sagen: «Es war gar
nicht so schlimm. Es hätte ja viel schlimmer kommen können.»

Manche Frauen bagatellisieren die schwerwiegenden Vorfälle, weil sie nicht sehr oft vorkommen. Andere ignorieren die schlimmen Zeiten und genießen die schönen. Viele haben jedoch gar keine andere *Wahl*, als die schlimmen Vorfälle zu ignorieren.

LUISA Ich war eine gute katholische Ehefrau, die ihr Ehegelübde ernst nahm. Ich hatte zwei Kinder im Alter von einem und von vier Jahren. Ich konnte keinen anständigen Job kriegen, denn ich hatte keinen High-School-Abschluß, und mein Englisch war damals nicht besonders gut. Meine Angehörigen wohnten weit weg, aber ich wußte sowieso, was meine Mutter sagen würde. Sie war ebenfalls eine gute Katholikin. Ich stand vor der Wahl, entweder allein zu leben und so arm dran zu sein, daß ich meine Kinder nicht ernähren konnte, oder dazubleiben. Da sagte ich mir: «Viele Frauen sind noch schlimmer dran. Ich komme schon zurecht.» Und ich betete viel.

Nicht-wahrhaben-Wollen, Ableugnen, Vergessen und Verharmlosen mögen fürs erste psychologisch sinnvolle Strategien sein. In der Tat schlagen sich die meisten Frauen auf diese Weise erst mal durch. Aber es sind auch Warnsignale, Hinweise darauf, daß eine Frau zuviel durchgemacht hat. Und mit der Zeit fordern sie ihren Preis. Wenn eine Frau dann noch schlimmere Dinge erlebt, die sie mit diesen überstrapazierten Abwehrmechanismen nicht mehr verarbeiten kann, wird sie vielleicht versuchen, die Probleme mit Beruhigungspillen, Alkohol oder Drogen zu bewältigen. Dann werden ihre Schwierigkeiten noch größer.

MARYANN Ich wurde zwei Jahre lang schwer mißhandelt. Jedesmal versprach er: «Ich tu's nie wieder.» Den Glauben, daß es nicht mehr passieren würde, brauchte ich einfach. Ich mochte ihn immer noch. Dann ging ich einmal in die Notaufnahme, und als die Schwester mich durchcheckte, hatte ich überall blaue Flecke. Aber ich sah sie nicht. Ich wußte, daß meine Schulter weh tat, aber daß mein ganzer Rücken voller blauer Flecke war, realisierte ich nicht. Ich sagte: «Ich habe keine blauen Flecke.» Die Schwester erwiderte: «Also, entweder haben Sie blaue Flecke, oder Sie sind übergeschnappt. Was ist Ihnen lieber?» Das hat mir die Augen geöffnet.

Ich hatte nur dadurch bei Verstand bleiben können, daß ich verdrängte, was mit mir geschah. Wenn ich mir alles auf einmal hätte eingestehen müssen, hätte ich es nicht verkraftet. Ich glaube, ich hätte durchgedreht. Wie konnte mich ein Mensch so sehr hassen? Und er sagte sogar, er liebe mich. Warum tat er mir das an? Es machte mich total fertig, deshalb ignorierte ich es einfach.

2. Mit der Situation fertig werden

Wir sind bisher keiner einzigen Frau begegnet, die nicht meinte, sie käme mit der Situation irgendwie zurecht. Dabei hilft ihr, wie wir gesehen haben, das Verleugnen, Bagatellisieren und Vergessen, weil es nicht mehr zu bewältigende Probleme auf ein «erträgliches» Maß reduziert. So gelingt es den meisten Frauen zumindest eine Zeitlang zu glauben, sie seien imstande, mit ihrem Partner zurechtzukommen und eine Besserung der Beziehung zu erreichen. Sogar Frauen, die schwerer körperlicher Mißhandlung ausgesetzt sind, glauben oftmals (vielleicht zu Recht), sie hätten die Situation noch einigermaßen unter Kontrolle. Sie meinen, alles wäre noch viel schlimmer, wenn sie nicht einen gewissen Einfluß ausübten – indem sie beruhigend auf den Partner einwirken, ihn aufheitern oder dazu bringen, daß er die Kinder in Ruhe läßt. Frauen wie Luisa, die keinen Ausweg aus ihrer Situation finden, glauben daran offenbar besonders fest. Was bleibt ihnen anderes übrig, als «mit den Gegebenheiten fertig zu werden»?

Bei diesen Strategien geht es hauptsächlich darum, mit dem Partner fertig zu werden. Tina sagt zu diesem Punkt: «Ich bekam zwar Angst, wenn er wütend wurde, aber ich dachte, ich käme schon mit ihm zurecht. Ich glaubte immer, ich könne ihn davon abbringen oder ihn wenigstens ablenken, und manchmal gelang mir das ja auch. Im Grunde stimmte es aber nicht; er ‹verzieh› mir erst, wenn ihm danach war.» Wie Tina bemühen sich die meisten Frauen fortwährend, mit ihrem Partner fertig zu werden – selbst wenn sich die Anzeichen mehren, daß sie damit nicht viel erreichen. Mit dem Partner fertig zu werden bedeutet meist, dafür zu sorgen, daß er sich nicht aufregt. Wie erwähnt, versuchen viele Frauen, die unmittelbare «Ursache» seiner Verärgerung zu beseitigen. Tina bemühte sich, pünktlich zu sein. Gwen achtete darauf, daß immer ein Sechserpack Bier der richtigen Marke im Kühlschrank stand. LaVonne gab Männern, die mit ihr tanzen wollten, stets einen Korb. Molly ging nicht mehr mit ihren Freundinnen aus.

Die eigentliche Ursache für den Wutausbruch eines Kontrollierers läßt sich jedoch schwer dingfest machen. Frauen klagen oft darüber, daß es «mal dies und mal jenes» sei. Das bedeutet: Sie können so viel in Ordnung bringen, wie Sie wollen, es wird immer etwas zu kritisieren geben. Dafür zu sorgen, daß er sich nicht aufregt, nimmt schließlich Ihre gesamte Zeit in Anspruch. Und Sie haben dabei das schreckliche Gefühl, daß Sie nie genug tun oder daß Sie nichts recht machen können. Maggie und Annette bemühten sich, mit ihrem Partner zurechtzukommen, indem sie alles «recht» machten, aber sie hatten damit keinen Erfolg.

MAGGIE Wenn auch nur die kleinste Kleinigkeit danebenging, explodierte er. Ich bemühte mich deshalb, alles in den Griff zu bekommen. Ich verbrachte die meiste Zeit damit, dafür zu sorgen, daß die Kinder leise waren, daß das Essen rechtzeitig fertig wurde, daß das Haus blitzsauber war. Von sechs Uhr morgens bis Mitternacht war ich am Saubermachen: Ich schrubbte und wachste die Fußböden, wischte jeden Tag Staub, polierte, erledigte jede Woche einundzwanzig Waschmaschinenladungen Wäsche. Aber wenn ich alles in Ordnung gebracht hatte, gab es immer noch etwas – irgendeine Kleinigkeit, etwa einen winzi-

gen Fleck auf einer Serviette, ein Fältchen an einem T-Shirt, ein
Staubflöckchen. Oder ich sprach ein Wort falsch aus. Oder
eines der Kinder mußte niesen. Im Vergleich dazu geht es beim
Militär locker zu, dessen bin ich sicher.

ANNETTE Ich dachte den ganzen Tag lang nur an ihn: Was soll ich
für ihn kochen? Wie soll ich mich herrichten? Was soll ich mit
den Kindern anstellen? Habe ich alles erledigt, was heute an-
stand? Was möchte er wohl heute abend unternehmen? Ich
hoffte, daß er dann zufrieden sein würde. Ich mußte ihm immer
einen Schritt voraus sein. Ich mußte darauf achten, in welcher
Stimmung er sich befand, wo er hinwollte, mit wem er zusammen war, wie es bei der Arbeit lief, wie seine Lieblingsmann-
schaften abgeschnitten hatten, was der Präsident gerade
machte (er verehrte George Bush) und wieviel er trank. Ich
dachte, auf diese Weise könnte ich herausbekommen, wie das
Wochenende werden würde und was ich mit den Kindern anstellen sollte. Darüber dachte ich die ganze Zeit nach, und ich
handelte dementsprechend. Aber ich konnte tun, was ich
wollte: Es reichte einfach nicht.

Frauen versuchen, mit ihrem Partner zurechtzukommen,
damit die Situation sich bessert oder wenigstens nicht verschlimmert. Zu diesem Zweck besänftigen, beruhigen, trösten,
beschützen und erheitern sie ihn. Sie lindern seine Probleme,
teilen seine Sorgen, bekämpfen seine Feinde, stärken sein
Selbstbewußtsein, unterstützen seine Pläne und beflügeln seine
Phantasie. Und sie kommen seinen Forderungen nach. Frauen
geben das, was sie gerne tun, auf, und widmen sich dem, was
der Partner von ihnen erwartet. Bei jeder Meinungsverschiedenheit geben sie nach. Sie stimmen selbst dann mit ihm überein, wenn sie wissen, daß er unrecht hat. Sie nehmen die Schuld
auf sich, obwohl sie wissen, daß sie nicht verantwortlich waren.
Sie unterdrücken ihre Wut, damit er nicht in Wut gerät. Sie
kümmern sich um alles. Sie finden Entschuldigungen für ihn.
Sie beißen sich auf die Zunge. Sie versuchen, ihr Verhalten und

ihr Persönlichkeitsbild zu ändern, um den Anforderungen des Kontrollierers gerecht zu werden. Sie übernehmen seine Vorstellung von Perfektion und bemühen sich, ihr gerecht zu werden. Kurz gesagt, sie geraten unter die Kontrolle des Partners.

Alle Frauen verwenden von Zeit zu Zeit derartige Taktiken, um mit den vielen unterschiedlichen Situationen zurechtzukommen, die wir in unserer von Männern beherrschten Gesellschaft antreffen. Frauen, die eine Beziehung zu einem Kontrollierer haben, verwenden sie jedoch häufiger. Dem Partner gefällig zu sein und ihn zu besänftigen, wird für sie zur Gewohnheit. Die meisten von ihnen glauben, sie kämen tatsächlich mit der Situation zurecht, doch wenn sie später zurückblicken, packt sie die Wut. Brenda sagt: «Ich wurde reingelegt. Ich kümmerte mich um den ganzen Kram, aber es war *sein* Kram. Ich habe mir die Finger wundgearbeitet für diesen Mistkerl – und das nur, damit er mich nicht vor meinen Kindern anschrie.» Wenn eine Frau versucht, einem Partner gefällig zu sein, damit er sich nicht aufregt, erreicht dieser ganz genau das, was er will. Er hat Macht über sie, er setzt sich durch. Es ist nicht ohne Ironie, daß die Frau dann, wenn der kontrollierende Partner sie ganz in der Hand hat, der Meinung ist, sie käme mit der Situation zurecht.

3. Sich behaupten

Obwohl die Lage verworren ist, versuchen Frauen immer herauszufinden, was für sie und ihre Familie am besten wäre. Sie ziehen Bilanz und denken über Alternativen nach. Luisa fühlte sich durch ihren Glauben an die Ehe gebunden, trotzdem suchte sie immer wieder nach Auswegen aus ihrer Lage.

LUISA Ich zerbrach mir andauernd den Kopf. Ich sagte mir: «Ich kann nicht hierbleiben. Ich halte es nicht aus, daß er mich anschreit und mich schlägt, daß er die Kinder anbrüllt. Ich weiß, daß es ihnen schadet.» Doch als ich dann ans Weggehen dachte,

bekam ich's mit der Angst zu tun. Ich fragte mich: «Wie willst
du denn eine Wohnung finden? Wie willst du die Miete bezahlen? Und wenn du irgendwo untergebracht wirst, wo es von
Fixern nur so wimmelt? Wie willst du da für das Wohl deiner
Kinder sorgen? Und was passiert, wenn du das nicht schaffst?
Was machst du, wenn sie dir deine Kinder wegnehmen?» Da
sagte ich mir: «Also gut. Es stimmt schon: Hier ist es gar nicht
so übel. Es gibt Schlimmeres.» Aber dann fing mein Mann wieder an zu wüten, und ich sagte mir: «Ich muß raus hier.»

Wie die meisten Frauen versuchte Luisa nicht nur, ihren kontrollierenden Partner zu besänftigen; sie wollte auch die Beziehung anders gestalten. So wie Tina gegen Terrys Vorschriften
rebellierte, widersetzen sich viele Frauen den Forderungen des
Partners. Maggie wehrte sich, indem sie sich weigerte, für ihren
Mann die Wäsche zu waschen; sie sagte ihm, da er mit ihren
Resultaten offenbar nicht zufrieden sei, solle er seine Klamot-
ten doch in die Reinigung bringen. Gwen forderte ihren Freund
auf, sein Bier selbst zu kaufen: «Wenn du es trinken willst,
kannst du es auch holen.» Nach einiger Zeit stellte sie ihm ein
schärferes Ultimatum: entweder die Anonymen Alkoholiker
aufzusuchen oder auszuziehen. Und sie selbst nahm Kontakt zu
einer Al-Anon-Selbsthilfegruppe auf. Tina bestand darauf,
daß Terry mit ihr zur Eheberatung ging. Lisa betete und ließ es
sich nicht nehmen, in die Kirche zu gehen, sooft sie wollte.

So klein die Schritte auch erscheinen mögen, so verhelfen sie
einer Frau doch dazu, stark zu bleiben und ihren Stolz zu bewahren, sich gegen die Unterdrückung aufzulehnen und die
Machtverteilung in der Beziehung zu ändern. Manche Schritte
sind wirkungsvoll, andere nicht, wieder andere können sich
nachteilig auswirken. Was Tina anbetrifft, brachte die Eheberatung keine Besserung der Beziehung; sie zögerte dadurch,
wie sie jetzt glaubt, ihre Entscheidung hinaus, sich scheiden zu
lassen. Oft müssen Sie aber erst einmal einen Versuch machen,
um zu merken, was dabei herauskommt.

Frauen wenden unterschiedliche Methoden an, um Veränderungen herbeizuführen. Manche wenden sich an ihre (oder seine) Bezugsgruppe, um Rat und Hilfe zu erhalten. Sie bitten Angehörige oder Freunde darum, zu intervenieren und mit ihrem Partner zu reden. Vielleicht versuchen sie, auf längere Sicht, größere Unabhängigkeit zu erlangen, indem sie sich um eine Stelle bewerben, eine Schule besuchen oder an einem Ausbildungsprogramm teilnehmen. Sie mögen für den Notfall Geld beiseite legen. Frauen, die körperlich mißhandelt werden, können die Polizei einschalten oder vor Gericht gehen. Sie können sich vorübergehend von ihrem Partner trennen, um ihn zu warnen, daß es zu einer dauernden Trennung kommen wird, wenn er sein Verhalten nicht ändert. Diese Strategien, mit denen die Frau sich der Unterdrückung widersetzt und dem Kontrollierer einen Teil seiner Macht nehmen will, stellen ihre Energie und ihren Einfallsreichtum unter Beweis, egal ob sie erfolgreich sind oder nicht.

4. Durchhalten

Eine Frau kann sich jedoch in große Gefahr begeben, wenn sie sich einem Kontrollierer entgegenstellt. Sobald sie ihre eigenen Interessen vertritt, fühlt sich ein entschlossener Kontrollierer bedroht; er kann seine Anstrengungen verdoppeln, um ja nichts von seiner Macht einzubüßen. Selbst ein Partner, der sich im Hintergrund hielt und wenig Interesse an seiner Frau oder Freundin zeigte, kann zu viel direkteren Taktiken greifen, wenn er befürchtet, daß sie ihn verlassen will. Wenn eine Frau versucht, sich von einem kontrollierenden Partner zu trennen, kann dieser äußerst bedrohlich und gefährlich werden. Viele Frauen fürchten sich davor dazubleiben, doch das Weggehen jagt ihnen noch mehr Angst ein. Sie fühlen sich völlig isoliert und eingesperrt. Die meisten von ihnen halten dennoch durch. Manchen ist ihre Religion oder Weltanschauung eine innere Kraftquelle, wie es bei Luisa der Fall war. Andere teilen die

Haltung von Brenda: «Ich haßte es, wie er mich herabsetzte und beschimpfte, aber ich war entschlossen, mich nie auf sein Niveau zu begeben – und dabei blieb ich.» Viele Frauen halten so lange an ihren Wunschvorstellungen und Ambitionen fest, bis sie sich verwirklichen lassen. Ihr Leben scheint zu stagnieren, doch ihre Hoffnungen halten sie in Gang.

Viele Frauen, die ihren kontrollierenden Partner nicht verlassen können, distanzieren sich auf andere Weise. Sie ziehen sich emotional zurück, schaffen sich in ihrem Inneren einen Zufluchtsort, an den sie fliehen können, wenn sie bedroht, beschimpft oder körperlich mißhandelt werden. So machte es Gloria.

GLORIA In dem Monat, in dem er anfing mich zu prügeln, nahm ich meinen Ehering ab, und ich steckte ihn nie wieder an. Ich sagte zu ihm, ich hätte ihn verloren. Innerlich trennte ich mich schon damals von meinem Mann, obwohl ich noch fünf Jahre lang blieb, um genug Geld zusammenzubekommen, damit ich nach Kalifornien gehen und neu anfangen konnte. Wenn er mit mir schlafen wollte, wandte ich mein Gesicht ab und legte die Hände auf die Brust, so daß er mir nicht nahe kommen konnte. Er konnte machen, was er wollte, er durfte mir nur nicht nahe kommen. Von der Taille aufwärts gehörte ich mir selbst. In Gedanken war ich anderswo.

Für manche Frauen kann das Sichzurückziehen lebenswichtig sein. Charlotte erläutert das folgendermaßen: «Trotz seiner Erniedrigungen gab es in meinem Inneren eine starke Person. Sie half mir beim Überleben; ich wußte, daß diese Frau in mir steckte.» Jill meint: «Es ist schwer zu erklären, aber innerlich gehören wir uns selbst, und daran ändert sich nichts, ganz gleich, was er tut.» Gwen sagt: «Ich habe ihm erklärt: ‹In meine Seele kannst du nicht eindringen. Und wenn du mich umbringst, meinen Widerstandswillen kannst du nicht brechen.›»

Die Isolation kann einer Frau jedoch zum Verhängnis werden, wenn die Unterdrückung und die Gewaltanwendung zunehmen. Sheilas Geschichte zeigt, was geschieht, wenn die Mißhandlung eskaliert. Bei ihr wirkten sich verschiedene Umstände verhängnisvoll aus: der immer häufiger auftretende sexuelle Mißbrauch und die generelle Gewalttätigkeit ihres Mannes, ihre daraus resultierende Depressivität sowie die fehlende Hilfsbereitschaft anderer. Es darf nicht übersehen werden, daß manche der Frauen, die in eine solche Notlage geraten, nicht mehr herausfinden.

SHEILA Mein Mann kam immer um 2.00 Uhr nachts von der Arbeit nach Hause, und meine Tochter erwachte schreiend aus ihrem friedlichen Schlaf. Sobald ich hörte, daß er die Wagentür zuschlug, überkam mich ein unkontrollierbares Zittern, weil er mich nachts oft vergewaltigte. Wenn er die Wohnungstür aufschloß, schrie meine Tochter, und ich hielt sie weinend im Arm. Das zog sich über Monate hin. Ich wußte nicht, daß ich am Rande eines Nervenzusammenbruches war. Ich wußte nur, daß ich Hilfe brauchte. Ich schlief zuwenig. Ich ernährte meine Tochter unzureichend. Ich gab ihr immer Erdnußbutter und Marmelade und schaltete den Fernseher an, um meine Ruhe zu haben. Ich schlief tagsüber, denn wenn ich nachts schlafen wollte, ging es nicht. Ich war so nervös, daß ich laufend Valium nahm.

Schließlich packte mich die Angst. Ich notierte mir aus dem Telefonbuch die Nummern der Notrufe, der Beratungsstellen und der Seelsorger, außerdem die Nummern aller möglichen Leute, mit denen ich Kontakt aufnehmen könnte. Doch dann erstarrte ich. Ich hatte nicht die Kraft, den Hörer in die Hand zu nehmen. Es war so peinlich, über meine Situation zu reden. Und wenn mitten im Gespräch mein Mann zur Tür hereinkäme? überlegte ich. Ich würde vor Schreck tot umfallen.

Ich versuchte, mit meiner Nachbarin und mit meinem Arzt zu reden, aber beide wollten offensichtlich nichts davon wissen. Ich fühlte mich herabgesetzt, und ich hatte Angst davor, daß jemand nach Art meines Mannes Kritik üben würde. Ich verlor soviel Selbstvertrauen, daß ich lieber zu Hause blieb, als hinaus ins Freie zu gehen. Ich war froh, wenn das Telefon nicht klingelte und der Tag vorüberging, ohne daß jemand an meine Tür kam.

Etwa ein Jahr lang war ich völlig gefühllos und abgestorben. Ich dachte daran, mich umzubringen, ließ es aber sein, weil ich wußte, daß ich damit meiner kleinen Tochter schaden würde. Ich erinnere mich, daß meine Mutter und meine Schwester damals eine lange Reise machten, um mich zu besuchen, und daß ich mir sagte: «Diese Menschen lieben mich, und ich freue mich doch über ihren Besuch, aber ich sitze bloß teilnahmslos da und will nichts anderes als schlafen.»

Der Besuch war jedoch der Wendepunkt. Ich glaube, ich wurde durch ihn daran erinnert, wie ich war, als ich noch «lebte». Nicht lange danach fand ich die Kraft, ein Frauenhaus anzurufen. Ich hatte große Angst davor, daß James etwas erfahren würde. Da ich keine Blutergüsse hatte, wußte ich nicht, ob sie mir helfen würden, doch sie kamen und holten mich ab. Sie begriffen offenbar, daß ich viel durchgemacht hatte. Ich kehrte nie mehr zurück.

Was Frauen empfinden

Frauen, die in einer Beziehung mit einem Kontrollierer leben, probieren meist eine Strategie nach der anderen aus. Wenn alles nichts nützt und die Kontrolle zunimmt, merken viele, daß in ihrem Inneren Veränderungen stattfinden. Manche dieser Veränderungen sind kaum wahrnehmbar, andere sind tiefgreifend. Sie sind dann besonders auffällig, wenn der Mann Gewalt anwendet, um die Partnerin zu unterdrücken. Manche Frauen werden reizbar und sprunghaft, zeigen ihren Kindern gegenüber wenig Geduld, beschimpfen sie und schauen noch pessimistischer in die Zukunft. Bei manchen treten auch körperliche Symptome wie Erschöpfung, Migräne, Menstruationsprobleme, Hautausschläge, Gewichtsveränderungen und Schlafstörungen auf.

Bei einer Reihe von Frauen, die mit einem kontrollierenden

Partner leben, zeigen sich so viele widersprüchliche Empfin-
dungen, daß sie ihr Gefühlsleben als «Berg-und-Tal-Fahrt»
beschreiben. Sie sind traurig, bekümmert, zornig, einsam,
empfindungslos, verlegen, gedemütigt, machtlos, deprimiert,
hoffnungslos, bitter, verzweifelt, feindselig, verängstigt – eine
Vielzahl von Gefühlen, von denen die meisten negativ sind.
Für das im Zusammenleben mit einem Kontrollierer entstan-
dene Gefühlswirrwarr sind fünf Emotionen charakteristisch,
die oft gleichzeitig auftreten: Angst, Scham, Schuldgefühle,
Wut und das unbestimmbare Gefühl des «Verrücktwerdens».

1. Angst

Die meisten mit einem kontrollierenden Partner zusammenle-
benden Frauen fürchten sich vor seinen Wutausbrüchen und
seinen Beschimpfungen; so wie Tina versuchen sie, etwas dagegen zu unternehmen. Frauen, deren Partner Gewalt anwenden, können verletzt oder sogar getötet werden. Sie haben allen Grund, sich zu ängstigen. Manche Frauen befürchten, daß
alles, was sie unternehmen, die Lage nur noch verschlimmert.
Andere wollen sich nicht um Hilfe bemühen, weil sie befürchten, daß niemand sie beschützen wird und daß ihr Hilferuf noch
größere Gefahren heraufbeschwört.

Diese Befürchtungen sind verständlich, und für viele Frauen
ist es äußerst sinnvoll, wenn sie ihre Ängste ernst nehmen und
entsprechend handeln. Selbst wenn es den Anschein hat, daß
diese Frauen nichts tun, bemühen sie sich in Wirklichkeit um
ein Durchkommen, indem sie den gewalttätigen Partner besänftigen. Sicherheit muß für sie Vorrang haben, wie bei Ruth.
(Weitere Überlegungen zu diesem Punkt finden sich im siebten
Kapitel.)

RUTH Er sagte, er werde es nie zulassen, daß ich gehe. Er sei mit mir
verheiratet; ganz gleich, ob er mich liebe oder ob ich ihn liebe,
ich müsse bei ihm bleiben. Und wenn ich den Versuch machte,

ihn zu verlassen, werde er mich umbringen – ganz langsam, ganz allmählich, bis ich kaputt sei. Ich wußte nie so recht, was er vorhatte, aber ich wußte, daß er vor Folter nicht zurückschreckte. Er brach mir mal den Arm, dann hielt er mir den baumelnden Arm vors Gesicht und behauptete, er sei ja gar nicht gebrochen.

2. Scham

Wer sich schämt, möchte am liebsten in den Boden versinken. Scham überfällt Sie, wenn Ihr Partner sagt, Sie seien dumm oder häßlich, oder wenn er Sie vor anderen demütigt. Frauen schämen sich in solchen Situationen in doppelter Hinsicht: weil sie gedemütigt werden und weil sie nicht in der Lage sind, solche Vorfälle zu unterbinden. Manche sagen, sie fänden ihre eigene Machtlosigkeit beschämend. Andere schämen sich ihres Partners wegen, folglich auch darüber, daß sie mit ihm zusammen sind. Viele Frauen schämen sich, weil sie das zulassen, was ihr Partner tut (auch wenn sie gar keine andere Wahl haben). Dieses Gefühl wird oft durch andere Menschen verstärkt, die fälschlicherweise behaupten, die Frau habe die Beschimpfungen «herausgefordert» oder «genieße» sie.

Scham hat komplizierte Auswirkungen. Sie hält viele Frauen davon ab, ihre Umwelt zu informieren und um Hilfe zu bitten. Manche schämen sich, weil sie schweigen, ziehen sich immer mehr zurück und vertiefen ihre Isolation. Darüber hinaus gibt es Frauen, die ihre Scham im Laufe der Zeit verinnerlichen und sich schämen, obwohl sie genau wissen, daß sie unschuldig sind.

CINDA Es war mir peinlich, mit jemandem über meine Probleme zu sprechen, weil mir das ganze Schlamassel so blöd vorkam. Ich glaubte, wenn ich anderen Leuten die Situation wahrheitsgetreu schildern würde, bekäme ich bloß zu hören, ich hätte mir das selbst zuzuschreiben, und es sei dumm von mir, weiter dazubleiben. Und ich war ja so dumm, weiterhin dazubleiben.

Also war ich vielleicht doch selbst schuld daran. Das ging mir immer im Kopf herum. Es kam mir auch unehrlich vor, daß ich meinen Freundinnen etwas vorgelogen hatte über meine Situation, und so zog ich mich im Laufe der Zeit völlig zurück. Die Zustände wurden immer schlimmer, und das Übelste war, daß er mich dauernd herumstieß, so daß ich mich kaum noch auf den Beinen halten konnte. Ich kam mir so klein vor.

3. Schuldgefühle

Der Kontrollierer versteht es, der Partnerin Schuldgefühle einzuimpfen; Terry brachte Tina dazu, daß sie das Gefühl hatte, keine «gute Mutter» zu sein. Viele Frauen müssen sich zur Wehr setzen gegen Vorwürfe ihres Aussehens, der Kindererziehung, des Kochens, der Hausarbeit, ihres Verhaltens im Bett wegen oder weil sie ihrem Mann nicht genug Zuneigung zeigen. Sind Frauen über lange Zeit hinweg und häufig Attacken dieser Art ausgesetzt, wird ihr Widerstand schwächer. Und da keine Frau vollkommen ist, fällt es leicht, sie davon zu überzeugen, daß sie bei weitem nicht so ist, wie sie sein sollte.

Es gibt vielerlei Gründe dafür, daß Frauen Schuldgefühle entwickeln. Manche fühlen sich schuldig, weil sie nicht fähig sind, ihren Partner zufrieden und glücklich zu machen. Andere fühlen sich schuldig, weil sie, um ihn bei Laune zu halten, Dinge tun, die sie für falsch halten: Sie erzählen Lügen, begehen Ladendiebstähle oder lassen sich auf ausgefallene Sexualpraktiken ein. Wieder andere – insbesondere Frauen mit starken religiösen Bindungen – haben große Schuldgefühle, wenn es ihnen nicht gelingt, ihre Beziehung lebensfähig zu halten.

Manche Frauen fühlen sich schuldig, weil sie bei ihrem kontrollierenden oder gar gewalttätigen Partner bleiben. Andere wiederum, weil sie daran denken, einen Partner zu verlassen, der so verwirrt, so niedergedrückt, so arm, so mitleiderregend ist. Frauen können sich sowohl ihres Bleibens als auch ihrer

Trennungspläne wegen schuldig fühlen. So fühlen sich gerade Mütter einerseits deswegen schuldig, weil ihre Kinder Streitigkeiten, ja sogar Tätlichkeiten miterleben müssen. Andererseits haben sie ein schlechtes Gewissen, wenn sie an Trennung denken, weil sie dadurch ihren Kindern den Vater sowie die finanziellen Vorteile nehmen, die er ihnen bieten kann.

GWEN Ich war unzufrieden mit mir, weil ich nicht die Kraft hatte wegzugehen. Ich wußte nicht, wo ich hingehen sollte, um von ihm wegzukommen. In der Stadt kannten mich alle, er hätte also nicht lange gebraucht, um mich ausfindig zu machen. Ich hatte keine Ahnung, wo ich hätte unterkommen können, aber ich war unzufrieden mit mir, daß ich nicht fortging. Doch als ich mich entschlossen hatte, ihn zu verlassen, wurde mir klar, daß er ja niemanden hatte, und da wollte ich ihm das einfach nicht antun. Er hat ein sehr schweres Leben hinter sich. Er hat sich bemüht, mit dem Trinken aufzuhören, und ging zu den Anonymen Alkoholikern. Aber er konnte nie eine Anstellung bekommen. Und dann starb seine Mutter, und er hatte nicht einmal genug Geld, um einen Beitrag zu ihren Bestattungskosten zu leisten. Das beschämte ihn. Es war traurig. Und er war einfach mitleiderregend.

Die meisten dieser Schuldgefühle werden von den Leuten, mit denen wir zusammenleben, verstärkt. In unserer Gesellschaft wird den Frauen traditionsgemäß beigebracht, ihren Männern zur Seite zu stehen; mißhandelten Frauen wird jedoch vorgeworfen, daß sie ihre Männer nicht verlassen. In unserer Gesellschaft wird erwartet, daß Kinder einen Vater haben, doch wenn die Beziehung in die Brüche geht, wird oft allein an den Müttern Kritik geübt.

4. «Das Gefühl, verrückt zu werden»

Wie schon erwähnt, steht das, was Kontrollierer tun, oft in krassem Gegensatz zu dem, was sie sagen, und auch ihre Handlungen selbst sind oft widersprüchlich und unberechenbar.

Schon das ist verwirrend genug. Doch wenn Frauen versuchen, mit ihrem Partner die Probleme zu besprechen, die ihrer Ansicht nach die Beziehung belasten, müssen sie häufig feststellen, daß ihre Sicht der Dinge in Frage gestellt wird. Oft weist der Mann ihre Darstellung der Ereignisse weit von sich. Er bestreitet, daß es überhaupt Probleme gibt. Es kann aber auch sein, daß er völlig mit der Ansicht der Frau übereinstimmt, aber rein gar nichts unternimmt. Im einen wie im anderen Fall haben die betreffenden Frauen das Gefühl, «verrückt zu werden».

Ist eine Frau sehr starker oder gewaltsamer Kontrolle ausgesetzt, wird dieses Gefühl übermächtig – wir müssen deshalb hier besonders darauf eingehen. Zahlreiche Frauen befürchten, daß sie sich überhaupt nicht mehr unter Kontrolle haben und allmählich den Verstand verlieren. Viele leiden unter Schlaflosigkeit oder unter Alpträumen. Manche haben Wahnvorstellungen, in denen sie sich selbst oder anderen etwas antun. Andere haben das Gefühl, sie verließen ihren Körper – dies ist besonders bei sexueller Gewaltanwendung der Fall. Wieder andere befinden sich in dem von Sheila beschriebenen Zustand des Abgestorbenseins. Und viele haben Suizid- oder Rachephantasien.

Es handelt sich dabei um verständliche Reaktionen auf traumatische Erlebnisse wie etwa Kriege oder Gewaltverbrechen. Die auftretenden Gefühle vermitteln der betreffenden Person den Eindruck eines Realitätsverlustes. Und dieser Eindruck kann durch andere Menschen verstärkt werden. Viele Frauen haben zum Beispiel große Angst (und das nicht ohne Grund), ihr Partner wolle sie verletzen. Begibt sich eine Frau daraufhin zu einem Psychologen, könnte die Diagnose sehr leicht «paranoid» lauten: Sie würde also als jemand diagnostiziert, der eine irrationale Angst vor anderen hat. Obwohl ihre «Paranoia» eine rationale und gesunde Reaktion auf ihre Lebenssituation ist, würde der Psychologe die Bestätigung liefern, daß

sie «verrückt» sei. In diesem Zusammenhang haben Frauen
noch zusätzlich Angst davor, daß sie von Psychologen oder Sozialarbeitern eingewiesen oder daß ihnen die Kinder genommen werden.

Das Gefühl, den Verstand zu verlieren, vergrößert die bestehenden Ängste und verstärkt die Depression und die Hoff-
nungslosigkeit. Viele Frauen sprechen von einem Gefühl der
Isolation und des Eingeschlossenseins... Manche berichten
von einem dramatischen Verlust an Selbstvertrauen, der durch
ein Gefühl der Machtlosigkeit und durch das Fehlschlagen aller
Bemühungen um Hilfe herbeigeführt wurde. Und bei Frauen,
deren Strategien sich als selbstzerstörerisch erweisen, die zur
Flasche greifen oder Drogen verwenden, tritt ein noch stärke-
rer Verlust an Selbstwertgefühl ein.

5. Wut

Fast immer führt Unterdrückung dazu, daß die unterdrückte
Person schließlich wütend wird. Viele Frauen unterdrücken
aber ihre Wut, weil sie befürchten, daß der kontrollierende
Partner noch gefährlicher wird, wenn sie ihren Gefühlen freien
Lauf lassen. Zwar sind vielen Frauen ihre Angst-, Schuld- oder
Schamgefühle bewußt, aber sie merken nicht, daß sich im Hin-
tergrund viel Wut aufgestaut hat. Manche Frauen agieren ihre
Wut auf indirekte Weise aus. Liz zum Beispiel schadete dabei
ihrem Partner, aber auch sich selbst.

LIZ Mein Äußeres war mir sehr wichtig und meinem Mann ebenfalls,
denn er war in der Bekleidungsbranche tätig, und ich führte
seine Kollektionen bei Modenschauen vor. Doch mit der Zeit
nahm ich immer mehr zu. Mein Mann war wütend. Ich weiß
genau, warum ich zunahm: weil mein Gewicht das einzige war,
über das er nicht bestimmen konnte, sondern ich. Andererseits
war es mir aber gar nicht recht, daß ich fett war.

Bisweilen agieren Frauen ihre Wut auf eine direkte Weise aus. Manche werden handgreiflich gegen ihren gewalttätigen Partner, andere schmieden Rachepläne – wie Beth und Lindsy.

BETH Oft tat ich wochenlang alles, um ihn bei Laune zu halten, aber dann kam der Punkt, an dem ich mir sagte: «Jetzt hab ich die Nase voll.» Dann überzog ich ihn mit Beschimpfungen, ging auf ihn los, trat nach ihm, biß ihn und zog ihn an den Haaren. Ich wußte, daß er es mir zurückzahlen würde, doch das war mir in diesem Moment ganz egal.

LINDSY Ich stellte mir immer wieder vor, er käme ums Leben. Zuerst malte ich mir nur aus, daß er bei einem schrecklichen Unglück umkommen würde – daß sein Flugzeug abstürzen würde oder daß er in einen Aufzugsschacht fiele. Dann stellte ich mir vor, daß ihm andere Leute etwas antäten. Ich hoffte, daß Rowdies ihn zusammenschlagen würden oder daß die Frau, mit der er eine Affäre hatte, ihm ein Messer zwischen die Rippen stecke. Als ich aber daran dachte, es selber zu tun, faßte ich den Entschluß, von ihm wegzugehen.

So wie Lindsy befällt viele Frauen das Verlangen, es ihrem Partner heimzuzahlen. Diese Rachegelüste sind durchaus begreiflich vor dem Hintergrund der Mißhandlung. Sie gehören zu den wenigen Mitteln, die einem Schwächeren zur Verfügung stehen. Es sollte niemanden überraschen, daß viele Frauen gegen ihre Partner Rachepläne schmieden und einige von ihnen auch zur Tat schreiten.

Manche Frauen fühlen sich besser, wenn sie zurückschlagen, so zum Beispiel Beth. Manche empfinden jedoch dadurch noch mehr Scham und Schuld. Frauen, die die Schimpftiraden ihres Partners verurteilen, machen sich manchmal Vorwürfe, wenn sie dieselben Taktiken anwenden. Und der Partner macht ihnen ebenfalls Vorhaltungen: «Du bist ja auch nicht besser als ich», sagt er und verwechselt dabei Ursache und Wirkung, denn in den meisten Fällen sind die Ausbrüche und Tätlichkeiten der Partnerin eine Reaktion auf seine eigenen.

Eine Frau, die ihrem Partner ernsthafte Verletzungen beibringt oder ihn tötet, muß jedoch mit einer strengen Bestrafung rechnen und wird möglicherweise lange Jahre im Gefängnis verbringen müssen. Wer daran denkt, den Partner umzubringen, sollte wie Lindsy erkennen, daß es höchste Zeit ist zu gehen.

Wenn die Überlebensstrategien
Probleme schaffen

Wenn eine Frau sich durch einen kontrollierenden Partner immer mehr eingeengt fühlt, kann es dazu kommen, daß sie Dinge tut, die sie selbst in Schwierigkeiten bringen oder deren sie sich schämt. Viele Frauen trinken oder nehmen Tabletten, um dem Alltag gewachsen zu sein. Manche erzählen Lügen, um Problemen aus dem Weg zu gehen, lassen Menschen, an denen ihnen etwas liegt, im Stich, machen Seitensprünge, essen zwanghaft oder schlafen fortwährend. Unter den gegebenen Umständen sind all diese Taktiken ebenso wie die bereits erwähnten Strategien durchaus verständliche Reaktionen. Es kommt ganz darauf an, welchen Nutzen Ihre Strategien haben und wie Sie sich dabei fühlen.

Manche Strategien sind eindeutig nutzlos und erweisen sich zudem als selbstzerstörerisch. Sie sind ein unübersehbares Zeichen dafür, daß Schwierigkeiten vorhanden sind, für die eine bessere Lösung gefunden werden muß. Zu diesen nutzlosen Strategien gehört z. B. das bereits erwähnte Vorhaben, den Partner umzubringen. Ebenso schlimm ist die Absicht, sich selbst umzubringen: Lassen Sie es sein, suchen Sie Hilfe. (Im sechsten Kapitel sprechen wir über Methoden, neue Kraft zu finden und Selbstvertrauen aufzubauen.) Als selbstzerstörerisch erweist sich auch die Abhängigkeit von Alkohol, Medikamenten und Drogen sowie die Vernachlässigung und die Mißhandlung der eigenen Kinder.

Lavonne: Suchtgefahren

Ich kiffte und trank Abend für Abend mit ihm zusammen, damit er nicht hochging. Es schien die beste Methode zu sein, um
ihn bei Laune zu halten, und ich fühlte mich auch ganz gut dabei. Doch in Wirklichkeit schuf ich mir damit ein zusätzliches
Problem. Ich machte einfach weiter, bis mir eine Freundin die
Meinung sagte und mich zu den Anonymen Alkoholikern
schleppte. Als ich suchtfrei war, ging er. Er sagte, es mache ihm
keinen Spaß mehr, mit mir zusammenzusein!

Nancy: Vernachlässigung und Mißhandlung
der Kinder

Ich schluckte laufend Valium. Und wenn das monatelang so
weitergeht, kannst du dich nicht mehr zusammenreißen und
eine gute Mutter sein. Ich war dauernd wütend, verletzt und
dazu noch völlig high. So leid mir das tut: Oft behandelte ich die
Kinder genauso, wie er mich behandelte. Ich ließ sie nicht nur
tagelang vor dem Fernseher hocken. Ich schrie sie auch an und
sagte ganz abscheuliche Dinge zu ihnen. Ich ohrfeigte sie. Es
war schlimm.

Was geschieht mit mir?

Frauen, die eine Beziehung zu einem kontrollierenden Partner haben, müssen mit ihrer Verunsicherung fertig werden, den Wirrwarr widersprüchlicher Gefühle beseitigen und sich die verschiedenen Strategien durch den Kopf gehen lassen, die ihnen helfen können, ihr Leben zu ändern. In diesem Kapitel haben wir Anstöße geliefert, über Ihre Gefühle sich selbst gegenüber und über die Strategien, die Sie Ihrem Partner gegenüber verwenden, nachzudenken. Wenn es Ihnen nun zu schwierig vorkommt, Ihre Gefühle zu ordnen und Veränderungen herbeizuführen, dann verlieren Sie nicht den Mut: Die meisten Frauen tun, was ihnen ihre Kräfte erlauben, und gehen Schritt für Schritt vor. Und sie kommen fast immer durch, auch wenn sich manche ihrer Handlungen schädlich oder selbstzerstörerisch auswirken. Sie kommen mit sich selbst ins reine und treffen sinnvolle Entscheidungen. (Anleitungen dazu bieten die Kapitel sechs und sieben.)

Wir müssen jedoch einräumen, daß viele Frauen, die eine Beziehung zu einem kontrollierenden Partner haben, zuerst viel Zeit und Mühe auf eine Strategie verwenden, die nicht viel einbringt: Sie versuchen, das Verhalten ihres Partners zu verstehen. Kein anderes Thema beschäftigt Frauen, die mit einem Kontrollierer zusammenleben, so sehr wie dieses, und weil sich in dieser grundlegenden Frage schwere Fehleinschätzungen ergeben können, befassen wir uns damit im folgenden Kapitel.

3. Woran liegt es,
daß mein Partner mich
so behandelt?

Die meisten Frauen, die mit einem kontrollierenden Partner zusammenleben, beschäftigt vor allem die Frage: Woran liegt es, daß mein Partner mich so behandelt? Auch Sie werden sich darüber schon oft den Kopf zerbrochen haben. In diesem Kapitel geben wir Ihnen die Antwort.

Ihren Partner kennt wohl niemand besser als Sie, auch seine Eltern nicht. Doch wie viele andere Frauen, die in einer Beziehung zu einem kontrollierenden Partner leben, meinen Sie, wenn Sie ihn nur *besser* verstehen könnten, würde Ihnen schon einfallen, was zu tun sei, damit er seine Einstellung und sein Verhalten ändere. Ganz gleich, wie er Sie behandelt: Sie glauben weiterhin, wenn Sie nur herausfänden, *warum* er dieses Verhalten an den Tag legt, könnten Sie dafür sorgen, daß seine guten Seiten zum Vorschein kommen.

In vielen Fällen ist es so: Je schlimmer sich der Kontrollierer aufführt, desto mehr bemüht sich die Partnerin, ihn zu verstehen. Für sein Verhalten lassen sich aber einige simple, naheliegende Gründe finden: Er mag sie nicht, er hat keine Achtung vor ihr, er empfindet nichts für sie. Wenn ein Bekannter Sie so behandeln würde, wie Ihr Partner Sie behandelt, würden Sie diese Schlüsse ziehen. Allerdings tut das weh. Erkenntnisse dieser Art können unerträglich sein. Und außerdem *behauptet* er ja, er liebe Sie. So glauben Sie oft weiterhin, für sein Verhalten müsse es tiefere und komplexere Gründe geben: irgend etwas in seiner Vergangenheit, Schwierigkeiten im Beruf, irgendeine Ungerechtigkeit, über die er nicht hinwegkommt – sei es, daß er schikaniert, gedemütigt oder übergangen wurde. Sie meinen, Sie könnten ihm helfen und die Beziehung in Ordnung bringen, wenn Sie herausbekämen, woran es liegt. Ihre Absichten sind gut, aber sie führen in die falsche Richtung. Sie werden damit kopfüber in etwas landen, was wir die Erklärungsfalle nennen. Auf Ihrer Suche nach theoretischen Gründen übersehen Sie die offenkundigen Tatsachen.

Die bittere Wahrheit lautet nämlich: Die simplen Gründe für sein Verhalten kommen der Wahrheit näher. Woran liegt es, daß Ihr Partner Sie so behandelt? Weil er sich für dieses Verhalten *entschieden* hat. Für unsere Gefühle können wir nichts, doch die Entscheidung, wie wir mit diesen Gefühlen umgehen, liegt sehr wohl bei uns. *Ihr Partner könnte Sie anders behandeln, wenn er das wollte.* Und wenn er es nicht will, können Sie sich noch so sehr bemühen, ihn zu verstehen: *Sie können ihn nicht ändern.*

Aber warum hat er sich gerade für dieses Verhalten entschieden? Weil er von vornherein der Meinung ist, er habe ein Anrecht auf Herrschaft. Das ist die Rolle, auf die viele Männer immer noch vorbereitet werden. Der Mann wächst in der Erwartung auf, daß er das Kommando übernimmt und die Frauen sich unterordnen werden. Und die Erwartungshaltung des Mannes wird von seinem kulturellen Umfeld bestärkt: Männer (insbesondere diejenigen, die der weißen Oberschicht angehören) haben auf allen Gebieten, bei legalen wie auch bei illegalen Betätigungen, nach wie vor das Sagen – im Staat, beim Militär, im Justizwesen, in den Medien, im Geschäftsleben, in der Industrie, in der Wissenschaft, in den freien Berufen, im organisierten Verbrechen, im Drogenhandel, in der Prostitution. Trotz aller Fortschritte, welche die Frauenbewegung erzielt hat, wird die Welt immer noch von Männern regiert, und die meisten Frauen haben zu Hause wie auch im Beruf weiterhin die Funktion, den Männern zuzuarbeiten und für sie zu sorgen.

Das sind unangenehme Wahrheiten. Vor der klaren, einfachen Antwort, daß Männer sich selbst für ein bestimmtes Verhalten entschieden haben und daß man es ihnen erlaubt, so zu handeln, verschließen viele Frauen die Augen; statt dessen suchen sie eine kompliziertere, individuellere, weniger beängstigende Erklärung. Wie schwierig und verwirrend diese Suche ist, schildert Keisha.

KEISHA Ich zerbrach mir dauernd den Kopf: «Was mache ich bloß falsch?» Ich meinte, irgend etwas an mir passe ihm nicht. Aber dann sagte ich mir: «An mir liegt es nicht. Ich behandle ihn sehr gut. Vielleicht hat er mit sich selbst Probleme, oder er hat bei der Arbeit Ärger, den er dann an mir ausläßt.» Schließlich fiel mir ein: «Es kommt vom Alkohol.» Doch das stimmte auch nicht, denn er führte sich genauso schlimm auf, wenn er nüchtern war.

Wie Keisha mögen auch Sie sich fragen: «Liegt es an mir? Oder liegt es an ihm?» Und Sie merken schließlich, daß das alles viel zu verworren ist. Es ist schwierig, sich in diesem Durcheinander allein zurechtzufinden, doch genau dies versuchen viele Frauen. Wir werden noch darauf zu sprechen kommen, was sie dabei falsch machen. Doch zunächst wollen wir einige der Erklärungen hören, wie sie Frauen häufig für das Verhalten ihres Partners finden.

PATTI Zuerst brachte ich Rons schlechte Stimmung mit seinem Job in Verbindung. Er verdiente nicht viel, er war nur Saisonarbeiter, und sein Boss war ein Ekel. Dann dachte ich an das stressige Familienleben. Wir hausten in einem ziemlich großen Wohnwagen, der aber trotzdem viel zu klein war für uns. Die

Enge war schrecklich. Der Fußboden lag voller Spielsachen, und die Kinder krabbelten auf Ron herum. Ich dachte immer, wenn wir eine Wohnung fänden, würde alles besser werden.

KATHRYN Ich hielt Eddy für einen einsamen, kranken Menschen. Er war immer wieder schrecklich gemein zu mir, aber nachher entschuldigte er sich und fing an zu weinen. Ich dachte: «Er muß krank sein. Er braucht meine Hilfe. Ich muß doppelt soviel Kraft aufbringen, damit wir durchkommen.»

JOSIE Zuerst sagte ich mir: «Er hat die Kontrolle verloren, er war außer sich.» Aber er stellte es immer so hin, als wäre ich der Auslöser gewesen. Ich ging zur Therapie, um herauszufinden, was ich falsch machte. Der Therapeut meinte, Ben sei auf seine Mutter böse und ließe dies an mir aus. Und das glaubte ich dann lange Zeit.

Auf der Suche nach Gründen

Wie wir schon im vorigen Kapitel erwähnt haben, bemühen sich viele Frauen nach Kräften, mit ihrem kontrollierenden Partner zurechtzukommen. Eine Art, mit der gegebenen Situation und vielleicht sogar mit dem Partner zu Rande zu kommen, ist die Suche nach Gründen für sein Verhalten. Diese Strategie ist sehr verlockend, weil es erst mal den Anschein hat, als könnten auf diese Weise die Ursachen erforscht und behoben werden, so daß von nun an eitel Frieden herrsche oder das Zusammenleben zumindest erträglicher werde. Die Suche nach Gründen gibt einer Frau Hoffnung. Sie kann sich weiterhin in dem Glauben wiegen, daß alles besser werde – auch wenn die Tatsachen das Gegenteil beweisen.

Je spezifischer die gefundene Ursache, desto optimistischer mag eine Frau werden: Fest umrissene Probleme scheinen sich leichter bewältigen zu lassen als vage, undefinierbare Schwierigkeiten. Wenn es bestimmte Umstände sind, die

ihren Partner belasten und für sein Fehlverhalten verantwortlich sind, kann er sich ja ändern, sobald andere Umstände
eintreten. Sie sagt sich vielleicht: «Es wird aufwärts gehen, wenn er einen neuen Job bekommt, wenn wir mehr Geld
zur Verfügung haben, wenn wir umziehen, wenn die Kinder
älter sind.» Erklärungen dieser Art sind besonders angenehm,
weil sie in Aussicht stellen, daß *mit der Zeit* eine Lösung des
Problems unumgänglich ist. Die Frau braucht nur abzuwar-
ten.

Das Wörtchen «wenn...» läßt viele Frauen Hoffnung schöpfen. Sie übernehmen die Verantwortung für das Verhalten ihres Partners und glauben, sie müßten nur sich selbst ändern,
damit er sich anders aufführe: Wenn der Partner Krach schlägt,
weil das Essen nicht fertig ist, braucht die Frau nur das Essen
pünktlich auf den Tisch zu stellen, und schon ändert er sein
Verhalten. Viele Frauen sagen sich: «Wenn ich mich nur anders verhalten hätte...» «Wenn ich bloß auf ihn gehört
hätte...» «Wenn ich nur den Mund gehalten hätte...» «Wenn
ich nur zu Hause geblieben wäre...» Solche Überlegungen geben einer Frau die Hoffnung, daß sich etwas ändern läßt und
daß sie diese Veränderung herbeiführen kann. Oft glaubt sie,
die Situation im Griff zu haben, auch wenn dies gar nicht in
vollem Umfang zutrifft.

Mit solchen Begründungen – und, wenn sie sich als falsch
erwiesen haben, mit erneuter Suche – läßt sich die Hoffnung
aufrechterhalten. Jeder Mensch braucht Hoffnung, damit er
weitermacht und eine positive Einstellung zum Leben behält.
Hoffnung kann jedoch für Frauen, die mit einem kontrollierenden Partner zusammenleben, irreführend, reine Zeitverschwendung und sogar gefährlich sein, sofern sie dadurch motiviert werden, bei einem gewalttätigen Partner zu bleiben. Wer
von seinem Partner mißhandelt wird, hat aber nicht nur das
Recht, darauf zu *hoffen*, daß er sich ändert, sondern kann dies
mit vollem Recht von ihm *verlangen*. Ein kontrollierender Part-

ner *kann* sein Verhalten ändern. Doch wenn er sich nicht selbst dazu entschließt, wird ihn alles Hoffen auf der Welt nicht dazu bringen.

In der Sackgasse

Wie so vielen anderen Frauen war auch Beth beigebracht worden, sie müsse für das Glück ihrer Familie sorgen. «Dazu ist eine Frau da», lautete ihre Überzeugung, und wenn alles gutging, war sie mit sich zufrieden. Wenn etwas schieflief, wenn etwa ihr Mann in Rage geriet, fühlte sie sich verantwortlich. Beth sagte dazu: «Ich liebte Ralph hingebungsvoll. Ich sagte mir: ‹Morgen wird er wieder anders sein.› So stellte ich mir das vor, und ich glaubte daran, auch wenn er sich nicht im geringsten änderte.» Als sie nach Gründen suchte, kam sie auf den Gedanken, sein «mieser Job» könne die Ursache für seine Unbeherrschtheit sein.

Beth gab sich nicht mit der Hoffnung zufrieden, Ralph werde schon noch eine bessere Stelle finden. Sie ermutigte ihn, seinen bisherigen Job aufzugeben, und sprach mit ihm darüber, welche Arbeit ihm besser zusagen würde. Als es ganz schlimm wurde, suchte sie ihm eine neue Stelle.

BETH Ich tat mein Äußerstes, weil ich hoffte, daß Ralph sich schon noch ändern würde, daß er eines Tages lächelnd nach Hause kommen und zu mir sagen würde: «Ich weiß gar nicht, was mit mir los war. Du bist eine wunderbare Frau!» Und dann würden wir wieder eine Musterehe führen. Ich war immer optimistisch. Wenn ich den Eindruck gehabt hätte, daß es nie zu einem Happy-End kommen könne, hätte ich durchgedreht. Ich wäre in der Klapsmühle gelandet.

Der neue Job gefiel Ralph. Nach der ersten Arbeitswoche lud er Beth zum Essen ein – und danach behandelte er sie wieder wie früher. Beth sagte dazu: «Es war schrecklich, doch nun kam ich endlich zu der Einsicht: ‹Am Job lag es nicht. Es lag an *ihm*.›» Trotz allem gab Beth die Hoffnung immer noch nicht auf.

Uns Frauen wurde beigebracht, daß wir unserem Partner zu einem besseren Leben verhelfen sollen, statt «egoistisch» danach zu streben, unser eigenes Leben zu ändern. Auch aus diesem Grund geben wir uns soviel Mühe, *seinen* Problemen auf die Spur zu kommen. Und das eigene Leben zu ändern wäre ja – insbesondere, wenn Kinder da sind – eine so schwierige Angelegenheit, daß wir darüber vielleicht gar nicht nachdenken wollen.

> Ich schaffte es einfach nicht, Schluß zu machen und mit den Kindern wegzugehen. Das brachte ich nicht über mich. Ich kam schließlich auf den Gedanken, er könnte seelische Probleme haben, und ich versuchte, ihn dazu zu bringen, daß er einen Therapeuten aufsuchte. Das klingt bestimmt seltsam: Mir kam es einfacher vor, bei ihm Ordnung zu schaffen, als mein eigenes Leben in Ordnung zu bringen. Der Therapeut war der Meinung, ich sei «co-abhängig», doch ich sagte: «Das ist ja bloß eine hochgestochene Bezeichnung dafür, daß ich schreckliche *Angst* habe.»

Auch Tanya befand sich in einem Dilemma: Auf der einen Seite das Fehlverhalten ihres Partners, auf der anderen die Schwierigkeit, die Dinge selbst in die Hand zu nehmen.

TANYA Daß die Beziehung zum Scheitern verurteilt sei, dachte ich oft; doch wenn ich mir dann überlegte, was zu tun sei, wurde mir sofort angst und bange. Ich sah einen Gerichtssaal vor mir, und mein Mann und seine Anwälte zeigten mit dem Finger auf mich und nannten mich eine Rabenmutter. Oder ich hörte meine Tante Bessie sagen, ich setzte meinen Lebensinhalt aufs Spiel. Manchmal sah ich schon den mißbilligenden Blick des Gemeindepfarrers, oder ich hörte, wie mein Mann am Telefon drohte, er werde sich die Pulsadern aufschneiden. Oder ich sah mich auf dem Sozialamt stehen mit meinen drei Kindern, die

mich anflehten: «Mami, bring uns heim!» Dann überlegte ich
mir: «Wie kann ich ihm helfen? Als Kind hat er ja wirklich
Schreckliches durchgemacht.»

Auch Ida wußte lange Zeit nicht mehr, wie es weitergehen
sollte. Sie suchte andauernd nach einem Grund, weshalb ihr
Partner sie verprügelte. Doch als sie sich mit einer Freundin
aussprach, ging ihr ein Licht auf.

IDA Eine meiner Freundinnen hörte sich monatelang an, was ich
über Dan zu sagen hatte. Eines Tages fragte sie mich: «Ida, was
würde denn geschehen, wenn du ihn vollkommen verstehen
könntest? Wenn dir alles sonnenklar wäre?» Zu meiner Verblüffung sagte ich: «Nichts.» – «Genau», spöttelte meine
Freundin. «Du hättest bloß den bestanalysierten Prügler der
ganzen Stadt.»

Ida begriff, daß all ihre *Erklärungen* am Problem vorbeigingen:
Das *Verhalten* des Partners ist das Problem. Wer *Ursachen* für
dieses Verhalten sucht, ändert nicht das geringste. Selbst wenn
Sie entsprechende Schritte unternehmen (wie Beth, die Ralph
eine neue Stelle suchte), wird sich Ihr Partner nicht ändern.
Nur er selbst kann sich dazu entschließen.

Um dies klar herauszuarbeiten, baten wir verschiedene
Frauen, uns zu erzählen, auf welche Ursachen sie das kontrollierende Verhalten ihres Partners zurückgeführt hatten. Dann
baten wir sie, diese Erklärungen von ihren jetzigen Erkenntnis-
sen her zu beurteilen. Die am häufigsten genannten Erklärungen sollen im folgenden untersucht werden. Sie hören sich
alle gut an, scheinen vernünftig und einleuchtend zu sein. Jede
dieser Erklärungen mag ein Körnchen Wahrheit enthalten.
Doch mit Ursachenforschung allein läßt sich keine Veränderung herbeiführen.

Begründung 1:
Alkohol und Drogen

Wir alle neigen zu der Annahme, daß Drogen und Alkohol aggressiv und gewalttätig machen. In den Medien gibt es jeden Tag Meldungen über Gewalttaten, die mit Drogen und Alkohol in Verbindung stehen. Und wir wissen aus eigenem Erleben, daß es da einen Zusammenhang gibt. Fraglich ist jedoch, ob zwischen Rauschmittelmißbrauch und Gewalttaten ein ganz eindeutiger Zusammenhang besteht.

> *RAYE* Ich sagte zu meinen Kindern: «Eurem Papa geht es nicht gut. Er ist alkoholkrank.» Aber es lag nicht allein am Alkohol, denn er fiel schließlich genauso über mich her, wenn er nüchtern war. Das gab mir den Rest. Ich dachte nur noch: «Was soll ich bloß machen? Es ist hoffnungslos.» Ich mußte einsehen, daß der Alkohol nicht die wahre Ursache darstellte, daß er ohne ihn auch nicht anders war. Ich war für ihn so oder so die Zielscheibe. Das war schwer zu verkraften.

Ohne Zweifel wird Fehlverhalten durch Drogen- und Alkoholkonsum noch gravierender, und es hat sich gezeigt, daß harte Drogen – insbesondere «Crack» und PCP – zu gewalttätigem Verhalten führen können. Es läßt sich jedoch nicht generell behaupten, daß Alkohol und Drogen die *Ursache* für Fehlverhalten oder Gewalttätigkeit sind. Ist Ihr Partner «high» oder betrunken, dann macht sich wahrscheinlich ein Kontrollverlust bemerkbar. Hat er wieder einen klaren Kopf, dann behauptet er, daß er nichts für das könne, was in seinem Rauschzustand passiert sei, er habe die Beherrschung verloren. Überlegen Sie sich mal, ob das wirklich stimmt. Warum greift er Sie an, aber nicht seinen Chef? Warum ist er Freunden gegenüber nett und Ihnen gegenüber verletzend? Wieso ist er bei anderen so beherrscht und zu Hause so unbeherrscht?

Ein Privileg des Mannes ist dabei von Bedeutung. Unsere Kultur gestattet es ihm, die Partnerin zu mißbrauchen. «Sie ist meine Frau», denkt er, und er glaubt, er habe das Recht, Sie unter Kontrolle zu halten, ganz egal, ob er betrunken oder nüchtern ist. Tatsache ist, daß ihn dabei kaum jemand aufhalten oder zur Rechenschaft ziehen wird. Würde er dagegen über seinen Chef herfallen, wäre er seine Stelle los und könnte im Gefängnis landen. Ihnen gegenüber aber kann er sich so bizarr und asozial aufführen, wie es ihm paßt, er kann Sie sogar verprügeln. Von Betrunkenen ist man das schließlich gewöhnt! Ist er alkoholisiert oder «high», ist der Weg frei, auf Sie loszugehen, ohne daß er Schuld oder Bedauern verspüren müßte. «Ich habe die Kontrolle verloren», sagt er nachher. «Ich weiß gar nicht, wie das passiert ist. Ich war nicht bei Sinnen.» Das hat den Zweck, seine Handlungen zu sanktionieren oder ihn zumindest von der Verantwortung zu befreien. Aber auch wenn er noch so oft behauptet, er sei außer Kontrolle geraten: Es ist klar, daß er sich für ein bestimmtes Verhalten entschieden hat.

LATONYA Er machte eine Entzugsbehandlung, und gemeinsam gingen wir zur Eheberatung. Er hörte mit den Drogen auf, und ein paar Wochen lang war ich im siebten Himmel. Doch dann mußte ich feststellen, daß er auch ohne Drogen immer noch diese schrecklichen Wutanfälle bekam: Er beschimpfte mich, er sagte, ich sei häßlich und selbstsüchtig und beute ihn aus. Und dann lamentierte er, ich wolle ihn kaputtmachen, ich sei gemein und hinterhältig. Ich dachte, das würde sich geben, aber es ging einfach so weiter. Mein Partner war suchtfrei, aber noch genauso aggressiv.

Manche Männer sehen ihre Drogen- oder Alkoholabhängigkeit zwar als akutes Problem, geben jedoch zu, daß sie die Abhängigkeit auch als Ausrede benutzen für kontrollierendes Verhalten. «Der Suff hat mir den Grund geliefert, ich konnte mich damit rausreden», erzählte uns Roger. «Ich wußte schon am Morgen, daß ich es meiner Frau abends heimzahlen würde. So ließ ich mich nach der Arbeit auf dem Nachhauseweg voll-

laufen. Danach konnte ich sagen, der Alkohol sei schuld. Ich
wollte sie gar nicht absichtlich hinters Licht führen. Irgendwie
glaubte ich selbst dran.»

Und warum hören manche Männer (leider nur einige wenige) mit ihren Gewalttätigkeiten auf, wenn sie von ihrer Dro-
gen- oder Alkoholsucht befreit sind? Weil diese Männer in
suchtfreiem Zustand Gewalt mißbilligen! Sobald sie sich entschließen, mit den Drogen oder dem Alkohol aufzuhören,
verlieren sie zudem die Ausrede dafür, die Partnerin zu mißhandeln. Deshalb hören sie mit körperlicher Gewalt auf. Aber
sie greifen möglicherweise nach emotionalen Druckmitteln,
um die Oberhand zu behalten. Gewaltanwendung ist ja be-
kanntlich nur eine von vielen Methoden eines Kontrollierers.
Hört sie auf, heißt das noch lange nicht, daß die Unterdrük-
kung durch Kontrolle aufhört.

ELEANOR Charles ging zu den Treffen der Anonymen Alkoholiker und hörte dann eine Zeitlang auf, mich zu verprügeln.
Aber er machte mir weiterhin das Leben zur Hölle. Es wurde
eigentlich immer schlimmer. Er machte mich für alles verantwortlich. Und dazuhin erwartete er Dankbarkeit dafür, daß er
nicht mehr trank. Schließlich fing er wieder an, mich zu schlagen.

Der Bostoner Therapeut David Adams, der sich seit einer
Reihe von Jahren mit gewalttätigen Männern beschäftigt, hatte
zu Eleanors Mann folgendes anzumerken: «Charles hatte zwei
grundverschiedene Probleme: einerseits Alkohol und Drogen,
andererseits, daß er seine Partnerin mißhandelte. Eleanor
dachte, der Alkohol sei die Ursache seines Fehlverhaltens.
Folglich nahm sie an, eine Behandlung des Alkoholismus
werde den Mißhandlungen ein Ende setzen. Das war leider ein
Irrtum. Charles bekam von den Anonymen Alkoholikern
Hilfe, was das Trinken betraf, doch er hatte noch eine weitere
Entscheidung zu treffen: Er mußte sich entschließen, sich sei-

ner Gewalttätigkeit wegen behandeln zu lassen. Er kann ihr ein
Ende setzen. Doch die Entscheidung liegt bei ihm.»

Begründung 2:
Unglückliche Kindheit

GERI Ich sagte mir andauernd: «Der arme Kerl bekam von seiner
Mutter nie die Brust. Sein Vater schlug ihn regelmäßig und
starb, als Joel elf war. Deshalb führt er sich mir gegenüber so
schlimm auf.» Gleichzeitig behauptete er, ich sei eine blöde
Kuh und machte alles falsch. Eines Tages sagte ich: «Schluß
damit! Das ist nicht fair.» Er nannte mich all diese schlimmen
Dinge, Flittchen, Schlampe, und ich dachte weiterhin: «Er ist
ein armer Kerl.» Ihn verstehen zu wollen brachte rein gar
nichts.

Geri hat recht, wenn sie glaubt, ein Kindheitstrauma könne
einem Erwachsenen zu schaffen machen. Aber sie hat auch
recht, wenn sie hinzufügt: «Na und?» Viele Frauen und Männer wurden als Kinder mißhandelt; sie mögen ihr ganzes Leben
lang an Depressionen und anderen Spätfolgen leiden, doch
werden sie durch die Mißhandlungen, denen sie als Kinder ausgesetzt waren, nicht gewalttätig. Als Erwachsene entscheiden
sie darüber, wie sie sich verhalten. Dessenungeachtet beschö-
nigte Geri jahrelang Joels Verhalten, indem sie ihn (wie dies
zahlreiche Frauen ihren Partnern gegenüber tun) als gespal-
tene Persönlichkeit betrachtete. «Er hat noch eine andere
Seite», sagte sie sich. «In ihm steckt ein verletztes Kind. Dieses
gute Kind versteckt sich oft, weil es sosehr leiden mußte, aber
ich hole es schon noch hervor.» Daran festzuhalten, «daß die
gute Seite sein wahres Ich ist», kam Geri plausibel vor. Doch
eines Tages stellte ihr eine Freundin einige Fragen, die ihr die
Augen öffneten: «Und wie war denn deine Kindheit? Du bist
doch von deinen Eltern ebenfalls ziemlich schlecht behandelt
worden, nicht wahr? Warum verprügelst du niemanden?»
    Geri drohte Joel schließlich, sie werde ihn verlassen – und

plötzlich änderte er sein Verhalten. «Ich konnte es kaum glauben, wie nett er auf einmal war», sagte Geri. «Wochenlang wollte er mich nur noch verwöhnen. Plötzlich hatte er seinen ‹unkontrollierbaren› Schmerz unter Kontrolle und hörte auf mit seinen Tiraden und Beschimpfungen. Als es nicht mehr anders ging, hat er es fertiggebracht, sich zu ändern. Hätte ich doch früher gewußt, daß er es schaffen würde, wenn er nur wollte!»

Begründung 3:
Kriegserlebnisse

JOANN Das Sterben und das brutale Kriegsgeschehen standen im Mittelpunkt von Harrys Schilderungen. Es brach mir das Herz, wenn ich ihm zuhörte und sein Gesicht betrachtete. Sein Lebenswille war dahin. So etwas hätte man keinem zumuten sollen, dachte ich jahrelang, und ich bin immer noch dieser Meinung. Ich kam aber auch mit den Frauen anderer Kriegsteilnehmer ins Gespräch. Einer von ihnen erzählte ich, was Harry mir antat. «JoAnn», sagte sie, «es gibt viele Männer mit posttraumatischen Stressreaktionen, die sich anders verhalten.»

Bei posttraumatischen Stressreaktionen handelt es sich um Symptome, die bei vielen mißhandelten Frauen, Kriegsteilnehmern oder Überlebenden von Naturkatastrophen auftreten. Viele Menschen, die übergroßem Stress oder traumatisierenden Geschehnissen ausgesetzt waren, leiden darunter. Zu den Symptomen, die kurzzeitig oder auch über längere Zeit hinweg auftreten können, gehören: emotionale und geistige Abstumpfung, verminderte Fähigkeit, seine Gefühle auszudrücken, Alpträume, schmerzliche Rückerinnerungen sowie Ausfallerscheinungen. Frauen wie JoAnn, die für die Gewalttätigkeit ihres Partners Verständnis aufbringen, weil er an kriegsbedingten posttraumatischen Stressreaktionen leidet, können ironischerweise selbst derartige Störungen bekommen. Ihre Reaktion auf Stress und Traumata führt jedoch nicht dazu, daß sie den Partner attackieren.

Eine Reihe von Frauen erzählte uns, daß der Einsatz in Vietnam ihre Männer verändert habe. Viele waren dort nicht nur besonders brutalen Kriegshandlungen ausgesetzt, sondern kamen (vielleicht erstmals) auch mit Drogen in Berührung. Doch wie jeder andere entscheidet auch der Kriegsveteran darüber, wie er sich verhält. Zu Hause tut er das, was das kulturelle Umfeld ihm gestattet. Fühlt er sich verletzt, frustriert oder irgendwie fehl am Platz, mag seine Frau dies zu spüren bekommen. Treten starke Ausfallerscheinungen auf, kann er sehr gefährlich werden. Doch dadurch, daß die Partnerin leidet, wird sein Leiden nicht erträglicher. Solange er alles an ihr auslassen kann, hat er keine Motivation, sich zu ändern.

Begründung 4:
Stress

CINDA Als er anfing, meine Kinder anzuschreien, war er nicht mehr der Mensch, den ich kannte. Anfangs hatte ich dafür Entschuldigungen: «Er hat einen schlechten Tag gehabt. Die Arbeit ist gerade sehr schwierig.» Doch es ging einfach so weiter. Da sagte ich mir: «Meine Kinder sind wie alle anderen Kinder. Sie tun doch nichts, daß er mit Recht so wütend werden kann.» Je mehr ich darüber nachdachte, desto klarer wurde mir, daß es an ihm lag, daß es etwas in seinem Inneren war. Der Stress war nur eine Ausrede. Daß ich für Ruhe sorgte, brachte zweierlei mit sich: Es erschöpfte mich und verwöhnte ihn. Er erwartete, daß alles perfekt war, und er zahlte mir's heim, wenn ich nicht die ganze Zeit nur an seine Bedürfnisse dachte.

Viele der Frauen, mit denen wir sprachen, bemühten sich sehr, ihrem Partner Stressbelastungen abzunehmen. Sie kochten vorzügliche Mahlzeiten, kümmerten sich um die Kinder, nahmen Telefonate entgegen, bezahlten Rechnungen, zogen mit ihrem Partner in eine andere Wohnung oder in eine andere Stadt. Ohne viel Aufhebens bemühten sie sich, ein stressfreies Umfeld zu schaffen. Doch das kontrollierende Verhalten des Partners

änderte sich nicht. Obwohl in einigen Beziehungen vorübergehend eine Besserung eintrat, ging es auf Dauer stets bergab.
Ganz gleich, wieviel Stress die Frauen reduzierten, es gab immer neuen. Das Leben ist eben voller Stress, doch ist Stress nie
die «Ursache» von Fehlverhalten. Wir alle entscheiden uns,
wenn wir unter Stress stehen, wie wir mit ihm umgehen. Die
meisten Menschen kommen mit Stress zurecht, ohne daß sie
andere unterdrücken.

Begründung 5:
Krankheit

SHERI Als Richard gerade mit dem Alkoholproblem fertig wurde,
stellte ich fest, daß er in eine schwere Depression geriet und sich
wieder sehr schlimm aufführte. Ich sagte mir: «Nun haben wir
also fünf Jahre lang gegen den Alkoholismus angekämpft, und
jetzt ist die Depression an der Reihe. Und dann werden wir mit
der Senilität zurechtkommen müssen, denn er ist ja zehn Jahre
älter als ich.» Und das war dann doch zuviel für mich: daß mein
ganzes Leben futsch wäre wegen seiner Krankheiten und seiner
Gewalttätigkeit.

JUANA Jahrelang meinte ich, er sei geisteskrank, er habe völlig die
Kontrolle verloren. Wenn ich zurückdenke, wird mir klar, daß
er sehr wohl wußte, was er tat. Er hätte mich umbringen können, tat es aber nicht. Er wußte, wo er hinschlagen mußte, damit niemand etwas bemerken würde. Er wußte, wann er aufhören mußte. Er ging nur bis zu einem bestimmten Punkt – gerade
weit genug, um mir zu zeigen, daß er mich in der Gewalt hatte.

Im Ehegelübde heißt es: «In guten und in schlechten Zeiten.»
Von den Geistlichen und von unseren Verwandten hören wir:
«Gute Paare halten zusammen und gehen gemeinsam durch
dick und dünn.» Wenn wir an Trennung denken, stellen wir
uns vor, daß dieser Mensch niemand hat, ganz auf sich angewiesen ist. Oder wir befürchten, daß er sich umbringt. In solchen Augenblicken vergessen wir oft, daß wir durch seine Ge-

walttätigkeit vertrieben werden. Obwohl nicht *unser* Verhalten, sondern *seines* anderen schadet, fühlen *wir* uns schuldig.

Es stimmt durchaus, daß manche Männer wegen organischer Gehirnschäden oder Psychosen gewalttätig werden; sie haben ihr Verhalten tatsächlich nicht unter Kontrolle. Sie können für sich und andere eine Gefahr sein und brauchen ärztliche Hilfe. Es gibt jedoch nur eine sehr kleine Anzahl von Männern, die wirklich so «krank» sind, daß sie sich nicht mehr unter Kontrolle haben. Die meisten Menschen entscheiden über ihr Verhalten, ganz gleich, wie sehr sie von physischen oder psychischen Leiden betroffen sind. Sie mögen zwar reizbar oder deprimiert sein, doch sie lassen dies nicht an anderen aus.

«Krankheit» als Erklärung kann ebenfalls in eine Sackgasse führen, wenn eine Frau dazu gebracht wird, nicht nur das Fehlverhalten zu entschuldigen, sondern auch noch denjenigen, der sie unterdrückt, zu umsorgen.

LOIS Obwohl ich mich vor ihm fürchtete, entstand zuerst eine fast mütterliche Beziehung zu ihm: ein armer Kerl mit emotionalen Problemen. Ich mußte alles für ihn regeln, weil er selbst einfach nicht zurechtkam. Ich machte mir Gedanken darüber, daß ich so stark und er im Grunde so erbärmlich schwach war. Das war ein großer Fehler! Erst nach Jahren verwandelte sich mein Mitleid in Wut. Ich hörte endlich auf, ihn zu bedauern. Ich sagte mir: «Er ist geisteskrank, er will sich nicht behandeln lassen, und daran kann ich jetzt nichts mehr ändern.» Die ganze Zeit hatte ich geglaubt, ich sei die Stärkere, und ich hatte nicht gemerkt, daß er mich von seiner Position der «Schwäche» aus völlig unterdrückte.

Begründung 7:
Unsicherheit

COLLEEN Ted konnte es nicht ertragen, daß ich andere Männer anschaute. Also schaute ich nicht mehr hin. Doch nun fing er an, sich *einzubilden*, daß ich sie anschaute, und immer wußte ich schon im voraus, daß es Krach geben würde.

Viele Frauen berichteten uns von Partnern, die so unsicher, so wenig selbstbewußt oder so eifersüchtig waren, daß es ihre ganze Zeit in Anspruch nahm, ihnen einen Rückhalt zu geben. Und trotz aller Bemühungen, sie zu besänftigen, zu stützen und ihrem zerbrechlichen Ego aufzuhelfen, gab es nichts als Fehlschläge. Sie blieben unsicher und fühlten sich nicht wohl. Weshalb?

Es geht auch hier um ein Privileg des Mannes. Er darf verlangen, daß ihn die Frau umsorgt, daß sie all seine Wünsche und Bedürfnisse erfüllt. Colleens Ehemann Ted und viele Männer seiner Art brauchen eine Frau, die für sichere und angenehme Lebensumstände sorgt. Diese Frau soll für den Partner da sein, ihm stets Vorrang einräumen – vor den Kindern und sich selbst; sie soll seine Bedürfnisse erahnen, das Haus in Ordnung halten und seine Probleme in den Griff bekommen. Gelingt es ihr nicht, alles perfekt zu regeln (weil eben niemand ganz perfekt ist), oder widersetzt sie sich, ist seine «Sicherheit» bedroht, und dann schlägt er zu. Er verhält sich nur dann anständig, wenn er merkt, daß er die Oberhand hat, und das heißt, daß sie tut, was er erwartet (ob sie nun seine Erwartungen kennt oder nicht). Die Grundlage seiner «Sicherheit» ist ihre Untertänigkeit, ihre Abhängigkeit und die ihm entgegengebrachte Verehrung. Er erhöht sich, indem er sie erniedrigt. Er plustert sich auf, während sie schrumpft. Das passierte auch mit Colleen.

Ich merkte erst nach Jahren, wie er wirklich war. Er war ein Faß ohne Boden, und ich versuchte es zu füllen. Wenn ich glaubte, alles sei in Ordnung, änderte er die Regeln. Er war ja ziemlich unsicher, aber das war mir irgendwann egal. Ich mußte Schlimmes durchmachen und meine Liebe dauernd unter Beweis stellen, weil Ted mir zeigen wollte, wer das Heft in der Hand hatte. Wegen seiner «Unsicherheit» bekam er soviel Zuwendung. Ich wollte seinem schwachen Ego etwas Gutes tun, doch in Wirklichkeit beutete er mich nach Strich und Faden aus.

Begründung 8:
Rassismus und / oder Armut

PAM Wenn ihm irgendeine Laus über die Leber gelaufen war, ließ er
das zu Hause an mir aus. Später sagte er dann, es tue ihm furchtbar leid. Er schenkte mir ein Fläschchen Parfüm oder sonstwas,
das er im Laden geklaut hatte. Er behauptete, ein Schwarzer
habe sowieso keine Chance, und er schon gar nicht. Er saß eine
Zeitlang im Kittchen, weil er einen Schnapsladen ausgeraubt
hatte, und als er herauskam, kriegte er keinen Job. Er behauptete, die Bullen hätten ihn wieder geschnappt und ohne
Grund zusammengeschlagen. «O Baby, du bist der einzige
Mensch auf der Welt, bei dem ich mich wohl fühle», sagte er zu
mir. Und ich tat natürlich alles, um ihn zufriedenzustellen.

Rassendiskriminierung und Armut machten Pams Partner
Darrell schwer zu schaffen, doch er selbst unternahm wenig,
um seine Lage zu verbessern. Statt dessen erwartete er von
Pam, daß sie ihm half. Ähnliches hörten wir von Frauen, deren
kontrollierende Partner in unserer Gesellschaft zu den Schwachen zählen, arme Farbige sind, Arbeitslose, illegale Einwanderer, Wanderarbeiter, Kleinkriminelle oder Körperbehin-
derte. Diese Männer kamen sich angesichts ihrer Randexistenz
klein und bedeutungslos vor und wollten von ihrer Partnerin
ein Gefühl von Größe und Macht vermittelt bekommen. Ganz
gleich, wie tief sie gesunken waren: Selbst die ganz machtlosen
Männer meinten, sie hätten das Recht, über eine Frau zu herrschen und von ihr bedient zu werden. Das Privileg des Mannes,
von einer Frau umsorgt zu werden, war das einzige Vorrecht,
das sie noch hatten.

Darrell instrumentalisierte überdies den Rassismus, um sich
Pams Loyalität zu sichern. Der weiße Rassismus entmanne die
Schwarzen und nehme ihnen ihren Stolz, sagte Darrell. Pam
schuldete es also ihrer Rasse wie auch Darrell, bei ihm zu bleiben und ihm wieder auf die Beine zu helfen. Wenn sie ihn nicht
unterstütze, sagte er, müsse er ein Dealer werden, und dann

werde er wahrscheinlich wieder im Knast landen. Er beteuerte, ganz allein Pam habe die «Macht», ihn zu retten.

Was er sagte, stimmte weitgehend. Ich hatte einen Job, er konnte keinen bekommen. Und ich mußte selbst mitansehen, wie ihn die Bullen ohne Grund belästigten. Ich hatte Mitleid mit ihm. Darrell wurde rassistisch unterdrückt. Doch ich wurde auch rassistisch unterdrückt, und dazuhin wurde ich von Darrell unterdrückt. Ich lasse es mir nicht gefallen, daß ein Mann von meinem Geld lebt – besonders dann nicht, wenn er den ganzen Tag im Bett liegt und fernsieht. Ich mußte meine Kinder durchbringen. «Wenn die Weißen für deinen Lebensunterhalt aufkommen müssen», sagte ich zu ihm, «dann geh und hol ihn dir ab. Ich bin nicht der Zahlmeister.»

Begründung 9:
Hemmungen

SHIRLEY Ich versuchte jahrelang, Lou dazu zu bringen, in eine Therapie zu gehen. Ich wußte, daß ich meine Gefühle zum Ausdruck bringen konnte, er aber nicht. Ich dachte, ein Therapeut könne ihm helfen, das auszusprechen, was ihn bewegte. Dann müßte er es nicht mehr in sich hineinfressen. Schließlich ging er zusammen mit mir hin. Meine Erwartungen wurden jedoch enttäuscht. Lou und ich saßen zusammen mit dem Therapeuten in einem Büro und redeten über Lous Kindheit. Dann ermutigte ihn der Therapeut, seinem «Haß auf seine Mutter» freien Lauf zu lassen. Die Sitzungen wurden mir allmählich unheimlich, und wenn wir nach Hause kamen, tobte Lou einfach weiter, stieß Drohungen aus und warf mit Tellern. Ich sagte dem Therapeuten, daß mir das Angst einjage. Er meinte, ich hätte kein Vertrauen zu Lou. Eine schöne Behandlung war das! Der Therapeut behauptete, ich unterminierte den Behandlungsprozeß, und Lou wurde immer wilder und gewalttätiger.

In der Populärpsychologie – populär ist sie zumindest bei der weißen Mittelschicht – wird der Standpunkt vertreten, daß man seine Gefühle zum Ausdruck bringen solle. Viele Psychologen bringen ihre Klienten dazu, ihrer Wut freien Lauf zu lassen; sie sind der Ansicht, wenn die Wut herausgekommen sei, werde sie irgendwie verschwinden, und dann werde man sich besser fühlen. Dieser Rat ist aber gefährlich, ja fatal, wenn er an kontrollierende oder gewalttätige Männer ergeht. Denn die glauben ohnehin, sie hätten ein Recht, ihre schlechte Laune an anderen auszulassen. Untersuchungen beweisen, daß Männer, die ihre Wut ausagieren, nicht friedfertiger, sondern noch aggressiver werden.[2] Therapeuten, die diese Männer dazu ermutigen, «ihren Gefühlen freien Lauf zu lassen», geben ihnen genau das, was sie haben möchten: die offizielle Billigung ihrer zügellosen Tiraden.

Die Therapeuten Lundy Bancroft und David Douglas sagen dazu: «Frauen meinen: ‹Wenn ich ihn nur dazu bringen könnte, seine Gefühle auszudrücken.› Aber er äußert sich ja durchaus – oft sogar recht gut. Nötig ist vielmehr, daß er aufhört, den ganzen Tag lang über sich und seine Kränkungen nachzusinnen. Er ist viel zu egozentrisch. In der Therapie versuchen wir, die Klienten dazu zu bringen, daß sie weniger auf ihre eigenen Gefühle achten und mehr auf die Gefühle der Mitmenschen, die sie mit ihrem Verhalten kränken. Was diese Männer am allerwenigsten brauchen, ist die Möglichkeit, ihre Wut auszuleben.»[3]

Ellen Pence, eine der Begründerinnen des Domestic Abuse Intervention Center in Duluth, bringt dieselbe Ansicht auf andere Weise zum Ausdruck: «Die Frauen, mit denen wir arbeiten, wollen, daß ihre Partner Gefühle haben. ‹Steckt ihn in eine Therapiegruppe, und bringt ihm bei, sich zu äußern›, sagen sie zu uns. Das kommt ihnen aus ihrer Perspektive plausibel vor, aber es ist falsch. Das Problem dabei ist: Wenn wir ihm beibringen, seine Gefühle auszudrücken, und er immer noch glaubt, er habe ein Recht, die Partnerin zu unterdrücken, dann wird er seine neue Ausdrucksfähigkeit dazu benutzen, sie noch mehr zu schikanieren. Wenn seine Ansichten gleichgeblieben sind, wenn er weiterhin darauf besteht, daß sie zu Hause bei den Kindern bleibt, daß sie ihren Job aufgibt, daß sie ihm sexuell gefügig ist, dann ist es ein Fehler, ihm beizubringen, wie er seine Gefühle ausdrücken soll. Hier gibt es Männer, die nach Gruppensitzungen heimgehen und zu ihren Frauen sagen: ‹Paß mal auf, wie du mit mir redest. Du kränkst mich damit sehr.› Sie verdrehen das, was sie in den Therapiegruppen gehört haben – und verwenden es gegen ihre Partnerin, weil sie immer noch versuchen, sie zu unterdrücken.»

Ellen Pence fährt fort: «Zweifellos müssen manche kontrollierenden Männer lernen, ihre Gefühle auszudrücken. Doch zuallererst müssen sie aufhören, anderen Schaden zuzufügen. Wir können ihnen erst dann kommunikative Fertigkeiten beibringen, wenn sie mit ihrer Gewalttätigkeit aufhören. Andersrum funktioniert das nicht.»

Woran liegt es, daß mein Partner mich so behandelt?
Eine neue Begründung

Wir kommen noch einmal auf die simple Erklärung zu sprechen, die wir am Anfang dieses Kapitels gegeben haben. Woran liegt es, daß er mich so behandelt? Weil er sich für dieses Verhalten *entschieden* hat.

Trotz seiner schlimmen Kindheit, seines Drogen- und Alkoholkonsums, seiner finanziellen Probleme, seiner schrecklichen Kriegserlebnisse, seiner Stressbelastungen, seiner Krankheit, seiner Unsicherheit, seiner Arbeitslosigkeit, seiner Hemmungen; trotz Rassismus, Rezession und trotz des Wetters; ganz egal, was die Kinder tun, wie Sie aussehen und wie Sie sich aufführen – er könnte sich anders verhalten, wenn er es nur wollte.

Doch wie kommt es überhaupt dazu, daß sich jemand für dieses Verhalten entscheidet? Wir haben wiederholt darauf hingewiesen, daß das Verhalten des Kontrollierers nicht einfach auf persönliche psychische Probleme zurückzuführen ist; es ist weitgehend ein Produkt unserer Kultur. Wenn Sie (statt zu versuchen, das Innenleben Ihres Partners zu ergründen) die Welt betrachten, in der wir leben, werden Sie feststellen, daß Männer in unserem Kulturkreis dazu motiviert werden, Frauen zu unterdrücken.

Wie geht das vor sich? Wie erwähnt, hält unsere Kultur Klischeevorstellungen über die Rolle und das Verhalten von Männern und Frauen für uns bereit. In den Vereinigten Staaten haben wir viele verschiedene Kulturen – afroamerikanische, lateinamerikanische, asiatisch-amerikanische und indianische – mit unterschiedlichen Wertvorstellungen und unterschiedlichen Definitionen des Weiblichen und Männlichen, doch die meisten Menschen eignen sich – gewollt oder ungewollt – Werte der vorherrschenden Kultur der weißen Mittelschicht an.

Filme offerieren uns ein facettenreiches Bild des *Mannes*: Er hat alles im Griff, er ist gerissen, zäh, cool, aggressiv, gutaussehend, sexy, reich und hat Stil. Er lügt gekonnt, scheut Auseinandersetzungen nicht und behält seine Gefühle für sich. Wenn er ein Afroamerikaner ist, mag er auch komisch, schlau, unehrlich und redselig sein. Ob er nun weiß oder schwarz ist: Die Frauen (meist schön und schlank) liegen ihm zu Füßen. Er spielt die Hauptrolle. Sie gehören ihm.

In der Realität haben die meisten Männer aber nicht ganz so viel zu sagen. Der Staat, das Militär, die Medien, die Geschäftswelt, die Industrie, der Wissenschaftsbetrieb und die freien Berufe befinden sich immer noch weitgehend in den Händen einer kleinen Schicht gutsituierter weißer Männer. Dies gibt jedoch den Männern, die sonst nicht viel zu bestimmen haben, um so mehr Grund, sich im eigenen Haus wie ein

Tyrann aufzuführen. Für einen Mann mag die Arbeit oder der Alltag aufreibend sein. Er erwartet, daß sein Zuhause anders ist. Zu Hause beginnt das Privatleben. Sein Heim – selbst wenn es Ihnen gehört – ist seine Burg. Alles, was drinnen ist, nimmt er in Besitz. Dort kann er ein *Mann* sein, der alles im Griff hat, indem er wieder und wieder demonstriert, daß er Sie in seiner Gewalt hat.

Doch wie kann er glauben, er habe das Recht, seine Partnerin zu unterdrücken? Und wie kommt er auf die Idee, dieses Zuhause gehöre ihm allein? Diese Vorstellungen sind über Jahrhunderte hinweg lebendig geblieben – in der Familie, in der Kirche und in der Rechtsprechung. Tatsache ist, daß Eheleute bis zum Ende des 19. Jahrhunderts nach dem Gesetz als eine Person betrachtet wurden (und das war der Ehemann); rechtlich wurde die Ehefrau durch ihren Mann «vertreten». Dies bedeutete, daß verheiratete Frauen sich nicht scheiden lassen konnten, daß sie für ihre Kinder kein Sorgerecht erlangen und keine Besitztümer haben konnten. Darauf haben Frauen inzwischen ein Recht, doch die kulturelle, religiöse und gesellschaftliche Tradition, die den Mann zum Haushaltsvorstand erklärt, dauert an. Sofern Ihr Partner diese Rolle nicht von sich aus ablehnt, hat er allen Grund zu der Annahme, er sei der Boss. Und dies mag ihm auch noch völlig natürlich erscheinen.

Im traditionellen Ehegelübde soll die Braut versprechen, ihren Mann zu lieben, zu ehren und ihm zu *gehorchen*. Kaum jemand sagt das noch, viele lassen sich gar nicht mehr kirchlich trauen, doch das Wort «gehorchen» ist allen geläufig. Immer noch geben viele Frauen bei der Heirat ihren Namen auf und übernehmen den Namen des Partners. Auch ohne Eheschließung betrachtet mancher Mann die Partnerin als *seine* Frau. Wenn sie sagt, daß auch *sie* Rechte habe, oder wenn sie ihn darauf hinweist, daß er sich mit seinen Tätlichkeiten strafbar mache, mag er das lachhaft finden. «Du gehörst mir», sagt er dann vielleicht, und genau das denkt er auch.

Und was wird von einer Frau erwartet? Sie soll ihrem Mann zur Seite stehen. Sie sorgt für ihn und die Familie. Wenn etwas schiefgeht, wird es von einer guten Frau in Ordnung gebracht, und zwar rasch. Ihr ist beigebracht worden, daß ein richtiger Mann zur Arbeit geht, Geld nach Hause bringt und die Führung übernimmt. Ihre Aufgabe ist es, ihn zu unterstützen und ihm das schwierige Leben zu versüßen.

Diese altmodische Rollenverteilung ist an sich schon schlimm genug. Doch in der Institution Ehe werden damit die besten Voraussetzungen für Mißhandlungen geschaffen. Zu Hause treiben viele Männer den Besitzanspruch und die Unterdrückung auf die Spitze. Sie werden gewalttätig, um ihren Willen durchzusetzen oder einfach, um ihre Macht zu demonstrieren. Die meisten Menschen sind schockiert, wenn sie erfahren, daß solche Männer in den Vereinigten Staaten Jahr für Jahr mindestens zwei Millionen Frauen verprügeln. Manche Schätzungen liegen noch erheblich höher. Von den betreffenden Männern sind die meisten voll zurechnungsfähig. Spezifische Probleme, die zu derartigem Verhalten führen könnten, haben sie in der Regel nicht. Sie verhalten sich so, weil sie glauben, sie hätten ein Recht dazu. Das Recht gibt ihnen unsere Kultur, d. h. unsere Geschichte, unsere Institutionen, unsere Gesetze, unsere Filme.

Doch wenn es zutrifft, daß unsere Kultur Männer lehrt, Frauen zu unterdrücken und zu mißhandeln: Warum verhalten sich dann nicht alle Männer so? Das ist eine berechtigte Frage, und die Antwort ist nicht einfach. Tatsache ist, daß Männer insgesamt als Mitglieder einer herrschenden oder privilegierten Klasse Frauen unterdrücken. Allein weil sie Männer sind, erhalten sie alle möglichen Vorrechte – vom höheren Lohn bis hin zur Straße, die «ihnen gehört». (In manchen afroamerikanischen oder lateinamerikanischen Vierteln mit hoher Arbeitslosigkeit, in denen die Straßen für alle gefährlich sind, lassen sich Männerprivilegien nicht so deutlich erkennen, aber sie sind dennoch vorhanden. Wer spielt dort wohl den Boss?) Männer haben ganz allgemein Macht über Frauen. Einige machen davon in ihrer persönlichen Beziehung Gebrauch, andere jedoch nicht.

Viele Männer lernen in unserer Kultur auch etwas anderes, Gegensätzliches. Sie lernen zum Beispiel, daß Frauen wichtig sind, daß sie beschützt und geachtet werden sollten, daß Frauen gleichberechtigte menschliche Wesen sind, daß ein Mann eine Frau nicht schlägt. Sie nehmen sich dies zu Herzen und handeln danach.

Doch die Kontrollierer – insbesondere diejenigen, die gegen Frauen Gewalt anwenden – lernen diese Lektion nie, oder sie *ver*lernen sie wieder. Ein Junge, dem zu Hause oder in der Kirche beigebracht wird, Frauen zu achten, mag dies in einer Bande von Jugendlichen, in einer Studentenverbindung oder beim Militär wieder verlernen. Jeder Mann hat andere Lebenserfahrungen, aber wenn ein Mann zu der Auffassung gelangt, er dürfe Frauen unterdrücken, sieht er sich darin durch unsere Kultur in vielfältiger Weise bestätigt.

Therapeuten, die sich damit befassen, das repressive und gewalttätige Verhalten von Männern zu ändern, verweisen auf vier kulturelle Fehlentwicklungen, die Männern die Erlaubnis, ja die Ermutigung geben, Frauen zu mißhandeln.[5]

1. Instrumentalisierung der Frau. Unsere Gesellschaft verwandelt Frauen in Objekte. Die Art, in der sie gemeinhin in der Werbung, im Film, im Massenentertainment und besonders in der Pornographie dargestellt werden, macht Frauen zu Objekten. Diese Instrumentalisierung schafft in vielen Männern die Erwartung, daß Frauen dazu da seien, die persönlichen, sexuellen, emotionalen und körperlichen Bedürfnisse des Mannes zu befriedigen. Instrumentalisierung zeigt sich darin, daß Männer, die ihre Frau mißhandeln, selten deren Vornamen benutzen (sie sprechen von ihrem «Weib», ihrer «Alten» oder

Schlimmerem; in ihren Augen ist die Partnerin kein Mensch mit eigener Identität). Instrumentalisierung zeigt sich auch darin, daß der Mann zu später Stunde nach Hause kommen und Geld nach Belieben ausgeben kann, daß er auf die Partnerin keine Rücksicht zu nehmen braucht. Sie ist da, um ihn zu bedienen.

2. *Herrschaftsanspruch*.[6] Der kontrollierende Mann hat bestimmte Erwartungen: Die Partnerin soll sein Zuhause in Ordnung halten, soll seine sexuellen und sonstigen Bedürfnisse befriedigen. Über diese Forderungen läßt er nicht mit sich diskutieren. Er glaubt, es seien fundamentale Lebensvoraussetzungen, auf deren Erfüllung er als Mann ein Recht habe. Und da er glaubt, er habe einen legitimen Herrschaftsanspruch, hält er es auch für richtig, die Partnerin unter Druck zu setzen oder zu bestrafen, wenn sie nicht pariert, anderer Ansicht ist, sich durchsetzt, ihre Meinung sagt, einen Wunsch oder ein Gefühl zum Ausdruck bringt oder einen «Fehler» macht – mit anderen Worten, wenn sie als ein Individuum auftritt, das seinen eigenen Willen und eigene Vorstellungen hat.

3. *Das vermeintliche Recht, den eigenen Willen mit Gewalt durchzusetzen*. Viele kontrollierende Männer setzen sich durch, indem sie die Partnerin manipulieren und einschüchtern; Gewaltanwendung lehnen sie ab. Eine große Anzahl von Männern schreckt jedoch nicht davor zurück, ihren männlichen Herrschaftsanspruch mit Gewalt durchzusetzen. Die Ansicht, zur Durchsetzung eigener Interessen sei Gewalt das richtige und geeignete Mittel, ist in unserem Kulturkreis weit verbreitet. Von unserer Regierung wird Gewalt oft als Instrument der Außenpolitik eingesetzt, und kaum jemand hat etwas dagegen einzuwenden. Haben einzelne einmal mit Gewalt angefangen, fällt es ihnen immer leichter, ihre Interessen auf diese Art durchzusetzen.

4. Ein System, das Männern wohlgesonnen ist. Trotz der Fortschritte, die in den letzten fünfzehn Jahren bei der Bekämpfung häuslicher Gewaltanwendung erzielt worden sind, wird den Männern von örtlichen Behörden und staatlichen Institutionen immer noch ein «Recht» auf autoritäres Verhalten zugestanden, und Gewalttätigkeit wird oftmals nicht zur Kenntnis genommen. Da Nötigung und Körperverletzung strafbare Tatbestände sind, kann ein Mann seine Frau oder Freundin nur dann fortgesetzt mißhandeln und sexuell mißbrauchen, wenn ihn diejenigen unterstützen, die eigentlich dem Gesetz Geltung verschaffen und den Opfern von Verbrechen helfen müßten – nämlich Polizisten, Staatsanwälte, Geistliche, Psychologen, Sozialarbeiter und Ärzte. Manche lassen den Täter gewähren, indem sie wegschauen oder aus Ratlosigkeit nichts unternehmen. Dadurch bestätigen sie ihn in seinem «Recht», Gewalt anzuwenden, auch wenn sie nie zu ihm sagen würden: «Na los, schlag sie doch.» Der Polizist, der mit dem Mann einen Plausch macht oder bei einem Notfall gar nicht kommt; der Pfarrer, der einer Frau rät, nach Hause zu gehen und zu beten; der Arzt, der ihre Verletzungen behandelt, ohne sich zu erkundigen, wer sie verursacht hat – sie alle kooperieren mit dem Täter. Der merkt, daß seine Taten, selbst seine Gewalttaten, ohne Folgen bleiben; er kann «seine» Frau verprügeln, wann er will, ihm wird nichts passieren.

Warum tut er ihr das an? Weil er sich dazu *entschieden* hat. Und weil man ihn gewähren läßt.

Eine Überprüfung
der Erklärungen

Wie wir in diesem Kapitel gesehen haben, suchen viele Frauen nach Erklärungen für das kontrollierende Verhalten ihres Partners; sie entwickeln ihre eigenen Theorien und handeln dann entsprechend. Sobald sich dies als falsch oder zumindest als wirkungslos erweist, suchen sie neue Begründungen. Dieser Prozeß dauert oft Jahre. Früher oder später aber müssen sie schwerwiegende Entscheidungen treffen.

LORI Ich war der Meinung, daß sich alles ändern läßt, daß die Liebe alle Schwierigkeiten überwindet. Als ich jünger war, dachte ich, unter den richtigen Umständen könne sich jeder Mensch voll entfalten. Aus religiöser Sicht glaubte ich, jeder Mensch könne gerettet werden. Jetzt habe ich eingesehen, daß das nicht stimmt. Wenn jemand so verhärtet ist und krankhafte Reaktionen zeigt wie mein Mann, ist es sehr schwierig, ja, vielleicht unmöglich, irgendeine Veränderung herbeizuführen.

GERI Ich merkte schließlich, daß es seine Sache ist, mit seinem Leben zurechtzukommen. Ich kann doch nicht in seiner Vergangenheit herumsuchen, bis ich die noch intakte Person finde. Durch die schlimme Kindheit wurde er zu einem Mann, der beides ist: bösartig und liebevoll. Ich kann sein Innerstes nicht umgestalten. Mit seiner Bösartigkeit muß er selbst fertig werden. Und ich muß einsehen, daß er das vielleicht gar nicht will.

MONICA Wenn er spürte, daß ich gehen wollte, versprach er, sich zu ändern. Das wollte ich dann doch abwarten. Aber es hielt nie lange an. Er muß sich entscheiden, ob er sich wirklich grundlegend ändern will, und dann muß er sehr hart an sich arbeiten. Ich weiß nicht, ob er das tun wird und ob ich ihm dann wieder vertrauen kann. Er hat mir das Leben zur Hölle gemacht. Ich weiß nicht, ob ich jemanden lieben kann, der so wenig vertrauenswürdig und so gemein war. Es ist schwer zuzugeben: «Es gibt keine Begründung für sein Verhalten.»

Ein Ausweg aus der Sackgasse:
Eine neue Fragestellung

Wenn wir anfangen, in der Lebensgeschichte, in der Umwelt unseres Partners oder in uns selbst nach den Ursachen unseres Verhaltens zu suchen, geraten wir in eine Sackgasse. Wir können aus ihr herauskommen, indem wir eine neue Frage stellen, bei der es nicht um die Ursachen, sondern um die Ergebnisse geht: «Was erreicht er durch sein Verhalten?»

Wenn Sie auflisten würden, was Ihr Partner dadurch erreicht, daß er Sie so schlecht behandelt, wären Sie überrascht über das Resultat. Eine der Frauen, mit denen wir sprachen, wollte beispielsweise in einem Abendkurs eine Grundstücksmaklerlizenz erwerben, und ihr Mann schien sie zu unterstützen. Doch wann immer Gabriela abends den Kurs besuchen wollte, mußte Jack plötzlich Überstunden machen, brauchte dringend das Auto oder fing Streit an. Sie kam zu spät zum Unterricht oder war zu erregt, um daran teilzunehmen. Schließlich mußte sie aufgeben.

Zuerst dachte sie, ihr Mann habe zuviel Stress bei der Arbeit. Doch als sie den Kurs aufgegeben hatte, merkte sie, daß es mit dem beruflichen Stress vorbei war. Er mußte keine Überstunden mehr machen und brauchte das Auto abends nicht mehr. Er schien in besserer Verfassung zu sein und suchte keinen Streit mehr. Gabriela war niedergeschlagen ihres Versagens wegen, und sie war Jack dankbar, daß er in dieser Situation nett zu ihr war. Doch sie war auch verunsichert und ratlos. Sie sagte uns: «Ich habe das Gefühl, als spiele sich etwas ab, was ich nicht begreife. So wie man sich fühlt, wenn alle über einen Witz lachen, den man nicht verstanden hat.»

Wir schlugen Gabriela vor, sich zu überlegen: «Was hat Jack durch sein Verhalten erreicht?» Sie stellte diese Liste zusammen:

1. Er hat mich dazu gebracht, den Kurs aufzugeben.
2. Er hat erreicht, daß ich zu Hause blieb und ihm mehr Beachtung schenkte.
3. Auf längere Sicht könnte mich dies davon abhalten, daß ich mich für einen Beruf qualifiziere und mein eigenes Geld verdiene.
4. Er sorgte dafür, daß ich nichts Neues lernen, daß ich mich nicht entfalten und verändern konnte, daß ich nicht selbständig und unabhängig wurde, daß ich keine neuen Bekanntschaften schloß.
5. Er setzte sich durch, ohne daß er offen sagte, worauf es ihm ankam. Es ist offenbar so, daß er die Regeln aufstellt und mich dazu bringt, sie zu befolgen – ohne daß er sagt, worum es geht!
6. Er hat mich angelogen (er sagte, er sei für den Kursbesuch), damit ich nicht merkte, was er im Schilde führte.
7. Als ich aufgab, redete er mir ein, das Ganze sei meine Schuld.
8. Er sorgte dafür, daß ich ihm dankbar war, indem er sagte, er liebe mich auch so.

Gabriela faßte ihre Überlegungen so zusammen: «Jack fühlt sich nur dann sicher, wenn er mich klein halten kann. Ich darf keine Weiterbildung machen. Ich darf nicht unabhängig sein. Ich muß so sein, wie er sich das vorstellt. Wenn ich versuche, zu mir selbst zu kommen, macht er mir das Leben schwer. Und dann soll ich ihm auch noch dafür dankbar sein, daß er mich liebt: mich, eine blöde Kuh, mit der allenfalls ein so wundervoller, gütiger, großzügiger Mann wie er etwas zu tun haben will.»

Sie sollten sich ebenfalls mit dieser Fragestellung beschäftigen, sie kann Ihnen neue Perspektiven eröffnen. Doch zuvor wollen wir die alte Frage ein letztes Mal heranziehen. Wir schlagen vor, daß Sie die folgenden Fragen schriftlich beantworten. Nehmen Sie sich dazu so viel Zeit, wie Sie brauchen.

1. Wenn Sie sich fragen: «Warum behandelt er mich so?» – welches Verhalten meinen Sie? Schreit er Sie an? Zieht er sich zurück? Schlägt er Sie? Was macht er sonst noch?
2. Haben Sie sich überlegt, warum er sich so aufführt? Haben Sie eine Erklärung?
3. Wenn die Erklärung, die Sie haben, absolut zutreffend wäre: Was würde das nutzen? Würde sich dadurch irgend etwas ändern? Würden Sie aus der Instrumentalisierung herauskommen?
4. Stellen Sie jetzt die neue Frage: Was erreicht er durch sein Verhalten? Listen Sie Ihre Antworten auf.

Sie haben in diesem Kapitel erfahren, daß der kontrollierende Partner von seinem Verhalten profitiert. Er entscheidet sich dafür. Er kann es ablegen, wenn er will. Sie können jedoch so viele Begründungen für sein Verhalten finden, wie Sie wollen – dadurch ändert er sich nicht. Dies bleibt ihm überlassen. Wenn Sie jedoch Ihre Lage aus einer neuen Perspektive betrachten, können Sie selbst Veränderungen vornehmen. Im sechsten Kapitel steht mehr darüber.

Aber eins nach dem anderen. Für Frauen, die einen kontrollierenden Partner haben, ist nämlich die Suche nach Ursachen nicht die einzige Sackgasse. Es gibt noch eine weitere, die der Unterdrücker angelegt hat, damit Sie sich hineinbegeben: die *Selbstanklage*. Geraten Sie da hinein, wird Sie Ihr Partner immer mehr in die Enge treiben. Im folgenden Kapitel befassen wir uns mit dem Problem der Selbstanklage im Zusammenhang mit einer weiteren schwierigen Frage, die Ihnen vermutlich zu schaffen macht: Warum kann ich nichts ändern? Oder, anders ausgedrückt: Wie kommt es, daß keine Besserung eintritt, obwohl Sie so viel für Ihren Partner und die Beziehung tun?

4. Warum schaffe ich es nicht, daß es besser wird?

Im vorigen Kapitel war von Frauen die Rede, die in eine Sackgasse gerieten, als sie nach vernünftigen Begründungen für das unvernünftige Verhalten ihres Partners suchten. Es zeigte sich, daß ein kontrollierender Partner *entscheidet*, wie er sich verhält. Aber heißt es bei Paarbeziehungen nicht, daß da immer zwei dazugehören? Die meisten Frauen scheinen dieser Meinung zu sein. Wenn die Liebe zerbricht, zweifeln sie *an sich selbst*. Sie fragen: «Welche Rolle spiele ich in der Beziehung? Bin ich mitverantwortlich für den jetzigen Zustand?»

Diese Fragen sind durchaus angebracht. Sie würden aber staunen, wenn Sie wüßten, wie viele Frauen die Frage so formulieren: «Bin ich vielleicht schuld daran?» Hier setzt die Verunsicherung ein. Hier beginnt die Sackgasse der Selbstvorwürfe. So wie manche Frauen nicht mehr weiterkommen, wenn sie nach den Ursachen für das Partnerverhalten suchen, geraten andere in eine Sackgasse, wenn sie die Ursachen für das Partnerverhalten *bei sich selbst* suchen und sich die Schuld geben für alles, was im argen liegt. Es gibt Frauen, die in beide Sackgassen geraten, manchmal sogar gleichzeitig.

In diesem Kapitel überlegen wir, woran es liegt, daß sich so viele Frauen für Dinge verantwortlich fühlen, die sich ihrer

Kontrolle entziehen. Wir beschreiben, was passieren kann, wenn Frauen diese Haltung einnehmen. Wir glauben, daß Sie einen Ausweg finden werden, wenn Sie die Gefahren erkannt haben, die diese Einstellung mit sich bringt.

Zu Beginn wollen wir untersuchen, was es heißt, verantwortlich zu sein. Daß jede Frau genauso wie jeder Mann entscheidet, wie sie sich verhält, darf als Selbstverständlichkeit gelten. Eine Frau ist dafür verantwortlich, wie sie ihr eigenes Leben gestaltet. Darüber hinaus übernehmen viele Frauen noch die Verantwortung für das Wohlergehen der Kinder, manchmal auch für das Wohlergehen von Erwachsenen (Eltern, Verwandten, erkrankten Freunden oder einem anspruchsvollen Ehemann). In unserem Kulturkreis hat die Frau im Privatleben wie im öffentlichen Leben die Rolle der «Pflegerin», und da die Hinwendung zu anderen so positive Aspekte hat, sind die meisten Frauen von dieser Rolle sehr angetan. Zu Hause werden sie hingebungsvolle Ehefrauen und Mütter; beruflich üben sie Tätigkeiten aus, bei denen die Hinwendung zu den Mitmenschen im Mittelpunkt steht – im ärztlichen, pflegerischen, pädagogischen, sozialen oder kirchlichen Bereich. Wir sind der Ansicht, daß unsere Kultur den Frauen *zuviel* Verantwortung für andere zuweist, den Männern dagegen zuwenig. Eine große Zahl Frauen betrachtet es aber jedenfalls als schöne und lohnende Aufgabe, für andere zu sorgen.

Verantwortung für das Verhalten und *Verantwortung für das Wohlergehen* sind jedoch zwei verschiedene Dinge. Wir erwähnten schon, daß jede Frau für ihr Verhalten selbst verantwortlich ist. Dasselbe gilt für den Mann. Wir sind der Meinung, daß eine Frau in einer Beziehung Verantwortung für das Wohlergehen des Partners trägt und ihr Partner für das ihre. Doch die Verantwortung für das Wohlergehen eines anderen Menschen bedeutet nicht, daß Sie für sein Verhalten verantwortlich sind. Sie können sich um Ihren kränkelnden Vater kümmern, doch wenn er zuviel trinkt, wenn er mit den Nachbarn Streit anfängt, wenn er einen Ladendiebstahl begeht oder das Auto kaputtfährt, ist das nicht Ihre Schuld. Und wenn Ihr Partner schmollt, wenn er in Rage gerät, wenn er sich betrinkt, wenn er Sie anschweigt oder mit Gegenständen nach Ihnen wirft, dann ist das ebensowenig Ihre Schuld.

Ungeachtet der Tatsache, daß jeder Erwachsene nur für das eigene Verhalten verantwortlich ist, fühlen sich viele Frauen für das Verhalten ihres kontrollierenden Partners verantwortlich. Sie verwechseln die Verantwortung für das *Wohlergehen* des Partners mit der Verantwortung für sein Verhalten. Und sie fragen sich fortwährend: «Bin ich schuld daran, daß er sich so aufführt?»

Die richtige Antwort lautet ganz einfach: «Nein.» Doch die Frage taucht immer wieder auf, und dabei spielt jenes anerzogene Verantwortungsbewußtsein eine Rolle. Von Frauen, die von ihrem Partner kontrolliert werden, hören wir die Frage oft, insbesondere, wenn der Partner Gewalt als Kontrollmethode einsetzt.

Wie im vorangegangenen Kapitel erwähnt, glauben manche Frauen, sie hätten Zwischenfälle verhindern können, wenn sie sich anders verhalten hätten. Einige glauben auch, sie könnten Zwischenfälle schon im voraus eliminieren, wenn sie das, womit sie ihn beim letzten Mal «auf die Palme brachten», nicht mehr tun. (Erinnern Sie sich an das «Wenn ich nur...»? «Wenn ich nur den Mund gehalten hätte...» «Wenn ich bloß die Schweinekoteletts nicht hätte anbrennen lassen...») Häufig ist es der kontrollierende Partner selbst, der die Frau auf diesen Gedanken bringt. Kontrollierer legen ihr schlimmes Verhalten meist derjenigen zu Last, die am meisten darunter zu leiden hat. So wie ein Kind ruft: «Na bitte, du hast gewollt, daß ich das tue!», sagt der Kontrollierer: «Wenn du klug gewesen wärst, hättest du mich nicht angekeift.» Auf diese Weise wird das Opfer für das Verhalten des Unterdrückers verantwortlich gemacht: Wenn die Partnerin sich völlig einwandfrei aufgeführt hätte oder wenn sie Gedanken lesen könnte (beides ist schwer möglich), dann wäre nichts passiert. Das stimmt zwar nicht, doch wenn der Kontrollierer mit seinen Schuldzuweisungen fortfährt, mag die Partnerin schließlich der Meinung sein, er habe vielleicht nicht ganz unrecht.

Da der kontrollierende Partner die Zügel in der Hand haben muß, wird er früher oder später einen «Grund» finden, seine Macht dadurch unter Beweis zu stellen, daß er Sie emotional mißbraucht oder körperlich mißhandelt. «Perfektion» mag Sie davor eine Weile schützen, doch nicht auf Dauer. Und wie ist es, wenn Sie alles andere als «perfekt» sind? Wenn Sie bösartig, feindselig, unehrlich, manipulativ oder jähzornig sind und zuviel trinken, wird es bei Ihnen selbst einige Verhaltensänderungen geben müssen, aber niemand kann verlangen, daß Sie nach seinen Vorgaben leben. Keiner hat das Recht, Ihr Leben unter seine Kontrolle zu bringen, er darf es nicht einmal versuchen. Und niemand hat je das Recht, Sie zu schlagen.

Einige Frauen erzählten uns, sie könnten manchmal die Spannung spüren, die sich in ihren Partnern aufbaue. Sie wissen, daß er bald explodieren wird, und halten es nicht aus, auf Zehenspitzen umherzugehen und sich Mühe zu geben, daß er ja die Ruhe bewahrt. Sie drücken deshalb «auf den Knopf». Um die Sache hinter sich zu bringen, tun sie etwas, das ihm mißfällt – in der Hoffnung, daß er sich nachher entschuldigt und besser mit ihm auszukommen ist. Auf diese Weise haben sie einen Einfluß auf den Zeitpunkt des Ausbruchs, doch dies bedeutet nicht, daß sie das Fehlverhalten verursacht haben. Dazu wäre es früher oder später ganz von selbst gekommen.

Ganz gleich, ob eine Frau nun den «Knopf» drückt oder nicht: Ein Kontrollierer, der seine Partnerin sexuell mißbraucht oder körperlich mißhandelt, beschuldigt sein Opfer oft, es habe ihn zur Gewaltanwendung «herausgefordert». Diese Behauptung wird so häufig aufgestellt, daß ihr manche Leute – auch solche aus dem medizinischen Bereich – Glauben schenken. Sie unterstellen, daß die mißhandelte Frau den Partner provoziert oder von ihm verlangt habe, sie zu verprügeln oder sexuell zu mißbrauchen. Diese Unterstellung ist für manche mißhandelten Frauen so verletzend und beschämend, daß sie Angst haben, Hilfe zu suchen. Außerdem ist diese Unterstellung sehr töricht. Wie soll eine Frau, die ihren Partner nicht dazu bewegen kann, beim Abwasch zu helfen, weniger zu trinken oder auf die Kinder aufzupassen, ihn dazu bringen können, sie zu schlagen? Damit, daß sie ihn schief ansieht oder laut wird? Es geht ja überhaupt nicht darum, was eine Frau ihrem Partner gegenüber tut oder nicht tut. Wenn er von seiner Partnerin «provoziert» wird, kann er sich entschließen, nicht aggressiv zu reagieren. Wie er sich verhält, liegt bei ihm.

In der Sackgasse

Wenn Menschen sich selbst und anderen gegenüber ein gesundes Verantwortungsbewußtsein haben, ist das für alle von Vorteil. Das ist der Kitt, der Beziehungen zusammenhält wie auch die Gesellschaft insgesamt. Frauen können jedoch in einer repressiven Beziehung festsitzen, weil ihnen der kontrollierende Partner stets die Verantwortung zuschiebt und sie selbst ein übergroßes Verantwortungsbewußtsein haben; hinzu kommt, daß von der Frau allgemein erwartet wird, daß sie die Beziehung in Gang hält. Eine Frau, die aus lauter Verantwortungsbewußtsein die Schuld bei sich selbst sucht, kann jedoch in eine Sackgasse geraten.

Warum bezeichnen wir Selbstvorwürfe als Sackgasse? Weil Frauen damit die falsche Richtung einschlagen und ihre Zeit vergeuden. Genauso wie die Frauen, die mit ihrer Forschung nach Ursachen in eine Falle geraten, verschwenden auch die Frauen, die sich selbst Vorwürfe machen, viel Zeit und Energie damit, daß sie in ihrem Bemühen, die gestörte Beziehung in

Ordnung zu bringen, an der falschen Stelle suchen, daß sie die falschen Fragen stellen und die falschen Strategien anwenden. Wenn Sie eine dieser Frauen sind, sollten Sie einsehen, daß diese Suche Ihnen, Ihrem Partner, Ihrer Beziehung und Ihren Kindern nichts nutzen wird.

In Artikeln und Berichten über mißhandelte Frauen ist oft zu lesen, daß diese meinen, sie hätten sich die erlittenen Mißhandlungen «selbst zuzuschreiben». Wahrscheinlich haben Sie diese Ansicht auch schon gehört. Dies trifft jedoch nach unseren Feststellungen zumindest am Anfang nicht zu. Wenn es zum ersten Mal zu emotionalem Mißbrauch oder zu körperlichen Mißhandlungen kommt, sind die meisten Frauen über das Fehlverhalten des Partners so schockiert, daß es ihnen nie einfallen würde, dafür die Verantwortung zu übernehmen. Früher oder später fragen sich manche Frauen dennoch: «Tue ich irgend etwas, das es *auslöst*?»

Der Mann ist meist allzugern bereit, seiner Partnerin zu erklären, daß die Ursache der Schwierigkeiten bei ihr zu suchen ist. Er hat vermutlich eine ganze Liste von Beschwerden, und er wird wahrscheinlich darauf bestehen, daß er durch ihr inakzeptables Verhalten dazu gebracht wird, so zu reagieren. Mit anderen Worten: Sie bekommt, was sie verdient. «Wenn du dich anständig aufführen würdest, hätte ich nichts dagegen, daß du ausgehst», sagt er und steckt die Autoschlüssel ein. «Wenn du nicht dauernd keifen würdest», sagt er, «dann müßte ich mich nicht betrinken.» «Wenn du mich nicht auf die Palme bringen würdest, dann müßte ich dich auch nicht schlagen.» Er kann ihr auch vorwerfen, sie sei ihren Pflichten nicht nachgekommen: beim Kochen, beim Putzen, bei der Betreuung der Kinder, im Bett und bei der Aufrechterhaltung eines glücklichen Familienlebens. Seiner Meinung nach macht sie alles falsch.

Seine Angehörigen und Freunde mögen ihm beipflichten. «Er hat noch nie eine Frau so behandelt», sagen sie zu ihr.

Damit deuten sie an, daß die Ursache seines Verhaltens bei der Partnerin liegt und daß diese bekommt, was sie verdient. In den Chor der Schuldzuweiser stimmen vielleicht auch noch Geistliche, Therapeuten, Sozialarbeiter, Polizisten, Rechtsanwälte und Richter ein, ja, sogar die Eltern der Frau. Sie alle fragen: «Was tust du bloß, daß dein Mann so unglücklich ist?»

Wie wir im vorangegangenen Kapitel gezeigt haben, finden Frauen bei ihrer Suche nach den Ursachen die unterschiedlichsten Begründungen für das Fehlverhalten ihres Partners. Frauen, die die Schuld bei sich selbst suchen, finden ebenfalls eine ganze Reihe von Gründen für sein Fehlverhalten. Und dies geschieht nicht zufällig. Fast immer sind es «Fehler», auf die sie vom Partner oder auch noch von anderen Leuten hingewiesen wurden. Wir wollen nun einige der «Fehler» untersuchen, die so vielen Frauen zur Last gelegt werden.

1. Ich habe ihn wider besseres Wissen gereizt

Den Selbstvorwurf «Ich hätte es besser wissen sollen» äußern Frauen auf vielfältige Weise. Sie sagen beispielsweise: «Ich hätte auf ihn hören sollen»; «Ich wußte doch, daß er schlecht gelaunt war, und trotzdem habe ich den Mund aufgemacht»; «Ich habe es mir selbst zuzuschreiben.» Manche Frauen sind durch das Verhalten ihres Partners so verunsichert, daß sie in einem Atemzug sich selbst, ihm und dann wieder sich selbst die Schuld geben.

TOBY Zuerst meinte ich immer, ich hätte ihn provoziert, und gleich darauf kam mir der Gedanke: «Das war der Alkohol.» Das bringt dich in ein schönes Schlamassel, und du kannst nicht mehr klar denken. «Dieser betrunkene Mann hat mich gerade ohne Grund geschlagen», sagte ich mir. Und dann stellte ich alles auf den Kopf: «Ich muß ihn irgendwie provoziert haben. Wie dumm von mir! Ich werde mich von jetzt an zusammennehmen, dann passiert das nicht mehr.»

Toby erzählte uns, sie sei in einer Alkoholikerfamilie aufgewachsen und habe eine Einstellung, die Kindern von Alkoholikern nicht fremd ist: «Ich war so naiv zu glauben, daß alle
glücklich und zufrieden wären, wenn ich es fertigbrächte, mich
richtig zu benehmen.» Josephine war derselben Ansicht, bis ihr
schließlich die Augen geöffnet wurden und sie mit ihren Selbstvorwürfen aufhörte.

JOSEPHINE Ich grübelte lange Zeit: «Was habe ich ihm angetan?
Was mache ich denn falsch?» Das Haus war blitzblank. Ich
putzte so viel, daß die Fußböden so steril waren wie in einem
Operationssaal. Ich tat alles, was von einer guten Ehefrau erwartet wird. Doch schließlich sah ich ein, daß es gar nicht darauf ankam, was ich machte. Ich konnte alles genau richtig oder
völlig falsch machen: Er geriet so oder so in Wut. Ich war nur
ein Objekt, an dem er seine Wut auslassen konnte. Alles, was
im Laufe des Tages schiefgegangen war, lud er zu Hause auf
mich ab. Ich war eine Art Mülltonne. Einmal kam er nach
Hause und trat den Hund meines Sohnes. Der Hund hatte überhaupt nichts getan – er war aber zufällig in Reichweite. Und da
dachte ich: «Genauso behandelt er mich auch.»

Josephine unterließ es, ihrem Mann «die Meinung» zu sagen.
Doch was passiert, wenn eine Frau dies tut? Grace erzählte
uns: «Ich konnte es einfach nicht mehr ertragen, wie er mich
anbrüllte. Und da legte ich los.» Grace war stolz darauf, daß sie
sich nicht unterkriegen ließ, aber manchmal fragte sie sich, ob
ihr Partner durch ihr Verhalten nicht noch aggressiver würde.
Sie sagte: «Eine Zeitlang versuchte ich, still und gehorsam zu
sein, aber das half nichts. Ich fühlte mich sogar noch schlechter,
wie ein Schuhabtreter, und er schrie mich weiter an. Ich
merkte, daß er einfach weitermachen würde, ob ich nun zu-
rückbrüllte oder nicht.»

«Provozieren» Sie sein Fehlverhalten? Machen Sie doch mal
diesen simplen Test: Nehmen Sie eine Person aus Ihrem Umfeld, die Ihnen, Ihren Verwandten und Bekannten auf die Ner-

ven geht. Wie reagieren andere auf ihr «provokatives» Verhalten? Vermutlich wird diese Person von den meisten Leuten ignoriert. Manche gehen ihr vielleicht aus dem Weg. Andere ertragen sie geduldig oder spötteln ein wenig, wieder andere lachen über ihr Benehmen. Wie viele Leute gibt es wohl, die diese Person anschreien, beschimpfen oder sie schlagen?

Was wichtig ist: Auch Ihr Partner entscheidet, wie er sich verhält. Egal, was Sie tun, ob Sie ihn anlügen, betrügen, bestehlen – er hat die Wahl. Er kann einen Spaziergang machen, weinen, Sie verlassen, beten, die Sache besprechen, darüber lachen. Es liegt ganz bei ihm.

LAUREL Ich dachte oft: «Er führt sich so auf, weil ich etwas vermasselt habe.» Aber sein Verhalten kam mir trotzdem falsch vor. Er hätte mich ja verlassen können, statt mich so zu behandeln. Es gab andere Möglichkeiten, mir zu zeigen, daß ich nicht seinen Vorstellungen entsprach. Er hatte keinen Grund, mich zu mißhandeln.

Laurel hat recht. Der Partner darf durchaus seine eigene Meinung haben. Doch wenn eine Frau etwas tut, das der Partner für falsch hält, gibt es viele Möglichkeiten, sie darauf aufmerksam zu machen. Selbst wenn sie Dinge tut, die strafbar, gefährlich oder verwerflich sind, wenn sie beispielsweise Ladendiebstähle begeht, Drogen nimmt oder ihre Kinder mißhandelt, kann ihr Partner seine Betroffenheit zum Ausdruck bringen, ohne daß er sie beschimpft oder schlägt. Das Fehlverhalten einer Frau gibt ihrem Partner nicht das Recht, sie zu mißhandeln. Einen anderen Menschen zu mißhandeln ist immer falsch. Laurel wurde jedoch von ihrem Partner schlecht behandelt, ob sie nun etwas «angestellt» hatte oder nicht.

Laurel begriff nicht, daß es für einen kontrollierenden Partner immer etwas gibt, das «nicht in Ordnung» ist. Die «Gründe», die ein Mann für seinen Ausbruch hat (oder die Ihnen einfallen), haben mit der wahren Ursache wenig zu tun.

Deshalb bewirken Sie auf längere Sicht kaum etwas, wenn Sie Ihre «Fehler» beheben. Obwohl Ihr Partner so tut, als hätten Sie etwas «vermasselt», gerät er in Wirklichkeit aus einem ganz anderen Grund in Rage. Er muß zeigen, daß er das Heft in der Hand hat. Sein Fehlverhalten ist ganz einfach eine Machtdemonstration. Deshalb wird er, wenn Sie heute Ihren «Fehler» beheben, schon morgen einen neuen finden. Sie sind immer auf der Verliererseite. Und genau das will er Ihnen vor Augen führen, auch wenn er andere Beweggründe vorschiebt.

2. Ich habe es nicht anders verdient

Auf die eine oder andere Art sagen viele Frauen dasselbe: «Ich habe es nicht anders verdient.» Connie erzählte uns: «Ich dachte zwar, daß er nicht so eifersüchtig zu werden brauchte, aber es stimmt schon. Ich flirtete zuviel. Das war falsch von mir. Er machte mir unglaubliche Szenen! Aber irgendwie ist mir schon klar, daß ich das verdiente.»

Angela begann nach zwei Jahren körperlicher Mißhandlung zu trinken, um sich abzustumpfen; sie beschreibt, was dann geschah: «Ich überlegte mir: Wie werden die Leute wohl über mich reden? ‹Der arme Toni hat schon seine Gründe›, wird es heißen. ‹Seine Frau säuft. Armer Kerl. Und mit so einer muß er zusammenleben.› Ich wußte, die Leute dachten, ich hätte mir alles selbst zuzuschreiben, und ich glaubte das allmählich auch.»

Connie und Angela hatten es nicht verdient, mißhandelt zu werden. Keine Frau hat das verdient. Jede Frau hat das Recht, frei von Zwang und Gewalt zu leben, ganz gleich, wie nervtötend, betrunken, mißgestimmt oder kokett sie sein mag.

Die Feststellung «Ich habe es nicht anders verdient» hat eine gewisse Ähnlichkeit mit Aussagen wie «Ich habe ihn gereizt» oder «Ich habe ihn herausgefordert». In beiden Fällen macht sich die Frau, also die Betroffene, Vorwürfe. Es gibt aber einen gravierenden Unterschied zwischen den beiden Aussagen.

Wenn eine Frau sagt, sie nörgle zuviel oder flirte zu oft, beschreibt sie ein Verhalten, das sie für veränderbar hält. Sie glaubt überdies, daß er sich ändern wird, wenn sie sich ändert: daß sein Fehlverhalten ein Ende findet, wenn sie aufhört zu nörgeln oder zu flirten. Durch Selbstvorwürfe dieser Art kann eine Frau weiterhin daran glauben, daß sie ihr Leben unter Kontrolle hat. Sie kann die Schuld auf sich nehmen und neue Strategien erproben. Sie kann mit der Nörgelei oder dem Flirten aufhören. Sie kann bessere Mahlzeiten zubereiten, mit dem Trinken aufhören oder die Kinder besser betreuen. Diese Bemühungen mögen dazu beitragen, daß eine Frau mit sich zufriedener ist, zumindest zeitweilig. Sie kann Hoffnung schöpfen, die Initiative ergreifen und die Beziehung zu ihrem Partner aufrechterhalten. Aber leider werden diese Verhaltensänderungen *dem Fehlverhalten des Partners kein Ende setzen.*

Die Behauptung «Ich habe es nicht anders verdient» kann eine Frau jedoch in eine gefährlichere Sackgasse führen. Sagt sie sich nicht nur: «Das habe ich herausgefordert», sondern auch: «Das geschieht mir recht», dann deutet sie an, daß mit ihr etwas im argen liegt. Was soll sie dann noch tun? Einer Frau, die diese Art von Selbstvorwurf akzeptiert, muß die Situation völlig hoffnungslos vorkommen. Wenn ihr Partner mit seinem Fehlverhalten aufhören soll, muß sie ihren Charakter und ihre ganze Persönlichkeit umkrempeln – und wer kann das schon? Auf das «Mit mir stimmt etwas nicht» folgt dann oft tiefe Verzweiflung.

Wie kommt es dazu, daß manche Frauen die Schuld allein bei sich suchen? Es kommt oft vor, daß Frauen glauben, sie verdienten es, mißhandelt zu werden, weil sie schon so oft Mißhandlungen ausgesetzt waren. Für sie sieht es so aus, als wäre es ihr Schicksal, mißhandelt zu werden. Rosalie wurde als Kind und als Erwachsene mißhandelt. Statt den Fehler im Verhalten des Partners oder in ihrem eigenen Verhalten zu suchen, durchforschte sie ihr Inneres nach einem mysteriösen, undefinierbaren Makel.

ROSALIE Ich versuchte herauszufinden, welche Mitverantwortung ich an meinen Problemen hatte: Ich war von meinem Vater verprügelt worden, und dann wurde ich von meinem Mann sehr schlecht behandelt. Ich sagte mir: «Ich muß ein schlimmer Mensch sein, ohne daß ich es ahne. Das passiert nun zum zweiten Mal in meinem Leben – das kann kein Zufall sein. Vielleicht liegt es an meiner Ausdrucksweise. Vielleicht geht die ihm auf die Nerven.»

Ich wußte, daß ich die schlechte Behandlung nicht provozierte. Ich war eine gute Ehefrau, ich hielt das Haus sauber und kochte für ihn. Dennoch machte mir die Tatsache zu schaffen, daß es in meinem Leben immer wieder diese Vorfälle gab. Ich dachte: «Vielleicht liegt es doch an der Art und Weise, wie ich rede oder lache. Das tue ich ja nicht absichtlich, und ich kann es auch nicht ändern. Ich habe das nicht unter Kontrolle.» Ich hatte als kleines Mädchen Prügel bekommen, doch die Verletzungen aus meiner Kindheit waren hauptsächlich seelischer Art. Ich hatte einfach geglaubt, daß ich an allem schuld sei, was in meiner Familie nicht in Ordnung war, und daß ich mich bessern müßte. Als mir mein Mann einreden wollte, ich sei nicht gut genug für ihn, kaufte ich ihm das ab. Ich stellte hohe Erwartungen an mich, aber ich konnte ihnen nicht gerecht werden. Deshalb meinte ich immer, daß ich alles verdient hätte, was mit mir passierte.

Da Rosalie nie Verletzungen davontrug, wollte sie es gar nicht wahrhaben, daß ihr Mann sie mißhandelte. Sie erzählte uns: «Jahrelang meinte ich, es sei weiter nichts dabei, wenn er mich drangsalierte, herumstieß und herumschubste.» Freunde überzeugten Rosalie vom Gegenteil, und mit ihrer Hilfe machte sie den *Täter* für die Mißhandlungen verantwortlich: ihren Mann.

Phyllis erzählte uns eine ähnliche Geschichte: «Als Mike und ich miteinander gingen, beschloß ich, ihm nichts über den Inzest mit meinem Vater zu sagen. Es war zu beschämend und zu schmerzlich für mich. Nach der Heirat gestand ich es ihm. Das war ein großer Fehler! Er sagte, ich hätte ihn hinters Licht geführt, ich sei ein übles Stück, eine Nutte.»

Phyllis meinte, sie verdiene es, bestraft zu werden, weil sie Mike die Wahrheit vorenthalten hatte. Dabei war *sie* das Opfer gewesen: Ihr Vater hatte sie vergewaltigt, und ihr Mann hatte ihr nicht glauben wollen, daß sie ihrem Vater wehrlos ausgeliefert gewesen war. Phyllis hätte keine Bestrafung, sondern eine bessere Behandlung verdient.

3. Ich bin nicht gut genug

Peggy beschreibt, wie sie von ihrem Mann in die Sackgasse der Selbstvorwürfe gelenkt wurde und wie sie vollends hineingeriet.

PEGGY Ich war eine berufstätige Mutter, und er behauptete andauernd, ich vernachlässigte meine Kinder. Dann beschuldigte er mich, daß ich mich nicht ausreichend um ihn kümmerte, daß ich ihm meine Unterstützung entzöge, wenn er sie am dringendsten brauche. Damit konnte er mich packen. Ich hatte selbst den Eindruck, daß ich ihn ein bißchen vernachlässigte und daß ich oft verärgert war. Mir kam nie in den Sinn, meine Verärgerung mit seinem Fehlverhalten in Zusammenhang zu bringen. Statt dessen sagte ich: «Es liegt wohl an mir. Ich gebe ihm nicht genügend Unterstützung. Ich habe nicht genug Vertrauen zu ihm. Ich bin ein elendes Luder.»

Julia hatte über ihre Beziehung ähnliches zu berichten. «Ich war der Meinung, ich sei unreif und bindungsunfähig», sagte sie. Sie erzählte uns, wie es kam, daß sie ihre Meinung änderte.

JULIA Anfangs wurde er alle fünf oder sechs Monate gewalttätig; ich fand stets eine Entschuldigung oder nahm die Verantwortung auf mich. Doch dann trank er stärker, und seine Beschimpfungen wurden immer schlimmer. Er gab mir kein Haushaltsgeld mehr und verprügelte mich jeden Monat. Ich fand das unerträglich. Zu dieser Überzeugung kam ich, wie ich gestehen muß, durch eine Affäre, die ich mit einem Arbeitskollegen namens Kevin hatte. Er war behutsam und fürsorglich. Durch ihn erkannte ich, daß normale Männer sich nicht so aufführen wie mein Mann.

Julia merkte, daß sie genausowenig die «Ursache» dafür war, daß ihr Mann explodierte und sie verprügelte, wie sie Kevin dazu «gezwungen» hatte, sie gut zu behandeln. Was sie nicht gewußt hatte: Beide trafen eine Wahl, und das Ergebnis hatte nichts mit Julias Verhalten zu tun, es hing vielmehr ganz von den beiden Männern selbst ab.

Am Anfang ihrer Ehe war Julia mit sich zufrieden gewesen. Die Vorstellung, daß sie sich eines Tages als «unreif und bindungsunfähig» bezeichnen würde, wäre ihr lächerlich erschienen. Die Veränderung ging so langsam vonstatten, daß sie kaum etwas bemerkte. Wenn Jeff sie geschlagen hatte, sagte sich Julia: «Er hat recht. Ich muß ihn besser unterstützen. Ich werde in Erfahrung bringen, was er bei seinem Job im einzelnen zu tun hat.» Diese Selbstanklage half Julia, weiterzumachen und optimistisch zu bleiben. Doch als sie mit ihren Bemühungen, ihr eigenes Verhalten zu ändern, der Gewaltanwendung kein Ende setzen konnte, schlug Julia einen Kurs ein, der gefahrvoller war. Statt zu sagen: «Sein Fehlverhalten ist nicht meine Schuld. Ich kann ihn nicht ändern», glaubte Julia allmählich, daß Jeff mit seinen Tiraden über ihre Fehler recht habe. Wie Jeff übte sie an ihren Charaktereigenschaften Kritik und bezeichnete sich als «unreif». Ohne daß sie es wußte, machten sich bei Julia die gravierendsten Nebenwirkungen einer Mißhandlung bemerkbar: Ihr Selbstvertrauen wurde untergraben und ihre Realitätswahrnehmung getrübt.

4. Er ist mal so und mal so – es muß an mir liegen

«Kontrollierende Männer machen Psychospielchen. Das habe ich selbst erleben müssen», sagte uns Connie. «Zuerst schlug Alan Krach wegen einer bestimmten Mahlzeit, die ich zubereitet hatte. Eine Woche danach wünschte er sie sich ausdrücklich und lobte mich dann auch noch. Auf diese Weise kann er dich gleichzeitig bestärken und aus dem Gleichgewicht bringen.» Dieses inkonsequente Verhalten, dieses Hin und Her nennen Psychologen «intermittierende Verstärkung». Es ist, nach Connies Worten, ein «Psychospielchen». Wie im dritten Kapitel erwähnt, führt dies dazu, daß Frauen weiterhin auf eine Besserung hoffen.

Alle paar Monate beruhigte sich Connies Mann, insbesondere dann, wenn sie drohte, ihn zu verlassen. Dann war er auf einmal liebevoll und aufmerksam. Connie dachte: «Jetzt zeigt sich wieder der wahre Alan.» Aber das hielt nie lange an, und Alan fand immer eine Möglichkeit, Connie die Schuld für seine Verhaltensänderung zuzuschieben. «Meine spitze Zunge war schuld daran oder mein Techtelmechtel mit dem achtzigjährigen Gemeindepfarrer oder das Kleid, das ich bei der Beichte anhatte», sagte Connie lachend.

Während der kurzen Zeitspannen, in denen Alan liebevoll und aufmerksam war, faßte Connie wieder Vertrauen zu ihm. Doch sie wurde immer enttäuscht. Die Verunsicherung führte sie in die Sackgasse der Selbstvorwürfe.

CONNIE Alan klagte andauernd über die schlechte Wohnqualität. Ich bin ein Stadtmensch, aber ich wußte, daß ihm das Großstadtleben zusetzte. Also kaufte ich ein Haus auf dem Land, mit Angelmöglichkeiten, einem Pferd und allem, was dazugehört. Ich war mit Leib und Seele bei diesem Projekt. Nach unserem Umzug hörte er eine Zeitlang mit seinen Tätlichkeiten auf. Wir waren glücklich und zufrieden. Doch nach einigen Monaten wurde er wieder gewalttätig. Diesmal war es aber schlimmer.

Er warf mich die Treppe hinunter. Ich konnte schreien, soviel ich wollte: Niemand hörte mich.

Ich merkte, daß Alan sehr wohl imstande war, mich gut zu behandeln. Er hatte es ja fertiggebracht. Und da dachte ich: «Es kann nicht an ihm liegen. Es muß an mir liegen.» Je mehr er mich schlug, desto mehr strengte ich mich an. Wenn Alan Wutausbrüche bekam, stand ich vor einem Rätsel. Ich hatte so etwas noch nie erlebt. Wieder sagte ich mir: «Es liegt an mir. Bei mir fehlt es an irgend etwas.» Ich fing dann an, mich sorgfältig zurechtzumachen.

Was Connie erlebte, hörten wir mit einigen Abwandlungen auch von vielen anderen Frauen. Rückblickend kamen sie zu einem ähnlichen Ergebnis wie Connie.

Ich vertraute auf die Zauberformel ‹Wenn ich alles richtig mache, wird er wieder wie früher›. Aber das funktionierte nicht. Dieser Tatsache wollte ich nicht ins Auge sehen. Das brachte mich fast um den Verstand und ruinierte meine Gesundheit. Der Prügel wegen habe ich zwanzig Jahre danach bei schlechtem Wetter immer noch Schmerzen, sobald ich mich bewege.

5. Ich habe mich dafür entschieden – jetzt muß ich das Beste daraus machen

Diese Art der Selbstanklage unterscheidet sich von den bereits erwähnten Formen. Die Frauen, die diesem Grundsatz folgen, machen ihren Partner zu Recht für sein Fehlverhalten verantwortlich, aber sie gehen auch sehr hart mit sich selbst ins Gericht. Yvette sagte uns: «Ich habe eine schlechte Wahl getroffen, aber ich war der Meinung, ich müsse nun damit zurechtkommen.» Weil sie glaubte, sie hätte keine andere Wahl, spielte Yvette die Verantwortung ihres Partners herunter und machte sich gleichzeitig Vorwürfe. Ihr Motto lautete: «Ich hätte eben schlauer sein sollen.»

Viele Frauen kommen aufgrund ihres Glaubens zu dem Schluß, daß sie zwar eine schlechte Wahl getroffen haben,

diese jedoch unwiderruflich ist. So dachte Cheryl, eine gläubige
Katholikin.

CHERYL Ich glaube, daß Gott viele Menschen prüft, indem er sie
leiden läßt, und daß wir im Himmel dafür belohnt werden. Ich
praktizierte diese Überzeugung in meinem eigenen Leben. Ich
erduldete in meiner Beziehung Schlimmes, weil ich meinte,
dies werde mir einmal zugute kommen. Mein Mann war für
mich das Kreuz, das ich zu tragen hatte, und ich hätte schon fast
eine Heiligsprechung verdient gehabt, als mir klar wurde, daß
es nicht dem entsprach, was Gott mit mir im Sinn hatte.

Viele Frauen sind fest entschlossen, die Familie intakt zu halten, obwohl ihnen der kontrollierende Partner oft das Leben
schwer macht. Diese Beharrlichkeit ist offenbar bei Frauen
stark ausgeprägt, die Minoritäten angehören und in sich auf-
lösenden Stadtvierteln wohnen, wo die individuellen und gesellschaftlichen Wertbegriffe schneller zerfallen als die Wohn-
häuser. Viele dieser Frauen müssen feststellen, daß in ihrer
Gegend nützliche, mit öffentlichen Mitteln geförderte Hilfsprogramme eingestellt werden, daß der Drogenkonsum und
das Rowdytum überhandnehmen. Sie müssen mitansehen, wie
immer mehr alleinerziehende Mütter in Armut geraten.

BEA Mein Mann machte mir schwer zu schaffen, aber ich hob das
Positive hervor. Er arbeitete fleißig und verdiente gutes Geld.
Zusammen konnten wir unseren Kindern schon etwas bieten.
Ich wollte dafür sorgen, daß sie einen Schulabschluß machen
würden. Mir war wichtig, daß meine Kinder Zukunftschancen
bekamen. Doch die negative Seite war immer zu sehen. Ich ärgerte mich, daß ich so ein dummes Ding gewesen war und ausgerechnet ihn geheiratet hatte.

Viele Frauen sagen: «Ich habe einen großen Fehler gemacht.
Aber ich bin stark. Ich kann das verkraften.»

GENEEN Ich stamme aus einer Alkoholikerfamilie. Dort lernten die Kinder, ja die Aufmerksamkeit nicht auf sich zu lenken. Ich wurde von meinen Eltern mißhandelt und lernte Überlebensstrategien. Ich war nett zu den Leuten. Ich verdrängte, was ich sah und fühlte. Ich handelte nach dem Motto «Das kann ich verkraften, ich bin zäh». Diese Einstellung führte mich in eine Sackgasse. Ich blieb zehn Jahre lang bei einem Kerl, der mich dauernd herumschubste – seelisch und körperlich. Frauen denken, sie seien stark, und das stimmt auch. Aber sie belügen sich, wenn sie meinen, sie seien stark genug, um so eine Beziehung durchzuhalten. Ich dachte: «Ich mache eben das Bestmögliche draus.» In Wahrheit machte er mich kaputt.

Geneen lernte etwas, das sie gern weitergeben möchte: «Du hast einen Partner ausgesucht. Aber du hast dir kein Monster ausgesucht, und du brauchst auch mit keinem zu leben. Niemand muß für einen einzigen Fehler ein Leben lang büßen.»

6. Ich bin selbst schuld, denn ich bin dageblieben, habe mir alles gefallen lassen

Ann Marie merkte, wie sie die Verantwortung hin- und herschob. «Zuerst sagte ich mir: ‹Mit mir stimmt etwas nicht – ich lasse es mir gefallen, daß dieser Mensch mich so schlecht behandelt.› Dann änderte ich meine Meinung: ‹Das ist lächerlich, Ann Marie. Er führt sich auf wie ein Saukerl, aber das hat doch nichts mit dir zu tun.›»

Auch Lucy hatte mehrere Betrachtungsweisen – mit und ohne Selbstvorwürfe: «Wenn ich bei der Wahl meines Ehemannes besser aufgepaßt hätte, würde das jetzt nicht passieren.» «Wenn ich nicht so viele Charakterfehler hätte, würde er nicht dazu getrieben werden.» «Wenn ich ihn gleich beim ersten Mal verlassen hätte, würde er es jetzt nicht noch mal tun.» «Wenn ich keine solche Niete wäre, würde ich dafür sorgen, daß das aufhört.» Unglücklicherweise waren Lucys Überlegungen gegen ein und dieselbe Person gerichtet: gegen sich selbst. Ihr Mann spielte bei dieser Abrechnung kaum eine Rolle.

Maria suchte die Schuld ebenfalls bei sich. «Ich war sehr böse wegen seines Verhaltens. Aber ich wollte auch unbedingt herausbekommen, warum er mich so schlecht behandelte. Ich zerbrach mir endlos den Kopf, und schließlich kam ich auf den Gedanken, daß die fortgesetzte Gewalttätigkeit meine Schuld sei, weil ich ihn nicht nach dem ersten Mal verlassen hatte.»

Sich zum Weggehen zu entschließen fällt schwer. Es steht viel auf dem Spiel: das Zuhause, die finanzielle Absicherung, der Schutz, die Kinder – um nur vier Punkte zu nennen. Und wenn er droht, er werde Sie umbringen, falls Sie sich von ihm trennen, müssen Sie auch noch um Ihr Leben fürchten. Viele Frauen machen eine Zeitlang weiter, ohne sich zu entscheiden, indem sie der Entscheidung aus dem Wege gehen, indem sie die Angelegenheit mit anderen Augen betrachten oder indem sie weggehen, wenn die Gewalttätigkeit des Partners eskaliert, und zurückkommen, wenn sein Verhalten besser ist. Statt die Folgen der Trennung in Kauf zu nehmen, machen sich viele Frauen Vorwürfe, daß sie so schwach sind und dableiben.

MARIA Es nutzt nichts, wenn du dir das antust. Es ist zwecklos, nicht der Mühe wert. Hör auf damit! Wenn du all das durchmachst, wirst du unglaublich stark, aber das ist dir gar nicht bewußt. Wenn ich zurückdenke, glaube ich, daß ich mich fürs Bleiben entschied, weil ich nicht einsehen wollte, was für ein Mensch mein Mann wirklich war. Wenn du genau hinschaust, mußt du sagen: «Er ist einfach ein bösartiger Mensch.» Du bringst es aber nicht fertig, dir das einzugestehen. Und deshalb nimmst du die Schuld auf dich.

7. Ich bin genauso schlimm wie er

Viele Frauen wehren sich. Einige haben uns erzählt, daß sie genauso jähzornig und gewalttätig sein können wie ihr Partner. Andere sagten, sie hätten mehr Beschimpfungen parat als ihr

Partner. Diese Frauen glauben deshalb oft, sie seien genauso «schlimm» und genauso schuldig. Viele betrachten «mißhandelte Frauen» als unschuldige Opfer, die Unterstützung und Hilfe brauchen; obwohl sie selber mißhandelt worden sind, meinen sie aber, sie gehörten nicht in diese Kategorie. Sie glauben, sie seien nicht «unschuldig».

HOLLY Als er mich zum ersten Mal schlug, dachte ich: «Das lasse ich mir nicht gefallen!» Ich zahlte es ihm heim. Wenn er brüllte, brüllte ich auch, wenn er mich beschimpfte, beschimpfte ich ihn ebenfalls. Bei den Prügeleien behielt er die Oberhand, weil er viel größer ist als ich, aber ich zahlte es ihm später heim. Einmal schlug ich an seinem Wagen alle Lichter kaputt. Ein andermal gab ich seine liebsten Kleidungsstücke zur Kleidersammlung. Und dann verbrannte ich seinen Baseballhandschuh. Ich ließ mich einfach nicht einschüchtern von ihm. Er konnte nicht gewinnen.

Ich war sehr stolz auf mich, weil ich eine so starke Frau war. Ich meinte, ich sei eben ganz anders als diese armen, wehrlosen mißhandelten Frauen, die sich einfach hinlegen und einen Mann auf sich herumtrampeln lassen. Aber ich fühlte mich gar nicht wohl in meiner Haut. Mein Mann sagte zu mir, ich sei schrecklich jähzornig und hätte ein ernstes Gewaltproblem. Und ich dachte, er habe recht damit.

Wie wir bereits im zweiten Kapitel erwähnten, können Frauen in Schwierigkeiten kommen, wenn ihre Überlebensstrategien fehlschlagen. Manche Frauen, die meinen, sie seien stark und selbstbewußt und könnten mit ihren Problemen selbst fertig werden, geraten damit in eine Sackgasse. Oft schämen sie sich – wie Holly –, weil sie «auf sein Niveau hinabgesunken» sind. Und mit der Zeit haben sie ein neues Problem. Kraftausdrücke und Gewaltanwendung mit gleicher Münze heimzuzahlen kann zur Gewohnheit werden; Frauen, die früher ganz anders waren, werden nun anderen – meist Kindern – gegenüber gewalttätig. Dann fühlen sie sich schuldig und schämen sich, weil sie mit ihrem Benehmen gegen ihre eigenen Verhaltensnormen verstoßen haben. Sie haben eine schlechte Meinung von sich und sind folglich um so mehr bereit, einem Partner Glauben zu schenken, der ihnen sagt: «Du bist schlimmer als ich.» Diese Frauen stecken in doppelter Hinsicht in einer Sackgasse: wegen ihrer Selbstanklage und wegen der schlimmen Eskalation der Gewaltanwendung.

Bei den meisten Frauen, die ihren Partner beschimpfen und ihm gegenüber Gewalt anwenden, handelt es sich jedoch um Selbstverteidigung. Bei der Mehrzahl von ihnen hatte es früher nichts Derartiges gegeben, und viele von ihnen verhalten sich in neuen Beziehungen dann auch wieder anders. Wenn sie erkennen, daß ihr Verhalten eine defensive Reaktion ist (keine sehr produktive), finden sie vielleicht einen Weg aus der Sackgasse der Selbstanklage und handeln effektiver.

Holly brachte genau dies fertig. Sie erzählte uns: «Mir ging schließlich ein Licht auf: Bevor ich mit ihm zusammenlebte, hatte ich mich nicht so aufgeführt. Daraufhin ging ich heim zu meiner Mutter, und plötzlich verschwand mein ‹Jähzorn› wie durch Zauberei. Ich hatte kein ‹Gewaltproblem› mehr. Das einzige Problem, das ich hatte, war er.»

Ein Ausweg aus der Sackgasse:
Eine neue Fragestellung

Wie wir schon im dritten Kapitel aufgezeigt haben, geraten Frauen in die Sackgasse der Forschung nach Gründen, sobald sie anfangen, die Lebensgeschichte oder die Lebensweise ihres Partners zu untersuchen, um irgendeinen *Grund* für sein Verhalten zu entdecken. Eine Frau kann aber auch in die Sackgasse der Selbstvorwürfe geraten, wenn sie den *Grund* für das Verhalten ihres Partners bei *sich selbst* sucht.

Den Ausweg aus der Sackgasse der Forschung nach Gründen finden Sie, wie erwähnt, mit einer neuen Fragestellung. Im dritten Kapitel haben wir Ihnen geraten, statt «Warum tut er das?» zu fragen, von nun an dies zu überlegen: «Was erreicht er durch sein Verhalten?» Wenn Sie unseren Vorschlag aufgegriffen und eine Liste der Dinge erstellt haben, die Ihr Partner auf diese Weise erreicht, dann betrachten Sie sein Verhalten jetzt vielleicht mit anderen Augen. Vielleicht haben Sie schon aufgehört, nach Entschuldigungen zu suchen.

Aus der Sackgasse der Selbstvorwürfe herauszufinden mag etwas schwieriger sein. Obwohl Sie merken, daß Ihr Partner durch das Verhalten, für das er sich entschieden hat, viel gewinnt, können Sie immer noch der Meinung sein: «Ich bin aber zumindest teilweise daran schuld.»

Eigentlich wissen Sie sehr wohl, daß Ihr Partner im Unrecht ist und daß sich die Situation nicht bessert. Doch Sie bleiben bei ihm. Zeigt das nicht, daß Sie ein Problem haben? Heißt das nicht, daß Sie «co-abhängig», «masochistisch» oder «süchtig nach Liebe?» sind? Manche Therapeuten, Selbsthilfegruppen und populären Anleitungen zur Selbsthilfe würden diese Frage bejahen.

Wir meinen jedoch, daß dies keineswegs zutrifft. Nicht Ihre Liebe, sondern sein Fehlverhalten ist das Problem. Die populären Theorien über «Ihr» Problem können Sie nur in die Irre führen. Das Problem wird Ihnen in die Schuhe geschoben. Es wird so getan, als stimme mit Ihnen etwas nicht, als brächten Sie Ihren Partner durch Ihr Verhalten dazu, Sie schlecht zu behandeln. Sie werden aufgefordert, «an sich zu arbeiten», Ihre Denk- und Verhaltensweisen zu ändern, um so die Beziehung zu Ihrem Partner zu verbessern.

Manche Beschreibungen der «Co-Abhängigkeit» und der «Sucht nach Liebe» mögen den Eindruck erwecken, daß sie auf Ihre Beziehung zutreffen, und wenn Sie bestimmte Ratschläge hinsichtlich einer Verhaltensänderung befolgen, kann es

durchaus sein, daß Sie mit sich zufriedener sind. Möglicherweise reagiert Ihr Partner anders oder «besser». Doch das ändert nichts an der Tatsache, daß Ihr Partner selbst entscheidet,
wie er sich verhält. Und wenn Sie Ihr Partner trotz Ihrer Bemühungen, Ihr «süchtiges» oder «co-abhängiges» Verhalten abzulegen, nach wie vor schlecht behandelt, gehen Sie vielleicht
noch härter mit sich ins Gericht. Sie glauben womöglich, daß
Sie dem Fehlverhalten Ihres Partners deswegen kein Ende setzen können, weil es Ihnen insgeheim gefällt.

Und wenn Sie ganz verrückt nach ihm sind? Wie erwähnt,
glauben viele Frauen, daß ihr Partner zwei Persönlichkeitsbilder hat – einerseits ist er liebevoll, andererseits kontrollierend.
Der liebevolle Partner steht für Sie im Vordergrund. *Er* ist es
ja, in den Sie sich einmal verliebt haben. Wenn der Unterdrükker erneut zum Vorschein kommt, sind Sie verunsichert, verletzt und verärgert. Sie kommen sich dumm vor. Doch dann
wird er wieder liebevoll, und Sie können ihm nicht widerstehen. Abgesehen davon ist es für eine Frau schwierig, eine Beziehung aufzugeben, solange noch Hoffnung besteht. Also fühlen Sie sich weiterhin der guten Seite Ihres Partners verbunden
und hoffen, daß eine Besserung eintreten, daß die Beziehung
wieder wie früher sein wird.

Sie sagen vielleicht, Sie seien «süchtig nach Liebe», damit
Sie Ihren Verwandten und Bekannten (und sich selbst) verständlich machen können, weshalb Sie ohne ihn nicht leben
können. In Wahrheit sind Sie keineswegs «süchtig». Diese Bezeichnung gilt für Menschen, die von Alkohol oder Rauschgift
abhängig sind und beim Entzug an sehr nachhaltigen körperlichen Symptomen leiden. Es ist irreführend, diese Bezeichnung auf zwischenmenschliche Beziehungen anzuwenden.
Wenn Sie meinen, Sie seien nach Ihrem Partner «süchtig», spüren Sie wahrscheinlich die Auswirkungen seines wechselhaften, gegensätzlichen Verhaltens. Wie schon erwähnt, ist es am
schwersten, sich von einem Partner zu trennen, der «intermit-

tierende Verstärkung» betreibt. Sein irrationales Verhalten verunsichert Sie und macht Sie ratlos, doch das Problem liegt genau darin: in seinem Verhalten. In Wirklichkeit bleiben Sie bei Ihrem Partner, *obwohl* er Sie schlecht behandelt – nicht, *weil* er Sie schlecht behandelt.

Der Loslösungsprozeß kann infolge wiederholter Mißhandlungen erschwert und verlangsamt werden. Diese können zu Abstumpfung und Lethargie und damit zu einer gewissen Handlungsunfähigkeit führen. Sie können so viel Selbstvertrauen einbüßen, daß Sie sich ein Leben ohne ihn und die Suche nach einem anderen Partner kaum vorzustellen vermögen. Vielleicht beschleicht Sie auch Angst: daß er sich rächt, daß Sie kein Geld und kein Zuhause haben, daß Sie die Kinder allein erziehen, daß Sie ohne einen Mann in einer unsicheren Gegend leben müssen. All diese Überlegungen erschweren die Trennung.

Solange Sie an einer Beziehung kleben, mögen Ihnen Erläuterungsmodelle wie «Co-Abhängigkeit», «Masochismus» oder «Sucht nach Liebe» nützlich vorkommen. Das Dubiose daran ist: Einerseits können Ihnen diese Theorien dazu verhelfen, daß Sie sich wohler fühlen, denn sie vermitteln Ihnen den Eindruck, jemand habe Verständnis für Sie, Sie selbst hätten die Situation im Griff, zudem gebe es Hoffnung auf Besserung. Andererseits werden Sie dazu gebracht, Ihr Augenmerk immer nur auf sich zu richten, immer nur an sich selbst zu arbeiten und immer nur sich selbst die Schuld zu geben.

Wenn Sie sich befreien wollen, müssen Sie Ihre Frage anders formulieren. Damit Sie aus der Sackgasse der Selbstvorwürfe herauskommen, wollen wir einmal Ihre Interessen in den Mittelpunkt stellen. Hören Sie auf, sich zu fragen: «Was mache ich falsch?» Fragen Sie statt dessen: «Was erreiche ich, wenn ich glaube, daß ich etwas falsch mache?» Mit anderen Worten: «Was *gewinne* ich dadurch, daß ich mir die Schuld gebe?»

Wir schlagen Ihnen vor, wieder ein Blatt Papier zu nehmen

und Ihre Antworten aufzulisten. Geben Sie möglichst genaue Antworten.

Wenn Sie sich die Liste anschauen, werden Sie vielleicht einen roten Faden finden, der sich durch viele der Antworten zieht. Dadurch, daß Sie sich die Schuld geben, glauben Sie, Sie hätten sich selbst und die Situation im Griff. Sie meinen, Sie könnten etwas ändern: Wenn Sie Probleme schaffen, dann können Sie sie ja wohl auch beseitigen.

Der Haken an der Sache ist: Sie haben die Probleme nicht geschaffen. Wir haben das schon oft betont, und wir werden nicht aufhören, es zu betonen: Das Problem liegt darin, daß Ihr Partner sich entschieden hat, kontrollierend und gewalttätig zu handeln. Dadurch, daß Sie die Verantwortung übernehmen, bekommen Sie zwar das Gefühl, Sie hätten die Situation im Griff, doch dieses Gefühl ist trügerisch. Sie bilden sich nur etwas ein. Die Kehrseite der Medaille sieht so aus: Wenn Sie mit der Selbstanklage fortfahren und versuchen, sich zu ändern, hat Sie der Kontrollierer weiterhin in seiner Gewalt. Und das wird immer so bleiben.

Daß Sie glauben möchten, Sie hätten die Situation im Griff, ist durchaus verständlich. Jede Frau möchte das Gefühl haben, daß sie ihr Leben im Griff hat. Manchmal ist es sogar so, daß die stärksten Frauen am längsten mit der Selbstanklage fortfahren. Genau die Eigenschaften, die eine Frau stark machen, nämlich ihre Hilfsbereitschaft und ihr Durchhaltevermögen, können sich nachteilig auswirken, wenn sie aus falschen Beweggründen heraus am falschen Partner festhält. Wenn Sie die volle Verantwortung für Ihre Beziehung übernehmen und sich selbst anklagen, können Sie sich jahrelang abmühen, damit der Partner ja zufrieden ist.

Der Ausweg ist einfach und schwierig zugleich. Sie müssen verschiedenen Tatsachen ins Auge sehen, vor allem dieser: *Sie können Ihren Partner nicht ändern*. Und dann müssen Sie vermutlich, um zu einem besseren Leben zu kommen, nicht bei sich, sondern um *Ihretwillen* einige Veränderungen vornehmen. Im folgenden Kapitel wenden wir uns einer Frage zu, die bei der Lösung der anstehenden Probleme von ausschlaggebender Bedeutung ist: Schafft es mein Partner, sich zu ändern? Im zweiten Teil dieses Buches befassen wir uns dann mit Entscheidungen, die Sie selbst treffen, und Veränderungen, die Sie selbst vornehmen sollten.

Vergessen Sie eines nicht: Die Ursache des Problems ist Ihr kontrollierender Partner. Und wenn Sie wieder denken: «Vielleicht bin ich schuld daran», oder: «Ich muß etwas falsch gemacht haben», oder: «Vielleicht geschieht es mir recht», dann fragen Sie sich lieber: «Was gewinne ich denn dadurch, daß ich mir Vorwürfe mache?» Und ein letzter Rat: Fangen Sie nicht damit an, sich Vorwürfe zu machen wegen Ihrer Selbstanklage. Vergessen Sie nicht, wer Sie dazu gebracht hat: Ihr Partner, einige Leute in Ihrem Umfeld sowie unsere Kultur, die stets den Frauen die Schuld zuweist. Wenn Ihnen Gedanken durch den Kopf gehen wie: «Ich habe es mir selbst zuzuschreiben, daß ich in diese Sackgasse geraten bin», oder: «Hätte ich mir bloß Vorwürfe gemacht...», dann lesen Sie dieses Kapitel noch einmal von vorn.

Und wenn Sie merken, daß Sie wieder mit dieser Denkweise anfangen, dann tun Sie etwas dagegen.

5. Schafft es mein Partner, sich zu ändern?

So manche Frau weiß zwar ganz tief in ihrem Inneren, daß ihr Partner das Problem ist, und doch bemüht sie sich nach Kräften, sich zu ändern, um die Beziehung zu verbessern. Sie versucht vielleicht, für sein Verhalten Entschuldigungen zu finden. Vor allem aber möchte sie die Beziehung wieder lebensfähig machen. Dazu gehört jedoch, daß der Partner zu einer anderen Einstellung kommt. Schließlich ist er derjenige, der beleidigt ist, der die Fassung verliert, der sich zurückzieht, der brüllt oder gewalttätig wird. Auch wenn eine Frau an sich selbst arbeitet, weiß sie sehr wohl, daß ihr Partner sich ebenfalls ändern muß. Manche möchten, daß der Partner dies tut, damit sie für immer glücklich und zufrieden zusammenleben können. Andere wünschen sich nur, daß ihr Partner lange genug zur Ruhe kommt, damit sie sich gefahrlos von ihm trennen und dann einen neuen Anfang machen können. In beiden Fällen stellt sich die Frage: Schafft es mein Partner, sich zu ändern?

Die Antwort lautet: Es kommt darauf an, ob Ihr Partner *gewillt* ist, sich zu ändern. Daß extrem gewalttätige Männer sich ändern, ist unwahrscheinlich. Kontrollierende Männer, selbst solche, die Gewalt anwenden, können sich unter Umständen ändern, *wenn sie dazu bereit sind*.

Die nächste Frage lautet also: Was bringt ihn zu dem Entschluß, sich zu ändern? Mit dieser Frage wollen wir uns jetzt beschäftigen.

Zuerst einmal sollten Sie daran denken, daß *Sie Ihren Partner nicht ändern können*, auch wenn Sie es jahrelang versuchen. Die Psychologin Anne Ganley, eine anerkannte Autorität auf dem Gebiet der Gewalt gegen Frauen, ist der Meinung, daß die Partnerin den geringsten Einfluß darauf hat, daß ein Mann sich ändert. «Dadurch, daß der Mann die Frau schikaniert, wird sie in seinen Augen diskreditiert. Selbst übermenschliche Anstrengungen führen zu nichts, wenn sie von *ihr* ausgehen.»[1] Es ist ein Teufelskreis: Ihr Partner behandelt Sie schlecht, weil er nicht viel von Ihnen hält, und er hält nicht viel von Ihnen, weil er Sie schlecht behandelt.

Wenn Sie Ihren Partner nicht dazu bewegen können, sich zu ändern, wird es dann einem Freund, einem Eheberater, einem Geistlichen oder einem Polizeibeamten eher möglich sein? Jeder von ihnen macht vermutlich mehr Eindruck auf ihn, aber es bleibt fraglich, ob ihn irgend jemand zu einer Verhaltensänderung überreden kann. Sie dürfen nicht vergessen, daß der Kontrollierer sich so gut wie immer durchsetzen konnte, vielleicht sein Leben lang. (Selbst wenn er in seiner gesellschaftlichen Stellung durch Unterdrückung, Rassenvorteile, Armut und dergleichen benachteiligt war, hat er es in seinem Privatleben geschafft, seinen Willen durchzusetzen.) Sein kontrollierendes «männliches» Gebaren wird in unserer Kultur weithin akzeptiert und manchmal sogar bewundert. Was könnte ihn also dazu bewegen, sich zu ändern?

Anne Ganley ist der Ansicht, daß sich ein gewalttätiger Mann nur dann ändert, wenn ihm eine ganze Reihe von Personen entgegentritt und ihn zur Rede stellt oder bestraft; dabei müssen einige von ihnen mindestens genausoviel Macht haben wie er. Wenn er von Ihnen, vom Eheberater, vom Pfarrer, von Freunden, von der Polizei, vom Richter, von seinem Vater und von seinem Chef zur Rede gestellt wird, dann wird er vermutlich begreifen, daß er sein kontrollierendes Verhalten einstellen muß. Therapeuten, die sich mit gewalttätigen Männern befassen, sind der Meinung, daß etwas Einschneidendes geschehen muß, damit sie verstehen, worum es geht. Die meisten von ihnen fangen erst an zu begreifen, wenn sie festgenommen, eingesperrt und aus dem Arbeitsverhältnis entlassen werden oder wenn sich die Partnerin von ihnen trennt.

Da Gewaltanwendung nur eine von vielen Taktiken des Kontrollierers ist, gelten dieselben Regeln auch für Partner, die nicht gewalttätig sind. Je mehr Leute Ihren Partner auf sein Fehlverhalten ansprechen, je gravierender die Folgen sind, die er tragen muß, desto eher wird er merken, daß seine Taktik nicht funktioniert.

Die meisten Frauen tun alles, was in ihrer Macht steht, um ihren Partner zu dieser Einsicht zu bringen. Viele gehen zur Eheberatung, damit sie ihre Beziehung besser verstehen und etwas daran ändern können. Ob mit oder ohne Eheberatung: Eine große Anzahl Frauen erhofft sich eine Problemlösung davon, daß der Partner irgendeine Beratung erhält. In ihrer Verzweiflung glauben sie oft, daß jede Art von Beratung nützlich wäre.

In diesem Kapitel befassen wir uns mit einigen Beratungsstellen, von denen sich Frauen Hilfe erhoffen, den Partner zur Umkehr zu bewegen: Suchtberatungsstellen, Eheberatungen, Paartherapien, Therapieprogramme für gewalttätige Männer. Suchtberatungsstellen stehen allen offen, Kosten entstehen in der Regel keine. Wer einen kontrollierenden Partner hat, kann zur Eheberatung gehen. Wenn Ihr Partner gewalttätig ist, wenn er Sie bedroht oder einschüchtert oder auf irgendeine Weise in Angst versetzt, dann raten wir allerdings entschieden davon ab, mit ihm in eine Paartherapie zu gehen. Die Gründe erläutern wir später. Von staatlichen oder kirchlichen Einrichtungen abgesehen, wird für Paartherapien ein Honorar verlangt. Bei der Teilnahme an Therapiegruppen für Männer, die Gewalt als Mittel der Kontrolle einsetzen, entstehen in der Regel Kosten.

Wenn wir uns mit diesen Hilfsangeboten befassen, werden Sie feststellen, daß aus der Sicht der Frau jedes von ihnen gewisse Mängel aufweist. Sowenig wie von Ihnen kann Ihr Partner durch eines dieser Hilfsangebote dazu gebracht werden, sich zu ändern. Wenn Sie die verschiedenen Möglichkeiten durchgehen, suchen Sie nicht nach der geeigneten *Alternative*. Überlegen Sie sich vielmehr, ob die einzelnen Angebote oder eine Kombination verschiedener Angebote für Sie eine Hilfe sein können. Und vergessen Sie dabei nicht, daß Sie Ihren Partner nicht unbedingt ändern werden. Sie können ihn bestenfalls dazu ermutigen, sich zu ändern. Am Schluß dieses Kapitels geben wir Ihnen die Möglichkeit, diese Angebote zu bewerten und festzustellen, ob sie für Ihren Partner von Nutzen sind.

Suchtbekämpfung

Wenn Sie selbst Suchtprobleme haben, finden Sie im zwölften Kapitel entsprechende Ratschläge. Hier befassen wir uns mit Ihrem Partner. Wenn Ihr Partner alkohol- oder drogenabhängig ist oder wenn er in dieser Hinsicht gefährdet ist, muß dieses Problem zuerst angegangen werden – je früher, desto besser. Wer körperlich abhängig ist, ist seiner Sucht ausgeliefert. Er kann kein normales, vernünftiges Leben führen, er ist nicht zuverlässig. Da er mit sich selbst nicht zurechtkommt, ist eine Besserung nicht zu erwarten. Irgendwie ist er gar nicht ganz da. Das Suchtproblem wird unweigerlich immer schlimmer. Es kann zum Tode führen: durch eine Überdosis, durch einen Unfall oder durch einen allgemeinen körperlichen Zusammenbruch. Dagegen hilft nur eines: aufhören und eine Entzugsbehandlung beginnen. Zwischenlösungen gibt es nicht.

Alkohol- oder Drogenmißbrauch wird meist in einer Rehabilitationsklinik behandelt, wo der Patient unter Aufsicht «entwöhnt» wird. Darauf folgt ein langfristiges, zwölf Stufen umfassendes Selbsthilfeprogramm bei den Anonymen Alkoholikern. (Bei manchen Alkohol- oder Drogensüchtigen genügt schon ein Selbsthilfeprogramm, um den Entwöhnungsprozeß einzuleiten.) Viele begeben sich freiwillig in Behandlung, während anderen bei Trunkenheitsdelikten eine Behandlung vom Gericht zur Auflage gemacht wird. Eine große Zahl von Drogen- und Alkoholsüchtigen wird durch Entwöhnungsprogramme geheilt.

Doch der Suchtmittelmißbrauch ist nicht die Ursache für die Mißhandlung von Menschen. Das kontrollierende oder gar gewalttätige Verhalten Ihres Partners ist *nicht* die Folge der Sucht, sondern ein Problem für sich. Hat sich Ihr Partner von der Drogen- oder Alkoholabhängigkeit befreit, wird sich dies zweifellos auf die Beziehung auswirken, doch wird sein Fehlverhalten dadurch nicht automatisch beendet. Es kann sogar noch schlimmer werden.

Wer sich in einem Zwölf-Stufen-Programm entwöhnt, wird aufgefordert, bei sich «eine gründliche Bestandsaufnahme» zu machen, die eigenen «Charaktermängel» zu untersuchen und Gott zu bitten, die Fehler zu beheben und den betroffenen Menschen Wiedergutmachung zukommen zu lassen. Viele Menschen bemühen sich im Verlauf dieses Programms ernstlich, ihr Leben zu ändern. Manchen gelingt es, ihr kontrollierendes Verhalten einzustellen sowie dem emotionalen Mißbrauch und den Tätlichkeiten ein Ende zu setzen. Dies hängt jedoch weitgehend vom Charakter, von den Wertbegriffen und der Willensstärke des einzelnen ab. Jeder führt das Programm auf seine Weise durch. Ob er sich ändert, hängt nicht vom Programm ab, sondern davon, wie er es anwendet, wie er es auf sein Leben bezieht.

Macht Ihr Partner eine Entziehung durch, so schafft dies für

Sie zwangsläufig neue Schwierigkeiten. Während des Rehabilitationsprogramms und einer nachfolgenden Therapie steht er ganz im Mittelpunkt. Sie selbst brauchen auch Zuwendung, insbesondere von Ihrem Partner, doch er beschäftigt sich (wie ihm angeraten wird) noch mehr als sonst mit sich selbst. Es ist schwer für ihn, den Alkohol- und/oder Drogenkonsum einzustellen, also ist er eine Zeitlang unausgeglichener, reizbarer und unberechenbarer als sonst. Und da er keinen Alkohol mehr trinkt oder keine Drogen mehr nimmt, können Sie nicht mehr darauf bauen, daß er schließlich einschläft und Sie ein bißchen Ruhe bekommen. Er kann sogar noch kontrollierender werden und von Ihnen verlangen, daß Sie dankbar sind und ihm zur Seite stehen. Vielleicht hat er jetzt auch noch einen Therapeuten, der ihn unterstützt und ihm sein Verhalten «erläutert». Sie hingegen haben niemanden.

Die Einzel- oder Gruppentherapie im Rahmen eines Rehabilitationsprogramms ist zweifellos nützlich. Was die Partnerinnen der Patienten von den Therapeuten zu hören bekommen, ist jedoch oft zwiespältig und schädlich. Ein Beispiel: Als Marys Ehemann Todd eine vierwöchige stationäre Entziehungskur machte, sagte ihr sein Therapeut, sie sei für Todds Alkoholismus nicht verantwortlich. Wie viele Suchttherapeuten betrachtete auch er den Alkoholismus als Krankheit. Er sagte: «Ganz gleich, was Todd anstellen wird, um Ihnen die Verantwortung für seine Krankheit zuzuschieben – Sie haben nicht dazu beigetragen, daß er ein Alkoholiker ist.» Im Gegensatz dazu behauptete der Therapeut später, Mary sei eine co-abhängige Partnerin und damit ein Teil des Problems.

Bei einer der Gruppensitzungen für Patienten und deren Familien versuchte Mary, Todds Gewalttätigkeit und die schlimmen Auswirkungen auf sie und die Kinder zur Sprache zu bringen. Der Therapeut erklärte, Todd kenne keine anderen Verhaltensweisen. Da seine Eltern Alkoholiker gewesen seien, habe er als Kind keine anderen Fertigkeiten zur Konfliktlösung entwickelt. Mary kannte diese Ausrede – von Todd. «Was soll das heißen: ‹Er kennt keine anderen Verhaltensweisen›?» fragte sie. «Den Unterschied zwischen Gut und Böse kannte er sehr wohl.» Der Therapeut forderte sie auf, sich zu beruhigen. «Sie haben eine feindselige Einstellung», sagte er. «Ausgerechnet jetzt, wenn Ihr Mann Ihre Unterstützung braucht. Ihre Feindseligkeit wird seine Rehabilitation nur erschweren.»

Mary entschuldigte sich und hielt den Mund, aber es ärgerte sie, daß der Therapeut Todds Gewalttätigkeit beschönigt hatte. Sie erzählte uns: «Ich höre immer, wir seien alle alkoholkrank. ‹Sie sind eine Co-Alkoholikerin›, sagt der Therapeut zu mir, aber das kauf' ich ihm nicht ab. Todd besäuft sich die ganze Zeit und verprügelt mich, und ich bin dann diejenige, die als Untier hingestellt wird. Ich soll ruhig sein, weil ich ihm schade. Ich bin ‹co-gar nichts›, ich bekomme bloß wieder die Schuld zugewiesen, und zwar für Dinge, die der Therapeut anfangs als Todds Problem bezeichnet hat.» Einige Monate danach trennte sich Mary von Todd. Dazu sagte sie folgendes: «Ich bin froh darüber, daß er mit dem Trinken aufhörte. Unserer Beziehung hat das nicht geholfen, aber ich habe erkannt, daß er sein Verhalten mir gegenüber nie ändern wird. Das war ‹ernüchternd› für mich.»

Wenn der kontrollierende Partner eine Entziehungskur macht, erscheint es manchen Frauen nützlich, zu Treffen von Al-Anon zu gehen, der Selbsthilfeorganisation für Partner und Angehörige von Alkoholikern und Drogensüchtigen. Das Beisammensein mit Menschen, die ähnliche Erfahrungen gemacht haben, hilft gegen die Beschämung und Isolation, die so viele emotional mißbrauchte und körperlich mißhandelte Frauen empfinden. Darüber hinaus erweisen sich viele der Grundsätze von Al-Anon für Frauen, die mit kontrollierenden Partnern zusammenleben, als nützlich – insbesondere der Rat, sich nicht für andere, etwa den süchtigen Partner, verantwortlich zu fühlen, sondern sich um sich selbst zu kümmern.

Zusammenfassend ist zu sagen: Ist Ihr Partner alkohol- oder drogenabhängig, sollten Sie darauf dringen, daß er sich helfen läßt. Wenn es dazu kommt, wird sich die Beziehung ändern. Sie mag schlechter oder besser werden oder beides zusammen. Behandlungsmaßnahmen führen nicht automatisch dazu, daß in der Beziehung eine Besserung eintritt oder daß Ihr Partner seine Gewalttätigkeiten einstellt. Sie können jedoch Ihrem Partner das Leben retten.

Beratung / Therapie

Ihr Partner mag aus unterschiedlichen Gründen zu einer wenige Stunden umfassenden Beratung oder einer mehrere Monate dauernden Therapie gehen. Er kann entweder aus eigenem Entschluß oder weil von Ihnen, anderen Familienangehörigen, seinem Chef, dem Pfarrer oder einem Freund Druck ausgeübt wird, in eine Einzeltherapie gehen. Vielleicht beschließen Sie, gemeinsam zur Paartherapie zu gehen. Ist er gewalttätig, dann kann ihm, falls es zu einem Strafverfahren kommt, der Besuch einer Einzel- oder Gruppentherapie zur Auflage gemacht werden. In manchen Städten gibt es spezielle Therapieangebote für gewalttätige Männer. Ein gewalttätiger Partner kann auch durch Gerichtsbeschluß in eine psychiatrische Anstalt eingewiesen oder vom Gericht an eine Familienberatungsstelle oder an einen frei praktizierenden Therapeuten verwiesen werden.

Ganz gleich, wie Ihr Partner zu einer Therapie kommt – zu überlegen wäre, welche Therapie die geeignete ist. Durch die falsche Art von Therapie oder den falschen Therapeuten kann sich alles verschlimmern, manchmal auf gefährliche Weise. Wenn Ihr Partner allein in die Therapie geht, sei es in eine Einzel- oder Gruppentherapie, bleiben Sie außerhalb des Behandlungsprozesses. Ob er vorankommt, können Sie nur an seinem

Verhalten erkennen. Dazu geben wir am Schluß dieses Kapitels einige Hinweise. Wenn Sie jedoch gemeinsam zur Paartherapie gehen, können Sie sich über den Verlauf und über den Therapeuten selbst eine Meinung bilden.

Paartherapie

Viele Frauen überreden ihren Partner, in eine Paartherapie zu gehen, weil sie überzeugt sind, daß er nie von sich aus zu einem Therapeuten gehen würde. Tatsache ist, daß zahlreiche Frauen zuerst allein in eine Therapie gehen und ihren Partner allmählich dazu bringen, daß er ebenfalls daran teilnimmt. Wehrt sich Ihr Partner dagegen und will er die Möglichkeit, daß *er* ein Problem haben könnte, nicht in Betracht ziehen, dann gibt es kaum Aussichten auf eine Änderung.

Im Idealfall trägt die Paartherapie dazu bei, daß Partner, denen das Wohl des anderen am Herzen liegt, ihre Differenzen beilegen; sie müssen dabei die Verantwortung für ihr eigenes Verhalten übernehmen und das Problem auf eine für beide Teile befriedigende Weise zu lösen versuchen. Der Kontrollierer paßt jedoch nicht in dieses Szenario. Er kümmert sich viel mehr um sich als um die Partnerin. Er will sein Verhalten nicht überprüfen, geschweige denn zugeben, daß es kritikwürdig ist. Er will weiterhin seinen Willen durchsetzen.

Manche Frauen, die an einer Paartherapie teilnehmen, merken leider nicht, daß das, was sie für ein verwirrendes, schwer definierbares Beziehungsproblem halten, in Wirklichkeit auf das kontrollierende Verhalten des Partners zurückzuführen ist. Und der Therapeut erkennt dies vielleicht auch nicht. Er macht Ihnen dann Vorschläge, wie Sie Ihre «Interaktion» verbessern können, obwohl es doch die Aktionen des Kontrollierers sind, die Probleme schaffen.

Geschieht dies, dann wird die unterdrückte Partnerin, die ja meist Veränderungen herbeiführen möchte, die Anweisungen genauestens befolgen. Sie wird sich bemühen, dem Partner zuzuhören, ihn zu ermutigen, ihm mehr Unterstützung zukommen zu lassen, Fragen und Kritik für sich zu behalten, ihre Verärgerung zu unterdrücken und die sexuellen Wünsche des Partners zu erfüllen – sie wird also eine Haltung zeigen, die sie schon zur Genüge praktiziert hat. Der Kontrollierer hingegen wird in seiner Meinung bestätigt, daß die Schuld weitgehend bei der Partnerin zu suchen sei. Er wird sie ermutigen, diese «interaktiven Fertigkeiten» anzuwenden, es aber ablehnen, an sich selbst zu arbeiten. Auf diese Weise kann er sich weiterhin durchsetzen und erhält sogar zusätzliche Aufmerksamkeit und weitere Zugeständnisse. Die unterdrückte Partnerin bemüht sich fortwährend und hofft auf eine Änderung. Aber die wird nicht eintreten.

Im Verlauf einer derartigen Therapie nimmt bei der Partnerin die Enttäuschung und Verunsicherung zu, während der Partner sich bestätigt sieht und sein Fehlverhalten weiter ausbaut. Der Therapeut mag angesichts ihrer schlechten Verfassung Übungen zur Hebung des Selbstwertgefühls vorschlagen – als sei ihr mangelndes Selbstwertgefühl die Ursache der Eheprobleme, während in Wirklichkeit der kontrollierende Partner und der Therapeut die Beeinträchtigung herbeiführten. Auf diese Weise kann sich die Paartherapie jahrelang hinziehen. Genau dies passierte bei Tina und Terry, deren Geschichte wir im zweiten Kapitel erzählt haben.

Andererseits gibt es auch Therapeuten, die das kontrollierende Verhalten des Partners klar erkennen und benennen und darauf dringen, daß er Einsicht zeigt und sich ändert. Geschieht das, dann mag der Kontrollierer irgendeinen Vorwand finden, um aus der Therapie ausscheiden zu können: Sei es, daß er einen kleinen Unfall hat, daß er plötzlich Überstunden machen muß oder daß er seine Frau beschuldigt, sie habe ein Verhältnis mit dem Therapeuten (ein kluger Schachzug, weil er sie dadurch zwingt, die Therapie ebenfalls einzustellen). Wie dem auch sei: Er hört auf, sobald er sich bedroht fühlt. Und er kann die Therapie auch gegen sie verwenden. Ein Mann, dem in der Paartherapie geraten worden war, seiner Frau mehr Beachtung zu schenken, verbot ihr daraufhin, allein aus dem Haus zu gehen.

Gehört Gewaltanwendung zu den Taktiken des Kontrollierers, kann die Paartherapie sehr gefährlich sein. Die meisten Psychologen, die mit häuslicher Gewaltanwendung Erfahrung haben, raten entschieden von einer Paartherapie ab. Sie sollte ihrer Meinung nach allenfalls dann stattfinden, wenn der Partner mit der Gewaltanwendung und den Drohungen aufgehört hat und die Verantwortung für das übernimmt, was er angerichtet hat. Erst dann kann die Frau sich sicher fühlen und ohne Angst vor Vergeltung offen über das reden, was zu Hause vorgeht. Erst wenn die beiden Partner eine Übereinstimmung erzielt haben, kann die Paartherapie als Möglichkeit gesehen werden, auch mit anderen Problemen fertig zu werden. Viele mißhandelte Frauen fühlen sich jedoch nie sicher genug, um ihre Meinung zu sagen; sie befürchten, daß der Partner, der die Gewaltanwendung eingestellt hat, wieder damit anfangen könnte. In solchen Fällen ist Paartherapie eine Zeitverschwendung.

Allzuoft führt die Paartherapie zu schauderhaften Vorfällen wie dem, über den Suzanne in unserem Beisein ihrer Selbsthilfegruppe berichtete:

SUZANNE Mein Mann hatte einen Nervenzusammenbruch und wurde ins Krankenhaus eingeliefert. Der Psychiater rief mich an und bat mich, zur Eheberatung zu kommen. Da Matt vor seiner Einlieferung so gewalttätig gewesen war, zögerte ich, doch der Psychiater vermittelte mir den Eindruck, mein Mann brauche mich, um gesund zu werden. Ich nahm an acht Sitzungen teil. Wir redeten viel über Gewaltanwendung, und Matt war sehr reumütig. Kurz bevor mein Mann entlassen wurde, versicherte mir der Psychiater, Matts Gewalttätigkeit gehöre der Vergangenheit an. Er überredete mich dazu, Matt wieder nach Hause kommen zu lassen. Er sagte, das sei wichtig für eine volle Genesung.

Matt war gerade zwei Tage zu Hause, da mißhandelte er mich schon wieder. Diesmal brach er mir die Nase und einige Rippen. Ich mußte eine Woche lang ins Krankenhaus. Als er auf mein Gesicht eindrosch, sagte er mehrere Male: «Das kriegst du dafür, daß du deinen Mann bei einem blöden Psychoheini verpetzt hast.»

Nun reichte es mir endgültig. Ich zeigte ihn an und ließ ihn aus dem Haus entfernen. Und ich schloß mich dieser Selbsthilfegruppe an, weil ich mich kein zweites Mal zu einer Dummheit verleiten lassen wollte. Ich hatte mich auf das Urteil des Psychiaters, des Fachmanns, verlassen. Er mußte ja besser Bescheid wissen als ich. Aber ich hätte mich auf mein Gefühl verlassen sollen. Tief drinnen ahnte ich, daß Matt alle hinters Licht führte.

Geschichten wie die von Suzanne hörten wir von vielen Frauen. Meist leiteten sie die Partnertherapie selbst in die Wege und setzten große Hoffnungen auf sie. Jede von ihnen meinte, in der Therapie könne endlich mit Hilfe eines objektiv urteilenden Außenstehenden eine Klärung des Beziehungswirrwarrs erreicht werden. Diese Frauen und die ausgebildeten Therapeuten (denen die Problematik hätte bekannt sein müssen) zogen einen Faktor nicht in Betracht, der für den Erfolg einer jeden Therapie von ausschlaggebender Bedeutung ist: Klienten müssen die Gewähr haben, daß sie risikolos die Wahrheit sagen können. Diese Bedingung wird nicht erfüllt, wenn ein Therapeut eine Frau und ihren kontrollierenden Partner in denselben Raum setzt und sie bittet, sich zu äußern. Dies führt entweder dazu, daß die Frau, die sich vor ihrem Partner fürchtet, stets mit allem übereinstimmt, was er sagt, oder daß sie, wenn sie unverblümt ihre Meinung äußert, von ihm bestraft wird (meist weit weg vom Büro des Therapeuten). Es kann auch – wie bei Suzanne und Matt – dazu kommen, daß der kontrollierende Partner lügt und auf diese Weise den Therapeuten und seine Partnerin hinters Licht führt, um sich später an ihr zu rächen.

PEGGY Die Paartherapie war für mich völlig nutzlos. Wir wurden aufgefordert, unsere Interaktion zu verbessern – so als ob mein Verhalten der Auslöser für seines gewesen sei. Das setzte mein Mann natürlich gegen mich ein. Eine Zeitlang hielt ich mich sogar auf Anraten des Therapeuten sehr zurück, um für Ruhe zu sorgen. Ich machte jeden Abend lächerliche Übungen, bei denen ich meinem Mann meine Unterstützung anbot. Er führte sich jedoch immer schlimmer auf. Wir arbeiteten an unserer «Interaktion» als Paar, doch in Wirklichkeit gab es gar keine. Bei uns beging der eine Partner am anderen Straftaten. Und das ist keine Beziehung.

Anleitungen zur Bewertung
eines Therapeuten

Sofern Ihr Partner keine Gewalt anwendet und nicht mit Drohungen arbeitet, möchten Sie es vielleicht trotz dieser Warnungen mit der Paartherapie versuchen, weil sie das einzige Hilfsangebot in Ihrer Gegend ist oder weil Sie bereits mit einer Eheberatung begonnen haben. Wie können Sie feststellen, ob Sie einen guten Therapeuten haben? Die nachfolgenden Checklisten können dabei von Nutzen sein.

Grundvoraussetzungen der Therapie

Ein guter Therapeut wird – bei jeder Art von Therapie – bestimmte Vorgehensweisen einhalten und bestimmte grundsätzliche Dinge klären. Lesen Sie die folgenden Fragen durch. Wenn Sie alle mit «ja» beantworten können, haben Sie einen guten Therapeuten.

_____ Hat sich der Therapeut Ihre Fallgeschichte unter vier Augen angehört und sich dabei nach Alkohol- und Drogenabhängigkeit erkundigt sowie nach kontrollierendem Verhalten, nach Drohungen oder Gewalt von seiten Ihres Partners?

_____ Bestärkt Sie der Therapeut in Ihrem Recht, Freundschaften zu pflegen, Ihre Angehörigen zu besuchen und eigene Entscheidungen zu treffen, auch im Hinblick auf Sex und auf Geld? Zeigt der Therapeut auch gegenüber Ihrem Partner, daß er Sie darin unterstützt?

_____ Ist dem Therapeuten klar, daß der kontrollierende Partner das, was er Ihnen antut, anderen Leuten gegenüber meist nicht zugeben wird? Bezweifelt oder hinterfragt der Therapeut die Darstellung, die Ihr Partner von seinen Handlungen gibt?

_____ Gibt Ihnen der Therapeut eine realistische Einschätzung, inwieweit Ihr Partner imstande ist, sich zu ändern? Weist er darauf hin, daß mit keinem schnellen oder kontinuierlichen Veränderungsprozeß zu rechnen ist?

_____ Warnt Sie der Therapeut vor möglichen Gefahren? Hilft er Ihnen, Sicherheitsvorkehrungen zu treffen? Informiert er Sie über Ihr Recht, von der Polizei und vom Gericht Schutz zu bekommen, wenn die Situation es erfordert? Ermutigt er Sie dazu, örtliche Hilfsangebote zu nutzen?

_____ Macht der Therapeut Ihren Partner für den Schaden verantwortlich, den er anrichtet? Sieht er davon ab, Ihnen Vorwürfe zu machen – selbst wenn Sie den Haushalt nicht in Ordnung halten, eine Affäre haben oder Ihren Mann vernachlässigen? Sagt der Therapeut Ihrem Mann klipp und klar, daß sein Verhalten falsch und die körperliche Mißhandlung strafbar ist?

_____ Behandelt der Therapeut Informationen über das Verhalten Ihres Partners vertraulich? Hält er sich daran, daß er diese nicht an Ihren Partner weitergeben darf? Ist ihm klar, daß Sie in Gefahr geraten können, wenn er seine Schweigepflicht nicht wahrt?

_____ Nimmt der Therapeut Ihre Ängste und Ihre Besorgnis ernst? Versteht er, daß sich die Unterdrückung auf vielen Gebieten bemerkbar machen kann, etwa im finanziellen, sexuellen und emotionalen Bereich, und daß es, wenn für Sie und Ihre Kinder eine sichere und gesunde Lebensgrundlage entstehen soll, nicht genügt, der Gewaltanwendung ein Ende zu setzen?

_____ Bringt der Therapeut Ihrem spezifischen kulturellen Hintergrund, Ihrem sozialen Status und Ihrem Sexualverhalten Verständnis entgegen? Ist er sich der gesellschaftlichen und kulturellen Konditionierung bewußt, und weiß er, daß diese die sexuelle Rollenverteilung und die Beziehungen beeinflußt?

Ungeeignete Therapeuten

Wenn Sie irgendeine der folgenden Fragen mit «Ja» beantworten, haben Sie den falschen Therapeuten.

_____ Ist der Therapeut der Ansicht, daß die Familie um jeden Preis beisammen bleiben sollte – auch auf Kosten Ihrer Gesundheit? Ermutigt er Sie, bei Ihrem Partner zu bleiben, ganz gleich, was geschieht?

_____ Macht Sie der Therapeut für das Fehlverhalten Ihres Partners verantwortlich, oder bezeichnet er Sie als mitverantwortlich oder «co-abhängig»? Spricht er davon, daß Sie «mitspielen» und selbst dazu beitragen, daß Sie schikaniert werden?

_____ Stellt der Therapeut Ihre Gewaltanwendung – etwa bei Notwehrhandlungen – auf eine Stufe mit der Gewaltanwendung Ihres Partners? Stellt er Ihre verbalen Ausfälle der Brachialgewalt Ihres Partners gleich? Sieht er auf beiden Seiten dasselbe Fehlverhalten?

_____ Nimmt der Therapeut die Gewalt und die Gefahr, in der Sie schweben, nicht ernst genug? Akzeptiert er es, daß Ihr Partner seine Taten bagatellisiert und abstreitet? Sagt er beispielsweise: «Es ist ja nur ein paarmal passiert, ich sehe hier kein durchgängiges Muster eines Fehlverhaltens»?

_____ Verspricht der Therapeut Ihrem Partner irgendeine «schnelle Lösung» der Probleme, etwa dadurch, daß er die Stelle wechselt, mit dem Alkohol aufhört oder zu Gott findet?

_____ Definiert der Therapeut das Fehlverhalten Ihres Partners als Symptom anderer Probleme wie Stress, Alkohol- oder Drogenabhängigkeit oder Vernachlässigung im Kindesalter? Ist er der Meinung, daß sein Fehlverhalten verschwinden wird, wenn diese Probleme «verarbeitet» sind?

_____ Sorgt der Therapeut dafür, daß Ihr Partner die negativen Folgen seines Fehlverhaltens nicht zu spüren bekommt?

_____ Schenkt der Therapeut Ihren Ausführungen keinen Glauben?

_____ Ist der Therapeut böse oder voreingenommen, wenn Sie sich von Ihrem Partner trennen wollen oder zu Ihrem Schutz juristisch gegen ihn vorgehen? Oder zeigt der Therapeut solche Reaktionen, wenn Sie sich nicht umgehend von Ihrem Partner trennen oder wenn Sie zu ihm zurückkehren?

_____ Ergreift der Therapeut Partei für Ihren Partner? Ist der Therapeut rassistisch, oder verurteilt er Homosexualität?

Hilfsangebote für gewalttätige Männer

Spezielle Hilfsangebote für gewalttätige Männer gibt es seit einer Reihe von Jahren. (In den größeren Städten in Amerika gibt es auch Gruppen für Lesbierinnen, die ihre Partnerin schlagen.) Viele dieser Programme werden von Männern und Frauen geleitet, die eine ausgeprägt feministische Haltung einnehmen. Von allen Angeboten für gewalttätige Männer sind diese Programme am besten geeignet, echte, langanhaltende Veränderungen herbeizuführen. Doch leider gibt es auch hier sehr unterschiedliche Ergebnisse.

Vor allem gehen nur sehr wenige gewalttätige Männer (fünf bis zehn Prozent) von sich aus auf dieses Hilfsangebot ein. Ein Großteil von ihnen stellt die Teilnahme vorzeitig ein. Selbst bei den besten Trainingsprogrammen bleiben höchstens zwei Drittel der eingeschriebenen Teilnehmer bis zum Schluß dabei, und nur etwa ein Drittel von ihnen verhält sich danach eine Zeitlang gewaltfrei.[2]

Überdies läßt sich nicht genau sagen, ob eine Verhaltensänderung auf das Programm zurückzuführen ist. Einige der besten Berater sind vielmehr der Ansicht, daß andere Faktoren – dieselben, die dazu beitrugen, daß die Männer überhaupt kamen – sie dazu motivieren, sich zu ändern. Bei diesen motivierenden Faktoren handelt es sich um zwangsläufige *negative* Folgen ihrer Handlungen. Männer werden dazu gebracht, sich zu ändern, wenn sie für ihr schlimmes Verhalten zur Verantwortung gezogen werden und merken, daß dieses Verhalten negative Folgen hat. Ein kontrollierender Mann wird in folgenden Fällen sehr stark motiviert, sein Verhalten zu ändern: 1. Wenn seine Frau oder Freundin ihn verläßt oder dies ankündigt. 2. Wenn er festgenommen wird und in Haft kommt. 3. Wenn bei einem Rückfall ein weiterer Freiheitsentzug droht. 4. Wenn er wegen seiner Gewalttätigkeit seine Beschäftigung verliert.

Daß Frauen zu Trainingsprogrammen oft mehr Vertrauen haben als die Berater, mag daran liegen, daß ihnen die niedrige Erfolgsquote nicht bekannt ist. Wir fragten einige Berater, wie wirksam ihr jeweiliges Hilfsprogramm sei, und wie eine Frau beurteilen könne, ob sich ihr Partner dadurch geändert habe. Bei manchen dieser Programme werden Klienten auf freiwilliger Basis behandelt, bei manchen hingegen ausschließlich Männer, die vom Gericht eingewiesen wurden; die Antworten der Berater stimmten jedoch weitgehend überein, und sie äußerten auch dieselben Bedenken. (Zu berücksichtigen wäre, daß diese Angebote für gewalttätige Partner gedacht sind und daß nur wenige Männer daran teilnehmen, die ihre Partnerin lediglich emotional mißhandeln. Sie müssen selbst entscheiden, inwieweit die Ausführungen auf Ihren Partner zutreffen.)

Die Berater sagten uns, es komme ganz darauf an, *ob sich jemand ändern wolle.* Don Chapin vom Domestic Abuse Intervention Project in Minneapolis drückte dies folgendermaßen aus: «Frauen fragen uns oft, ob Männer durch die Trainingsprogramme gegen häusliche Gewaltanwendung zur Vernunft gebracht werden. Ich sage ihnen, daß sie da sehr vorsichtig sein müssen. Die Männer bringen sich selbst in Ordnung, die Programme können ihnen das nicht abnehmen.»[3]

Charles Niessen-Derry vom St. Cloud (Minnesota) Intervention Project erläuterte dies noch weiter: «Ich glaube, eine Verhaltensänderung hängt davon ab, was die Männer erreichen wollen. Wenn sie in ihrer Beziehung Nähe und Zärtlichkeit suchen, müssen sie mit der Gewalt aufhören. Wenn sie darauf keinen Wert legen und es vorziehen, sich als Haustyrann zu gebärden, dann werden sie ihr Fehlverhalten nicht einstellen.»[4]

David Adams, der Direktor von EMERGE, ist ebenfalls der Ansicht, daß Männer die Programme erst dann in Anspruch nehmen, wenn sie ihr Ziel mit ihrem kontrollierenden Verhalten nicht mehr erreichen können. Bei EMERGE werden nur

20 Prozent der Teilnehmer durch Gerichtsbeschluß eingewiesen; die anderen kommen freiwillig. Doch die meisten kommen nur, weil ihre Partnerin sie verlassen hat. Sie wollen «ihre» Frau zurück. «Die meisten dieser Klienten kamen erst zu uns, als klar wurde, daß ihre Beziehung nur dann weitergehen würde, wenn sie sich beraten ließen», sagt Adams. «Für die meisten dieser Männer besteht das Problem darin, daß ihre Frau sie verlassen hat, und nicht darin, daß sie Gewalt angewandt haben. Manche stellen ihre Teilnahme ein, sobald sie sich mit ihrer Frau versöhnt haben.»[5] Anders ausgedrückt: Sie benutzen das Programm als weitere kontrollierende Taktik – um auf ihre Frau Druck auszuüben, damit sie zurückkommt.

Manche Psychologen sind der Ansicht, daß sich bestimmte Männer nie ändern werden. Es handelt sich dabei um extrem gewalttätige Männer, die ihrer Partnerin schwere Verletzungen beibringen, sie sexuell mißbrauchen und auch außerhalb des Hauses handgreiflich werden. Oft haben sie wegen anderer Straftaten vor Gericht gestanden und sind alkohol- und drogenabhängig. Ihr Leben wird durch Gewalt keineswegs besser oder produktiver, aber sie wollen darauf einfach nicht verzichten. Edward Gondolf und Ellen Fisher meinen dazu in ihrem Buch *Battered Women as Survivors*: «Es mag schlicht und einfach daran liegen, daß bei vielen dieser Prügler mit herkömmlichen Behandlungsmethoden, insbesondere mit solchen, die hauptsächlich auf Affektkontrolle abzielen, nichts erreicht werden kann.»[6] Diese Männer können sich einfach nicht mehr ändern.

Edward Gondolf und Ellen Fisher heben dies besonders hervor, weil sie bei ihren Forschungen dieselbe beunruhigende Feststellung machen mußten wie David Adams bei seiner Gruppenarbeit mit gewalttätigen Männern (viele von ihnen erwiesen sich als unverbesserliche Fälle): daß diese Männer ihre Teilnahme an den Gruppensitzungen als Taktik einsetzen, um die Partnerin zur Versöhnung und zur Rückkehr zu bewegen.

In ihrer Studie über mißhandelte Frauen, die in Frauenhäusern leben, stellen Gondolf und Fisher fest, daß von den Frauen, deren Partner nicht an einem Trainingsprogramm teilnahmen, lediglich 19 Prozent eine Rückkehr planten. Von den Frauen, deren Partner teilnahmen, planten 53 Prozent, zu ihrem Mann zurückzukehren.[7] Schon die Tatsache, daß der Mann ein Beratungsangebot angenommen hat, läßt bei der Partnerin Hoffnung aufkommen, obwohl viele Männer, wie Gondolf und Fisher abschließend betonen, «aller Wahrscheinlichkeit nach mit ihrem kontrollierenden Verhalten fortfahren und es sogar noch verstärken»[8].

Den Fachkräften, die Ihrem Partner helfen wollen, sind diese Ergebnisse vielleicht gar nicht bekannt. Trainingsprogramme für gewalttätige Männer sind relativ neu, und es gibt kaum Forschungen auf diesem Gebiet. Als Dr. Jeffrey Edleson die einschlägige Literatur durchforstete, fand er lediglich elf Studien mit Ergebnissen von Programmen für gewalttätige Männer; dabei ging es durchweg um kurze Beobachtungszeiträume.[9] Anders ausgedrückt: Bisher hat niemand untersucht, wie sich gewalttätige Männer zwei oder drei Jahre nach Abschluß der Behandlung verhalten und ob sie sich tatsächlich geändert haben.

Bei Langzeitstudien über Männer, die an solchen Programmen teilnehmen, müßten deren Partnerinnen nach dem Psychoterror befragt werden, welcher oft die Gewaltanwendung ersetzt. Erfahrene Berater sind der Ansicht, daß Männer die Gewaltanwendung leicht aufgeben können, wenn sie es nur wollen. Oft ersetzen sie aber die Gewalt durch andere Unterdrückungstaktiken. Trotz oder vielleicht auch wegen der Beratung bleiben sie Kontrollierer, allerdings mit verfeinerten Methoden. Und in vielen Fällen passen sie die neu erlernten Methoden der Selbstdarstellung und Problemlösung ihren Zwecken an. Don Chapin meinte dazu: «Anzunehmen, daß alles besser wird, weil mit der Gewaltanwendung Schluß ist, birgt große Gefahren in sich. In Programmen gegen häusliche Gewaltanwendung können Männer neue, wirksamere Methoden erlernen, um ihre Partnerin zu unterdrücken.»[10]

JULIA Als mein Mann eine Zeitlang mit der Gewaltanwendung aufhörte, nahm die emotionale Mißhandlung zu. Er kam von seiner Gruppensitzung nach Hause und belehrte mich, was ich alles falsch mache. Oder er sagte zum Beispiel: «Du meinst, ich sei so furchtbar schlimm. Aber da gibt es einen, der seiner Frau die Gewehrmündung an den Kopf gehalten hat. Du hast Glück, daß ich so etwas nicht mache. Ich könnte dich ja umbringen.»

Er hörte auf, mich zu verprügeln, weil er wußte, daß ihm eine Gefängnisstrafe drohte, wenn er wieder damit anfing. Aber er wurde mir noch unheimlicher, und ich hatte größere Angst. Er baute sich vor mir auf und schüchterte mich mit seinen gehässigen Spötteleien ein. Ich weiß, das klingt verrückt, aber es wäre mir lieber gewesen, er hätte mich geschlagen und die Sache wäre erledigt gewesen, als daß er stundenlang diese Psychospielchen betrieb. Die waren schlimmer.

In seiner Gruppe lernte er eine ganze Reihe neuer Methoden, mich einzuschüchtern. Einmal sagte er zu der Anwältin, die mich vor Gericht vertrat: «Schönen Dank, daß Sie mich in dieses Programm geschickt haben. Jetzt weiß ich, wie ich sie *legal* fertigmachen kann.» Und zu mir sagte er: «Ich mache das, was mir vom Gericht aufgetragen wurde, aber dadurch ändere ich mich kein bißchen.»

Hier war von den *besten* Programmen die Rede, die alle auf einer profeministischen Analyse häuslicher Gewalt basieren. Viele Trainingsprogramme für gewalttätige Männer gehen das Gewaltproblem jedoch anders an. Sie werden meist von psychiatrischen Einrichtungen durchgeführt und basieren auf der Annahme, daß Männer gewalttätig werden, weil sie die Beherrschung verloren haben. Den Männern wird beigebracht, ihre Wut unter Kontrolle zu bringen und auf gewaltlose Weise auszudrücken. Wenn der kontrollierende Mann die Beherrschung verliert, dann geschieht dies jedoch, wie wir gezeigt haben, weil er sich *dafür entscheidet*. Die Kontrolle übt er ohnehin aus, und zusätzliche Kontrollfunktionen braucht er gewiß nicht. Wie gesagt, ein Mann kann weiterhin repressiv sein, auch wenn er nicht mehr gewalttätig ist. Dies ist besonders dann der Fall, wenn er durch die Beratung zu der Auffassung gelangt, Unterdrückung sei das *Ziel* und nicht das Problem.

Demgegenüber gehen die profeministischen Programme für gewalttätige Männer das Problem direkt an. Die Berater fordern die Männer auf, ihr repressives Verhalten zuzugeben und zu erkennen, auf welche Weise sie Machtmißbrauch getrieben haben. Bei manchen Programmen sprechen die Berater regelmäßig mit den Partnerinnen der Gruppenmitglieder, um Lügen und Verharmlosungen, mit denen die Männer sich herausreden wollen, entgegentreten zu können. Sie verlangen, daß die Männer damit aufhören, ihrer Frau und anderen Leuten die Schuld zuzuschieben, und selbst die Verantwortung für ihr Verhalten übernehmen. Und sie weisen die Männer auf weitere Aspekte ihres Verhaltens hin: daß sie Frauen wie Dienstboten behandeln, daß sie sie ignorieren, ihre Meinung nicht zur Kenntnis nehmen, sie nicht unterstützen, sie beschimpfen, sie sexuell ausbeuten und gleichzeitig erwarten, daß die Partnerin ihnen gegenüber mit Aufmerksamkeit, Dienstbereitschaft und Lob nicht geizt. Die Berater bestehen darauf, daß es zu einer Frau nur dann eine gesunde Beziehung geben kann, wenn der Mann sie als gleichwertigen und unabhängigen Menschen betrachtet. Wie wir jedoch von den Beratern erfuhren, sind nur wenige ihrer Klienten bereit, dies zu akzeptieren.

Fernando Mederos von Common Purpose, einem Trainingsprogramm in Boston, ist der Meinung, daß der Prozeß der Verhaltensänderung drei Stufen umfaßt. Auf der ersten Stufe, die wenige Wochen nach Trainingsbeginn erreicht werden sollte, stellt der Mann die Gewaltanwendung ein. «Ohne diese fundamentale, rasche Änderung gibt es kein Weiterkommen», sagt Mederos. Auf der zweiten Stufe stellt der Mann die emotionalen Mißhandlungen ein, also die Einschüchterungen, die Drohungen, die Beleidigungen, das Anschreien und die Beschimpfungen. «Schließlich muß er anfangen, den Standpunkt der Frau zu respektieren, und er muß sich bewußt werden, was sie durchgemacht hat und wie ihr Alltag aussieht», sagte Mederos. Ein Mann könne die Gewalttätigkeit und die emotionale Mißhandlung einstellen, doch habe er sich erst dann mit Erfolg «geändert», wenn die dritte Stufe erreicht sei.[11]

Wie Sie feststellen können, ob Ihr Partner sich ändert

Ihr Partner mag einen Entzug machen, in eine Einzel- oder Paartherapie gehen oder in ein Trainingsprogramm für gewalttätige Männer, doch das bedeutet noch nicht, daß er sich ändern wird. Um herauszufinden, ob er sich ändert, müssen Sie immer wieder sein Verhalten überprüfen. Sie müssen sich fragen: «Zeigt die Behandlung Wirkung? Hat er sein Fehlverhalten eingestellt?» Um zu klären, ob Ihr Partner die von Fernando Mederos beschriebene dritte Stufe erreicht hat, müssen Sie sich überlegen, ob er noch so tyrannisch und anspruchsvoll ist wie früher oder vielleicht mehr Respekt und Entgegenkommen zeigt. Anhand der nachfolgenden Checklisten können Sie überprüfen, welche Fortschritte er gemacht hat.

Anzeichen dafür, daß es *keinen* Fortschritt gibt, sind oft leichter zu finden. Die ersten beiden Checklisten können ergeben, daß das Ergebnis negativ ist. Die erste enthält offensichtliche wie auch subtile Anzeichen dafür, daß das Hilfsangebot nichts nützt. Die zweite liefert andere Indizien dafür, daß sein Behandlungsprogramm nichts bewirkt: Hier geht es darum, daß Ihr Partner die Kinder instrumentalisiert.

Keine oder kaum eine Änderung

_____ Ihr Partner geht nicht mehr zur Beratung oder sträubt sich dagegen und muß überredet werden, weiter daran teilzunehmen.

_____ Ihr Partner setzt weiterhin Gewalt ein und bedroht Sie.

_____ Ihr Partner macht mit dem Alkohol- und Drogenmißbrauch weiter; er gibt zu verstehen, er werde Ihnen nichts mehr antun, wenn er eines Tages damit aufhören werde.

_____ Ihr Partner geht nicht regelmäßig zur Beratung, klagt ständig über die Kosten oder erwartet von Ihnen, daß Sie dafür aufkommen.

_____ Trotz fortdauernder Beratung wird Ihrem Partner nicht klar, was er Ihnen angetan hat.

_____ Ihr Partner gibt zu, daß er ein Problem hat, aber er mißhandelt Sie weiterhin und gibt Ihnen die Schuld.

_____ Ihr Partner setzt das, was er in dem Trainingsprogramm gelernt hat, gegen Sie ein.

_____ Ihr Partner beschuldigt Sie weiterhin der Untreue oder geht Ihnen nach, belästigt und überwacht Sie.

_____ Trennen Sie sich von Ihrem Partner, dann übt er Druck aus, um Sie zur Rückkehr zu bewegen. Er sagt beispielsweise: «Keine andere Frau würde so etwas tun!» Oder er bringt Ihnen Schuldgefühle bei, indem er sagt: «Wie kannst du mir das antun?» Er mag es mit Charme wie auch mit Schuldzuweisungen versuchen («Siehst du denn nicht, wie sehr ich mich um dich bemühe?»), und wenn diese Methoden versagen, geht er zu zornigen Drohungen über: «Wenn du mich verläßt, bekommst du keinen Pfennig von mir.»

_____ Ihr Partner meint, sie müßten ihm dankbar sein, daß er Sie seit Monaten nicht mehr geschlagen hat.

——— Ihr Partner behauptet immer wieder: «Jetzt ist es Zeit, daß du dich änderst.»

——— Ihrem Partner mißfällt es, daß Sie über sein Fehlverhalten verärgert sind. Er sagt: «Du hast kein Recht, nachtragend zu sein.» Oder er deutet an, daß er durch Ihre Verärgerung wieder gewalttätig werden könnte.

——— Ihr Partner gibt Ihnen das Gefühl, er könne sich nur dann ändern, wenn Sie bei ihm sind und ihn motivieren. Er stellt die Beratung in Frage und übt Druck aus, indem er sagt: «Ohne dich schaffe ich das nicht.»

——— Ihr Partner sabotiert Ihre Bemühungen, Anschluß an eine Frauengruppe zu finden und in Ihrem Leben weitere positive Änderungen vorzunehmen.

Keine oder kaum eine Änderung:
Instrumentalisierung der Kinder

——— Er zeigt im Beisein der Kinder eine depressive, ja suizidale Haltung und macht Sie für seine Niedergeschlagenheit verantwortlich.

——— Er kritisiert, wie Sie mit den Kindern umgehen, und behauptet, Sie kämen mit ihnen nicht zurecht.

——— Er sagt zu den Kindern, er habe Ihnen nicht weh tun wollen. Sie seien jedoch ihm gegenüber nachtragend.

——— Er fragt die Kinder über Sie aus; er möchte, daß sie für ihn spionieren.

——— Er versucht mit Hilfe der Kinder herauszubekommen, was Sie tun. Er besteht beispielsweise darauf, daß Sie die Kinder überallhin mitnehmen.

——— Er droht, er werde Sie bestrafen, indem er das Sorgerecht beansprucht, obwohl er die Kinder gar nicht großziehen möchte.

——— Haben Sie sich von Ihrem Partner getrennt, schiebt er Ihnen die Schuld zu und sagt zu den Kindern: «Mama erlaubt mir keine Besuche.»

_____ Er sagt zu den Kindern, Sie hätten ihn hinausgeworfen und brächten ihr Leben durcheinander.

_____ Er kommt unangemeldet zu Besuch und ist verärgert, wenn Sie ihm nicht erlauben, mit den Kindern zusammenzusein. Oder er dehnt seine Besuche gegen Ihren Willen immer länger aus.

_____ Zur Strafe «vergißt» er einen Besuchstermin oder sagt ihn immer wieder ab.

_____ Er kauft den Kindern kostspielige Geschenke und gibt zu verstehen, sie bekämen weitere, wenn Sie ihn wieder zu Hause wohnen ließen.

_____ Er sagt zu den Kindern, Sie hätten ihn wegen eines anderen Mannes verlassen.

_____ Er behauptet, Sie ruinierten das Leben der Kinder, indem Sie ihnen den Vater nähmen. Er sieht nicht ein, daß die Probleme durch sein Fehlverhalten entstanden sind und daß Sie ein Recht hatten, sich selbst und die Kinder zu beschützen.

Anzeichen einer Wende zum Besseren

Wir befassen uns jetzt mit einer Reihe von Anzeichen für eine Wende zum Besseren. Die Möglichkeit ist jedoch immer gegeben, daß sich jemand nur anders verhält, um sein Ziel zu erreichen, ohne daß tiefgreifende, dauerhafte Verhaltensänderungen stattgefunden haben. Anders gesagt: Es gibt auch vorgetäuschte Verhaltensänderungen. Beantworten Sie die folgenden Fragen mit «Ja» oder «Nein». Ein «Ja» *kann* ein Indiz für eine Änderung sein.

_____ Hat Ihr Partner mit der Gewaltanwendung, den Drohungen und anderen Einschüchterungstaktiken aufgehört?

——— Fühlen Sie sich sicher genug, eine abweichende Meinung zu vertreten, ihm zu widersprechen, Verärgerung zu zeigen, sein Verhalten zu kritisieren, Sex abzulehnen – und zwar ohne eine Entschuldigung oder Erläuterung?

——— Können Sie ein unabhängiges Leben führen, einen Freundeskreis und außerhäusliche Interessengebiete haben, ohne daß er versucht, Sie herabzusetzen, Sie davon abzuhalten, Ihnen nachzuspionieren oder Ihnen Schuldgefühle zu vermitteln?

——— Sieht Ihr Partner ein, daß er für sein gewalttätiges Verhalten und für sein Leben selbst verantwortlich ist, und hat er aufgehört, Ihnen die Schuld für seine Probleme zuzuschieben?

——— Erhalten Sie von Ihrem Partner Lob und Unterstützung? Ist Ihr Partner dankbar für das, was Sie für ihn tun?

——— Hat Ihr Partner aufgehört, Sie herabzusetzen und zu demütigen?

——— Können Sie ohne Anspannung und ohne Angst vor seinen Ausbrüchen mit ihm zusammensein?

——— Können Sie sich mit Ihrem Partner aussprechen und erreichen, daß er nicht ständig seinen Willen durchsetzt? Können Sie sich manchmal durchsetzen?

——— Sind Sie mit Ihrem Partner glücklicher als früher? Hat Ihr Partner aufgehört, von Ihnen zu verlangen, daß alles vergeben und vergessen sein muß? Hat er aufgehört, von Ihnen Dankbarkeit zu erwarten? Hat er aufgehört mit Äußerungen wie «Du kannst froh sein, daß ich das nicht mehr mit dir mache» oder «Andere führen sich noch viel schlimmer auf, als ich es tat»?

——— Hört Ihnen Ihr Partner zu? Behält er das, was Sie sagen, im Gedächtnis?

———— Hat Ihr Partner aufgehört, sein Fehlverhalten abzu-
streiten oder zu bagatellisieren?

———— Haben die positiven Entwicklungen bei Ihrem Partner mindestens ein halbes Jahr lang angehalten?

Die Entwicklung verfolgen

Damit Sie besser beurteilen können, ob Ihr Partner Fortschritte macht, übernehmen wir eine vom Domestic Intervention Project in Duluth stammende Liste. Wenn Sie unterdrückt
und mißhandelt werden, ist es *äußerst wichtig, schriftliche Aufzeichnungen zu machen,* denn Ihr Gedächtnis kann Ihnen
leicht einen Streich spielen, insbesondere dann, wenn das Verhalten Ihres Partners stark schwankt. Wenn Sie auf der Liste
regelmäßig (monatlich oder vierteljährlich) Eintragungen machen, können Sie erkennen, ob das Verhalten Ihres Partners
schlimmer oder besser wird oder gleichbleibt. Auf der Liste
sind zahlreiche unterschiedliche Unterdrückungstaktiken aufgeführt, darunter viele Arten von Gewaltanwendung. Streichen Sie diejenigen durch, die bei Ihrem Partner nicht vorkommen, und fügen Sie repressive Verhaltensformen hinzu, die wir
nicht aufgeführt haben. Sie werden überrascht sein, wie nützlich diese Liste als Test für die Behandlungserfolge und die
Versprechungen Ihres Partners sein kann.

Hat mein Partner Fortschritte gemacht?

<table>
<tr><td>Mehr als früher</td><td>Weniger als früher</td><td>Ungefähr gleich</td><td></td></tr>
<tr><td>____</td><td>____</td><td>____</td><td>Mein Partner trinkt.</td></tr>
<tr><td>____</td><td>____</td><td>____</td><td>Mein Partner nimmt Drogen.</td></tr>
<tr><td>____</td><td>____</td><td>____</td><td>Mein Partner vernachlässigt mich und die Kinder.</td></tr>
<tr><td>____</td><td>____</td><td>____</td><td>Mein Partner läßt es an Zuwendung und Lob fehlen.</td></tr>
<tr><td>____</td><td>____</td><td>____</td><td>Mein Partner ist beleidigt und schweigt.</td></tr>
<tr><td>____</td><td>____</td><td>____</td><td>Mein Partner hört mir nicht zu und dreht mir das Wort im Mund herum.</td></tr>
<tr><td>____</td><td>____</td><td>____</td><td>Mein Partner lügt mich an.</td></tr>
<tr><td>____</td><td>____</td><td>____</td><td>Mein Partner will meine Privatsphäre, meine Wünsche und Ansichten nicht respektieren.</td></tr>
<tr><td>____</td><td>____</td><td>____</td><td>Mein Partner beleidigt meine Verwandten und Bekannten oder läßt es nicht zu, daß ich mit ihnen zusammentreffe.</td></tr>
<tr><td>____</td><td>____</td><td>____</td><td>Mein Partner schikaniert mich.</td></tr>
<tr><td>____</td><td>____</td><td>____</td><td>Mein Partner knausert mit dem Geld.</td></tr>
<tr><td>____</td><td>____</td><td>____</td><td>Mein Partner kritisiert, beschuldigt und verspottet mich.</td></tr>
<tr><td>____</td><td>____</td><td>____</td><td>Mein Partner setzt mich unter Druck, damit er seinen Willen durchsetzen kann.</td></tr>
<tr><td>____</td><td>____</td><td>____</td><td>Mein Partner spioniert mir nach und belästigt mich.</td></tr>
<tr><td>____</td><td>____</td><td>____</td><td>Mein Partner hat kein Verständnis, wenn ich Sex ablehne.</td></tr>
<tr><td>____</td><td>____</td><td>____</td><td>Mein Partner wirft mit Gegenständen, um mir Angst einzujagen.</td></tr>
<tr><td>____</td><td>____</td><td>____</td><td>Mein Partner macht Dinge kaputt, die mir gefallen.</td></tr>
</table>

____ ____ ____ Mein Partner fährt sehr unvorsichtig.

____ ____ ____ Mein Partner schreit mich an.

____ ____ ____ Mein Partner versperrt mir den Weg, wenn ich den Raum verlassen will.

____ ____ ____ Mein Partner verdreht mir den Arm oder den Finger.

____ ____ ____ Mein Partner hält mich fest.

____ ____ ____ Mein Partner zieht mich an den Haaren.

____ ____ ____ Mein Partner packt mich oder stößt mich herum.

____ ____ ____ Mein Partner tut den Kindern weh oder droht damit.

____ ____ ____ Mein Partner droht, er werde mir weh tun.

____ ____ ____ Mein Partner würgt mich.

____ ____ ____ Mein Partner schlägt mich.

____ ____ ____ Mein Partner versetzt mir Fausthiebe.

____ ____ ____ Mein Partner tritt nach mir.

____ ____ ____ Mein Partner vergewaltigt mich.

____ ____ ____ Mein Partner zwingt mich zu Straftaten.

____ ____ ____ Mein Partner bedroht mich mit Stich- und Schußwaffen.

____ ____ ____ Mein Partner droht, er werde mich, sich selbst oder andere umbringen.

Welche Möglichkeiten habe ich?

Wenn Sie der Meinung sind, daß Beratungsgespräche Ihrem Partner nützen könnten, dann erkundigen Sie sich, welche Hilfsangebote es an Ihrem Wohnort gibt. Sie könnten einen Anfang machen, indem Sie telefonisch mit den Anonymen Alkoholikern, dem Notruf «Frauen helfen Frauen», einem Frauenhaus, einer psychiatrischen Klinik oder den Sozialdiensten der Kirchen und Gemeinden Kontakt aufnehmen. Bei

Hilfsangeboten, die eine schnelle Lösung Ihrer Probleme in Aussicht stellen, ist Vorsicht am Platze. Denken Sie daran: Eine gute Beratung mag für einen Mann, der sich ändern *möchte*, nützlich sein, eine *Motivierung* für eine Verhaltensänderung liefert sie jedoch nicht.

Fängt Ihr Partner ein Trainingsprogramm an, dann warten Sie nicht einfach auf das Happy-End, sondern behalten Sie die Entwicklung im Auge. Das Programm kann sich sehr lange hinziehen, ohne daß deutliche Verhaltensänderungen eintreten. Während Sie darauf warten, daß sich bei Ihrem Partner etwas ändert, schieben Sie vielleicht Entscheidungen und Aktivitäten hinaus, die für Ihr Leben von Bedeutung sein können. Denken Sie auch daran, daß es *seine* Beratung ist. Sie soll dazu beitragen, daß es Ihrem *Partner* bessergeht – nicht Ihnen. Ändert er sich tatsächlich, sind Sie vielleicht froh darüber, vielleicht aber auch nicht.

Eines steht fest: Ihr Partner wird sich nur insoweit ändern, als er es selbst will. Ganz gleich, was mit Ihrem Partner in einem Trainingsprogramm geschieht: Sie sollten die Entwicklung genau verfolgen und das tun, was für Sie am besten ist. Sie können *Ihr* Leben ändern, wie *Sie* es für richtig halten. Wir wollen uns daher im nächsten Kapitel damit beschäftigen, wie Sie Ruhe und neue Kraft finden können.

Zweiter Teil

Sich entscheiden und neue Wege gehen

6. Neue Kraft finden

Intime Beziehungen wirken sich nachhaltig auf das Selbstwertgefühl aus. Sie können uns das Gefühl geben, daß wir liebenswert und intelligent sind, aber sie können uns auch ein immer stärker werdendes Gefühl der Verzweiflung und Nutzlosigkeit vermitteln. In den vorangegangenen Kapiteln war von unglücklichen Beziehungen mit kontrollierenden Partnern die Rede und von dem Versuch, die Beziehung zu verbessern, indem die Partnerin sich selbst ändert. In diesem Kontext machen Sie sich vermutlich über Ihre Beiträge zu der Beziehung Gedanken und übersehen dabei, was die Beziehung bei Ihnen anrichtet. Ihr Stolz, Ihre Würde und Ihre Zielsetzungen verkümmern unter dem Druck eines kontrollierenden Partners, und dadurch leidet Ihr Selbstwertgefühl.

Wir wollen uns ein wenig mit diesem Selbstwertgefühl beschäftigen: wie es entsteht und wie es durch Beziehungen beeinflußt wird. Die Interaktionen mit den Repräsentanten der sozialen und kulturellen Einrichtungen unserer Gesellschaft spielen dabei eine wichtige Rolle: etwa mit Sachbearbeitern im Sozialamt, mit Schulleitern, mit Polizeibeamten, mit Richtern am Familiengericht. Das Selbstwertgefühl wird aber auch dadurch beeinflußt, was wir für Bilder im Fernsehen, im Film, in der Presse und in der Werbung von uns als Frauen sehen, insbesondere durch die Darstellung weißer, schwarzer, puertorikanischer, asiatischer, indianischer, reicher oder armer, heterosexueller oder lesbischer Frauen.

Im Vergleich zu Männern sind Frauen unterbewertet und unterprivilegiert. Wir arbeiten mehr und bekommen weniger Bezahlung (wenn wir überhaupt bezahlt werden). Nach der Verfassung der Vereinigten Staaten haben wir nicht einmal die gleichen Rechte, und wenn wir uns um Gleichberechtigung bemühen, wird sie uns von den Gesetzgebern der einzelnen Bundesstaaten verweigert. Farbige Frauen werden noch geringer eingestuft als weiße Frauen, arme Frauen haben es schwerer als Frauen aus den «oberen» Gesellschaftsschichten, Lesbierinnen haben größere Schwierigkeiten als heterosexuelle Frauen. Und wenn Frauen Beachtung finden, dann oft aus dem falschen Grund: zum Beispiel als Sexobjekte. Unser Selbstwertgefühl bekommt es Tag für Tag zu spüren, daß wir in einer sexistischen, rassistischen, mit Klassenvorurteilen behafteten Gesellschaft leben.

Wir können etwas unternehmen, um diesen Zustand zu ändern, indem wir uns der Frauenbewegung, der Bürgerrechtsbewegung und anderen Gruppierungen anschließen, die für Gleichberechtigung und soziale Gerechtigkeit kämpfen. Unser weibliches Selbstwertgefühl hängt jedoch weiterhin in der Hauptsache von unseren persönlichen Beziehungen zu den Menschen ab, auf deren Meinungen wir Wert legen: von den Eltern, dem Freundes- und Kollegenkreis, den Kindern und dem Intimpartner. Dadurch wird verständlich, weshalb Frauen persönliche Beziehungen höher einschätzen als Männer und sich stärker bemühen, sie aufrechtzuerhalten. Und es wird auch verständlich, weshalb unsere Intimbeziehung eine so große Auswirkung auf unser Selbstverständis haben kann.

Haben Sie eine Intimbeziehung zu einem kontrollierenden Partner, der sich ganz unterschiedlich verhält, der mal entgegenkommend und mal aggressiv ist, dann steht Ihr Selbstwertgefühl auf wackligen Beinen. Darüber hinaus kann die radikale Kritik des Kontrollierers die Selbstachtung untergraben, die Sie aus anderen Beziehungen gewinnen. Ihre beruflichen Erfolge mögen Ihnen das Gefühl vermitteln, daß Sie kompetent und angesehen sind. Sie sind stolz darauf, eine gute Ärztin, Sekretärin oder Lehrerin zu sein. Selbst wenn Sie nur einen schlechten oder langweiligen Job bekommen können, sind Sie stolz darauf, daß Sie Geld verdienen, Pflichtbewußtsein zeigen und Ihren Kindern ein gutes Beispiel geben. Aber Ihr Partner schätzt Ihre Tätigkeit gering ein oder mißbilligt sie, und die Beziehung zu ihm bringt es mit sich, daß Sie sich minderwertig vorkommen und depressiv sind. Je mehr der kontrollierende Partner Sie von der Arbeitswelt, dem gesellschaftlichen Leben und Ihren Verwandten isoliert, desto mehr brauchen Sie ihn als Stütze Ihres wackligen Selbstwertgefühls. Und je mehr Sie auf einen kontrollierenden Partner angewiesen sind, desto mehr wird Ihr Selbstwertgefühl untergraben.

Wenn dies geschieht, werden Sie den Grund für den Mangel an Selbstwertgefühl außerhalb der Beziehung suchen. Sie machen vielleicht Ihre Eltern dafür verantwortlich, Ihre unglückliche Kindheit. Sie mögen eine Behinderung oder eine schlechte Schulbildung für die Ursache halten. Dies kann zwar eine gewisse Rolle spielen, ausschlaggebend für Ihr Befinden ist jedoch die gegenwärtige Situation. Ganz gleich, was Sie früher erlebt haben, Ihr gegenwärtiges Selbstwertgefühl hängt weitgehend von dem ab, was *jetzt* geschieht.

Selbst bei «Experten» werden die Dinge manchmal auf den Kopf gestellt; manche sind der Meinung, das schwache Selbstwertgefühl führe dazu, daß die Frau in der Beziehung unglücklich ist. Es wird sogar behauptet, das schwache Selbstwertgefühl der Frau sei die Ursache dafür, daß der Mann sie mißhandle. Wer eine gute Beziehung wolle, so der Ratschlag, müsse zuerst für ein starkes Selbstwertgefühl sorgen. Wir wissen jedoch, daß das schwache Selbstwertgefühl vieler seelisch und körperlich mißhandelter Frauen das *Ergebnis* und nicht die Ursache des Fehlverhaltens ist, dem sie ausgesetzt waren. Der Ratschlag sollte ganz anders formuliert werden: Wenn Sie ein stärkeres Selbstwertgefühl erreichen möchten, brauchen Sie eine bessere Beziehung.

Wenn Sie aber jetzt die Verantwortung ablegen, die Sie für die Beziehung übernommen haben, wenn Sie sich aus der Sackgasse der Suche nach Gründen und der Selbstvorwürfe herausbegeben, können Sie sich anderen Dingen zuwenden und neue Kraft schöpfen. Sie können außerhalb der Paarbeziehung ein Netz nützlicher Verbindungen knüpfen, um Ihrem schwachen Selbstwertgefühl aufzuhelfen, Ihre Lebensumstände zu ändern und im Falle einer Trennung die erforderliche Hilfe zu bekommen.

Tiefgreifende Veränderungen vorzunehmen ist alles andere als einfach. Maria erzählte uns: «Ich kam mir wie ein Tischtennisball vor, weil ich so hin- und hergerissen war. Alle sagten, ich sei bekloppt, ich glaubte das ebenfalls.» Wir interviewten viele Frauen, die wie Maria drastische Veränderungen vorgenommen hatten, und fragten sie dabei gleich zu Beginn: «Was hat Ihnen die Kraft dazu gegeben? Was hat Ihnen geholfen?»

Viele von ihnen hatten die naheliegenden Möglichkeiten genutzt, um neue Kraft zu schöpfen. Maria zum Beispiel hatte sich an ihre beste Freundin gewandt und sich ausgesprochen. Sarah fand in ihrem Glauben eine Stütze. Sie erzählte uns: «Ich grübelte monatelang, und dann kam mir der Gedanke, daß es nicht Gottes Willen entsprach, daß ich so lebte.» Anderen Frauen wurde unerwartet Unterstützung und Hilfe zuteil, aber alle, mit denen wir sprachen, hatten eines gemein: Sie gingen allein ihren Weg, bemühten sich aber um Unterstützung. Sie gaben uns folgende Ratschläge:

1. Such dir einen geeigneten Ansprechpartner.
2. Bau ein gutes Stützsystem auf.

3. Hilf dir selbst und kämpfe für deine Rechte sowie für die Rechte von Frauen, die in einer ähnlichen Lage sind.

Mit diesen Vorschlägen wollen wir uns jetzt genauer befassen.

Vorschlag 1:
Den geeigneten Ansprechpartner finden

Als wir mit Janet zusammentrafen, einer gläubigen Katholikin und Mutter von sechs Kindern, hatte sie kurz zuvor mit ihrem Mann nach zwanzig Jahren Ehe Schluß gemacht. Bob, ein Alkoholiker, hatte sie seelisch mißhandelt. Während ihrer Ehe hatte sich Janet oft um Hilfe bemüht und das Fehlverhalten ihres Mannes dem einzigen Trostspender mitgeteilt, der ihr einfiel: ihrem Gemeindepfarrer. Wann immer sie Bobs Drohungen und ihren Wunsch, ihn zu verlassen, zur Sprache brachte, sagte der alte Pfarrer: «Janet, die Ehe ist ein Sakrament. Wir müssen für Bob beten, und wir müssen diesem armen, kranken Mann eine Chance geben. Er hat einen Teufel in sich, aber es ist deine Pflicht als Ehefrau, ihm zur Seite zu stehen.» Janet war nach diesen Gesprächen sehr frustriert, doch sie bemühte sich immer wieder, ihre Ehe lebensfähig zu machen.

In den Monaten vor der Trennung fürchtete sich Janet immer mehr vor ihrem Mann. Sie hatte das unerklärliche Gefühl, daß etwas Schlimmes passieren würde. Das verunsicherte sie so sehr, daß sie einen jungen Priester aufsuchte, der kurz zuvor in ihre Gemeinde versetzt worden war. Als der Priester hörte, daß Bob Alkoholiker war und seine Frau seelisch mißhandelte, reagierte er ganz anders als der alte Pfarrer. Er sagte, sie sei der Tempel Gottes, und dieser heilige Tempel dürfe nicht Schaden leiden. «Janet, wir lieben dich sehr», fuhr der Priester fort.

«Wir alle kennen Bob sehr wohl, und was er dir antut, mißfällt uns. Eines Tages wird eine Tür aufgehen, du wirst ein Licht sehen und, so hoffe ich, einen Ausweg aus diesen Schwierigkeiten finden.»

Wenige Tage nach dem Gespräch mit dem jungen Priester ging Janet abends nach Hause. Bob wartete dort am Eingang auf sie. Er schrie sie an: «Komm sofort rein! Mit dir habe ich noch ein Hühnchen zu rupfen!» Janet wandte sich entsetzt um und ergriff zum ersten Mal in ihrem Leben die Flucht. Wenn Janet an jenen Abend zurückdenkt, erinnert sie sich vor allem an Bobs Drohgebärden und an die Worte des Priesters, die ihr den Weg freigaben: «Eines Tages wird eine Tür aufgehen, und du wirst ein Licht sehen.»

Wie manche anderen Frauen nahm Janet ein Risiko auf sich und erzählte ihre Geschichte einem zweiten Ansprechpartner, als ihr der erste seine Hilfe versagt hatte. Sie glaubt, daß ihr dieser Entschluß das Leben gerettet hat.

Viele Frauen entscheiden sich jedoch anders, und einige wenige behalten alles, was sie durchmachen, für sich. Die Gründe, die uns genannt wurden, klangen plausibel. Bevor wir uns also damit befassen, wie Sie den richtigen Ansprechpartner finden können, wollen wir diese Alternative genauer betrachten: das Schweigen.

Frauen, die alles für sich behalten

Jill wurde von ihrem Mann sexuell mißbraucht, doch sie hielt dies bis zum Zeitpunkt ihrer Flucht geheim. Für ihr Schweigen hatte sie einen Grund.

JILL Ich fühlte mich schrecklich allein gelassen, aber ich konnte nicht darüber reden, weil ich genau wußte, daß es in meiner Familie gleich heißen würde: «Wieso bist du denn bei ihm geblieben?» Und was sollte ich da antworten? Weil ich an meine Kinder denken muß? Weil ich mein Zuhause habe? Weil ich nicht

weiß, wer eine Frau mit drei Kindern haben möchte? Weil ich
Angst habe, daß er mich umbringt, wenn ich ihn verlasse?
Wenn du so etwas sagst, dann heißt es gleich: «Ach, er wird
dich doch nicht gleich umbringen. Du übertreibst.» Die begreifen das nicht. Ich würde ihnen eher etwas vorlügen.

Gloria kam zum selben Ergebnis. Sie erzählte uns: «Meine
Verwandten saßen bei sich zu Hause und bekamen nicht mit,
was er mir antat. Sie hätten ihm das niemals zugetraut. Ihnen
gegenüber war er immer ruhig und höflich. Sie hätten bestimmt
gesagt, ich sei übergeschnappt.»

Manche Frauen waren der Überzeugung, wenn sie mit jemand gesprochen hätten, wäre alles nur noch schlimmer geworden. Deshalb behielten sie es für sich. Daß Frauen in
repressiven, insbesondere in gewalttätigen Beziehungen verharren, ist hauptsächlich auf ihre Ängste zurückzuführen, und
diese Ängste sind auch der Hauptgrund dafür, daß sie alles für
sich behalten.

SYLVIA Bei allem, was du tust, spielt die Angst eine Rolle. Ich hatte
Angst, daß mir das Jugendamt die Kinder wegnehmen könnte.
Ich hatte Angst, er würde sich umbringen, wenn ich etwas wei-
tererzählte, und daß ich dann mein Leben lang glauben würde,
daß ich ihn dazu getrieben oder daß ich es hätte verhindern
können. Ich hatte Angst, er könnte eines Nachts an den Leuten, die etwas erfahren hatten, Rache nehmen und sie umbringen.

Viele Frauen, insbesondere arme und farbige, hatten Angst,
die Gewalttätigkeit ihres Partners zur Sprache zu bringen; sie
meinten, wenn dies den Behörden zu Ohren käme, könnte ihnen das Jugendamt ihre Kinder wegnehmen. (In der Tat
kommt dies bei armen und bei farbigen Frauen öfter vor als bei
weißen Frauen, die der Mittelschicht angehören.) Manche
meinten, wenn sie die Situation schilderten, dann müßten sie
den Partner verlassen, obwohl sie dazu noch nicht bereit wa-

ren. Sich mitzuteilen und dann bei dem Partner zu bleiben, der sie schlecht behandelte, empfanden sie als beschämend. Deshalb schwiegen sie, zumindest eine Zeitlang.

Wenn Sie über Ihre Situation nachdenken, mag es nützlich sein, die folgende Aufstellung der Hinderungsgründe durchzugehen. Manche dieser Barrieren stehen vielleicht auch Ihnen im Weg, oder Sie haben Vorbehalte, mit denen Sie die Liste ergänzen können. Wir glauben, daß jede Frau ihre Vorbehalte ernst nehmen und ihre eigene Entscheidung treffen muß. Wir glauben aber auch, daß es besser ist, sich mitzuteilen, insbesondere dann, wenn Sie die richtigen Ansprechpartner finden. Wir schlagen vor, daß Sie sich nach der Lektüre der Abschnitte «Frauen, die sich entschlossen haben zu reden» und «Den richtigen Ansprechpartner finden» die Liste der Hinderungsgründe noch einmal vornehmen und überlegen, ob diese nach wie vor stichhaltig sind.

Hinderungsgründe

_____ Ich weiß nicht, ob mir irgend jemand glauben wird. Vielleicht werde ich ausgelacht.

_____ Ich schäme mich, etwas zu sagen.

_____ Ich habe Angst, daß ich von meinem Partner mißhandelt oder umgebracht werde, wenn ich etwas sage.

_____ Mein Partner hat mir gedroht, er werde mir die Kinder wegnehmen, wenn ich über die Vorfälle rede.

_____ Wenn ich etwas sage, wird es mein Partner erfahren. Ich kann mich nicht darauf verlassen, daß alles vertraulich behandelt wird.

_____ Es kann sein, daß ich etwas in Bewegung bringe, das die Sache nur noch schlimmer macht.

_____ Mein Partner sagte, er werde mich hinauswerfen, wenn ich etwas verlauten lasse.

_____ Das Jugendamt wird mir die Kinder wegnehmen, wenn bekannt wird, wie es in unserem Haus zugeht.

_____ Die Leute werden sagen, daß ich nicht normal sei, daß es mir Spaß mache, so behandelt zu werden.

_____ Trotz allem tut mir mein Partner leid.

_____ In unseren Kreisen löst man seine Probleme selbst. Wir reden nicht groß darüber, schon gar nicht mit Außenstehenden.

Frauen, die sich entschlossen haben zu reden

Lisa ist der Meinung, daß es wichtig ist, einen Menschen zu finden, dem man sich mitteilen kann.

LISA Ich wußte, daß ich ein völlig normaler Mensch war, und davon ließ ich mich lange nicht abbringen, auch wenn er mir noch so sehr zusetzte. Aber schließlich gelang es ihm doch. Ich sagte mir: «Wozu bin ich eigentlich da? Ich komme mir so nutzlos vor.» Ich dachte daran, mich umzubringen. Aber dann wählte ich den Notruf für Frauen und traf mit Carmen zusammen. Sie wurde meine Beraterin. Mit ihrer Hilfe bekam ich die Dinge in den Griff. Ich merkte, daß ich nicht verrückt war.

Auch Stephanie stellte fest, daß es gut ist, sich mitzuteilen. Eines Abends vertraute sie sich ihrer alten Freundin Sally an. Stephanie sagte, sie sei sehr besorgt über ihre Ehe und habe Angst, bei einem endgültigen Scheitern ohne einen Pfennig Geld dazustehen. Zu ihrer Überraschung erzählte Sally, daß sie selbst aus finanziellen Überlegungen heraus weitergemacht hatte, obwohl sie von ihrem Mann seelisch mißhandelt worden war. Sally gab Stephanie noch am selben Abend die Telefonnummern zweier Freundinnen, von denen die eine Finanzberaterin und die andere eine auf Scheidungssachen spezialisierte Rechtsanwältin war. Durch das Zusammentreffen mit Sally änderte sich Stephanies Leben grundlegend. Sie erzählte uns: «Bis zu jenem Abend konnte ich meine Probleme nicht in Worte fassen. Doch von da an war mir klar, daß ich mißhandelt wurde, und ich hatte auch einige Ideen parat, wie ich aus meinem Schlamassel herauskommen konnte.»

Renee wollte ihre Eltern und ihre Schwester mit ihren Problemen nicht «behelligen». Als sie dies nach Jahren dann doch tat, war sie angenehm überrascht über deren Reaktion.

RENEE Meine Mutter kam für ein paar Wochen zu Besuch, um mit mir zu besprechen, was zu tun sei. Mein Vater schickte mir eine kleine Geldsumme. Ich durfte bei meiner Schwester wohnen, damit ich mir alles in Ruhe überlegen konnte. Sie standen ganz auf meiner Seite und setzten sich für mich ein. Es tat mir richtig gut, daß meine Schwester zu mir sagte «Das brauchst du dir nicht gefallen zu lassen!» und daß meine Angehörigen bei mir waren, als ich zu einem Gerichtstermin ging und meinem Mann gegenübertrat.

Als wir danach fragten, warum es gut sei, Mißhandlungen zur Sprache zu bringen, wurden bestimmte Punkte immer wieder erwähnt. Viele Frauen sagten, daß sie wegen der psychischen Manipulation und der seelischen Mißhandlung nicht mehr klar denken und die Wirklichkeit nicht mehr richtig erfassen und einschätzen konnten. Als sie aber vertrauensvoll mit einer außenstehenden Person redeten, kam ihnen zu Bewußtsein, was sich wirklich abspielte. Sie lernten wieder, auf *sich selbst* zu hören und statt des Geredes des kontrollierenden Partners, der sie so lange mundtot gemacht und manipuliert hatte, endlich wieder den Klang der eigenen Stimme wahrzunehmen. Viele Frauen berichteten auch, daß sie erschöpft und verängstigt gewesen seien und kaum noch die Kraft gehabt hätten, selbständig zu denken. Freundinnen, Beraterinnen und Anwältinnen hätten ihnen aus der Niedergeschlagenheit und Verunsicherung herausgeholfen. Von Claire hörten wir: «Von meinem

Mann bekam ich andauernd zu hören, ich sei doof. Meine beste Freundin erinnerte mich daran, daß ich in der Schule Spitzennoten bekommen hatte und daß sich die anderen an mich gewandt hatten, wenn sie Hilfe brauchten. Das war meine Rettung.»

Wie Sie den richtigen Ansprechpartner finden

Viele Frauen finden es zwar hilfreich, sich jemandem mitzuteilen, aber ein wirklicher Nutzen ergibt sich erst dann, wenn Sie den richtigen Ansprechpartner gefunden haben. Manche sprechen mit der falschen Person – so wie Janet, als sie sich dem alten Pfarrer mitteilte. Wichtig ist, eine Person zu finden, von der erwartet werden kann, daß sie sich für Sie einsetzt und das Vertrauen wahrt. Carol erzählte uns: «Eine Frau, die sich der falschen Person anvertraut, kann um Jahre zurückgeworfen werden. Das hat zur Folge, daß sie sich niemandem mehr mitteilen will.» Und die Situation kann sich, wie Heather uns erzählte, noch verschlimmern: «Meine Schwiegermutter und ich holten den Hausarzt. Er kam, um mit meinem Mann zu reden. Dieser geriet jedoch dadurch so in Wut, daß er seiner Mutter einen Schlag ins Gesicht versetzte. Bevor der Arzt wieder ging, verschrieb er *mir* ein Beruhigungsmittel. Da wäre ich am liebsten tot umgefallen, und ich schwor mir, mit niemand mehr über meinen gewalttätigen Mann zu sprechen.»

Reden Frauen mit Verwandten und Bekannten, kann es vorkommen, daß diese das Fehlverhalten des Partners bagatellisieren, für ihn Partei ergreifen, davon reden, daß «alles zwei Seiten hat» oder Schuldzuweisungen vornehmen mit Bemerkungen wie: «Laß ihn doch in Frieden, er meint es ja gar nicht so.» Aufgrund dieser Erfahrungen haben viele Frauen genaue Vorstellungen darüber, wem man sich anvertrauen sollte und wem nicht. Hier sind einige Ratschläge:

1. Erzähle deine Geschichte einem Menschen, der dir Glauben schenken wird.
2. Such dir einen guten Zuhörer, jemand, der dich reden läßt.
3. Such eine Person, die alles vertraulich behandelt.
4. Wenn du eine Fachberatung bekommst, dann frage die betreffende Person, ob sie schon mit Frauen zu tun hatte, die von ihrem Partner seelisch oder körperlich mißhandelt wurden. Frag sie nach ihrer Ausbildung und ihrer Berufserfahrung.
5. Suche eine Person, die dich mag, der du vertraust und mit der du dich schon früher ausgesprochen hast.
6. Vertraue dich einer Person nur an, wenn du dich bei ihr sicher fühlst.
7. Sprich mit einer sachkundigen Person, die die örtlichen Hilfsangebote kennt, oder mit einer guten Freundin, die für dich Auskünfte einholen kann.
8. Wenn du eine Notrufnummer gewählt hast, dann laß dich mit einer Frau verbinden, die selbst in einer kontrollierenden Beziehung gelebt hat.
9. Finde jemanden, der mit deinen gesellschaftlichen Verhältnissen und deinen Lebensumständen vertraut ist, der also realistische Vorstellungen davon hat, welche Möglichkeiten dir offenstehen.

Heather, die von ihrem Arzt ein Beruhigungsmittel verschrieben bekam, als sie sich ihm anvertraut hatte, brachte Jahre später ein zweites Mal den Mut auf, ihre Geschichte zu erzählen. Sie wandte sich an eine psychotherapeutische Klinik und traf dort auf eine Therapeutin, die drogenabhängig gewesen und selbst mißhandelt worden war. Sie redeten stundenlang, und dann machte sich Heather daran, in ihrem Leben einige wichtige Veränderungen vorzunehmen. Im Rückblick sagte Heather über die Jahre des Schweigens folgendes: «Wenn ich nur weiter versucht hätte, einen Ansprechpartner zu finden!

Ich sprach mit der falschen Person, aber ich hätte nicht aufgeben sollen. Ich kam fast um, und dabei gab es doch überall Menschen, die mir helfen wollten.»

Wenn Sie sich der falschen Person anvertraut haben

Die «falsche» Person macht manchmal feindselige oder vorwurfsvolle Bemerkungen wie «Was hast du bloß getan, um ihn dazu zu bringen?» Jemand mag Mitgefühl und Betroffenheit zum Ausdruck bringen und trotzdem die falsche Person sein. Als Laura ihrer Schwester anvertraute, daß sie daran denke, ihren Mann zu verlassen, beschloß diese das Gespräch mit den Worten: «Willst du das deinen Kindern antun? Denk doch auch mal an sie!»

Daß Sie sich der falschen Person anvertraut haben, merken Sie an folgenden Reaktionen: Wenn jemand teilnahmslos bleibt; wenn jemand von Ihnen verlangt, nachsichtig und verständnisvoll zu sein; wenn jemand sagt, das müßten alle mal durchmachen; wenn jemand Ihren Partner in Schutz nimmt mit Bemerkungen wie «Er hat es in letzter Zeit nicht leicht gehabt»; wenn jemand die Version Ihres Partners hören möchte; wenn jemand behauptet, Sie hätten viel falsch gemacht, und Ihnen die Schuld zuschiebt oder Sie attackiert. Wenn Sie sich ernstlich bemüht haben, Ihre Situation begreiflich zu machen und Sie daraufhin die betreffende Person nicht mehr wiedersehen möchten, haben Sie eindeutig den falschen Ansprechpartner ausgewählt. In solchen Augenblicken, wenn Sie beschämt und verzweifelt sind, sollten Sie daran denken, daß es kein Fehler war, daß Sie sich mitgeteilt haben. Sie haben das Richtige getan, Sie haben dafür lediglich die falsche Person ausgesucht.

Und wenn Sie beispielsweise ein Mitarbeiter des Jugendamtes nach einem derartigen Gespräch einschüchtert und Sie zu Entscheidungen zwingen will, die Sie nicht treffen möchten? Auch wenn Ihnen ganz unwohl dabei ist und Sie große Angst haben, ist dies der richtige Zeitpunkt, Ihre Geschichte noch einmal zu erzählen – in diesem Falle aber einer Anwältin, die sich in der Materie auskennt und Ihnen zu Ihrem Recht verhilft. In dieser Situation sind Sie nämlich auf jede Hilfe angewiesen, die Sie nur irgendwie bekommen können.

Die Voraussetzungen auflisten

Wenn Sie sich schon einmal an die falsche Person gewandt haben, oder wenn Sie diese Möglichkeit abschreckt, können Sie eine Liste der Reaktionen aufstellen, die Sie bekommen möchten, wenn Sie sich mitteilen. Dies garantiert natürlich nicht, daß Sie die gewünschten Reaktionen bekommen werden, aber Sie können sich dann schneller ein Urteil bilden und gegebenenfalls einen nützlicheren Ansprechpartner suchen. Wenn wir mit einem anderen Menschen über unsere Beziehung sprechen, hat jede von uns ihre eigenen Hoffnungen und Erwartungen.

Was ich brauche, um mich mitteilen zu können

An den Anfang der Liste stellen wir einige Dinge, die für viele Frauen wichtig sind. Sie können die Liste mit Dingen ergänzen, die für Sie von Bedeutung sind.

_____ Ich möchte, daß man mir zuhört. Ich brauche keine unerbetenen Ratschläge.

_____ Alles, was ich sage, soll vertraulich behandelt werden.

_____ Ich möchte darin bestärkt werden, daß ich in Ordnung bin.

Wenn Sie den richtigen Ansprechpartner gefunden haben

Sie merken selbst, wenn Sie den richtigen Ansprechpartner gefunden haben, auch wenn es Ihnen, wie Janet, erst nach einer Weile klar wird. Haben Sie die Situation geschildert, dann sind Sie vielleicht verletzlicher, ängstlicher oder beschämter als zuvor. Das ist aber immer so, wenn man ein Risiko eingeht und nicht weiß, wie der andere reagieren wird. Sie sollten nun aber auch anfangen, Hoffnung zu schöpfen. Wir haben eine Liste positiver Resultate zusammengestellt, die eintreten, wenn Frauen sich mitteilen. Vergleichen Sie diese Aufstellung mit der Checkliste «Hinderungsgründe» (S. 170). Sie werden vermutlich feststellen, daß die positiven Resultate gewichtiger sind als die Beweggründe für Ihr Schweigen. Gewiß trifft dies nicht auf jeden Einzelfall zu. Sie müssen Ihre Situation so genau und so realistisch wie möglich einschätzen und dann Ihre eigene Entscheidung treffen.

Wenn Sie sich der richtigen Person anvertraut haben

_____ Ich sah keinen Ausweg mehr, doch nun schöpfte ich Hoffnung.

_____ Als ich mich mitteilte, fühlte ich mich auf einmal nicht mehr so isoliert und verunsichert.

_____ Ich bekam Informationen über Hilfsangebote, zum Beispiel über Frauenhäuser und Sozialdienste.

_____ Das Verhalten meines Partners stieß auf Ablehnung.

_____ Ich fand Menschen, die mir helfen wollten.

_____ Ich war erleichtert, als ich bei Menschen, die mir nahestanden und die ich durch meine Zurückhaltung verletzt hatte, nicht mehr die Unwahrheit sagen und Vorbehalte haben mußte.

_____ Ich kam zu einer anderen Selbsteinschätzung. Mein Partner hatte mich immer heruntergemacht, doch nun übten andere Menschen einen konstruktiven Einfluß aus.

_____ Ich brauchte mich nicht mehr zu schämen und schuldig zu fühlen.

_____ Ich merkte, daß ich vom Leben viel mehr erwarten durfte.

_____ Ich merkte, daß ich unzumutbaren Belastungen ausgesetzt war.

_____ Ich entdeckte ungeahnte Energien in mir.

_____ Ich entdeckte mein früheres Ich, war nicht mehr ein jämmerlicher, wortloser Schatten meiner selbst, sondern ein zugänglicher, warmherziger Mensch. Wer mich von früher kannte, freute sich über das Wiedersehen, so als wäre ich von einer langen Reise zurückgekehrt.

_____ Ich entdeckte neue, ungeahnte Möglichkeiten. Ich hatte plötzlich wieder Ideen.

Vorschlag 2:
Ein eigenes Stützsystem aufbauen

Ein kontrollierender Partner wird immer wieder versuchen, Sie zu isolieren, indem er Sie von Ihren Verwandten, Ihrem Freundeskreis und Ihren außerhäuslichen Interessengebieten fernhält oder zumindest die Kontakte einschränkt. Je isolierter eine Frau dasteht, desto mehr macht ihr die Unterdrückung zu schaffen. Tammy erzählte uns: «Als er mir vorhielt, ich sei nicht mehr richtig im Kopf, wußte ich, daß das nicht stimmte. Doch allmählich kam ich selbst auf den Gedanken: ‹Vielleicht hat er doch recht. Vielleicht möchte ich tatsächlich, daß er sich so aufführt.› In meiner kleinen Welt drehte sich alles nur um ihn, und um in ihr überleben zu können, mißtraute ich meinen eigenen Wahrnehmungen. Ich bezweifelte selbst das, was sich als wahr erwiesen hatte.»

Tammy nahm trotz der Einwände ihres Partners mit verschiedenen Ansprechpartnern Verbindung auf und erhielt von ihnen Unterstützung: von Freundinnen und Kolleginnen, von Selbsthilfegruppen wie Al-Anon, von Rechtsanwälten und Therapeuten. Alle trugen auf ihre Weise dazu bei, daß Tammy ein positiveres Selbstverständnis und ein klareres Bild von ihrer Beziehung bekam.

Berufstätigkeit oder Weiterbildung

Viele kontrollierende Männer halten ihre Partnerin auf diese oder jene Weise von einer Erwerbstätigkeit oder einer Weiterbildung ab. Daß die Partnerin unabhängiger werden könnte, empfinden die meisten von ihnen als Bedrohung. Wenn die Partnerin ihr eigenes Geld verdient oder sich weiterbildet, werden sie nervös. Manche kontrollierende Männer, die sich zuerst strikt gegen eine außerhäusliche Betätigung ausgesprochen haben, sind schließlich doch einverstanden – meist nach langwierigen Auseinandersetzungen. Auch Bonnie mußte sich aus der Isolation freikämpfen.

BONNIE Ich sagte zu Brad, ich wolle endlich meine Grundstücksmaklerlizenz erwerben. «Ich werde sie wahrscheinlich nie brauchen», beschwatzte ich ihn. «Aber ich möchte den Abendkurs mitmachen. Ich möchte etwas zu tun haben.» Er ließ mich nur daran teilnehmen, weil unser Sohn, der um dieselbe Zeit ins College ging, mich hinbringen und abholen konnte. Ich wußte, daß dies die einzige Möglichkeit war, Brads Zustimmung zu erhalten. Er hätte mich niemals alleine gehen lassen.

Als ich den Kurs beendet hatte, bereitete ich mich auf die Prüfung vor. Ich mußte Brad davon überzeugen, daß ich praktische Erfahrungen brauchte. Ich suchte eine Maklerfirma aus, die einer Familie gehörte, welcher er große Achtung entgegenbrachte. Ich sagte, daß es für ihn geschäftlich von Nutzen wäre, wenn ich dort arbeitete. Es handele sich nur um ein paar Stunden pro Woche, das sei lediglich eine kleine Nebenbeschäftigung. Als ich meine Lizenz erhielt, hatte ich ihn so weit. Ich hatte ihn davon überzeugt, daß es für *ihn* gut wäre, wenn ich für diese Firma arbeitete.

Bald danach arbeitete Bonnie länger und verdiente mehr, und
«die Auseinandersetzungen wurden immer schlimmer»; Bonnie mußte sich jeder Kleinigkeit wegen gegen Brad durchsetzen. Er wollte sie dazu bringen, den Job aufzugeben, doch dazu
war es zu spät. Bei Bonnie hatte eine Veränderung eingesetzt,
schon als sie den ersten Kurs mit Erfolg absolviert hatte.

> Ich schleppte den ganzen Tag Bücher mit mir herum, weil ich
> unbedingt die Lizenz bekommen wollte. Ich lernte so verbis-
> sen, daß ich durchweg Bestnoten erhielt. Meine Lehrer lobten
> mich natürlich und ermutigten mich weiterzumachen. Und zu
> Hause machte sich Brad darüber lustig und verspottete mich.
> Das wollte ich mir nicht länger gefallen lassen.
>
> Die Weiterbildung war eine Möglichkeit, mich von Brad zu
> befreien. In mein Denken konnte er nicht eindringen. Da war
> ich sicher vor ihm. Wenn ich im Kurs saß, war ich glücklich. Als
> ich von meinen Lehrern höflich und respektvoll behandelt
> wurde, merkte ich, daß mir im Leben noch andere Möglichkei-
> ten offenstanden. Zuvor hatte ich geglaubt, ich sei dumm, und
> Brad hatte mir das oft genug bestätigt. Aber dann merkte ich,
> daß das nicht stimmte.

Wie für Bonnie brachte die Arbeit auch für Ella eine Selbstbe-
stätigung. Ihr Job am Fließband war zwar sehr anstrengend,
insbesondere nach der Geburt ihrer Tochter, doch sie wollte
ihn nicht aufgeben. «Einen Job zu haben bedeutete, daß ich
morgens von zu Hause weggehen konnte und nicht mehr daran
denken mußte, wie ich dort behandelt wurde. Das half mir
beim Überleben, weil es mir bewies, daß ich okay war, daß ich
was taugte, daß ich alles erreichen konnte, was ich mir für diesen Tag vorgenommen hatte.»

Zu Hause hatte Ella den Eindruck, «alt und sterbenskrank»
zu sein. In der Zeit, in der sie mit ihrem Mann zusammenlebte,
wurde sie jedes Jahr mit Magenschmerzen ins Krankenhaus
eingeliefert, ohne daß die Ärzte etwas finden konnten. Bei der
Arbeit war Ella ein anderer Mensch. Sie erzählte uns: «Dort

hatte ich einen Freundeskreis. Dort gab es Menschen, die mich wirklich gern hatten. Und eine meiner Freundinnen sagte schließlich zu mir: «Ella, ich nehme dich mal mit zu einem Treffen von Al-Anon. Ich glaube, es ist Zeit, daß etwas geschieht.»

Al-Anon-Selbsthilfegruppen

Bevor Ella zum ersten Mal zu Al-Anon ging, der Selbsthilfegruppe für Angehörige von Alkoholikern, war sie nervös. Sie fragte sich, was dort wohl geschehen würde, ob man sie zwingen würde, über ihre Situation zu reden. Nach dem ersten Treffen war sie immer noch mißtrauisch, aber sie fühlte sich schon etwas besser. Die Warmherzigkeit und Freundlichkeit der Gruppenmitglieder hatte sie beeindruckt, auch die Tatsache, daß niemand sie gezwungen hatte zu reden.

Erst nach Wochen sagte Ella selbst etwas. In der Zwischenzeit hörte sie aufmerksam zu, eignete sich neue Ideen an und dachte über sie nach. Bei Al-Anon wurde ihr klar, daß ihr Mann Alkoholiker war, und sie begriff, daß sie sich erfolglos bemüht hatte, sein Leben in den Griff zu bekommen. Ella begriff auch, daß sie nicht die Ursache dafür war, daß James trank, und daß es nicht ihre Aufgabe war, sein Leben in Ordnung zu bringen.

Ella fand die Treffen so nützlich, daß sie sich entschloß, während ihrer Mittagspause in der Nähe ihres Arbeitsplatzes eine andere Selbsthilfegruppe zu besuchen. Das kam ihr praktischer vor, weil sie James nicht erklären mußte, wo sie hinwollte. Doch die Gruppe enttäuschte und verunsicherte sie. «Es ist nicht auszuhalten», sagte sie einer Bekannten aus ihrer ersten Gruppe. «Da gibt es nichts als Heulen und Zähneklappern. Einer behauptet die ganze Zeit, wir alle seien an der Alkoholkrankheit ursächlich beteiligt und seien genauso krank wie die Alkoholiker.» Je mehr Ella darüber nachdachte, desto klarer wurde ihr, daß diese Gruppe für sie nicht taugte. Sie sagte zu ihrer Bekannten: «Das Gerede, daß ich auch krank sei, macht

mich ganz fertig. Ich kann das nicht brauchen.» Überdies mißfiel ihr die Vorstellung, daß sie an James' Alkoholismus «beteiligt» sei. «Klar, ich gebe ihm Drinks», sagte sie. «Weil er dann
eindöst und mich nicht schlägt. Und das werde ich weiterhin
machen, wenn es sein muß.»

Ella war überzeugt, daß sie an James' Alkoholismus nicht
ursächlich beteiligt war. Sie wußte, daß es nicht gut war, ihm
Drinks einzugießen, denn das verschaffte ihr nur für kurze Zeit
Ruhe und verschlimmerte das eigentliche Problem. Doch sie
wußte auch, daß sie deswegen noch lange nicht «krank» war.
Als Ella hörte, daß Männer das Selbsthilfeprogramm der Anonymen Alkoholiker entwickelt hatten und daß es auch hauptsächlich für Männer bestimmt war, wurde ihr klar, daß vieles
aus der Perspektive des Mannes gesehen wurde und daß sich
diese Betrachtungsweise auch bei manchen Al-Anon-Selbst-
hilfegruppen auswirkte. Als Frau sah Ella jedoch manches aus
einer anderen Perspektive.

Sie kehrte zu ihrer ersten Gruppe zurück und fühlte sich sofort wohler. Ihre dortigen Bekannten meinten ebenfalls, daß
sie die richtige Entscheidung getroffen habe. Ihre Unterstützung war Ella sehr wichtig geworden. Die Teilnehmer versi-
cherten einander nach den Sitzungen beim Kaffee, wie sehr sie
sich schätzten. Ella beeindruckte die Energie der Gruppenmitglieder, die am längsten bei Al-Anon waren: «Diese Frauen
haben den Mut, immer wieder etwas Neues zu versuchen», erzählte sie einer Freundin. «Ich möchte es ihnen nachtun.»

Nach einiger Zeit wurde Al-Anon für Ella zu einem unver-
zichtbaren Stützsystem. Und als das Fehlverhalten ihres Mannes krasse Formen annahm, suchte sie dort Hilfe.

Andere Selbsthilfegruppen

Eines Abends erzählte Ella nach einem Al-Anon-Treffen einer
Freundin von James' zunehmender Gewalttätigkeit. Sie wisse
nicht, was sie machen solle, sagte Ella, sie sei völlig ratlos: «Bei

Al-Anon heißt es, der Alkoholismus sei eine Krankheit. Wie ist es denn mit der Gewalt? Ist das auch eine Krankheit?» – «Laß dich doch in einem Frauenhaus beraten», sagte ihre Freundin. «Da wirst du bestimmt klarer sehen.»

Ella scheute sich, mit dem Frauenhaus Kontakt aufzunehmen, weil sie meinte, das sei eine Einrichtung, die weiße Frauen für ihresgleichen geschaffen hätten. Keine Frau aus ihrem Bekanntenkreis hatte jemals ein Frauenhaus aufgesucht. Ella meinte, dort werde den Frauen beigebracht, die Männer zu hassen, und sie würden dazu gezwungen, ihren Partner zu verlassen. Das wollte sie nicht. Sie rief aber doch an und sprach mit der Beraterin. Von ihr erfuhr sie, daß in den Beratungsgruppen Frauen verschiedener Hautfarbe anzutreffen seien, die aus unterschiedlichen Gesellschaftsschichten stammten; manche lebten mit dem Partner zusammen, andere wiederum hätten den Partner verlassen. Die zwölf Wochen dauernde Beratung habe das Ziel, einer jeden Frau, die Unterstützung und Hilfe brauche, nützliche Informationen zu liefern. «Wir schreiben den Frauen nichts vor», sagte die Beraterin.

Sie fand es gut, daß Ella angerufen hatte. «Gewalt ist etwas anderes als Alkoholismus», erläuterte sie. «Gewalt ist keine Krankheit, sie beruht vielmehr auf einer Entscheidung.» Die Beraterin meinte, daß manche der von Al-Anon vertretenen Auffassungen für Frauen wie Ella, die mit gewalttätigen Männern zusammenlebten, gefährliche Auswirkungen haben könnten. «Bei Al-Anon und ähnlichen Selbsthilfegruppen werden Frauen dazu ermutigt, sich von dem Alkoholiker emotional ‹loszulösen› und ihr eigenes Leben zu leben. Wir wissen jedoch, daß sich ein gewalttätiger Mann viel schlimmer aufführt, wenn du dich von ihm ‹loslösen› oder trennen möchtest.» Die Beraterin empfahl Ella, sich der Selbsthilfegruppe des Frauenhauses anzuschließen: «Da bekommst du die Möglichkeit, selbst zu entscheiden, was für dich gut ist.»

Vor dem ersten Treffen war Ella ziemlich angespannt, doch

das legte sich rasch, denn die Teilnehmerinnen waren freundlich und sagten ihr Diskretion zu. Außerdem konnte sie sehen, daß manche genauso nervös waren wie sie. Nachher fühlte sich Ella ungeheuer erleichtert. Was andere Frauen erzählten, unterschied sich in nichts von dem, was sie selbst erlebt hatte. «Es tat mir gut zu merken, daß ich nicht die einzige war», sagte sie.

Nach einigen Wochen hatte Ella immer noch gewisse Vorbehalte gegen die Gruppe. «Mir gefällt es nicht, wie sie über die Männer schimpfen», erzählte sie ihrer Freundin. «Ich bekomme Schuldgefühle, obwohl ich das selbst genauso mache, wenn ich auf James böse bin.» Doch sie ging nach wie vor regelmäßig zu den Treffen. «Ich lasse mir keines entgehen», sagte sie, «weil ich so viel lernen kann.»

Auch das Frauenhaus selbst erwies sich für Ella als nützlich. Als James an einem Wochenende in Wut geriet und eine Lampe nach ihr warf, rief sie im Frauenhaus an und fand dort ein paar Tage lang ein Unterkommen. «Es ist wichtig zu wissen, daß es im Notfall einen sicheren Ort gibt», sagte sie zu ihrer Freundin. «Ich dachte, die Frauen in der Gruppe würden mir Vorhaltungen machen, weil ich dann zu ihm zurückgegangen bin. Ein paar taten das schon, doch die meisten akzeptierten es. Ich weiß, daß sie mich mögen.»

Ella empfahl diese Gruppen auch noch aus einem anderen Grund. «Bei uns wird viel diskutiert», sagte sie. Die einzelnen Gruppen hätten unterschiedliche Verfahrensweisen. Ellas Gruppe diskutiere jede Woche über ein anderes Thema: «Geht es zum Beispiel um das Thema ‹Brauche ich einen Mann, um überleben zu können?›, dann sagt eine der Frauen: ‹Ich habe endlich gemerkt, daß ich einen Mann brauche, aber nicht, um ein ganzer Mensch zu sein. Ich kann ganz gut für mich sorgen, das mache ich schon seit Jahren.› Daraufhin sagt eine andere: ‹Ich habe das Gefühl, daß ich ohne ihn nicht leben kann.› Und schon sind wir mitten in einer Debatte.» Ella hatte den Eindruck, dies habe bei ihr zur Klärung vieler Probleme beigetragen. «Wenn es diese Gruppen nicht gäbe, würde ich immer noch im Schlamassel stecken. Ich kann jetzt klarer denken, und ich habe ungeahnte Energien in mir entdeckt.»

Juristische Beratung

Am ersten Tag ihres Aufenthalts im Frauenhaus wurde Ella mit einer juristischen Beraterin namens Sandra bekannt gemacht. Von ihr erfuhr sie, daß eine juristische Beraterin die Aufgabe hat, für andere Frauen tätig zu werden und sich für ihre Rechte einzusetzen. In verschiedenen öffentlichen Einrichtungen stehen Berater ehrenamtlich oder im Angestelltenverhältnis den Klienten zur Seite. Im Gegensatz zu den traditionellen Sozialarbeitern, die «unparteiisch» sein sollen, versuchen juristische Beraterinnen, sich mit der betreffenden Frau zu identifizieren und sich für sie einzusetzen.

Da die Beraterinnen wissen, welch ungleiche Machtverhältnisse zwischen einer Frau und ihrem Partner herrschen und wie unfair die Strafjustiz oft ist, ergreifen sie Partei für die mißhandelte Frau. Die meisten Beraterinnen setzen sich jedoch generell für die Rechte von Frauen ein, und so kann es dazu kommen, daß die Vorstellungen einzelner Frauen mit dem in Konflikt geraten, was nach Meinung der juristischen Beraterin im Interesse aller Frauen liegt. Eine Beraterin mag beispielsweise der Meinung sein, daß alle Frauen, die körperlichen Mißhandlungen ausgesetzt waren, ihren Partner vor Gericht bringen sollten; manchen Frauen mag dies jedoch zu gefährlich erscheinen. In solchen Fällen kann die juristische Beraterin ihre Klientin dazu bringen, die Situation mit anderen Augen zu betrachten und zu berücksichtigen, was den Interessen aller Frauen dient. Aber die Klientin sollte selbst entscheiden, was sie tun will, ohne Druck von seiten der Beraterin.

Die juristischen Beraterinnen verfügen zwar über unterschiedliche berufliche Qualifikationen, sind jedoch für ihre Arbeit speziell ausgebildet worden. Wie Sandra hervorhob, wenden sich viele Rechtsanwälte, wenn sie von Expertenseite Informationen über häusliche Gewaltanwendung brauchen, an die juristischen Beraterinnen und raten dies auch ihren Klientinnen. «Als Beraterin habe ich alle nur erdenklichen Situationen gesehen», sagte Sandra. «Und ich habe Frauen aus den schlimmsten herausgeholfen.»

Sandra hörte sich Ellas Geschichte an und erläuterte ihr dann, daß jede Frau, die sich im Frauenhaus aufhält, sei es einen Tag oder einen Monat lang, sowie jede Besucherin, die dort um Hilfe bittet, eine juristische Beraterin zugewiesen bekommt. Diese gibt ihr Informationen über ihre rechtliche Situation, über Unterbringungsmöglichkeiten, Sozialhilfe und örtliche Hilfseinrichtungen. Da Sandra wußte, welche Schwierigkeiten manche Frauen haben, sich im Justizapparat und in der Wohnungsamtsbürokratie zurechtzufinden, sagte sie zu Ella, sie könne mit ihr zu ihren Terminen gehen. Ella war ihr sehr dankbar, sagte jedoch, daß sie nach Hause zurückwolle und jetzt erst einmal Zeit zum Nachdenken brauche. Sandra goß ihr eine Tasse Kaffee ein, und dann plauderten sie. Ella erfuhr zu ihrer Überraschung, daß sich Sandra selbst als Gast im Frauenhaus aufgehalten hatte, als sie dieselben Probleme zu lösen versuchte, die Ella zur Zeit bedrückten.

Ella hatte Sandra gleich gern und war froh, ihre Unterstützung zu haben. Später erfuhr sie, daß es unter den juristischen Beraterinnen – wie überall – gute und weniger gute gibt. Manche handeln nach eigenem Gutdünken, statt sich auf die Bedürfnisse der Klientinnen einzustellen. Andere sind einfach überlastet. Eine Frau aus Ellas Gruppe erzählte von den Erfahrungen, die sie mit ihrer Beraterin bei der Bezirksstaatsanwaltschaft hatte machen müssen: Dort schenkte man ihrem Fall keine Beachtung, und auf Anrufe ging man nicht ein. Diese Geschichte löste eine Diskussion über den Sinn und Zweck der juristischen Beratung aus, und die Gruppenmitglieder erstellten eine Liste der Eigenschaften, die gute Beraterinnen haben sollten. Wir drucken diese Liste ab, da wir von zahlreichen guten Beraterinnen ähnliche Anregungen erhielten; sie hielten es für wichtig, daß Frauen sich von nutzlosen Helfern trennen und weitersuchen, bis sie die richtigen gefunden haben.

Wichtig ist noch, daß jede Frau, die sich in der Materie auskennt, für Sie tätig werden kann, ganz gleich, ob sie als Beraterin arbeitet oder nicht. Überlegen Sie sich, wer Ihnen bereits in der einen oder anderen Angelegenheit behilflich gewesen ist: zum Beispiel eine Betreuerin von Einwanderern, eine Sprachlehrerin, ein kirchlicher Mitarbeiter, ein Jugendbetreuer oder ein Lehrer, der Ihre Kinder unterrichtet. Wer Ihnen oder einem Ihrer Angehörigen in der Vergangenheit geholfen hat, könnte zu erneuter Hilfe bereit sein oder Sie bei der Suche nach einer geeigneten Person unterstützen. Vielleicht finden Sie ganz unverhofft jemanden, der sich für Sie einsetzt.

Eigenschaften einer guten juristischen Beraterin

_____ Sie schenkt Ihnen Glauben und unterstützt Sie.

_____ Sie kennt die Hilfsangebote und gibt Ihnen präzise Erläuterungen; dadurch erhalten Sie neue Ideen und Möglichkeiten.

_____ Sie informiert Sie über Ihre Rechte.

_____ Sie behandelt Sie als erwachsenen Menschen. Sie erwartet von Ihnen, daß Sie Ihre eigenen Entscheidungen treffen und Ihre Pläne selbst in die Tat umsetzen.

_____ Wenn Sie Hilfe brauchen, steht sie Ihnen zur Seite.

_____ Sie engagiert sich für Sie.

_____ Wenn sie etwas verspricht, hält sie es auch.

_____ Sie hat keine Angst vor der Bürokratie und setzt sich für Sie ein, sei es bei der Polizei, den Gerichten, dem

Wohnungsamt, dem Sozialamt oder dem Gesundheitsamt.

——— Sie nimmt die Angst, die Sie vor Ihrem Partner haben,
ernst, läßt sich aber nicht von ihr überwältigen. Sie
hilft Ihnen, die Gefährdung richtig einzuschätzen und
Sicherheitsvorkehrungen zu treffen.

——— Sie hilft Ihnen, Ihre Gedanken zu ordnen.

——— Sie läßt Sie an ihrem Wissen teilhaben, damit Sie Ihre
Angelegenheiten selbständig regeln können.

Beratungsgespräche

Bei manchen Hilfsprogrammen für mißhandelte Frauen werden auch Beratungsgespräche angeboten, die Frauen befähi-
gen sollen, ihre Belange wieder selbst wahrzunehmen. Dies
geschieht in Einzel- oder Gruppengesprächen. Wie bei der juristischen Beratung werden die Teilnehmerinnen mit Informationen versorgt, damit sie ihre Angelegenheiten selbst regeln
können. Andere Hilfsprogramme verzichten auf professionelle
Berater und bauen statt dessen auf die solidarische Unterstützung durch andere Frauen; wer eine Fachberatung wünscht,
wird an psychotherapeutische Kliniken oder frei praktizie-
rende Therapeuten verwiesen. Wenn Sie zu einer Therapie gehen möchten, können Sie sich vom örtlichen Frauenhaus oder
anderen Einrichtungen für mißhandelte Frauen Empfehlungen
geben lassen. Dort gibt es Listen von Therapeutinnen, die
Frauen geholfen haben.

Sich ohne eine solche Empfehlung auf die Suche zu machen
ist zwecklos. «Lieber gar keinen Therapeuten als einen
schlechten», sagen viele Frauen. Wir konnten uns immer wieder davon überzeugen, daß das stimmt. «Zwei Jahre lang war
ich bei einem Therapeuten, der meine Kindheit erforschen
wollte», erzählte uns Milagros. «Ich wurde von Woche zu Woche unruhiger. Ich konnte nicht mehr richtig schlafen, bekam
schreckliche Alpträume, hatte panische Angst vor meinem

Freund – doch der Therapeut interessierte sich nur für mein Elternhaus.» Milagros' Zustand verschlimmerte sich mehr und mehr, und sie gab schließlich die Therapie auf.

Von vielen Frauen hörten wir jedoch, daß ihnen die Therapie geholfen habe. Francine berichtete, daß sie zuerst gegen ihren Willen zu einer Therapeutin gegangen sei. Als Francine wegen privater Auseinandersetzungen zwanzig Tage lang nicht zur Arbeit erschienen war, hatte ihr Chef darauf bestanden, daß sie sich helfen ließ.

«Wieso soll *ich* mich behandeln lassen, wenn *er* mich verprügelt?» fragte sie die Therapeutin. Diese räumte ein, daß das unfair sei; Francine könne nichts dafür, daß sie mißhandelt worden sei. «Was wollen Sie denn unternehmen? Er ist doch das eigentliche Problem. Ihn sollten Sie behandeln», sagte Francine. Ihr Mann wollte sich jedoch nicht therapieren lassen. In eine psychotherapeutische Klinik zu gehen bedeutete für Francine eine Bestätigung ihrer schlimmsten Befürchtungen: daß sie verrückt sei, genau wie ihr Mann und ihre Angehörigen es immer behauptet hatten. «Das stimmt nicht», sagte die Therapeutin. «Ich glaube sogar, daß Sie eine schlimme Situation recht gut bewältigt haben.»

«Ich merkte, daß diese Frau Verständnis für mich hatte», erzählte uns Francine. «Als ich ging, fühlte ich mich schon etwas wohler und war nicht mehr so angespannt.» In den darauffolgenden Wochen empfand Francine die Therapie als «eine Stärkung und Bestätigung». Die Therapeutin gab ihr Artikel über Gewalt gegen Frauen, empfahl die Teilnahme an einer Selbsthilfegruppe und machte sich Gedanken über ihre Sicherheit und ihr Wohlergehen. «Sie sagte zu mir: ‹Ihr Mann ist gefährlich, Francine. Ich mache mir Sorgen um Sie.› Ich hatte von ihm eine so gründliche Gehirnwäsche bekommen, daß ich gar nicht merkte, wie verängstigt ich war. Doch die Therapeutin erkannte den Sachverhalt und nannte ihn beim Namen.» Als wir Francine fragten, was für sie das Nützlichste an der Therapie war, erwiderte sie: «Meine Therapeutin mochte mich und setzte sich für mich ein – mehr als meine Eltern und mein Mann es je getan hatten. Mit ihrer Hilfe wurde ich allmählich ein anderer Mensch.»

Wenn Sie selbst eine Therapie in Betracht ziehen, sollten Sie über die Frage nachdenken, die Francine von ihrer Therapeutin hörte: «Gibt es etwas, was Sie im Hinblick auf sich selbst erreichen möchten?» Überlegen Sie außerdem, woran Ihnen in einer Therapie *nicht* gelegen ist. Schreiben Sie auf, woran Ihnen gelegen ist und woran nicht, und nehmen Sie die Notizen zu Ihrer ersten Sitzung mit. Benutzen Sie die Notizen als Unterlage, wenn Sie sich mit der Therapeutin unterhalten, und entscheiden Sie sich dann, ob Sie mit ihr zusammenarbeiten wollen. Sprechen Sie nach Möglichkeit mit mehreren Therapeutinnen, bevor Sie eine Entscheidung treffen.

Sie können eine Therapeutin finden, indem Sie

1. sich über ein Frauenhaus eine Adresse geben lassen;
2. eine Freundin fragen, die mit einer Therapie gute Erfahrungen gemacht hat;
3. die Sozialdienste der Kirchen und Gemeinden anrufen;
4. Frauen in Al-Anon und anderen Selbsthilfegruppen befragen.

Sie brauchen weder die erstbeste Therapeutin zu nehmen noch diejenige, die allgemein empfohlen wird. Außerdem können Sie jederzeit die Therapeutin wechseln, auch wenn diese nicht davon angetan ist. Es ist schließlich Ihre Therapie. Sehen Sie sich gut um. Eine erneute Lektüre der Abschnitte «Grundvoraussetzungen der Therapie» (S. 142), «Ungeeignete Therapeuten (S. 144), «Wie Sie den richtigen Ansprechpartner finden» (S. 173) und «Eigenschaften einer guten juristischen Beraterin» (S. 187) könnte nützlich sein. Mit wem auch immer Sie sprechen, Sie brauchen immer dasselbe: Unterstützung.

Anzeichen dafür, daß Sie nicht
die richtige Therapeutin haben

_____ Auch nach geraumer Zeit habe ich kein Vertrauen zu der Therapeutin und fühle mich nicht sicher, wenn wir zusammen sind.

_____ Meine Therapeutin macht mich für das Fehlverhalten meines Partners verantwortlich und behauptet, es komme mir gelegen.

_____ Meine Therapeutin kümmert sich nicht um mich.

_____ Ich habe den Eindruck, daß meine Therapeutin nicht viel über kontrollierende Männer weiß. Sie tut so, als hätte ich einen guten Partner, der nur ab und zu die Fassung verliert.

_____ Von meiner Therapeutin bekomme ich selten Zuspruch oder Lob. Mit Herabwürdigungen und Kritik spart sie jedoch nicht.

_____ Nach monatelanger Behandlung hat sich bei mir nichts geändert.

_____ Meine Therapeutin behandelt mich wie ein unmündiges Kind.

_____ Meine Therapeutin behauptet, ich machte zuviel Aufhebens wegen der Mißhandlungen. Ich habe den Eindruck, daß sie mir nicht glaubt.

_____ Meine Therapeutin scheint ein sexuelles Interesse an mir zu haben.

_____ Ich erfahre in den Sitzungen nichts Neues.

_____ Die Gesellschaftsschicht, der ich angehöre, scheint meiner Therapeutin fremd zu sein.

Wenn Sie von Ihrer Therapeutin oder von der therapeutischen Behandlung negative Eindrücke dieser Art haben, sollten Sie sie zur Sprache bringen oder gleich eine andere Therapeutin aufsuchen. Haben Sie die richtige gefunden, dann werden Sie (wie die Frauen, die den richtigen Ansprechpartner fanden) viele positive Resultate erleben. Bei der richtigen Therapeutin werden Sie sich insbesondere nicht mehr so isoliert vorkommen. Sie werden feststellen, daß sie Sie versteht, Sie unterstützt und sich um Sie kümmert. Vor allem wird die Therapie dazu beitragen, daß Sie neue Kraft finden und wieder Hoffnung schöpfen.

Vorschlag 3:
Helfen Sie sich selbst

Viele der Frauen, die wir interviewten, hatten zum Schluß noch einen Ratschlag für andere Frauen. Edith meinte: «Frauen sollten wissen, daß sie auf sich selbst angewiesen sind. Sie müssen selbst handeln.» Laura sagte: «Ich hatte zum Glück Freundinnen, die ich im Notfall aufsuchen konnte, aber ansonsten war ich auf mich gestellt. Ich war sehr einsam und hatte große Angst. Eine Bestätigung, daß ich mich richtig verhielt, bekam ich selten. Statt dessen hatte ich oft das Gefühl, bestraft zu werden. Aber ich hielt durch.» Auch die Frauen, die eine tüchtige juristische Beraterin oder eine gute Therapeutin hatten, merkten schließlich, daß sie ihr Leben selbst gestalten mußten – Schritt für Schritt.

Erster Schritt:
Das Selbstvertrauen wiedergewinnen

Charlotte erzählte uns: «Als ich zum ersten Mal eine Therapeutin aufsuchte, schlich ich in ihr Büro und wollte wissen, ob ich verrückt sei. Als wir eine Stunde lang miteinander geredet hatten, sagte die Therapeutin lachend: ‹Verrückt sind Sie allem Anschein nach nicht – Sie sind vielleicht etwas exzentrisch, aber mehr nicht.›» Charlotte erfuhr von der Therapeutin, das Problem liege darin, daß sie unablässig Selbstkritik übe und das

Fehlverhalten ihres Mannes nicht zur Kenntnis nehme. Charlotte hatte sich von John jahrelang anhören müssen, sie sei selbstsüchtig, gedankenlos und die Ursache aller familiären Schwierigkeiten; dadurch habe sie die Dinge nicht mehr in der richtigen Perspektive sehen können. Das müsse sich ändern. Die Therapeutin meinte, Charlotte werde das schon schaffen; sie müsse vor allem ihr Selbstvertrauen wiedergewinnen.

Zweiter Schritt:
Herausfinden, was Sie brauchen

Vor vielen Jahren stellte eine in Duluth tätige Psychotherapeutin fest, daß verschiedene ihrer Klientinnen dasselbe Problem hatten: Alle lebten mit einem Partner zusammen, der sie mißhandelte. Die Therapeutin schlug vor, sie sollten eine Gruppe bilden und ihre Erfahrungen austauschen. Ohne daß sie es ahnte, setzte die Therapeutin damit einen Innovationsprozeß in Gang.

Bei dem Erfahrungsaustausch wurden den Frauen verschiedene Dinge klar: Zum einen stellten sie fest, daß es in Duluth für Frauen, die von ihrem gewalttätigen Partner wegwollten, keinen Zufluchtsort gab. Zum anderen fanden sie es seltsam, daß sie sich therapieren lassen, während es in Wirklichkeit um das Fehlverhalten ihrer Männer ging. Sie kamen zu dem Schluß, daß sie keine Therapie brauchten. Statt dessen gründeten sie eine Selbsthilfegruppe und eröffneten wenige Monate später ein Haus für mißhandelte Frauen. Ohne fachliche Qualifikationen und ohne Erfahrung in Verwaltungsangelegenheiten machten sie sich daran, das zu verwirklichen, was sie brauchten. Sie erreichten ihr Ziel und halfen damit vielen anderen Frauen in ihrer Stadt.

Denken Sie darüber nach, was Sie wirklich brauchen. Was ist am wichtigsten? Brauchen Sie eine Therapie? Oder wäre Ihrer psychischen Verfassung mit einer Selbsthilfegruppe oder einer Kindertagesstätte in Ihrer Wohngegend mehr geholfen? Kennen Sie Frauen, die sich in einer ähnlichen Lage befinden? Denken Sie daran, daß die Probleme, mit denen Sie sich herumschlagen müssen, nicht in Ihrem Kopf entstanden sind. Überlegen Sie sich, ob es nicht ratsam wäre, zusammen mit Ihren Freundinnen geeignete Schritte einzuleiten.

Dritter Schritt:
Die Initiative ergreifen

Als wir in Duluth waren, bekamen wir mit, wie Frauen andere Frauen aufforderten, selbst das Erforderliche in die Wege zu leiten. «Laß dich im Frauenzentrum oder von den Sozialdiensten beraten, wie du eine Selbsthilfegruppe gründen kannst», sagten sie. «Damit ist schon etwas erreicht, auch wenn dein Vorhaben anfangs nicht viel Interesse findet.» All diese Frauen betonten, sie hätten viel Kraft geschöpft, als sie sich gemeinsam für andere Frauen einsetzten. Sharon erzählte uns: «Ich weiß, wenn du ganz am Boden bist, glaubst du, du würdest nie so etwas fertigbringen wie wir. Damals, als jede für sich zur Therapie kroch, konnten wir uns das auch nicht vorstellen. Wir merkten jedoch, daß eigenverantwortliches Handeln mehr bewirkt als eine jahrelange Psychotherapie. Für deine psychische Verfassung gibt es nichts Besseres, als mit einigen Frauen zusammenzuarbeiten, die ähnliche Probleme haben. Und nichts gibt dem Selbstwertgefühl mehr Auftrieb als ein Erfolgserlebnis. Das bedrückende Gefühl der Schwäche läßt sich am besten dadurch bekämpfen, daß du Stärke zeigst.»

Vierter Schritt:
Kämpfen Sie für Ihre Rechte

«Bis zu dem Tag, an dem ich das zeitweilige Sorgerecht für meine Kinder beantragte, war ich noch nie in einem Gerichtssaal gewesen», erzählte uns Lee. «Ich zitterte am ganzen Leib, aber ich wollte nicht zulassen, daß mir mein Mann die Kinder wegnahm.» Lee steckte dann zwei Jahre lang in einem fürchterlichen Schlamassel. Sie mußte eine gerichtliche Anordnung befolgen und ihre Kinder zu Therapeuten bringen, die sie nicht mochte. Sie mußte immer wieder vor Gericht gehen, weil ihr Mann ihr Schwierigkeiten machte. Und sie mußte mitansehen, wie ihre Kinder depressiv wurden, so oft sie ihren Vater besuchten.

Lee hatte sich immer für schüchtern gehalten, doch sie merkte rasch, daß sie auch noch ganz andere Eigenschaften besaß. «Ich entwickelte eine unglaubliche Gründlichkeit», erzählte sie uns. «Ich schrieb Listen mit den Namen aller Personen, die mir behilflich sein wollten, und neben den Namen setzte ich die Telefonnummer sowie eine Zusammenfassung dessen, was sie mir in Aussicht gestellt hatten. Manche Leute mußte ich immer wieder anrufen, um sie endlich dazu zu bringen, ihr Versprechen zu halten. Von jedem Schreiben, das ich verschickte, machte ich Kopien. Ich setzte alle Hebel in Bewegung, und das machte sich bezahlt. Die maßgeblichen Leute merkten schließlich, daß mein Mann gestört war, und sie schränkten seinen Umgang mit den Kindern ein.»

Wenn Sie entscheiden müssen, was für Sie und die Kinder am besten ist, mag Sie Mutlosigkeit befallen. Alle Frauen, mit denen wir redeten, sprachen davon, daß sie bisweilen sehr niedergeschlagen und hoffnungslos gewesen seien. «Wie sind Sie darüber hinweggekommen?» fragten wir. Viele erwähnten dann das Mitgefühl, das ihnen von ihren Angehörigen und ihrem Freundeskreis entgegengebracht wurde, sowie die Hilfe der Fachleute. Einige verwiesen auf ihren Glauben. Erstaunlich viele Frauen erzählten uns aber, sie seien ganz allein damit zurechtgekommen, indem sie sich *auf sich selbst einließen*. Manche sprachen sich morgens oder abends oder in Gefahrensituationen selbst Mut zu, indem sie sich sagten: «Ich habe etwas Besseres verdient», «Ich habe ein Recht auf Selbstverwirklichung» oder «Es ist nicht Gottes Wille, daß ich so ein Leben führe».

Wenn Sie einen der erwähnten Schritte ergreifen, um neue Kraft zu finden, wird es Ihnen auch gelingen, Verlorengegangenes wiederzufinden. Sie werden die Hoffnungen und Träume wiederentdecken, die Sie hatten, bevor Sie sich von einem kontrollierenden Partner kleinkriegen ließen. Sie werden Ihre Würde, Ihren Stolz und Ihre Kraft zurückgewinnen. Sie werden der Überzeugung sein, daß Sie ein besseres Leben verdient haben, und Sie werden sich darum bemühen, daß es Wirklichkeit wird.

7. Soll ich meine Beziehung fortführen?

Frauen, die mit einem kontrollierenden Partner zusammenleben, denken fortwährend über ihre Beziehung nach. Sie fragen sich, was sie unternehmen sollen. Immer wieder machen sie eine Art «Kosten-Nutzen-Rechnung», bei der sie dem, was die Beziehung ihnen gibt, die Nachteile gegenüberstellen, die sie sich einhandeln, wenn sie die Beziehung fortführen. Sie denken darüber nach, was sie bei einer Trennung verlieren würden. Früher oder später überlegen sie, was sie durch eine Trennung gewinnen.

Die Vor- und Nachteile einer Beziehung halten sich nicht immer die Waage. Oft nehmen die Nachteile allmählich zu und wiegen schließlich viel schwerer als die Vorteile. In einer Beziehung mit einem kontrollierenden Mann geht es jedoch oft auf und ab, je nachdem, in welcher Stimmung er gerade ist. Ist Ihr Partner ein Kontrollierer, erscheint Ihnen die Beziehung immer wieder in einem anderen Licht, und Sie schwanken in Ihren Entscheidungen.

Wenn Sie zum ersten Mal an Trennung denken, jagen Ihnen die damit verbundenen Probleme vielleicht Angst ein: zum Beispiel die Arbeitssuche, die Wohnungssuche, der Schulwechsel der Kinder – die Trennung hat viele Nachteile. Später sind Sie vielleicht bereit, diese Nachteile in Kauf zu nehmen. Wenn Sie sich zum ersten Mal von ihm getrennt haben und er Sie dann mit einem Blumenstrauß besuchen kommt und Tränen vergießt, glauben Sie, daß er sich geändert hat, und meinen, Sie könnten zu ihm zurückkehren. Doch nach dem vierten oder fünften Mal denken Sie anders. Solange Sie jedoch zu dem kontrollierenden Partner eine Beziehung haben, wird die «Kosten-Nutzen-Rechnung» weitergehen, und Sie werden sich fortwährend fragen, ob Sie bleiben oder gehen sollen.

Mit dieser Entscheidung befassen wir uns hier. Wir erörtern die wesentlichen Gründe dafür, daß Frauen bei einem kontrollierenden Partner bleiben, zu ihm zurückgehen oder sich von ihm trennen. Wir helfen Ihnen, Ihre Beziehung zu beurteilen, eine Entscheidung zu treffen und sie auszuführen. Dieses Kapitel handelt von schwerwiegenden Entscheidungen. Wenn Sie dazu nicht bereit sind, sollten Sie vielleicht das vorangegangene Kapitel «Neue Wege gehen» erneut lesen. Wenn Sie dazu bereit sind, dann fahren Sie mit der Lektüre fort.

Zwischen dem hoffnungsfrohen Beginn einer Beziehung mit einem kontrollierenden Partner und dem deprimierenden Alltag liegt bei vielen Frauen eine Zeit starker Verunsicherung. Wenn sie sich daranmachen, alles zu überdenken, müssen sie in einem Durcheinander von emotionalen und wirtschaftlichen Bedürfnissen Ordnung schaffen.

YOLANDA Ich wollte die Beziehung beenden, weil ich von ihm keine Unterstützung bekam. Ich mußte alles selber machen. Aber dann dachte ich, ich sollte doch bleiben – vielleicht gab ich mir nicht genug Mühe, die Sache in Ordnung zu bringen. Ich sagte mir auch: «Die Kinder brauchen einen Vater.» Und was das Finanzielle betraf, glaubte ich, ich könnte ohne ihn nicht zurechtkommen. Und wer will schon als Versager dastehen? Geschiedene Männer sind begehrt, aber eine geschiedene Frau wird skeptisch beurteilt. Was schlimmer ist: Ihre Kinder will sich keiner aufladen.

Alice sprach davon, daß sie «qualvoll litt», als sie sich zu einer Entscheidung durchzuringen versuchte. Sie erzählte uns: «Einerseits wollte ich, daß er sich helfen lasse, andererseits meinte ich, daß er um die Ecke gebracht werden müsse – entweder von mir oder von sonst jemandem. Einerseits wollte ich nicht ohne einen Mann leben, andererseits wollte ich, daß er aus meinem Leben verschwinde.»

Bei diesen gravierenden Entscheidungen spielen viele Faktoren eine Rolle. Sie werden erst nach langwierigen Überlegungen getroffen. Bei den meisten Frauen geraten emotionale und finanzielle Kriterien durcheinander und bilden ein festes Knäuel. Geld, Liebe und Ängste müssen zuerst einmal säuberlich voneinander getrennt und für sich gesehen werden.

Die Soziologen R. Emerson Dobash und Russell Dobash weisen in ihrem Buch *Violence Against Wives: A Case Against the Patriarchy* darauf hin, daß sich diese Kriterien im Laufe der Zeit ändern. Im Anfangsstadium einer Beziehung trennen sich Frauen oft dann, wenn sie das Gefühl haben, daß sie oder ihre Kinder gefährdet sind, doch sie haben meist nicht die Absicht, für immer wegzubleiben. Sie wollen sich lediglich schützen und ihrem Partner klarmachen, daß sie sich die schlechte Behandlung nicht gefallen lassen. Dies scheint ihnen oft zu gelingen. Der Partner tut, was die Frau erwartet: Er entschuldigt sich, sieht seine Fehler ein, verspricht, sich zu ändern und bittet sie, zu ihm zurückzukommen.[1] In einem späteren Stadium der Beziehung trennen sich Frauen ebenfalls, um sich zu schützen, und kehren wieder zu ihrem Partner zurück, aber sie haben andere Beweggründe. Sie hoffen oder erwarten nicht mehr, daß der Partner sich ändert. Religiöse Überzeugungen, wirtschaftliche Schwierigkeiten und vor allem Ängste sind es, die sie zur Rückkehr bewegen – sie befürchten, daß eine endgültige Trennung schlimme Folgen haben werde.

Je nachdem, ob eine Frau sich fürs Bleiben, für eine Trennung, für eine Rückkehr oder für eine endgültige Trennung entscheidet, kann dies schwerwiegende finanzielle Konsequenzen haben. Im Jahr 1989 lag das Durchschnittseinkommen für Haushalte mit zwei Elternteilen in den Vereinigten Staaten bei 38547 Dollar; Haushalte, denen eine Frau vorstand, verfügten lediglich über 16442 Dollar.[2] Fast 43 Prozent aller von Frauen geführten Haushalte mit Kindern bewegten sich unterhalb der Armutsgrenze, hingegen nur 18 Prozent der von Männern geleiteten Haushalte.[3] Angesichts dieser Tatsachen geraten Frauen in eine Zwickmühle. Marian meinte dazu: «Ich wollte ihm nicht ausgeliefert sein, aber ich wollte auch nicht in Armut leben. Deshalb ging ich auf Nummer Sicher und sagte mir: ‹Vielleicht ist es noch zu früh für eine Trennung, mag sein, daß er sich eines Tages ändert.› Ob ich wohl abgewartet hätte, wenn ich eine Million Dollar gehabt hätte? Wahrscheinlich nicht.»

Die finanziellen Aspekte können sehr kompliziert sein. Viele Frauen – besonders diejenigen, die bereits in Armut leben – klagen darüber, daß ihnen der Partner zur Last fällt, statt selbst einen Beitrag zu leisten. Es kommt vor, daß kontrollierende Männer der Partnerin das Geld wegnehmen oder sie zu illegalen Aktivitäten zwingen – etwa zu Drogenhandel, Ladendiebstählen oder zur Prostitution. Bei jeder Frau sind die Umstände etwas anders. Ihre Situation muß sie selbst einschätzen.

Ihre eigene Kosten-Nutzen-Rechnung

Wenn Sie sich überlegen, welche Alternativen Sie haben, könnte Ihnen die folgende Gegenüberstellung von Nutzen sein. Sie beantworten einige grundlegende Fragen zu Ihrer Beziehung: Was gut und was schlecht an ihr ist, welche Vor- und Nachteile sich für Sie und Ihre Kinder ergeben, wenn Sie sie aufrechterhalten. Wenn Sie Ihre Eintragungen machen, überlegen Sie sich nicht, wie Ihre Beziehung in der Vergangenheit war, sondern wie sie *jetzt* ist. Denken Sie über folgendes nach: Gibt es immer noch mehr Gutes als Schlechtes? Vergessen Sie nicht, daß es ganz normal ist, wenn Sie Ihre Meinung ändern. Es kann sein, daß Sie sich wiederholt mit dieser Gegenüberstellung beschäftigen werden.

Was taugt meine Beziehung?

Ihre positiven Aspekte	*Ihre negativen Aspekte*

Soll ich meine Beziehung aufrechterhalten?

Vorteile	*Nachteile*

Was hält mich bei ihm?

Wie schon erwähnt, hat jede Frau eine Reihe von Gründen, wenn sie eine bestimmte Entscheidung trifft. Wenn Sie bei einem kontrollierenden Partner bleiben oder wenn Sie sich überlegen, zu ihm zurückzukehren, sollten Sie sich darüber klarwerden, was Sie dazu bewegt, an der Beziehung festzuhalten. Das wird Ihnen helfen, die nächsten Schritte einzuleiten. Bleiben Sie beispielsweise, weil Sie glauben, daß Ihr Partner sich ändert, dann sollten Sie sich geeignete Kriterien erarbeiten. Bleiben Sie jedoch, weil Sie vor Ihrem gewalttätigen Partner Angst haben, sollten Sie mit einer juristischen Beraterin oder einer Therapeutin über Sicherheitsvorkehrungen sprechen. Bevor wir auf die Hauptmotive der Frauen zu sprechen kommen, die bei einem kontrollierenden Partner bleiben, möchten wir Sie bitten, Ihre eigenen Gründe auf den nachfolgenden Listen anzukreuzen. Zu erläutern wäre, daß es hier keine richtigen oder falschen Begründungen gibt. Machen Sie sich über die Bewertung Ihrer Motive keine Gedanken, halten Sie sie einfach fest.

Erster Grund:
Ich habe immer noch Hoffnung

_____ Ich liebe meinen Partner.

_____ Es gibt viel mehr Gutes als Schlechtes.

_____ Mein Partner besucht eine Therapie und macht Fortschritte.

_____ Ich glaube, daß mein Partner von Natur aus nicht kontrollierend (oder gewalttätig) ist.

_____ Mit meinem Partner verbindet mich etwas Besonderes, das es kein zweites Mal geben wird.

_____ Ich glaube, ich kann meinem Partner helfen.

_____ Ich möchte kein Versager sein.

_____ Ich möchte, daß meine Beziehung wieder so wird, wie sie einmal war.

_____ Sein Fehlverhalten ist gar nicht so schlimm.

Zweiter Grund:
Ich habe Angst vor meinem Partner

_____ Ich habe Angst, daß er das Sorgerecht bekommt oder daß er die Kinder entführen wird.

_____ Ich habe Angst, daß er den Kindern oder anderen etwas antut.

_____ Ich habe Angst, daß er mich aufspürt, ganz gleich, wo ich hingehe.

_____ Ich fürchte mich davor, etwas zu unternehmen, weil die Situation nur noch schlimmer werden könnte.

_____ Wenn ich wegzugehen versuchte, würde er mich verprügeln oder mich umbringen.

_____ Wenn ich wegginge, würde er sich umbringen, und damit könnte ich nicht leben.

Dritter Grund:
Ich habe Angst, daß ich allein nicht zurechtkomme

_____ Ich fürchte mich davor, arm zu sein, und wenn ich weggehe, wäre ich zumindest eine Zeitlang in großen Schwierigkeiten.

_____ Ich kann keine erschwingliche Wohnung finden.

_____ Ich werde nie einen anständigen Job kriegen.

_____ Ich habe Angst, daß ich meine Kinder nicht versorgen kann und daß sie mir vielleicht weggenommen werden.

_____ Ich habe Angst, daß ich obdachlos werde.

Vierter Grund:
Ich habe Angst, allein zu sein

———— Ich habe Angst, allein zu sein, oder habe mich an das Zusammenleben mit meinem Partner gewöhnt.

———— Ich möchte die Kinder nicht allein großziehen.

———— Ich werde keinen Besseren finden als ihn.

———— Ich habe mein Selbstvertrauen verloren und bin seelisch am Boden. Ich glaube nicht, daß ich es allein schaffen werde. Ich brauche ihn.

———— Ich kann mir nicht vorstellen, allein zu leben. Das ist zu gefährlich.

Fünfter Grund:
Ich bleibe wegen der Kinder

———— Er hat die Kinder so gern und ist so gut zu ihnen, daß ich sie nicht von ihm trennen möchte.

———— Ich möchte meinen Kindern nicht die Zukunftschancen nehmen, sie nicht der Annehmlichkeiten oder der guten Ausbildung berauben.

———— Ich möchte, daß meine Kinder einen Vater haben. Sie brauchen eine Vaterfigur.

———— Meine Kinder brauchen einen, der für Ordnung sorgt.

———— Mein Vater verließ uns, als ich ein Kind war, und ich habe mir geschworen, daß meinen Kindern so etwas erspart bleibt.

———— Ich weiß, daß es für die Kinder nicht gut ist, wenn sie mitansehen, wie er mich behandelt, aber die Alternativen – etwa eine Trennung – sind noch schlimmer für sie.

———— Wenn ich gehe, wird er es irgendwie schaffen, mir die Kinder wegzunehmen.

Sechster Grund:
Ich bleibe aus Verantwortungsbewußtsein

_____ Ich bin es ihm schuldig, denn er hat in schweren Zeiten zu mir gehalten.

_____ Eine anständige Frau bleibt an der Seite ihres Mannes.

_____ Ich habe mir geschworen, mich nie scheiden zu lassen. Ich will nicht aufgeben.

_____ Ich möchte nicht für das Scheitern der Beziehung verantwortlich sein.

_____ Er braucht mich. Er wird kaputtgehen oder sich umbringen, wenn ich ihn verlasse.

_____ Ich bin auch nicht ganz einfach. Ich bin mitverantwortlich.

_____ Ich werde mein Ehegelübde, das ich im Angesicht Gottes abgelegt habe, niemals brechen.

_____ Ich kann ihn nicht verlassen – es geht ihm nicht gut.

_____ Er ist auf meine Hilfe angewiesen.

Siebter Grund:
Ich warte noch ab

_____ Ich brauche noch Zeit, um Geld beiseite zu legen oder eine Ausbildung abzuschließen.

_____ Ich warte noch ab, ob er sich vielleicht ändert.

_____ Ich habe die erforderliche Hilfe noch nicht erhalten.

_____ Ich versuche, den Mißhandlungen Einhalt zu gebieten, damit ich bei ihm bleiben kann.

Gründe fürs Dableiben

Die meisten Frauen lassen bei ihrer Entscheidung Sorgfalt walten und nehmen sich Zeit dazu. Wer würde denn eine Beziehung aufgeben, ohne einen letzten Versuch gemacht zu haben? Wenn sie jedoch auf ihre Beziehung zurückblicken, sagen viele Frauen, sie seien zu lange geblieben oder überflüssigerweise zurückgekehrt. Zum fraglichen Zeitpunkt dachten sie natürlich, sie handelten richtig, aber nun betrachten sie ihre Entscheidungen und Handlungen mit anderen Augen. (Wir haben übrigens noch nie eine Frau getroffen, die der Meinung war, sie habe ihre Beziehung zu einem Kontrollierer zu früh aufgegeben.)

Als wir Frauen danach befragten, was sie so lange in ihrer Beziehung festgehalten hatte, bekamen wir vielerlei Antworten. Neben finanziellen Überlegungen tauchten fünf Punkte immer wieder auf. Viele blieben, weil sie abwarten wollten, was bei der Therapie ihres Partners herauskäme; sie hofften, er werde sich doch noch ändern. Andere fühlten sich aufgrund ihres Glaubens oder ihrer kulturellen Überlieferungen verpflichtet, trotz aller Probleme bei ihrem Mann zu bleiben. Eine Reihe von Frauen blieb aus Rücksicht auf die Kinder. Viele trennten sich nicht, weil sie befürchteten, ihr Partner werde seine Selbstmorddrohungen wahr machen. Andere gingen nicht, weil sie Angst hatten, ihr Partner werde ihnen schwere Verletzungen zufügen oder sie umbringen. Alles in allem erfuhren wir von einer großen Zahl von Frauen, daß diese Probleme sie verunsicherten, daß sie an ihren Kräften zehrten und sie gefangennahmen. Wir behandeln die Fälle der Reihe nach.

1. Abwarten, was die Therapie bewirkt

Wie schon erwähnt, hofft fast jede Frau, die mit einem kontrollierenden Partner zusammenlebt, auf eine Verhaltensänderung. Solange diese Hoffnung vorhanden ist, wird sie bei ihrem

Partner bleiben oder, falls sie gegangen ist, eine Rückkehr in Betracht ziehen. In vielen Fällen schöpfen Frauen, die ihren Partner schon fast aufgegeben haben, neue Hoffnung, sobald dieser eine Therapie anfängt. Wie wir schon im fünften Kapitel gezeigt haben, ist es leider so, daß viele Männer nicht in eine Therapie gehen, um sich zu ändern, sondern um die Partnerin dazu zu bringen, sich mit ihnen zu versöhnen.

Wie können Sie feststellen, ob Ihr Partner es ernst meint, wenn er an einer Therapie teilnimmt? Können Sie ihm trauen? Es ist manchmal schwer, auf diese Fragen eine Antwort zu finden. Janice erzählte uns: «Ich glaubte, mein Mann hätte sich geändert. Doch als ich ihn wieder bei mir aufgenommen hatte, stellte ich fest, daß ich voreilig gewesen war. Er verprügelte mich gleich in der ersten Woche nach seiner Rückkehr, weil er sich an mir rächen wollte.» Viele Frauen haben den gleichen Fehler gemacht.

Was noch wichtiger ist: Selbst wenn der Mann die Therapie «mit Erfolg» absolviert hat, mag die Frau mit dem Ergebnis unzufrieden sein. Eine Untersuchung befaßte sich mit einer kleinen Zahl von Frauen, deren Partner ein Therapieprogramm für gewalttätige Männer mit Erfolg absolviert hatten. Sie hatten die Gewaltanwendung eingestellt (einige fuhren jedoch mit ihren Beschimpfungen fort). Es stellte sich heraus, daß von den zehn Frauen, die bei ihrem Partner blieben, drei zufrieden und vier unzufrieden waren, drei weitere unentschieden; diese wohnten zwar weiterhin mit ihrem Partner zusammen, führten jedoch ein unabhängiges Leben. Die vier Frauen, die ihre Entscheidung bedauerten, verwiesen darauf, daß sie mit ihrem Partner nach wie vor Probleme hätten, weil er eifersüchtig sei und viel trinke. All diese Frauen fanden es schwierig, dem Partner wieder zu vertrauen, manchen von ihnen erschien es unmöglich. Selbst wenn es sich um einen einmaligen Vorfall handelte, konnte keine jemals vergessen, daß sie von ihrem Partner mißhandelt worden war.[4]

Wenn Ihr Partner eine Therapie macht und Sie bei ihm bleiben oder an eine Rückkehr denken, weil Sie auf eine Änderung hoffen, raten wir Ihnen folgendes: Überlegen Sie sich genau, was *Sie* wollen. Daß er in eine Therapie geht, ist kein
Grund, Ihre Pläne auf Eis zu legen. Nehmen Sie selbst Veränderungen vor, dann wird sich zeigen, inwieweit er sie akzeptiert und seine Machtposition aufgibt. Denken Sie daran, daß
sich Ihr Partner selbst dann, wenn eine Wende zum Besseren
eingetreten ist, immer noch nicht genug geändert haben mag.
Wenn Sie Ihre Interessen nicht im Auge behalten, werden Sie
womöglich feststellen, daß Sie zu früh oder umsonst zurückgekehrt sind.

2. Einhaltung von Geboten oder
überlieferten Verhaltensnormen

Daß Frauen zu lange bei einem kontrollierenden Partner bleiben, hängt oft mit ihren religiösen Überzeugungen zusammen.
Die gläubige Christin Gloria, die von ihrem Mann körperlich
mißhandelt worden war, erzählte uns: «In der Bibel steht, daß
die Frau ihrem Mann gehorchen soll. Mir wurde beigebracht,
daß die Ehe ein Sakrament ist. Wenn du ein Gelübde abgelegt
hast, bleibt dir keine andere Wahl. Du kannst dann nicht mehr
sagen, du hättest dir's anders überlegt. Du mußt eben das Beste
daraus machen.»

Viele Feministinnen haben darauf hingewiesen, daß alle großen Religionen von Männern ins Leben gerufen wurden, daß
nach wie vor Männer an deren Spitze stehen und daß es uns
nicht überraschen darf, wenn sie eher die Interessen der Männer als die Interessen der Frauen verfolgen. Es gibt aber auch
Feministinnen in kirchlichen Ämtern, und diese legen alte, se-
xistische Glaubensdoktrinen neu aus. So gibt Reverend Marie
Fortune, Direktorin des Center for Prevention of Sexual Violence in Seattle, in ihrem Buch *Keeping the Faith* hilfreiche
Antworten auf Fragen, die Christinnen oft zu schaffen machen.

Hier sind drei Fragen, die häufig gestellt werden, sowie die Antworten von Reverend Marie Fortune:

Frage 1: «In der Bibel steht, daß die Frau ihrem Mann untertan sein soll. Heißt das, daß ich mich mit den Mißhandlungen abfinden muß?»

Antwort: «Die Bibelstelle zur Mann-Frau-Beziehung beginnt folgendermaßen: ‹Und seid untereinander untertan in der Furcht Gottes.› (Epheser 5,21) ‹Untereinander untertan sein› bedeutet hier auch ‹einander entgegenkommen› oder ‹nachgeben›. Das heißt, daß alle, auch die Eheleute, auf einander eingehen sollten.»

Frage 2: «In der Bibel steht: ‹Denn der Mann ist des Weibes Haupt, gleichwie auch Christus das Haupt ist der Gemeinde...› Was bedeutet das?»

Antwort: «Damit ist nicht gemeint, daß der Ehemann ein absoluter Herrscher ist, dem du blind gehorchen mußt. Es geht vielmehr um ein Modell, das auf der Beziehung Christi zur Gemeinde basiert: Jesus war der Diener aller, die ihm nachfolgten, und er gab sein Leben für sie hin. Er hat nie Menschen herumkommandiert, bedroht, geschlagen oder in Angst versetzt.»

‹Ihr Männer, liebet eure Weiber, gleichwie Christus auch geliebet hat die Gemeinde...› Das bedeutet, daß der Mann ihren Bedürfnissen gerecht werden und bereit sein soll, sich für sie aufzuopfern. Er soll sein Weib lieben wie sich selbst, es nähren und pflegen. Eine andere Bibelstelle sagt das noch genauer: ‹Ihr Männer, liebet euere Weiber und seid nicht bitter gegen sie.› (Kolosser 3,19)

Frage 3: «Bei Matthäus sagt Jesus: ‹Was nun Gott zusammengefügt hat, das soll der Mensch nicht scheiden.› (Matthäus 19,6) Wie kann ich da an Trennung denken?»

Antwort: «Jeder Mann, der seiner Frau gegenüber Gewalt anwendet, verstößt gegen das im Angesicht Gottes abgelegte
Ehegelübde. Die Gewalt ist es, die die Ehe auseinanderbrechen läßt, und wer für die Gewalt verantwortlich ist, ist auch
für das Scheitern der Ehe verantwortlich. Durch die Scheidung wird lediglich öffentlich anerkannt, was im Privatleben
geschehen ist: daß das Fehlverhalten die Ehe längst zerstört
hat. Wenn du dir also überlegst, ob du dich scheiden lassen
sollst, zerstörst du die Ehe nicht. Was die Gefühlsbindung
betrifft, ist das ja bereits geschehen. Dir geht es darum, dich
und deine Kinder aus einer destruktiven Situation herauszu-
bringen und ein anderes Leben zu führen.»[5]

Reverend Fortune weist darauf hin, daß nicht die mißhandelte
Frau, sondern der sie mißhandelnde Partner für das Scheitern
der Ehe verantwortlich ist. Fortune ist der Ansicht, daß eine
Christin dem Partner am meisten dadurch nützt, daß sie sich –
zumindest zeitweilig – von ihm trennt, weil er dadurch Gelegenheit erhält, die Verantwortung für seine Verfehlungen auf
sich zu nehmen und sein Verhalten zu ändern.[6]

«Wenn sie ihren Partner verlassen, haben viele mißhandelte
Frauen das Gefühl, Gott habe sie fallengelassen, und ihre Kirche weise sie ab», meint Reverend Fortune. «So sollte es nicht
sein. Hat eine Frau den Eindruck, daß ihre Kirche gegen sie
eingestellt ist, sollte sie vielleicht einer anderen Konfession bei-
treten. Aber sie sollte wissen, daß sie ihren Glauben behalten
kann, daß Gott immer noch bei ihr ist und daß sie nicht in die
Hölle kommt, weil sie ihren gewalttätigen Partner verlassen
hat. Eine Frau tut das Richtige, wenn sie sich trennt und sich
damit selbst schützt.»[7]

Das Christentum ist nur eine von mehreren Religionen, die
gläubigen Frauen Probleme bereiten. Frauen können auch
durch die Lehren anderer Religionen in einer kontrollierenden
Beziehung festgehalten werden. So gut wie alle neuzeitlichen

Religionen sind patriarchalisch; sie verehren eine männliche Gottheit und deren männliche Repräsentanten. Folglich kann es für gläubige Frauen jedweder Religion Konflikte zwischen der kirchlichen Lehre und ihren eigenen Belangen, etwa ihrer Sicherheit und Freiheit, geben.

Darüber hinaus führen die Traditionen, Überzeugungen und Werte ihrer Religions- oder Kulturgemeinschaft bei vielen Frauen dazu, daß sie zu lange in einer repressiven Ehe bleiben. Jüdischen Frauen wurde beigebracht, daß eine Scheidung einfach undenkbar ist; moslemischen Frauen wurde beigebracht, daß sie sich ganz dem Mann und der Familie widmen sollen; Black-Muslim-Frauen wurden zudem belehrt, daß der Islam der beste Garant für die Zukunft ihrer Rasse sei. In der Ehe «gescheitert» zu sein erscheint diesen Frauen als Verrat an ihren religiösen Überzeugungen wie auch an den Traditionen und Bestrebungen ihrer Gemeinschaft. Unter diesen Umständen braucht eine Frau viel Mut und Information, um eine Ehe zu beenden.

Manche farbigen Frauen bleiben zu lange in repressiven Beziehungen, weil sie – aus vielerlei Gründen – ihre Männer nicht im Stich lassen wollen; sie fürchten sich davor, sich an das weiße «System» zu wenden, oder glauben, daß es ihnen sowieso nicht helfen würde. Sind die meisten Polizisten und Sozialarbeiter einer bestimmten Gegend weißer Hautfarbe, werden manche farbige Frauen selbst ernste, lebensbedrohende Mißhandlungen nicht melden. Betty, eine Afroamerikanerin, erzählte uns: «Ich konnte ihn nicht den Bullen übergeben. Die hätten ihn vielleicht totgeprügelt, und damit hätte ich dann leben müssen. Ich hätte nie mehr mit erhobenem Kopf dastehen können. Wenn wir ein paar schwarze Polizisten gehabt hätten, wäre das anders gelaufen.»

Jede Frau muß selbst entscheiden, ob sie dableiben, zurückkehren oder weggehen soll. Wenn Sie allerdings sehr religiös sind oder eine starke Bindung an Ihre eigene kulturelle Gemeinschaft haben, sollten Sie sich überlegen, ob es nicht Ihre erste Pflicht ist, an Ihr eigenes Wohl und das Wohl Ihrer Kinder zu denken.

3. Aus Rücksicht auf die Kinder

Die meisten von uns wachsen mit einer Idealvorstellung von «Familie» auf. Es wird uns gesagt, daß es Kindern schade, wenn ihre Eltern sich trennen. Es wird uns gesagt, daß jeder kleine Junge seinen Vater als Vorbild benötige und jedes kleine Mädchen seinen Papa brauche. Viele Frauen befürchten deshalb, daß ihre Kinder schlimme Schäden davontragen, wenn die Beziehung der Eltern auseinanderbricht – ganz gleich, wie schlecht diese Beziehung war. Viele Frauen, deren Eltern sich scheiden ließen, sind fest entschlossen, ihre Kinder in keine derartige Situation zu bringen.

Sie haben in gewisser Weise recht, denn eine Frau mit Kindern wird bei einer Scheidung fast immer finanzielle Einbußen hinnehmen müssen. Eine arme Frau kann zumindest zeitweilig noch ärmer werden. Sie muß die Kinder allein durchbringen, und das heißt, daß sie große Benachteiligungen erleiden. Bleibt die Frau bei ihrem Mann, haben die Kinder ein Dach über dem Kopf, ein Essen auf dem Tisch, eine gut ausgestattete Wohnung; sie haben vielleicht auch eine bessere Schulbildung und bessere Kleidung, können ab und zu Ferienreisen machen und haben einen Vater, der sie beschützt, im Zaum hält und zu Sportveranstaltungen mitnimmt. Geht sie weg, dann weiß sie nicht, was aus ihr und den Kindern wird. Viele Frauen, die in diesem Dilemma stecken, sagen sich: «Ich bin stark. Ich halte das schon aus. Ich muß an das Wohl meiner Kinder denken.» Aber womit ist Ihren Kindern am besten gedient?

Auch wenn Sie meinen, Ihr Mann sei ein guter Vater und Ernährer, wird eine repressive Beziehung Auswirkungen auf die Kinder haben. Ist Ihr Mann gewalttätig, ist er gewiß kein guter Vater. Untersuchungen haben ergeben, daß es bei Kindern zu einer ganzen Reihe von schädlichen Auswirkungen kommt, wenn sie Zeugen körperlicher Mißhandlung oder sexuellen Mißbrauchs werden. Viele kontrollierende Partner unterdrücken auch die Kinder, und ein Partner, der Ihnen gegenüber Gewalt anwendet, wird dies wohl auch den Kindern gegenüber tun. Ist Ihr Mann oder Partner nicht der leibliche Vater Ihrer Kinder, können sie noch stärker gefährdet sein. Untersuchungen haben ergeben, daß die Wahrscheinlichkeit von Mißhandlungen beim Stiefvater der Kinder oder beim Freund der Mutter größer ist als bei ihrem leiblichen Vater.[8]

Auch wenn eine Frau der Meinung ist, ihre Kinder erlitten seelische oder körperliche Beeinträchtigungen, kann es sein, daß sie sich eine Trennung noch sehr genau überlegen will. Ist ihr Mann ihr gegenüber im Vorteil, etwa weil er über mehr Geld und bessere Beziehungen zu Rechtsanwälten verfügt, muß sie befürchten, daß er das Sorgerecht bekommen wird. Diese Gefahr wird um so größer, wenn die Frau eine lesbische Beziehung eingegangen ist oder mit einer anderen Frau eine Freundschaft geschlossen hat, die als lesbische Beziehung mißdeutet werden könnte. Viele Frauen, die wissen, daß der kontrollierende Partner die Kinder mißhandelt oder sexuell mißbraucht, schrecken vor einer Trennung oder einer Anzeige zurück, weil sie meinen, die Behörden könnten ihnen die Kinder wegnehmen. In manchen Fällen droht der Kindesmißhandler seiner Partnerin, er werde die Zustände melden und ihr in die Schuhe schieben, falls sie sich von ihm trenne. Auf diese Weise kann der kontrollierende Partner die Frau und die Kinder zu Geiseln machen. Wenn Sie sich in einer solchen Situation befinden, sollten Sie sich nach einer vertrauenswürdigen juristischen Beraterin umsehen. (Im elften Kapitel befassen wir uns ausführlicher mit diesen Problemen.)

Nur Sie können beurteilen, was für Ihre Kinder am besten ist. Dazu gehört jedoch, daß Sie den Tatsachen ins Auge sehen.

Wie schwierig das ist, erzählte uns Maralee: «Mir ging es so
schlecht, daß ich nicht merkte, daß meine Kinder auch litten.
Ich wollte das nicht zur Kenntnis nehmen. Ich hatte starke
Schuldgefühle. Ich dachte, ich hätte sie in diese Lage gebracht.
Wenn ich auf ihr Befinden geachtet hätte, hätte ich mir sagen
müssen, daß ich eine schlechte Mutter bin.»

Sie haben vermutlich all die Vorteile berücksichtigt, die Ihre
Kinder haben werden, wenn Sie bei Ihrem Partner bleiben.
Aber wenn Sie die positiven Dinge zusammenzählen, sollten
Sie sich auch fragen: «Welchen Preis müssen sie dafür bezah-
len?»

4. Der Partner droht,
er werde sich umbringen

Maralee blieb bei ihrem Mann, weil sie befürchtete, er werde
sonst seine Drohungen wahr machen und sich etwas antun. Sie
erzählte uns: «Ich wollte weg, aber dann sagte ich mir: ‹Maralee, du mußt dableiben und aufpassen, daß er sich nichts antut,
daß er das Haus nicht niederbrennt oder vom Dach runter-
springt.› Ich machte mir immer Sorgen um ihn, sogar als ich ihn
verlassen hatte.»

Maralee floh in der Nacht, in der ihr Mann die Fenster ihres
Autos einschlug, in dem sie und ihre Töchter sich gerade befanden. «Während ich dablieb, um ihn davon abzuhalten, sich
etwas anzutun, kam er soweit, daß er mich und die Kinder umbringen wollte», sagte sie. «Ich hatte das Gefühl, daß etwas
Schlimmes passieren würde, und da war es mir lieber, wenn es
nicht uns träfe, sondern ihn.»

Eine große Zahl von kontrollierenden Partnern droht damit,
sich umzubringen, falls die Partnerin sich von ihnen trennt oder
sich nicht so verhält, wie sie es wollen. Die Selbstmorddrohung
ist eine häufig vorkommende Unterdrückungstaktik. Oft ist sie
lediglich eine Manipulationstechnik, die bewerkstelligen soll,
daß Sie sich ständig um Ihren Partner Sorgen machen und alles

tun, was er will. Manche Selbstmorddrohungen sind jedoch
ernst gemeint. Wenn ihre Frau oder ihre Freundin sie verläßt
oder vor kurzem verlassen hat, sprechen Männer oft davon,
daß sie sich umbringen werden, und manchmal tun sie das dann
auch. Ziemlich häufig töten selbstmordgefährdete Männer zuerst die Partnerin und dann sich selbst; manchmal laufen sie
Amok und bringen die Kinder und andere Familienmitglieder
um, auch etwaige Zuschauer. Eine ernstgemeinte Drohung
von einer manipulativen Drohung zu unterscheiden ist schwierig.

Wenn Ihr Partner mit Selbstmord droht und Sie nicht sicher
sind, was dahintersteckt, dann nehmen Sie die Drohung ernst.
Sie mögen sich irren, aber es ist besser, zuviel Vorsicht walten
zu lassen als zuwenig. Sie sollten ihn als eine Gefahr für sich
selbst und andere betrachten. In ihrem Buch *Getting Free:
A Handbook for Women in Abusive Relationships* rät die Autorin Ginny NiCarthy, dem Partner die Telefonnummer eines
Notrufs für Selbstmordgefährdete, eines Krankenhauses oder
eines Therapeuten aufzuschreiben. (Ob er davon Gebrauch
macht, ist seine Sache.) Sie können auch seine Angehörigen
oder Freunde bitten, ihn in ein Krankenhaus oder eine psychiatrische Klinik zu bringen, damit er untersucht wird und Hilfe
bekommt. Droht er mit Selbstmord, wenn Sie von Trennung
sprechen, oder macht er unmittelbar vor oder nach der Trennung einen Selbstmordversuch, dann braucht er ärztliche
Hilfe. Dadurch, daß Sie bleiben, können Sie nicht verhindern,
daß er sich umbringt. NiCarthy meint dazu: «Niemand kann
von Ihnen erwarten, daß Sie seinetwegen Ihre Gesundheit oder
Ihr Leben aufs Spiel setzen.»[9] Er muß selbst zurechtkommen.
Ihre Aufgabe ist es, Vorkehrungen zu treffen, um sich und Ihre
Kinder zu schützen. (Davon wird in Kürze die Rede sein.)
Auch hier sollten Sie sich in erster Linie um sich selbst küm-
mern.

5. Morddrohungen des Partners

Viele kontrollierende Männer drohen mit Selbstmord, doch eine weit größere Anzahl von ihnen droht, die Partnerin, die Kinder oder andere Menschen umzubringen. Genauso wie der Kontrollierer die Partnerin mit leeren Selbstmorddrohungen zu manipulieren versucht, setzt er auch Morddrohungen ein, die nicht ernst gemeint sind. Aber sie können auch ernst sein. Wie schon erwähnt, ist die Gefahr, daß ein kontrollierender Mann seine Frau umbringt, dann am größten, wenn er meint, sie wolle ihn verlassen oder sich seiner Kontrolle entziehen. In den Vereinigten Staaten machen jedes Jahr mindestens 2000 Männer ihre Morddrohung gegenüber der Partnerin wahr, und zahllose andere bringen ihr schwere Verletzungen bei. Diese akute Gefahr für Frauen und Kinder muß *immer* sehr ernst genommen werden.

Viele Frauen nehmen sich die Morddrohungen so sehr zu Herzen, daß die Angst sie ganz gefangennimmt. Intensiviert der Kontrollierer diese Angst noch durch seelische oder körperliche Mißhandlung, vermag die Frau nicht mehr klar zu denken. Kerry sagte dazu: «Es ist schwierig, wohlüberlegte Entscheidungen zu treffen, wenn du mitten in der Nacht im Pyjama die Straße hinunterrennst.» Doch in eine solch verzweifelte Lage geraten Tausende von Frauen. Oft wird von seiten der Polizei wenig oder nichts getan, um Frauen vor gewalttätigen Männern zu schützen. «In der Stadt, in der ich wohnte, wollte niemand etwas gegen meinen Mann unternehmen», erzählte uns Candice. «Eine Zeitlang kam es mir sicherer vor, dazubleiben und ihn genau im Auge zu behalten.» Viele Frauen verhalten sich genauso.

Wenn Sie mit einem Mann zusammenleben, der gefährlich ist, müssen Sie ihn früher oder später verlassen. Von ihm freizukommen wird jedoch nicht einfach sein, zumal er noch gefährlicher werden kann, wenn Sie sich von ihm trennen wollen. Wir raten Ihnen dringend, zuerst einen Notruf zu benutzen oder eine juristische Beraterin einzuschalten. Wenn Sie sich in einer solch gefährlichen Situation befinden, ist es äußerst wichtig, mit einer erfahrenen Person, die Ihnen bei Ihrer Zukunftsplanung behilflich sein kann, ein *vertrauliches* Gespräch zu führen. Befinden Sie sich – wie Kerry – in einer Situation, in der Sie kaum noch klar denken und Entscheidungen treffen können, ist dies um so dringlicher. Die Beraterinnen in den Frauenhäusern können zwar keine Wunder bewirken, doch sie können Ihnen aufgrund ihrer Erfahrung sehr wohl Möglichkeiten aufzeigen, die Sie übersehen haben, und auf Hilfe hinweisen, die Ihnen vielleicht nicht bekannt war. Darüber hinaus haben Sie bei einem solchen Gespräch Zeit und Muße nachzudenken – was Ihnen wohl nicht möglich ist, wenn Ihr Partner in der Nähe ist.

Ihre eigene Sicherheit und die Sicherheit Ihrer Kinder muß Vorrang haben. Angst kann in diesem Zusammenhang Ihr bester Freund sein. Wenn Sie Angst bekommen, geschieht dies nicht ohne Grund. Es kann Ihnen das Leben retten, wenn Sie auf Ihre Ängste achten und sich nach den Warnsignalen richten, die Sie wahrnehmen. «In der Nacht, in der ich wegging, sah ich den Blick in seinen Augen, und da wußte ich, daß es höchste Zeit war», erzählte uns Connie.

Es mag sein, daß Sie aus irgendeinem Grund noch nicht bereit sind, Ihren Partner zu verlassen, obwohl er mit Selbstmord oder Mord droht. Ist dies der Fall, dann sollten Sie noch einmal über Ihre Sicherheit und über das Verhalten Ihres Partners nachdenken. Achten Sie auf die unten angegebenen Gefahrensignale; viele von ihnen zeigen, daß Ihr Partner Hilfe braucht, und zwar von berufener Seite. Es wäre ein Fehler, wenn Sie glaubten, er könne diese Hilfe von *Ihnen* bekommen. Sie sollten Ihre Sicherheitsvorkehrungen treffen und, wenn möglich, fortgehen.

Gefahr kann drohen, wenn ...

———— Sie merken oder ahnen, daß Ihnen Ihr Partner etwas antun wird.

———— Ihr Partner droht, sich selbst oder Sie, die Kinder, andere Menschen oder ein Haustier umzubringen.

———— Ihr Partner eine Vorgeschichte von Selbstmord- oder Mordversuchen hat.

———— Ihr Partner immer schlimmere Beschimpfungen und Drohungen ausstößt, wenn er sich immer gewalttätiger und brutaler aufführt, auch in sexueller Hinsicht, und wenn Ihnen sein Verhalten immer unheimlicher oder unbegreiflicher wird.

———— Ihr Partner Waffen besitzt oder bereits Waffen gegen Sie oder andere eingesetzt oder gedroht hat, sie einzusetzen.

———— Ihr Partner Ihnen nachspioniert, Sie der Untreue beschuldigt oder Sie auf Schritt und Tritt überwachen will. Er sagt dann beispielsweise: «Wenn ich dich nicht haben kann, soll dich auch kein anderer bekommen.»

———— Ihr Partner von Alkohol, Drogen oder Medikamenten abhängig ist und dabei immer argwöhnischer, eifersüchtiger, paranoider, repressiver und gewalttätiger wird.

———— Ihr Partner den Verdacht oder die Befürchtung hat, Sie könnten ihn verlassen, und er dies verhindern will.

———— Ihr Partner bei Mißhandlungen oder bei sexuellem Mißbrauch so brutal vorgeht, daß Sie meinen, er wolle Sie umbringen.

———— Sie allen Ernstes daran denken, Ihren Partner umzubringen oder umbringen zu lassen, oder wenn Sie Selbstmordgedanken haben.

———— Ihr Partner Stimmen hört, an eingebildeten Krank-

heiten leidet, von gegen ihn gerichteten Verschwö-
rungen spricht oder von blutigen Morden und anderen Gewalttaten.

_____ Ihr Partner sagt, er könne sich an das, was er gemacht
habe, nicht mehr erinnern, oder wenn er das Gesche-
hene rundweg abstreitet.

_____ Ihr bereits an Depressionen oder unter Verlusterleb-
nissen leidender Partner arbeitslos wird, einen
Freund oder Verwandten verliert oder von einer
Krankheit befallen wird.

_____ Ihr Partner ein Kind mißhandelt oder sexuell mißbraucht oder gegen Sie während einer Schwangerschaft Gewalt anwendet.

_____ Ihr Partner mehrfach vorbestraft ist und sich vor weiteren Freiheitsstrafen nicht zu fürchten scheint.

_____ Ihr Partner befürchtet, daß Sie ihn «verpfeifen» werden – daß Sie ihn beispielsweise seiner kriminellen
Aktivitäten wegen anzeigen werden.

_____ Ihr Partner an Depressionen leidet oder eine entsprechende Vorgeschichte von seelischen Störungen
hat.[10]

Sicherheitsvorkehrungen treffen

Ob es Ihre finanzielle Situation oder Ihr Glaube ist: Es gibt
Gründe genug, die Sie dazu bringen können, bei einem kontrollierenden Partner zu bleiben oder zu ihm zurückzukehren.
Fällen Sie Ihre Entscheidung aber ausschließlich oder zum Teil
aus Angst um sich oder Ihre Kinder, dann sollten Sie Sicherheitsvorkehrungen treffen. Sie haben vielleicht Angst, Ihren
Partner zu verlassen, weil er droht, er werde Ihnen etwas antun, oder weil Sie diese Möglichkeit nicht ausschließen. Sie
können jedoch verschiedene Schritte ergreifen, um sich zu

schützen. Einige der unten aufgeführten Maßnahmen sind vielleicht in Ihrem speziellen Fall nicht nötig. Wenden Sie die an, die Ihnen in Ihrer Situation am geeignetsten und nützlichsten erscheinen.

1. Nehmen Sie mit einer der juristischen Beraterinnen der Frauenhäuser oder einer anderen mit den Belangen mißhandelter Frauen vertrauten Helferin dort Kontakt auf, und klären Sie in einem vertraulichen Gespräch, wie Ihre Sicherheit gewährleistet werden kann.

2. Wenn Sie weiter mit Ihrem Partner zusammenleben, legen Sie möglichst viel Geld beiseite. Halten Sie für sich und die Kinder geeignete Kleidungsstücke bereit.
Verschaffen Sie sich zusätzliche Schlüssel für die Wohnung und den Wagen, und verwahren Sie sie an einem sicheren Ort. Legen Sie wichtige Unterlagen, die Sie vielleicht brauchen werden, in ein Versteck: zum Beispiel Scheckbücher, Geburtsurkunden, Schulzeugnisse, Zahlungsbelege, Versicherungsurkunden, Angaben über ärztliche Behandlungen und wichtige Telefonnummern. Fügen Sie von Ihrem Partner ein Foto neueren Datums bei für den Fall, daß die Polizei nach ihm fahnden wird.

3. Wählen Sie den Notruf eines Frauenhauses, und erkundigen Sie sich, wie Ihnen geholfen werden kann. Wenn die Situation bei Ihnen zu Hause immer angespannter wird, dann suchen Sie sich einen sicheren Aufenthaltsort – bei Verwandten, Bekannten oder in einem Frauenhaus. Überlegen Sie, wie Sie dort hinkommen können.

4. Üben Sie mit Ihren Kindern den Ernstfall. Bringen Sie ihnen bei, wie sie die Polizei anrufen können. Zeigen Sie ihnen verschiedene Möglichkeiten, nach draußen zu gelangen. Legen Sie im voraus fest, wohin sie im Notfall gehen sollen: etwa zur Polizeiwache oder zur Feuerwehr, in ein Krankenhaus, ein Frauenhaus oder zu einer Freundin.

5. Sprechen Sie nach Möglichkeit mit Nachbarn über Ihre Situation, und vereinbaren Sie ein Zeichen, mit dem Sie ihnen mitteilen können, daß sie die Polizei holen sollen.

6. Lassen Sie sich ärztlich betreuen, wenn Sie eine Verletzung haben oder wenn Sie nach einem tätlichen Angriff Schmerzen verspüren. Wenn Sie in die Notaufnahme gehen, bitten Sie darum, daß die Verletzungen fotografiert werden, oder lassen Sie sich einen schriftlichen Befund geben. Sammeln Sie nach einem tätlichen Angriff geeignete Beweismittel, und verwahren Sie sie. Zeigen Sie Ihre Verletzungen einer Freundin oder juristischen Beraterin, die Aufnahmen machen und als Zeugin fungieren kann.

7. Haben Sie eine einstweilige Verfügung des Gerichts auf Unterlassung von Mißhandlungen seitens Ihres Ehemannes, machen Sie sich einige Kopien (für den Fall, daß Ihr Mann Ihre Unterlagen zerstört). Hinterlegen Sie eine Kopie bei der für Sie zuständigen Polizeidienststelle und eine bei Ihrer Anwältin oder einer anderen Stelle. Rufen Sie die Polizei, wenn Sie glauben, daß Sie in Gefahr sind.

8. Mußte Ihr Partner aus der gemeinsamen Wohnung ausziehen, tauschen Sie die Schlösser aus.

9. Wenn Sie einen Umzug geheimhalten wollen, verlangen Sie von den Schulen Ihrer Kinder, Ihrem Arbeitgeber usw. unter Angabe der Gründe, daß Ihre Anschrift und Ihre Telefonnummer nicht weitergegeben werden. Stellen Sie beim Einwohnermeldeamt einen Antrag auf Auskunftssperre. Dieser Antrag «muß die Schilderung der Mißhandlungen, die eidesstattliche Versicherung der Frau und die Befürchtung, daß die Mißhandlungen sich wiederholen werden, enthalten».

10. Sind Sie an Ihrem Wohnort in Gefahr, dann vergessen Sie nicht, daß es überall Frauenhäuser gibt. Wenn Sie daran denken, Ihren Wohnort oder auch nur Ihre Wohnung zu verlassen, sollten Sie, falls Sie Kinder haben, daran den-

ken, daß beide Elternteile bis zu einer anderweitigen gerichtlichen Entscheidung die gemeinsame elterliche Sorge haben. Sie müssen umgehend einen Antrag auf Übertragung der elterlichen Sorge bzw. des Aufenthaltsbestimmmungsrechts beim Familiengericht stellen. Lassen Sie sich in einem Frauenhaus oder von einer Anwältin beraten.

Sie sollten auch bedenken, daß das Weggehen zwar sehr gefährlich, aber nicht unmöglich ist. Tausende von Frauen haben den Weg in die Freiheit gefunden. Sie verließen ihren kontrollierenden oder gewalttätigen Partner nicht trotz, sondern wegen seiner Morddrohungen. Isabel erzählte uns, sie sei gegangen, weil ihr Freund dermaßen gewalttätig wurde, daß sie sicher war, er werde sie bald umbringen. Sie sagte: «Es schmerzte, wenn er mich verprügelte und ich ein blaues Auge bekam, aber ich blieb, weil ich Angst hatte, er würde mich umbringen, wenn ich wegginge. Schließlich fing er an, mich zu würgen. Eines Nachts drückte er mir die Luft ab, bis ich ohnmächtig wurde – und das schien ihm nichts auszumachen. Da war ich sicher, daß ich sterben würde, wenn ich dabliebe. Er sagte zwar, falls ich ginge, würde er mich umbringen, aber ich hatte den Eindruck, er würde mich ganz gewiß töten, wenn ich dabliebe.»

Wenn Sie sich zum Bleiben oder zur Rückkehr entschließen

Wenn Sie – aus welchen Gründen auch immer – bei Ihrem Partner bleiben oder (vielleicht zeitweilig) zu ihm zurückkehren, könnte es vorteilhaft sein, für ihn und für sich einige Grundregeln aufzustellen. Sie könnten Ihr Bleiben davon abhängig machen, daß er diese Regeln einhält; tun Sie das, müssen Sie allerdings konsequent bleiben und gehen, wenn er gegen die Regeln verstößt. Wenn Sie zu große Angst haben, um Ihrem Partner etwas vorzuschreiben oder wenn er sowieso nicht auf Sie hört, stellen Sie die Grundregeln für sich selbst auf. Benützen Sie sie als Anhaltspunkte dafür, in welche Richtung das Verhalten Ihres Partners sich entwickelt.

Für die Beziehung bestimmte Grundvoraussetzungen aufzustellen (und sei es nur in Gedanken) kann Ihnen das Gefühl vermitteln, daß Sie Ihr Leben besser im Griff haben. Sie können auf diese Weise feststellen, ob sich das Verhalten Ihres Partners bessert. Und wenn Ihr Partner gegen die Regeln verstößt, haben Sie stichhaltige Gründe, ihn erneut zu verlassen oder sich von ihm für immer zu trennen. Am besten ist es, diese Grundvoraussetzungen aufzuschreiben, damit Sie sie nicht vergessen und damit sie im aufreibenden Zusammenleben mit einem kontrollierenden Partner nicht untergehen.

Grundvoraussetzungen

Als Beispiele haben wir einige Grundvoraussetzungen aufgeführt, die Frauen aufgestellt und eingehalten haben. Sie können selbst beliebig viele solcher Voraussetzungen formulieren. Stellen Sie jedoch später fest, daß Sie Grundvoraussetzungen gestrichen oder vereinfacht haben, heißt das, daß Sie sich dem Druck Ihres kontrollierenden Partners gebeugt haben. Geschieht dies, dann ist es an der Zeit, Ihre Situation neu zu überdenken, bevor der Kontrollierer Sie völlig beherrscht.

Ich bleibe nur, wenn mein Partner aufhört, mich mit seinen Temperamentsausbrüchen einzuschüchtern, wenn er sich zu unseren Differenzen in ruhigem Ton äußert und Kompromißbereitschaft zeigt.

Ich bleibe nur, wenn ich nicht mehr mißhandelt werde, wenn er mir keine finanziellen Sanktionen mehr androht und mich nicht mehr beschimpft.

Ich bleibe nur, wenn ich zur Arbeit gehen und meine Verwandten und Bekannten besuchen kann, ohne daß es deswegen
dauernd Auseinandersetzungen gibt.

Überlegen Sie für sich selbst,
was Ihrer Sicherheit dient

Grundvoraussetzungen sind zwar nützlich, doch sie reichen
nicht aus, wenn Ihr Partner Sie seelisch stark mißhandelt, wenn
er Gewalt anwendet oder Alkohol- und Drogenprobleme hat.
Wenn Sie bei ihm bleiben, müssen Sie dafür sorgen, daß Ihre
Sicherheit gewährleistet ist und daß Sie neue Kraft schöpfen.
Wir haben wieder einige Beispiele aufgeführt, anhand deren
Sie Ihre eigenen Schritte planen können. Eine erneute Lektüre
von «Sicherheitsvorkehrungen treffen» (S. 219) könnte empfehlenswert sein. Die Kapitel 10 und 11, die sich mit Ihrem
Schutz und dem Schutz Ihrer Kinder befassen, werden Ihnen
weitere Anregungen geben.

Sicherheitsmaßnahmen

Ich gehe, wenn ich merke, daß die Spannungen zunehmen.

Ich rufe das Frauenhaus an und lasse mir sagen, was für Möglichkeiten es dort gibt.

Wie ich Kraft finden kann,
falls ich dableibe

Beim Ergänzen dieser Liste könnte eine erneute Lektüre von Kapitel 6 («Neue Kraft finden») von Nutzen sein.

Ich werde weiterhin meine Selbsthilfegruppe im Frauenhaus und meine Al-Anon-Gruppe regelmäßig besuchen.

Ich werde meine Freundinnen mindestens einmal wöchentlich besuchen.

Die endgültige Trennung

Die letzte Möglichkeit, die in Betracht zu ziehen wäre, ist natürlich die endgültige Trennung von Ihrem Partner. Fast alle Frauen, die wir interviewten, entschlossen sich schließlich zu diesem Schritt. Wie viele andere Frauen verließ Ruth ihren Mann und kehrte mehrmals zu ihm zurück. «Ich hatte noch keinen klaren Plan», erzählte sie uns, «und es dauerte länger als erwartet, alles in die Wege zu leiten. Er ließ mir keine Ruhe, mir blieb kein Augenblick zum Nachdenken.» Ruth fand nie den nötigen Abstand, um ihre Trennung vorzubereiten. Wie viele andere Frauen floh sie überstürzt, als ihr Partner so gewalttätig wurde, daß sie um ihr Leben fürchtete.

Gewalt und potentielle Gewalt ist sicher nicht das einzige Problem. Viele Frauen entschließen sich zur endgültigen Trennung von ihrem kontrollierenden Partner, auch wenn dieser gar keine Gewalt anwendet. «Meine Kinder waren mein ein und alles», sagte Karen. «Ich merkte, daß er ihnen schadete, und ich machte mir Sorgen, der Schaden könnte von Dauer sein.» Inez erzählte uns: «Ich ging weg, als ich merkte, daß mein Mann ein völlig egozentrischer Mensch war, der keine Ehefrau brauchte, sondern eine Sklavin.» Candice erläuterte uns: «Für mich war das Trinken das Ausschlaggebende. Ich sagte ihm, ich würde gehen, wenn er wieder damit anfinge, und das tat ich dann auch.»

Deena sagte uns: «Ich weiß nicht, was mich letztlich dazu brachte. Ich konnte es einfach nicht mehr ertragen. Es mußte schon einiges passieren, bis ich diesen Entschluß faßte, aber als ich mich zur Trennung entschlossen hatte, ging ich sofort.» Als Deena sich überlegte, ob sie sich nach zehnjähriger Ehe scheiden lassen sollte, war sie sehr bedrückt und traurig. «Da waren all die Erinnerungen – an gemeinsame Ferien, an Geburtstagsfeiern. Ich trauerte den schönen Zeiten nach und dem wunderbaren Mann, den ich geheiratet hatte. Ich mußte jedoch meine Wunschvorstellungen aufgeben und mich mit der Tatsache abfinden, daß die Zukunft anders aussehen würde.»

Für die meisten Frauen ist die Frage, ob sie sich von ihrem Partner endgültig trennen sollen, eine der schwierigsten Entscheidungen in ihrem Leben. Lisa, die eine Beziehung nach drei Jahren beendete und dabei ihren Wohnwagen und ihre gesamten Ersparnisse einbüßte, sagte: «Daß die Trennung sehr schwierig ist, ist völlig richtig. Doch wenn du bleibst, gibt es wenig Hoffnung, daß sich etwas bessert. Du glaubst, du hättest bei ihm eine gewisse Sicherheit, doch in Wirklichkeit hast du nur Scherereien. Du hast einen Mann, der deine Ersparnisse verbraucht und dir ständig das Wort im Mund herumdreht. Das hat mit Sicherheit nichts mehr zu tun. Glaub mir, wenn du dich trennst, dann wird es eines Tages wieder aufwärts gehen mit dir.»

**Bei einer endgültigen Trennung
von meinem Partner**

Vorteile	Nachteile

Eine zweite Kosten-Nutzen-Rechnung

Wenn Sie die endgültige Trennung in Betracht ziehen, sollten
Sie die Punkte festhalten, die dafür und dagegen sprechen.
Sind Sie mit der Aufstellung fertig, könnten Sie sich überlegen,
ob Sie sie einer Freundin oder einer juristischen Beraterin zeigen und mit ihr Ihre Vorstellungen durchsprechen wollen.

Eine Bestandsaufnahme machen

Es kann für Sie auch nützlich sein, einmal über Ihre eigenen
Reserven (psychischer und praktischer Art) nachzudenken.
Wenn Sie eine Beziehung durchlebt haben, in der Sie seelisch
oder körperlich mißhandelt wurden, haben Sie bestimmte Stär-

ken, auch wenn sie Ihnen kaum mehr bekannt sind. Sie haben darüber hinaus mehr Reserven und mehr Hilfsangebote zur Verfügung, als Sie ahnen. Wir schlagen Ihnen vor, die untenstehende Aufstellung auszufüllen. Überlegen Sie sich, was Sie im Falle einer Trennung in naher Zukunft und im Laufe der Zeit brauchen werden. Schreiben Sie auf, was für Reserven Sie bereits haben. Lassen Sie sich nicht entmutigen, wenn Lücken auftreten. Sie können dafür sorgen, daß Sie die erforderliche Hilfe bekommen. Wie Sie dies erreichen können, zeigen wir in den folgenden Kapiteln.

Die Aufstellung wird (insbesondere dann, wenn Sie sie mit einer juristischen Beraterin oder einer Freundin durchgehen) zu einer besseren Einschätzung Ihrer Lage und Ihrer Möglichkeiten beitragen. Machen Sie schon jetzt möglichst umfassende Eintragungen, insbesondere im Hinblick auf Hilfsangebote, die Sie bereits haben. Bei der weiteren Lektüre werden Sie vielleicht Notizen über zusätzliche Möglichkeiten hinzufügen. Gehen Sie daraufhin die Aufstellung mit einer Freundin oder einer juristischen Beraterin noch einmal Punkt für Punkt durch.

Auf das Ende
folgt ein neuer Anfang

Mit der Trennung von einem kontrollierenden Partner sind Ihre Gefühlsbindungen an ihn nicht beendet. Und sein Verhalten mag extreme Formen annehmen, wenn Sie ihn verlassen. Frauen, die eine Beziehung durchgestanden haben, bewältigen aber auch diese Phase; meist gewinnen sie zusätzliche Kraft.

Sie sollten auf zwei extreme Verhaltensweisen vorbereitet sein, die sich bei vielen kontrollierenden Männern zeigen, wenn die Partnerin sie verlassen hat: Die einen wollen sich mit

Meine Lage

	Was ich brauche	Was ich habe	Zusätzliche Möglichkeiten
Emotionale Unterstützung			
Finanzielle Unterstützung			
Unterbringung			
Kinderbetreuung			
Schutz für mich und meine Kinder			

der Trennung nicht abfinden, andere wiederum finden fast über Nacht einen «Ersatz». Die einen sind gefährlich, die anderen üben einen demoralisierenden Einfluß aus.

Viele Frauen haben Schwierigkeiten, ihren Partner loszuwerden, wenn sie sich von ihm getrennt haben. Er ruft dauernd an, erscheint am Arbeitsplatz der Frau, verschafft sich Zutritt zu ihrer Wohnung, geht ihr nach und belästigt oder bedroht sie. Es kann vorkommen, daß er sie vergewaltigt oder verprügelt, auch wenn er vorher nie Gewalt angewendet hat. Er mag mit Selbstmord drohen, auch wenn er dies zuvor niemals getan hat. Er sagt vielleicht, er werde es nicht zulassen, daß ein anderer Mann sie anfaßt. Manche Männer hören nach einer Weile damit auf, viele machen jedoch weiter, bis einer der beiden Betroffenen – entweder sie selbst oder die Partnerin – schwer verletzt oder tot ist. Alle Männer, die sich in dieser Art und Weise verhalten, sind gefährlich.

Legt Ihr Partner ein solches Verhalten an den Tag, sollten Sie zusammen mit einer Freundin oder einer Beraterin Sicherheitsvorkehrungen treffen. Es mag ratsam sein, die Abschnitte über Selbstmorddrohungen (S. 214), Morddrohungen (S. 216) und Sicherheitsvorkehrungen (S. 219) noch einmal zu lesen. Im zehnten und elften Kapitel gehen wir darauf ein, wie Sie sich und Ihre Kinder schützen können.

Auf der anderen Seite sind viele Frauen schockiert, wie schnell ihr Expartner eine neue Lebensgefährtin findet. Kontrollierende Männer brauchen jemanden, den sie unterdrücken können, und deshalb suchen sie sich meist umgehend eine neue Partnerin. Daß der Expartner sich so rasch «tröstet», finden viele Frauen verletzend, ärgerlich oder demoralisierend. Oft haben sie sich monate- oder jahrelang überlegt, ob sie sich tatsächlich von ihrem Partner trennen sollen, und wenn sie es dann schließlich tun, scheint es ihn überhaupt nicht zu berühren. Er sucht sich einfach eine «Neue». Sieht eine Frau, wie ihr Expartner bei einer anderen Frau wieder die Liebenswürdigkeit in Person ist, glaubt sie, sie habe einen Fehler gemacht. Betsy erzählte uns: «Ich gab mir die größte Mühe, weil ich dachte, ich sei die Richtige für ihn und er brauche mich. Aber dann war ich ihm völlig egal, und es dauerte keine zwei Monate, da hatte er schon eine andere, die genauso aussah wie ich – und ein Kind war auch schon unterwegs!» Wenn Sie sich von einem kontrollierenden Partner trennen, sollten Sie wissen, daß eine andere Frau sehr rasch an Ihre Stelle treten und daß es bei Ihnen zu starken emotionalen Reaktionen kommen kann.

Andererseits betrachten viele Frauen eine solche Entwicklung mit Erleichterung. Cathy meinte: «Als er eine neue Freundin hatte, wußte ich, daß er mich in Ruhe lassen würde. Ich war in Sicherheit.» Doch wie zahlreiche andere seelisch oder körperlich mißhandelte Frauen machte sich Cathy über etwas anderes Gedanken: Ob sie mit der «Neuen» Kontakt aufnehmen und sie warnen sollte. Manche körperlich mißhandelten Frauen tun dies. Und sie sind überzeugt, das Richtige getan zu haben, auch wenn die andere Frau nicht darauf eingeht, ihnen Eifersucht unterstellt und ihnen vorwirft, daß sie Lügen verbreiten. Cathy erzählte uns: «Die Freundin meines Mannes sagte, sie wisse Bescheid über mich; mir fehle es an Verständnis. Bald darauf heiratete sie ihn, und nach weniger als einem Jahr bat sie mich um Hilfe, weil sie sich scheiden lassen wollte. Wir schlossen Freundschaft – wie Soldaten, die einen Krieg überstanden haben.»

Die meisten Frauen, die sich von einem kontrollierenden Partner trennen, machen eine Erfahrung, die zwischen diesen beiden Extremen liegt. Mal geht es ihnen gut, mal weniger gut, aber sobald sie sich befreit haben, stellt sich allmählich ihre Energie und ihr Selbstbewußtsein wieder ein. Was Grace erzählt, ist typisch.

GRACE Unser Hochzeitstag war für mich das Schlimmste. Ich versuchte mich abzulenken, aber ich fühlte mich elend. Ich sehnte mich sehr nach ihm. Ich war allein in meiner neuen Wohnung und hatte große Angst. Niemand half mir bei der Kinderbetreuung. Ich war für alles zuständig – für Arztbesuche, für die Erziehung, für die finanziellen Angelegenheiten. Schrecklich war es auch für mich, als er wieder heiratete und meine Kinder an der Hochzeit teilnahmen.

Aber im Gegensatz zu früher, als er mich davon abgehalten hatte, schloß ich jetzt neue Freundschaften. Je öfter ich mit meinen Freundinnen zusammenkam, desto klarer wurde mir, daß ich schon die ganze Zeit Entscheidungen getroffen und meine Kinder gut versorgt hatte. Zum ersten Mal seit Jahren war ich stolz auf mich, fühlte mich unabhängig und stark. Ich merkte, daß ich keinen Mann brauchte, um durchzukommen. Ich sehnte mich zwar nach einem Mann, aber das war etwas anderes als die Verzweiflung, die ich durchgemacht hatte. Nun habe ich mein Leben im Griff. Und die arme junge Frau, die ihn heiratete, tut mir leid.

Ein neuer Anfang

Wenn wir zum nächsten Teil dieses Buches kommen, geschieht dies in der Annahme, daß Sie sich entschlossen haben, eigenverantwortlich einen neuen Anfang zu machen. Der erste Schritt in diese Richtung ist ein praktischer Schritt. Verwahren Sie alle wichtigen Unterlagen an einem sicheren Ort: also Ihre Geburtsurkunde, Ihre Heiratsurkunde, die Geburtsurkunden der Kinder, Ihren Paß, Ihren Führerschein, den Mietvertrag (sofern er mit Ihnen oder Ihnen beiden abgeschlossen wurde), Belege über laufende Zahlungen (sofern Sie sie geleistet haben), laufende Rezepte für Sie und die Kinder sowie sonstige Dokumente, die von Bedeutung sind. Wenn Sie einen Neubeginn machen, werden Sie diese Unterlagen brauchen. Es ist außerdem ratsam, von allen Unterlagen Fotokopien zu machen und diese getrennt zu verwahren oder bei Ihren Eltern oder einer Freundin zu deponieren.

Im folgenden Kapitel sprechen wir zunächst darüber, wie Sie für den Notfall oder als längerfristige Lösung eine Unterkunft finden können. Dann geben wir weitere Anregungen für ein eigenverantwortliches Leben. Auch wenn Sie sich noch nicht entschlossen haben, sich endgültig von Ihrem Partner zu trennen, sollten Sie Ihre Unterlagen zusammenstellen und sichern. Für all diese Überlegungen könnten Ihnen die folgenden Kapitel nützliche Informationen und Anregungen geben.

Dritter Teil

Wenn Sie sich
zu einer Trennung entschließen

8. Wo soll ich hin?

Eine Trennung ist sehr schwierig, aber Sie können ihr viel von ihrem Schrecken nehmen, wenn Sie sich sorgfältig vorbereiten und sich von anderen helfen lassen. Wenn Sie Freundinnen, eine Beraterin, eine Therapeutin oder eine Selbsthilfegruppe bereits um Unterstützung gebeten haben, ist das von Vorteil. Haben Sie das noch nicht getan, dann sollten Sie sich jetzt bei dem Hauptproblem, das bei jeder Trennung auftaucht, helfen lassen: bei der Frage, wo Sie hingehen können. Für viele Frauen ist die Unterbringung nicht nur das dringendste, sondern auch das größte Problem. In diesem Punkt sind Sie auf Hilfe angewiesen.

Wir befassen uns hier mit verschiedenen provisorischen Unterbringungsmöglichkeiten für Frauen, die sich von ihrem Partner getrennt haben. Wir gehen auf die am häufigsten gewählten Möglichkeiten ausführlich ein, damit Sie sehen, welche Vor- und Nachteile sich für Sie ergeben können.

Wenn von Gerichtsverfahren und von Frauenhäusern die Rede ist, könnten Sie den Eindruck bekommen, daß bestimmte Hilfsangebote nur für «geschlagene» Frauen in Frage kommen, die von ihrem Partner wiederholt körperlich mißhandelt wurden. Sie stehen jedoch allen Frauen offen, wenn ihr Partner oder Expartner sie schikaniert, wenn er Drohungen ausstößt oder wenn Gewaltanwendung zu befürchten ist.

Sie sollten darüber mit einer Anwältin, der Beraterin eines Frauenhauses oder einer Sozialarbeiterin sprechen. Unterbringungsmöglichkeiten und soziale Einrichtungen unterscheiden sich ebenfalls von Ort zu Ort, von Land zu Land.

Lassen Sie aber diese Möglichkeiten nicht ungenutzt, nur weil Sie der Meinung sind, Sie hätten keinen Rechtsanspruch darauf – erkundigen Sie sich. Und auch wenn Sie glauben, daß Sie nie vor der Situation stehen werden, kein Dach über dem Kopf zu haben, sorgen Sie sicherheitshalber für eine Notunterkunft. Wenn die Voraussetzungen für eine Unterbringung in einer Notunterkunft oder in einer Sozialwohnung nicht gegeben sind, dann überlegen Sie sich, ob Sie zu Verwandten oder Freunden ziehen, in einer Wohngemeinschaft leben oder zusammen mit einer anderen Familie ein Haus mieten könnten.

Auch wenn Ihr Partner nie Gewalt angewandt hat, sollten Sie die Hilfsmöglichkeiten, die hauptsächlich für körperlich mißhandelte Frauen gedacht sind, nicht aus dem Auge verlieren. Und vergessen Sie eines nicht: Bei der Trennung kann ein Partner, der vorher nie Gewalt angewandt hat, plötzlich gewalttätig werden.

Wir fragten Frauen, die die Trennung von einem kontrollierenden Partner hinter sich gebracht hatten: «Wo sollte eine Frau hingehen, wenn sie sich trennen möchte?» Molly antwortete: «Das ist von Fall zu Fall verschieden. Ich hielt mich ein paar Monate lang bei meinen Eltern auf. Das war nicht einfach, aber ich hatte keine andere Wahl.» Lisa beschrieb die Möglichkeiten, die sie erprobt hatte: den Aufenthalt bei Freunden, die Rückkehr zu ihrem Mann, den Aufenthalt in einem Frauenhaus. Sie sagte: «Mich von meinem Mann endgültig zu trennen gelang mir erst, als mir im Frauenhaus eine Beraterin eine gerichtliche Anordnung zu meinem Schutz verschafft und zu Wohngeld verholfen hatte. Erst als ich diese Unterstützung bekam, konnte ich mich endgültig von meinem Partner trennen.» Brenda verwies auf die inneren Konflikte: «Mir ging es zuerst gegen den Stolz, Hilfe zu erbitten. Aber dann tat ich's doch.» Auch hier müssen Sie sich selbst ein Urteil bilden und die Lösung finden, die in der jeweiligen Situation für Sie am besten ist.

Wir können nicht oft genug betonen, daß bei der Trennung von einem kontrollierenden Partner immer Gefahr im Spiel ist – *auch bei einem Mann, der nie Gewalt angewandt hat.* Wenn Sie darüber nachdenken, wo Sie hingehen könnten, sollten Sie sich immer überlegen, wie Sie gefahrlos dorthin kommen. Sind Sie besorgt, daß Ihr Partner Ihnen oder anderen etwas antun könnte, sollten Sie mit einer ausgebildeten Beraterin besprechen, wie Sie ohne Risiko ausziehen können.

Warum zieht *ER* nicht aus?

Frauen finden es empörend, die eigene Wohnung aufgeben zu müssen, wenn sie sich von ihrem Partner trennen wollen. Insbesondere dann, wenn sie von ihrem Partner mißhandelt wurden, betrachten sie sich zu Recht als die Geschädigten. Und eine Frau, die (wie die meisten Frauen) den größten Teil der Hausarbeit erledigt, sieht die Wohnung als «ihr» Zuhause und das ihrer Kinder, nicht als «sein» Zuhause. Oft ist es jedoch so, daß der kontrollierende Partner, der das Unheil angerichtet und seiner Frau und den Kindern schwer geschadet hat, auch derjenige ist, der seine Interessen durchsetzt. Kein Wunder, daß viele Frauen erbost sind.

TARA Meine Schwester fragte mich andauernd, warum ich nicht von ihm wegginge. Ich gab ihr zur Antwort: «Er ist doch schuld! Soll *er* doch gehen!» Ich sagte immer wieder zu ihm, er solle verschwinden, aber am Schluß war ich diejenige, die ausziehen mußte. Er bekam meine Wohnung, meine Möbel, mein Auto – all das hatte ich bezahlt. Ich bekam nichts. Und als ich die Polizei bat, mir zu helfen, mein Eigentum zurückzubekommen, bekam ich zu hören, ich könne noch von Glück sagen, daß ich heil davongekommen sei.

Nach den (auch in Deutschland) geltenden Gesetzen kann ein Mann, der seiner Frau oder Freundin gegenüber Gewalt anwendet, festgenommen und inhaftiert werden; er kann wegen Körperverletzung und Nötigung vor Gericht gestellt und zu einer Freiheitsstrafe verurteilt werden; das Gericht kann ihm die Teilnahme an einem Beratungsprogramm für gewalttätige Männer zur Auflage machen. Ein Mann, der seine Partnerin seelisch oder körperlich schädigt, kann durch Gerichtsbeschluß zur Unterlassung verpflichtet und aus dem Haus gewiesen werden. In vielen Fällen geschieht jedoch nichts dergleichen. Seit eh und je hat die Polizei meist weggeschaut, wenn Männer gegenüber ihrer Frau oder Freundin tätlich wurden. Das waren «private Auseinandersetzungen», «Familienstreitigkeiten». Da Frauen Druck ausgeübt haben, wird den Gesetzen besser Geltung verschafft, aber es hat sich noch lange nicht genug geändert.

Nicht in jedem Fall braucht eine Frau ihr Zuhause zu verlassen, um Sicherheit zu finden. Sie können beantragen, daß Ihnen die eheliche Wohnung zur alleinigen Nutzung zugewiesen wird. (Siehe Kapitel 10)

Die meisten Frauen sind froh, sich weiter in der eigenen Wohnung aufhalten zu können. «Wenn die Ehe auseinanderbricht, ist das für dich und die Kinder schon schwer genug, auch ohne die Suche nach einer neuen Wohnung», sagte Annette. Die vertraute Umgebung und freundliche Nachbarn sind da eine Hilfe. Und für die Kinder wird die schwierige Übergangsperiode etwas leichter, wenn sie weiterhin ihre Schule besuchen und mit ihren Freunden zusammenkommen können.

Wenn Frauen freiwillig von zu Hause weggehen, geschieht dies meist, weil sie Angst haben. Molly hatte eine schöne Wohnung und war stolz darauf, daß sie sie selbst renoviert hatte. Sie gab die Wohnung auf, weil sie sich vor ihrem Freund fürchtete, der sie weiterhin bedrohte. «Es kam mir vor, als wäre ich eine Zielscheibe, auf die er jeden Moment schießen konnte», sagte sie. «Ich hielt das nicht aus. Ich mußte weg.»

Viele Frauen gehen in dieser Situation vor Gericht und beantragen, daß ihnen die Wohnung zur alleinigen Nutzung zugewiesen wird. Denn für alleinerziehende Mütter, die nur über ein sehr geringes oder niedriges Einkommen verfügen, ist es äußerst schwierig, ein sicheres und erschwingliches Unterkommen zu finden, und so wollen viele Frauen an Ort und Stelle bleiben. Haben sie den Partner aus dem Haus geschafft, verfolgt sie die Angst, was wohl als nächstes geschieht – ob er sich noch schlimmer aufführen oder ob er sie jetzt in Ruhe lassen wird. Sie handeln nach der Devise: «Ich warte mal ab, was er macht, dann sehe ich weiter.»

Wenn Sie in Ihrer Wohnung bleiben möchten und keine Angst haben, müssen Sie sich vor allem über Ihre Rechte informieren. Denken Sie daran, daß es nicht allein darum geht, wie die gesetzlichen Regelungen *lauten* – oft wird den Gesetzen nicht Geltung verschafft, oder sie werden unterschiedlich angewandt. Sie sollten in ein Frauenhaus, zu einer Beratungsstelle oder zu einer Rechtsanwältin gehen. Erkundigen Sie sich, ob die gesetzlichen Voraussetzungen gegeben sind und was Sie unternehmen müssen, um einen Beschluß zu erwirken, der Ihnen die alleinige Nutzung der Wohnung ermöglicht. Und stellen Sie vor allem klar, ob die Polizei nach Ihrem Partner fahnden und ihn festnehmen wird, falls er gegen einen Gerichtsbeschluß verstoßen sollte.

Wenn Sie sichergestellt haben, daß Ihnen die Wohnung zur alleinigen Nutzung zugewiesen wird und daß die Polizei Ihnen zur Seite steht, sollten Sie auflisten, welche Vor- und Nachteile sich dadurch für Sie und die Kinder ergeben würden. Dem Vorteil, nicht ausziehen zu müssen, steht der Nachteil gegenüber, daß der Partner weiß, wo er Sie finden kann. Sie müssen sich

auch überlegen, wo Sie moralische und finanzielle Unterstützung oder Hilfe für den Notfall bekommen können: vielleicht
von Ihren Eltern oder von den Nachbarn. Und wenn Sie die
notwendigen Schritte ergreifen, um Ihren Partner aus dem
Haus zu entfernen – wir wiederholen es noch einmal –, sollten
Sie Sicherheitsvorkehrungen treffen: Lassen Sie neue Schlösser anbringen, sagen Sie Ihren Nachbarn und Ihren Arbeitskollegen Bescheid, sorgen Sie dafür, daß die Polizei über eine Kopie des Gerichtsbeschlusses verfügt und daß Ihre Kinder wissen, wie sie in einem Notfall die Polizei rufen können.

Ein Unterkommen finden

Wenn Sie nicht in Ihrer Wohnung bleiben können, werden Sie
weggehen müssen, wie dies Jahr für Jahr Tausende von Frauen
tun. Da erhebt sich die schwierige Frage: Wo soll ich hingehen?

Zu Verwandten und Bekannten

Die meisten Frauen wenden sich zuerst an ihre Angehörigen,
an die Angehörigen ihres Partners oder an ihren Freundeskreis. Viele tun das sehr ungern, weil ihnen die ganze Situation
peinlich ist oder weil sie wissen, daß die Betreffenden selbst
genug Probleme haben. Auch Laura wollte ihre Eltern nicht in
ihre «Privatprobleme» hineinziehen. Sie sagte: «Meine Eltern
sind alt, und sie haben genug durchgemacht. Ich wollte ihnen
zusätzliche Schwierigkeiten ersparen.» Doch eines Nachts
hatte ihr Ehemann Erik mit beiden Fäusten auf sie eingeschla-
gen, weil sie gewagt hatte, ihm zu widersprechen. Laura wollte
so schnell wie möglich weg und ging deshalb mit den Kindern zu
ihren Eltern. «Ich tat das nicht gern», erzählte sie uns, «aber
ich sah keine andere Möglichkeit. In ein Motel zu gehen kam
nicht in Frage; das wäre zu teuer gewesen und für die Kinder
nicht das Geeignete.»

Bevor sie wegging, bat Laura ihren Arbeitgeber, eine Telefongesellschaft, um die Versetzung an den fünfzig Kilometer entfernten Wohnort ihrer Eltern. Das erschien ihr wesentlich sicherer. Als sie vom Personalchef erfuhr, daß die Versetzung erst in einem Monat vorgenommen werden könne (und sie in der Zwischenzeit ohne Einkommen sei), überlegte Laura es sich beinahe anders. «Es war mir peinlich, von meinen Eltern Geld anzunehmen», sagte sie uns. «Später war ich jedoch dankbar, daß sie mir geholfen hatten.» In den darauffolgenden Wochen hatte Laura mehr zu tun, als sie gedacht hatte. Sie mußte Eriks wegen mehrfach das Gericht einschalten, Maßnahmen zu ihrem Schutz durchsetzen und eine vorläufige Anordnung hinsichtlich des Sorgerechts beantragen.

LAURA Ich beantragte bei Gericht ein vorläufiges Aufenthaltsbestimmungsrecht, damit Erik mir die Kinder nicht wegnehmen konnte. Ich glaubte zwar, daß er sich nicht viel erlauben würde, solange ich bei meinen Eltern war, aber ich wollte auf Nummer Sicher gehen. Die Sache setzte mir ziemlich zu. Ich fürchtete mich davor, Erik zu begegnen, weil ich nicht wußte, wie ich auf ihn reagieren würde. Ich haßte ihn, weil wir seinetwegen soviel durchmachen mußten: daß wir wegziehen, daß die Kinder sich von ihrer Schule und ihren Freunden trennen mußten, daß meine Eltern sich fast zu Tode grämten. Auf der anderen Seite tat er mir leid, weil er so erbarmungswürdig und einsam war. Ich war ganz durcheinander, aber ich hielt durch. Ich rief mir in Erinnerung, wie er mir die Faust ins Gesicht geschlagen hatte – und daß ich mir schwor, so etwas dürfe nie mehr vorkommen.

Wenige Tage nach dem Umzug zu ihren Eltern begann Laura mit der Wohnungssuche. Die Reaktionen der Vermieter verblüfften sie:

Obwohl ich eine Verdienstbescheinigung und ein Empfehlungsschreiben meines Arbeitgebers vorweisen konnte, fragten mich mehrere Hausbesitzer, wie ich als Alleinerziehende die

Miete aufbringen wolle. Ein Makler wollte wissen, ob ich einen Freund hätte und ob ich nachts noch Männer empfangen oder Parties geben würde. Ein anderer machte sich an mich ran und sagte, wenn er mit jemandem «eng befreundet» sei, könne er schnell die richtige Wohnung beschaffen. Diese Wohnungssuche gehörte zum Schlimmsten, was ich je erlebt habe. Abends schleppte ich mich zum Haus meiner Eltern, und wenn ich dann nach dem Essen den Abwasch machte, weinte ich. Ich habe mich nie so hilflos gefühlt wie damals.

Nach zwei Monaten kam Laura mit einer Kollegin ins Gespräch, die gerade in eine neue, in der Nähe ihres Arbeitsplatzes gelegene Wohnsiedlung gezogen war. Laura erhielt von ihr die Adresse und ging in ihrer Mittagspause rasch zum Verwalter der Anlage. Innerhalb weniger Tage hatte sie ihren Mietvertrag. «Ich fühlte mich gleich besser», erzählte Laura. «Ich wußte, daß mir noch manche Schwierigkeiten bevorstanden, aber ich hatte wenigstens meine eigene Wohnung. Da gab es viel mehr Platz, die Kinder konnten ihre neuen Freunde einladen und Popcorn zubereiten, wann immer sie wollten. Wir hatten es geschafft: Wir hatten ein Zuhause!»

Wenn Sie daran denken, für eine Weile zu Ihren Angehörigen oder zu Freunden zu ziehen, sollten Sie wie immer Ihre Sicherheit und die Ihrer Kinder im Auge behalten. Überlegen Sie sich, ob Sie vor seelischen und körperlichen Mißhandlungen sicher sind. Manchmal ist dies nicht garantiert. Bei Eltern oder anderen nahen Verwandten kann es eine entsprechende Vorgeschichte geben; auch sie können trinken oder drogenabhängig sein. Manche Frauen befürchten, daß ihre Angehörigen nicht kooperativ sein werden; Verwandte oder Freunde wollen sich vielleicht dem Ehemann gegenüber loyal verhalten oder ergreifen gar für ihn Partei. Es kommt auch vor, daß Frauen nicht zu Verwandten oder Freunden gehen, damit diese von ihrem gewalttätigen Partner, der vielleicht schon entsprechende Drohungen ausgestoßen hat, nicht behelligt werden.

Ob Sie nun um Ihre eigene Sicherheit oder um die Ihrer Verwandten und Freunde besorgt sind: Sie sollten sich lieber nach einer anderen Unterbringungsmöglichkeit umsehen.

Zu Verwandten oder Freunden zu ziehen halten manche Frauen andererseits für die sicherste oder die bestmögliche Lösung. Sarah erzählte uns: «Mein Mann hätte sich niemals zum Haus meiner Schwester gewagt, weil er vor meinem Schwager Angst hatte.» Und von Anna hörten wir: «Ich ging zu einer Freundin, weil mein Mann sie nicht kannte und es ihm nie eingefallen wäre, dort nach mir zu suchen.»

Wenn Sie vorhaben, zu Angehörigen oder Freunden zu ziehen, können Sie den Aufenthalt für alle Beteiligten einfacher gestalten, indem Sie potentielle Meinungsverschiedenheiten schon im voraus bereinigen. Falls wenig Wohnraum zur Verfügung steht: Wie wird er aufgeteilt? Welchen Mietanteil sollen Sie bezahlen? Wer bezahlt die Lebensmittel? Wie ist es, wenn Sie kein Einkommen haben? Wer sorgt bei den Kindern für Ordnung – und mit welchen Methoden? Wer kocht das Essen? Wie ist es mit Besuchen? Wann beginnt die Nachtruhe? Wie ist es mit dem Putzen? Darf geraucht werden? All diese Fragen sollten Sie durchsprechen, am besten vor dem Einzug. Vergessen Sie nicht, Ihre Kinder mit den Grundregeln vertraut zu machen. Wenn sie alt genug sind, können Sie sie in die Diskussion mit Ihren neuen Hausgenossen einbeziehen. Denken Sie daran, daß die meisten Menschen eine Änderung der Wohnsituation als Stress empfinden. Mit etwas Vorausschau und Rücksichtnahme können die Schwierigkeiten für alle Beteiligten verringert werden.

In ein Frauenhaus gehen:
Glendas Erlebnisse

Viele Frauen meinen, ein Frauenhaus sei dazu da, um im Notfall ein paarmal übernachten zu können. Es gibt jedoch viele Gründe, die einen längeren Aufenthalt ratsam erscheinen lassen. Das Frauenhaus bietet Ihnen Sicherheit, Informationen und Hilfe sowie die Chance, sich lange genug vom Druck eines kontrollierenden Partners zu befreien, um Ihre Situation selbst zu überdenken. Jede Frau hat ihre eigenen Erfahrungen gemacht, kein Frauenhaus gleicht dem anderen. (Auf die Unterschiede kommen wir noch zu sprechen.) Glendas Erlebnisse sind ziemlich typisch. Sie ist Afroamerikanerin und wohnt in einer Stadt im Mittleren Westen.*

* Die folgenden Erfahrungsberichte amerikanischer Frauen sollen so stehenbleiben, obwohl sich in ihnen eine andere gesellschaftliche Wirklichkeit spiegelt. Diese Wirklichkeit und die entsprechenden Erfahrungen können allerdings zum Weiterdenken anregen. Beigefügt sei aber die Erfahrung einer deutschen Frau, die in einem Berliner Frauenhaus unterkam: Karin L., seit 15 Jahren verheiratet, Mutter von drei Kindern und nicht erwerbstätig, suchte nach jahrelanger Mißhandlung durch ihren Ehemann erstmalig Schutz im Frauenhaus. Sie war schon öfter mit ihren Kindern von zu Hause weggegangen, blieb aber jeweils nur ein paar Tage in der Wohnung ihrer Freundin und kehrte dann zu ihrem Ehemann zurück. Dieses Mal waren die Mißhandlungen so gravierend, daß sie sich auf die Erste-Hilfe-Station eines Krankenhauses begeben mußte. Da sich die Mißhandlungen in der letzten Zeit gehäuft und gesteigert hatten, war sie fest entschlossen, dieses Mal nicht zu ihrem Mann zurückzugehen.

Als sie in das Erste Berliner Frauenhaus kam, wurde ihr ein 20 qm großes Zimmer mit einer anderen Frau und deren vier Kindern zugeteilt. Die beiden schulpflichtigen 13- und 14jährigen Kinder ließ sie in eine in der Nähe des Frauenhauses gelegene Schule umschulen. Die jüngste Tochter schickte sie vorläufig nicht in den Kindergarten, sondern ließ sie im «Kinderhaus» mit anderen Kindern des Frauenhauses von Erzieherinnen betreuen. Sie selbst versuchte den Alltag so gut wie möglich zu überstehen, was ihr sehr schwer fiel, weil sie nirgends eine Ecke für sich allein hatte. Gut taten ihr die Gespräche mit anderen Frauen des Frauenhauses im Aufenthaltsraum, in denen sie erfuhr, daß ihnen Ähnliches oder gelegentlich weit Schlimmeres passiert war. Sie hoffte, bald eine Wohnung zu finden. Einen gerichtlichen Antrag, ihr und ihren Kindern die eheliche Wohnung zur alleinigen Nutzung zuzuweisen, wollte sie nicht stellen, weil sie befürchtete, ihr Mann werde ihr immer wieder vor der Wohnung auflauern.

Glenda wußte nicht, was sie machen sollte, als sie von Herbie mißhandelt wurde. Ihre Eltern waren geschieden. Ihre Mutter wohnte weit weg, und mit ihrem Vater stand sie nicht mehr in Verbindung. Ihre Bekannten in der Stadt waren noch bedürftiger als sie selbst und wohnten sehr beengt. Herbie führte sich jedoch «immer schlimmer» auf, und Glenda merkte, daß sie von ihm weg mußte. Sie fing an zu beten und flehte Gott an, ihr den rechten Weg zu zeigen.

* Das vorläufige Aufenthaltsbestimmungsrecht für ihre Kinder wurde ihr vom Familiengericht sofort übertragen, und auch der Kindesunterhalt wurde bald geregelt. Die Klärung des Ehegattenunterhalts zögerte sich hinaus, weil der Ehemann sich weigerte, freiwillig Ehegattenunterhalt zu zahlen und seine vollständigen Gehaltsbescheinigungen vorzulegen.

Nach viermonatigem Aufenthalt verließ Frau L. eines Abends mit ihren Kindern das Frauenhaus und kehrte in die eheliche Wohnung zurück. Sie wollte nicht mehr von Sozialhilfe leben, und die eigene Wohnung erschien ihr das kleinere Übel.

Nach drei Monaten kehrte sie jedoch in das Frauenhaus zurück. Ihr Mann hatte sie erneut schwer mißhandelt, und ihre Kinder hatten sie gebeten, sich endgültig von ihm zu trennen, ansonsten würden sie von zu Hause weglaufen. Sie ließ von ihrer früheren Anwältin die elterliche Sorge, den Kindes- und Ehegattenunterhalt wieder regeln und beantragte diesmal, ihr die eheliche Wohnung zur alleinigen Nutzung zuzuweisen. Es dauerte sechs Wochen, bis ihr die Wohnung zugewiesen wurde. Die Anwältin hatte ihr versichert, daß sie gerichtlich gegen ihren Ehemann vorgehen könne, wenn er ihr auflauere, und zwar mit einem Antrag auf Unterlassung beim Landgericht. Ihr Mann müsse endlich merken, daß er sie mit seinen Einschüchterungen und Drohungen, gegebenenfalls auch mit körperlicher Gewalt nicht mehr zur Rückkehr zwingen könne. Da der Mann sich dem Scheidungsverfahren widersetzte, dauerte es eineinhalb Jahre, bis die Ehe geschieden wurde. Weil Frau L. von dem Ehegattenunterhalt in Höhe von 370 DM nicht leben konnte, mußte sie wieder (ergänzende) Sozialhilfe und Wohngeld in Anspruch nehmen.

(Aus: Lucke, Berghahn, *Rechtsratgeber Frauen*, Rowohlt, S. 293/294)

Glenda erzählte uns, an dem Abend, an dem sie Herbie verließ, sei es zugegangen wie sonst auch:

> Herbie kam nach Hause und legte sich sofort mit mir und den Kindern an. Ich schrie ihn an, er solle damit aufhören, doch er fing plötzlich an, mich zu würgen. Zum Glück holte eines der Kinder die Polizei. Als sie eintraf, hatte er sich wieder beruhigt. So etwas war schon öfter passiert, aber diesmal zerbrach etwas in mir. Jetzt war Schluß! Ich wollte fort. Ich bat die Polizisten, mich und die Kinder wegzubringen.
>
> Sie schafften mich zur Polizeiwache und fragten mich, was ich tun wolle. Ich dachte die ganze Zeit an Herbie. Ich glaubte, er könne jeden Moment die Tür aufreißen und auf uns schießen. Ich erinnere mich, daß mich einer der Polizisten fragte, ob eine Helferin des Frauenhauses kommen und mit mir reden solle, und daß ich ja sagte. Ich weiß bis heute nicht, wie ich dazu gekommen bin.

Als Glenda auf die Helferin wartete, wurde ihr angst und bange. Um so überraschter war sie, als sie von der Helferin erfuhr: «Wir tun unser Möglichstes, damit du dich im Frauenhaus wohl fühlst. Es ist zwar recht voll, und manchmal ist es auch ziemlich laut dort, aber jede Familie hat ein Zimmer für sich, und es gibt eine Gemeinschaftsküche, in der du Mahlzeiten zubereiten kannst.» Die Adresse des Frauenhauses werde aus Sicherheitsgründen geheimgehalten.

Die Helferin sagte, Glenda könne auch in einer anderen Stadt in ein Frauenhaus gehen, falls ihr Gefahr drohe. In ihrem Bundesstaat und im gesamten Land gebe es ein ganzes Netzwerk von Frauenhäusern. Wenn sie dableiben wolle, könne sich eine Beraterin um die Sicherheitsvorkehrungen kümmern.

Glenda erfuhr, daß sie sich mit ihren Kindern bis zu 45 Tage im Frauenhaus aufhalten könne. Während dieser Zeit müsse sie mit einer Beraterin Verbindung aufnehmen. «Sie wird dir helfen, Sozialhilfe und, wenn nötig, eine Sozialwohnung zu beantragen», erläuterte ihr die Helferin. «Es wird auch erwartet, daß du an Selbsthilfegruppen sowie an den Versammlungen der Hausbewohnerinnen teilnimmst.» Zwei- oder dreimal die Woche gebe es morgens Spielgruppen für die Kinder, damit die Mütter auf Wohnungssuche gehen könnten.

Bei dieser ersten Unterredung auf der Polizeiwache nahm mich die Helferin schwer in die Mangel. Sie fragte mich, ob ich Drogen konsumiere und ob ich die Hausordnung einhalten könne. Das Frauenhaus sei nachts geschlossen, Drogen seien verboten, und niemand dürfe Kinder züchtigen. Ich war nicht sehr begeistert über diese Regeln, aber ich sah ein, daß Vorsicht geboten war, wenn so viele Leute zusammenwohnten. Ich stimmte also allem zu, was die Helferin sagte. Ich war viel zu verängstigt und erschöpft, um irgendwie aufzumucken.

Auf dem Weg zum Frauenhaus fragte ich mich besorgt: «Was sind das bloß für Leute? Auf was habe ich mich da eingelassen?» Aber dann sagte ich zu meiner Tochter: «Versuchen wir's mal damit. Wenn's uns dort nicht gefällt, können wir ja gehen und was anderes suchen.» Dann kamen wir zu diesem netten alten Backsteinhaus, und ich war sehr erleichtert. Doch als wir drinnen die Bewohnerinnen sahen – drei weiße Frauen, die in der Küche Kaffee tranken –, bekam ich es wieder mit der Angst zu tun. Eine von ihnen sah aus wie ein Fernfahrer; ihre Arme waren von oben bis unten tätowiert. Es zeigte sich aber bald, daß sie wirklich nett und hilfsbereit war. Ich kannte mich in gerichtlichen Dingen und in Sozialhilfeangelegenheiten überhaupt nicht aus, und sie half mir dabei. Bei der ersten Begegnung schätzte ich sie völlig falsch ein. Sobald ich die Tätowierungen sah, bekam ich eine Heidenangst.

Der Aufenthalt im Frauenhaus

Mitarbeiterinnnen des Frauenhauses machten Glenda und ihre Kinder mit den anderen Gästen bekannt, zeigten ihnen ihre Zimmer, gaben ihnen etwas zu essen sowie frische Wäsche und Zahnbürsten. Und sie redeten ihnen gut zu. Glenda und ihre Kinder waren am ersten Abend noch etwas benommen, doch sie fühlten sich schon wesentlich sicherer.

Am nächsten Morgen traf Glenda mit Shirley zusammen, ihrer Rechtsberaterin. Sie gingen die Hausordnung noch einmal durch, sprachen über Glendas Lage und stellten eine Liste wichtiger Punkte zusammen. Glenda wollte baldmöglichst Sozialhilfe und Wohngeld beantragen, doch zuvor wollte sie aus ihrem Haus Kleidungsstücke und ein paar andere Sachen holen. Mit Shirleys Unterstützung erreichte sie, daß sie von zwei Polizisten nach Hause begleitet wurde, die auf sie warteten, während sie ihre Habseligkeiten zusammenpackte. Als das erledigt war, machte sie sich einen schönen Tag und widmete sich den Kindern.

Am Abend war ein Treffen der Selbsthilfegruppe geplant. «Ich bin nicht gerne in Gesellschaft», erzählte uns Glenda. «Ich möchte am liebsten davonlaufen, wenn von mir erwartet wird, daß ich das Wort ergreife.» Die anderen Bewohnerinnen redeten Glenda gut zu; sie solle sich doch einfach anhören, was die Gastrednerin zu sagen habe. Falls sie Lust dazu habe, könne sie sich an der Diskussion beteiligen. Glenda setzte sich ganz erschöpft in eine Ecke, doch im Verlauf der Sitzung ging es ihr – zu ihrer eigenen Überraschung – allmählich besser.

Nadia, die Rednerin, war eine Frau, die früher selbst mißhandelt worden war und jetzt im Sozialdienst arbeitete. Sie sprach über die Phasen, welche Frauen durchleben, wenn sie sich von ihrem Partner getrennt haben. Nadia schrieb die fünf Phasen an eine Tafel:

Erste Phase: Ich bekomme es immer noch mit der Angst zu tun
Zweite Phase: Haß auf den Übeltäter
Dritte Phase: Bin ich es wert, geliebt zu werden?
Vierte Phase: Werde ich's wirklich schaffen?
Fünfte Phase: Die Krise überwinden[1]

Nadia fragte die Gruppe: «Schaut ihr immer noch über die Schulter, weil ihr glaubt, euer Partner könnte das Sicherheitssystem durchbrechen und hereinstürmen?» Glenda merkte sofort, daß sie immer noch in der ersten Phase war, und eine andere Frau, die eifrig nickte, ebenfalls. Dann beschrieb eine Mitbewohnerin, wie sie von der zweiten in die dritte Phase gekommen war: «Ich haßte meinen Mann wochenlang, weil er uns soviel Schlimmes angetan hatte», sagte sie. «Solange ich bei ihm war, war ich nie so wütend gewesen, aber hier fühlte ich mich sicher genug, um meinen Gefühlen freien Lauf zu lassen. Allmählich fing ich jedoch an, mich nach ihm zu sehnen. Ich fühlte mich immer einsamer.»

Nadia sagte, es komme oft vor, daß Frauen sich einsam fühlten. Jede in der Gruppe werde dies mindestens ein Jahr lang mit unterschiedlicher Intensität empfinden. «Natürlich möchte jede geliebt und gebraucht werden», sagte sie. «Ihr werdet jedoch merken, daß das nicht nur mit *ihm* möglich ist. Ihr könnt das auch bekommen, ohne daß ihr mißhandelt werdet.»

«Ihr werdet bald eine neue Phase erreichen», fuhr Nadia fort. «Da werdet ihr überlegen, ob ihr es allein schaffen könnt. Ich hatte die Befürchtung, mein Mann könnte mit seinem ewigen ‹Du schaffst es ja doch nicht!› recht behalten. Ich ging auf Wohnungs- und Stellensuche, ich meldete die Kinder in anderen Schulen an, ich bezahlte die Rechnungen, und auf einmal wurde mir klar, daß ich das alles erledigte – und zwar gut. Daraufhin erreichte ich die fünfte Phase.»

In der fünften Phase werde eine Frau stark und unabhängig. «Ich habe mich vor zwei Jahren von meinem Mann getrennt,

und jetzt bin ich sehr zufrieden mit mir. Ich komme mit vielen
Leuten zusammen und habe viel zu tun. Ich vermisse ihn kaum
noch, und ich möchte keinesfalls mein Leben mit ihm teilen.»

An diesem Abend und an den darauffolgenden Tagen sprachen die Frauenhausbewohnerinnen über Nadias Vortrag und
über die Phasen, in denen sie sich befanden. Während dieser
Unterhaltungen fühlte sich Glenda zu einer Mitbewohnerin namens Ruby hingezogen. Die beiden schlossen bald eine
Freundschaft, die sich als dauerhaft erweisen sollte. Bei Glendas Ankunft hatte sich Ruby schon mehrere Wochen im
Frauenhaus aufgehalten. Während der nächsten vier Wochen
teilten Ruby und Glenda ihre Sorgen und Nöte. Glenda sagte:
«Die Helferinnen sagten uns immer wieder, daß wir unser Leben wieder in den Griff bekommen würden. Wir machten
Witze darüber: ‹Kein Geld, keine Wohnung, kein Ziel, keine
Zukunftspläne, keinen Rückhalt: Wir haben wirklich alles
wunderbar im Griff!›» Doch wenn Glenda Hilfe brauchte, erhielt sie von Ruby Unterstützung und praktische Ratschläge.

Ruby brachte mir in Wohnungsangelegenheiten so manches
bei, und ich stand ihr bei der langwierigen Suche nach einer
Unterkunft zur Seite, in jenen schrecklichen Augenblicken, als
sie glaubte, daß alles umsonst sei und sie den Rest ihres Lebens
in Sozialeinrichtungen verbringen müsse.

Ruby half mir auch, im Frauenhaus zurechtzukommen. Die
meisten Mitarbeiterinnen waren in Ordnung, doch bei manchen hatte ich das Gefühl, daß sie mich mit Adleraugen beobachteten. Ich befürchtete, sie würden das Jugendamt einschalten, wenn ich meine Kinder mal anschrie. Ruby gegenüber
konnte ich sagen: «Meine Kinder gehen mir heute auf die Nerven.» Sie verstand mich. In einem Frauenhaus bist du dauernd
auf der Hut, weil du ja nicht wegen eines Verstoßes hinausgeworfen werden willst. Es ist, als wohntest du in einem Zimmer,
das keine Vorhänge an den Fenstern hat. Die Mitarbeiterinnen
bemühten sich durchaus, doch die meiste Hilfe erhielt ich von
Ruby. Ihr konnte ich sagen, daß ich mich nach meinem Mann

sehnte. Ich konnte ihr sagen, daß ich mich schuldig fühlte –
wegen allem. Sie verstand mich sofort.

Alles in allem war das Frauenhaus für Glenda und ihre Kinder
von großem Nutzen. Am wichtigsten war ihr die Sicherheit, die
Kameradschaft und die neue Sicht der Dinge. Darüber hinaus
bekam Glenda viele praktische Hinweise. Ihre Beraterin half
ihr, Sozialhilfe zu beantragen, juristische Probleme zu klären
und Informationen über Ausbildungsprogramme einzuholen.
Shirley unterstützte sie auch bei der schwierigen Wohnungssuche. Für Glenda war die Sozialhilfe das wichtigste, denn sie
brauchte ja auch im Frauenhaus Geld, um ihre Kinder durchzu-
bringen; außerdem brauchte sie die Gewißheit, daß sie ihre
Kinder nach dem Aufenthalt im Frauenhaus ernähren konnte.

Oft beantragen Frauen Sozialhilfe und eine Sozialwohnung.
Von der Sozialhilfe ist im nächsten Kapitel die Rede. Wir fahren jetzt mit den Wohnungsproblemen fort.

Unterstützung bei der Wohnungssuche

In vielen Gegenden ist es äußerst schwierig, eine erschwingliche Wohnung zu finden, doch in der Stadt, in der Glenda
lebte, gab es verschiedene Unterbringungsmöglichkeiten für
Frauen mit niedrigem Einkommen. Shirley erklärte ihr die Einzelheiten. Glenda müsse in jedem Fall Antragsformulare ausfüllen und erst einmal warten – wochen- oder monatelang. Shirley wies jedoch darauf hin, daß Frauenhausbewohnerinnen
Priorität bekämen, weil sie kein Zuhause hatten.

Viele der im Frauenhaus wohnenden Frauen mit niedrigem
Einkommen beantragten staatliche Zuschüsse für privat ange-
mietete Wohnungen. Im Rahmen des staatlichen Mietzuschuß-
programms verwendet die Frau einen bestimmten Prozentsatz
ihres Einkommens (meist 30 Prozent) für die Miete, und der
Staat überweist jeden Monat den Rest direkt an den Vermieter.
Bei Wohnungen, die bereits vom Staat bezuschußt werden, be-

zahlt die Frau ebenfalls einen festen Prozentsatz ihres Einkommens für Miete, der Restbetrag wird vom Staat übernommen.

Um Wohngeld bemühen sich viele Familien, und wie bei zahlreichen anderen staatlichen Hilfsprogrammen ist das Genehmigungsverfahren unnötig kompliziert und zeitraubend. In der Stadt, in der Glenda lebte, dauerte es sieben Wochen. Wie viele andere Frauen, die in die Mühlen der Bürokratie geraten, meinte auch Glenda, sie hätte es ohne die Hilfe der Beraterin wohl kaum geschafft, das Genehmigungsverfahren durchzustehen. «Man setzte voraus, daß ich durchblickte», sagte Glenda. «Dabei war alles in einem Fachchinesisch abgefaßt. Das war ganz neu für mich, und ich brauchte lange, um das alles zu lernen.»

In Glendas Stadt gab es noch eine weitere Möglichkeit: Das Wohnungsamt betrieb zwei Wohnanlagen für Frauen mit niedrigem Einkommen. Auch hier hatten mißhandelte Frauen ohne Obdach Priorität, aber es konnte dennoch zwei Jahre dauern, bis eine Wohnung frei wurde. Glenda bewarb sich um eine solche städtische Sozialwohnung. «Ich bewarb mich um alles, was in Frage kam», sagte sie. «Ich wollte ja nicht auf der Straße leben.»

Knapp zwei Monate später wurde Glendas Antrag auf Wohngeld genehmigt. Daraufhin mußte sie eine Privatwohnung finden, deren Vermieter bereit war, die Bescheinigung zu akzeptieren. (Manche Vermieter akzeptieren sie gern, andere lehnen sie rundweg ab.) Dann mußte Glenda warten, bis ein Inspektor die Wohnung besichtigt und abgenommen hatte. Glenda sagte: «Meine Beraterin war auch da sehr hilfreich. Wir drängten die Bürokraten, die Sache endlich zu erledigen.» Da sich alles in die Länge zog, war Glenda froh, daß sie im Frauenhaus ihr Unterkommen hatte. «Sie setzten sich über die Regeln hinweg und verlängerten meinen Aufenthalt um ein paar Wochen», erzählte sie. «Sie waren großartig, sie ließen mich nicht im Stich. Doch als wir endlich ausziehen konnten, war ich überglücklich.»

Sind Frauenhäuser überall gleich?

«Ganz gewiß nicht», meinte Claudia. «Das erste Frauenhaus, das ich in Florida aufsuchte, war wie eine Anstalt: zwei Schlafsäle mit fünfzig Betten in langen Reihen, an den Fenstern Gitter. Ich zog aus, weil es so deprimierend war.» Erst nach einem Jahr machte Claudia einen zweiten Versuch, aber nur, weil es nicht anders ging. Anfangs hatte sie bei einer Freundin gewohnt, doch dann war es zu Differenzen gekommen. «Meine Freundin sagte, ich solle doch in ein Frauenhaus gehen», erzählte Claudia. «Ich könne ja mit meinen Kindern nicht im Auto hausen.»

In dieser Zwangslage nahm Claudia in einer anderen Stadt mit einem Notruf Verbindung auf. Das Frauenhaus, an das sie verwiesen wurde, war klein und gemütlich; es verfügte über Schlafräume für vier Familien, eine geräumige Küche und einen Spielplatz für die Kinder.

CLAUDIA Ich habe noch nie eine so angenehme Überraschung erlebt. Wer weiß, was aus mir geworden wäre, wenn ich dieses Frauenhaus nicht gefunden hätte – vielleicht würde ich mit den Kindern immer noch im Auto durch die Gegend kutschieren. Wenn ich mir's recht überlege, war es das Beste, was ich je getan habe. Die Mitarbeiterinnen begriffen, was ich durchgemacht hatte. Sie hatten keine Vorurteile und gaben mir keine Anweisungen, sondern halfen mir, die Dinge in den Griff zu kriegen, eine Wohnung zu bekommen und Möbel. Als ich dort einzog, brachte mir meine Beraterin zwei große Kartons voller Spielsachen für die Kinder. Ich setzte mich hin und weinte vor Rührung.

Wie Ihr örtliches Frauenhaus beschaffen ist, läßt sich nicht voraussagen. Unterschiede gibt es immer. Manche sind in alten Häusern untergebracht, andere in umgebauten Waisenhäusern oder Motels. In manchen Frauenhäusern wohnen maximal fünf Familien, andere sind wesentlich größer. In den meisten werden Sie für sich und Ihre Kinder ein eigenes Zimmer haben und die Küche sowie die Toilette mit anderen Bewohnerinnen teilen. Viele dieser Einrichtungen, selbst die besten, sind jedoch finanziell schlecht ausgestattet und meist überbelegt. Trotz dieser Schwierigkeiten wird nach Kräften dafür gesorgt, daß Sie sich mit Ihren Kindern wohl fühlen.

Manche Häuser werden von Frauen geführt, die früher selbst mißhandelt wurden, andere von Sozialarbeiterinnen und ausgebildeten Therapeutinnen. Einige verfügen über verschiedene hauptberufliche Mitarbeiterinnen, andere werden ganz von Freiwilligen betrieben. In manchen Frauenhäusern sind Mitarbeiterinnen rund um die Uhr tätig, anderswo gehen die Mitarbeiterinnen abends nach Hause und lassen die Bewohnerinnen nach dem Rechten sehen. Wie dem auch sei: Sie werden bestimmt jemand finden, der das, was Sie gerade durchmachen, aus eigener Erfahrung kennt.

Der Alltag mit den Kindern

Im Frauenhaus hat jede Mutter in der Regel zwei bis drei Kinder bei sich. Es kommen natürlich auch Frauen ohne Kinder, doch die meisten bringen ihre Kinder mit. Im Haus geht es deshalb nicht gerade ruhig zu. Wie die Mütter durchleben auch die Kinder im Frauenhaus «Phasen». Von Vorteil ist dabei, daß die Mitarbeiterinnen über große Erfahrung verfügen und den Müttern erklären können, was ihre Kinder durchmachen.

Halten sich Kinder an einem unbekannten Ort auf, sind sie verängstigt und benehmen sich bestens. Sobald sie wissen, daß sie sich in Sicherheit befinden, versuchen sie herauszufinden, wie weit sie gehen können, und agieren dabei ihre Ängste aus. Bei kleinen Kindern kommt es häufig zu einer Regression auf frühere Entwicklungsphasen. Sie bekommen Wutanfälle und verlangen Zuwendung. Bei älteren Kindern kann es dazu kommen, daß sie gewalttätig werden, daß sie nach Hause zurückkehren wollen und der Mutter gegenüber gehässig werden. Dieses Verhalten mag Ihnen unverständlich vorkommen, doch die Mitarbeiterinnen des Frauenhauses können es Ihnen erklären.

«Die Mütter finden dieses Verhalten schrecklich», erzählte uns eine der Mitarbeiterinnen in einem Frauenhaus. «Aber das Kind zeigt damit, daß es genügend Vertrauen zu uns hat, um durch sein Handeln etwas auszudrücken, das es nicht in Worte fassen kann. Das Kind will uns mitteilen: ‹Mir tut etwas weh. Helft mir.›» Im allgemeinen wird den Müttern geraten, ihren Kindern dadurch zu helfen, daß sie ihrem Verhalten Grenzen setzen, ihnen besonders viel Zuwendung geben und Zuversicht vermitteln, auch im Hinblick auf ihr neues Zuhause. Kinder brauchen diese besondere Zuwendung, weil sie oft genug erlebt haben, daß ihre Mutter sich in einer hilflosen Lage befand. Sie wollen von ihr hören: «Es wird alles gut werden. Ich werde euch beschützen. Ich werde alles regeln.»

In den meisten Frauenhäusern werden den Kindern Aktivitäten angeboten. In vielen wurden auch spezielle Selbsthilfegruppen eingerichtet; dort erhalten die Kinder die Gelegenheit, über ihr Leben im Frauenhaus zu sprechen – was ihnen dort gefällt und mißfällt. (Nach kurzer Zeit sind viele Kinder von dem Aufenthalt sehr angetan.) Sie können gemeinsam die vielen Verluste betrauern, die sie erlitten haben: den Umzug an einen neuen, geheimen Ort, den Schulwechsel, den Abschied von alten Freunden, den Verlust des Vaters, die Anpassung an einen bescheideneren Lebensstil. Sie können auch darüber diskutieren, ob der Aufenthalt im Frauenhaus als Makel betrachtet wird. Viele Kinder sind bei ihrer Ankunft verschlossen und depressiv oder aggressiv und feindselig, doch wenn Erwachsene ihnen helfen, verharren sie nicht lange in dieser Haltung. Oft kann eine Mutter schon nach einigen Wochen feststellen, daß ihre Kinder gesünder und glücklicher sind.

Auch Glendas Kinder erholten sich. Wie sie uns sagte, war das weitgehend ein Verdienst des Frauenhauses.

GLENDA Ich ging eigentlich nur hin, weil ich ein Dach über dem
Kopf brauchte, doch das Frauenhaus war wie eine Mutter für
mich. Mein Sohn Lyle verhielt sich mir gegenüber so feindselig,
daß ich fast überzeugt war, er werde später auch ein Prügler
werden. Die Frauenhausmitarbeiterinnen sagten zu mir:
«Nein, er leidet gerade.» Sie deuteten das Verhalten meiner
Kinder richtig und erklärten mir, worauf ich in Zukunft achten
solle. Sie gaben mir Ratschläge, als ich Hilfe brauchte. Ich hatte
meinen Kindern gegenüber Schuldgefühle, weil ich sie von ihrem Vater getrennt hatte, aber im Frauenhaus begriff ich, daß
die Trennung für uns alle das Beste war. Ich merkte, daß ich
ganz gut zurechtkam.

Soll ich in ein Frauenhaus gehen?

Ob sich Ihre Kinder mit dem Leben im Frauenhaus abfinden
werden, kann niemand vorhersagen. Nützlich wäre jedoch, mit
dem Frauenhaus Kontakt aufzunehmen, *bevor* Sie Ihr Zuhause
verlassen müssen. Auf alle Fälle sollten Sie genau wissen, wo
sich das nächste Frauenhaus befindet. Wenn Sie anrufen, erkundigen Sie sich, wie das Frauenhaus eingerichtet ist und was
es Ihnen und Ihren Kindern zu bieten hat. Wenn Sie die Landessprache nicht gut sprechen, fragen Sie, ob es jemand im
Frauenhaus gibt, der Ihre Sprache versteht und sich mit Ihren
speziellen ethnischen Problemen auskennt. Ist das nicht der
Fall, fragen Sie, ob man jemand für Sie finden kann, der Ihnen
bei der Übersiedlung in ein Frauenhaus zur Seite steht. Falls
das Frauenhaus in einiger Entfernung liegt und Sie kein Auto
zur Verfügung haben, sollten Sie sich erkundigen, welche
Transportmöglichkeit es im Notfall gibt.

Falls Sie als Lesbierin in Ihrer Beziehung Mißhandlungen
ausgesetzt sind und erwägen, in ein Frauenhaus zu gehen, fragen Sie bei örtlichen Hilfseinrichtungen oder bei Schwulen-
oder Lesbengruppen nach dem nächst gelegenen Frauenhaus.
Erkundigen Sie sich, ob das Frauenhaus in der Vergangenheit
Lesbierinnen aufgenommen hat und ob unter den Mitarbeite-

rinnen Lesbierinnen sind. Sind die Mitarbeiterinnen in der Lage, Sie gegen seelische und körperliche Mißhandlungen zu schützen? Wissen sie, daß die Angelegenheit vertraulich behandelt werden muß? Sollten Sie keine zufriedenstellenden Antworten bekommen, erkundigen Sie sich nach anderen Unterbringungsmöglichkeiten. Obwohl ein Frauenhaus für Lesbierinnen vielleicht nicht die optimale Sache ist, empfehlen viele Helferinnen, in einer Gefahrensituation dort Schutz zu suchen.

Ehemalige Frauenhausbewohnerinnen raten, daß Sie sich nach Ihrer Ankunft Zeit zum Eingewöhnen nehmen. «Die ersten paar Tage konnte ich's dort fast nicht aushalten», erzählte uns Lucy. «Ein paarmal wäre ich um ein Haar wieder nach Hause gegangen. Doch als ich und meine Tochter schließlich Abschied nahmen, hatte ich das Haus liebgewonnen.» Iris meinte: «Mir gefiel es gar nicht. Mir ging alles gegen den Strich – sogar, daß andere dort ihr Essen kochten, und vor allem die dauernde Unruhe. Aber ich brauchte dieses Haus, und ich weiß, daß ich ohne dieses Frauenhaus nicht auf die Beine gekommen wäre.»

Wenn Sie im Frauenhaus nicht aufgenommen werden

Wenn Sie in einer ländlichen Gegend wohnen, müssen Sie unter Umständen weit reisen, um zu einem Frauenhaus zu gelangen. Wohnen Sie in einer Kleinstadt, die nicht über die entsprechenden Einrichtungen verfügt, werden Sie in eine andere Stadt gehen müssen. Doch selbst wenn Sie in einer Großstadt wohnen, in der es mehrere Frauenhäuser gibt, kann es durchaus vorkommen, daß Sie nicht aufgenommen werden, weil für die vielen Frauen und Kinder nicht genug Betten zur Verfügung stehen. Seien Sie also nicht überrascht, wenn Sie zu hören bekommen: «Wir sind voll belegt. Versuchen Sie's morgen noch einmal oder nächste Woche.»

Wenn dies passiert, dann versuchen Sie es weiter. Wenn Sie

hören, daß es momentan keinen Platz gibt, erkundigen Sie sich, welche anderen Möglichkeiten vorhanden sind. Manche Frauenhäuser verfügen über zusätzliche Unterkünfte in Privathäusern oder Privatwohnungen, andere können Sie vorübergehend in einem Hotel unterbringen. Zumindest sollten Sie Informationen über Notunterkünfte für Obdachlose erhalten können. In manchen amerikanischen Bundesstaaten sind die Sozialämter gesetzlich verpflichtet, für obdachlose Familien neunzig Tage lang Unterkünfte in Motels oder Hotels bereitzustellen. Diese Unterkünfte sind oft unzureichend und geradezu abschreckend, aber manche Frauen suchen dort Zuflucht, um weiteren Mißhandlungen zu entgehen. Dann versuchen sie, in einem Heim für mißhandelte Frauen Aufnahme zu finden.

Falls Sie eine *auf dem Weg der Genesung befindliche* Suchtmittelabhängige sind, werden Sie in den meisten (wenn auch nicht in allen) Frauenhäusern Aufnahme finden. Haben Sie jedoch ein akutes Suchtproblem, das zum Beispiel einen Entzug erfordert, werden Sie so gut wie alle Frauenhäuser abweisen, weil sie nicht über die entsprechenden Fachkräfte verfügen. Sind Sie jedoch in einer *Gefahrensituation*, sollten Sie auf jeden Fall das örtliche Frauenhaus anrufen. Schildern Sie Ihre Lage, und fragen Sie nach Entzugsmöglichkeiten und anderen örtlichen Rehabilitationsprogrammen, bei denen Sie Zuflucht finden könnten. Erkundigen Sie sich, ob das Frauenhaus Sie dort anmelden und den Transport übernehmen kann.

Übergangswohnungen

In einigen Städten sind von den Frauenhäusern Übergangswohnungen eingerichtet worden. Da preisgünstige Wohnungen schwer zu bekommen sind, stellen die Frauenhäuser in beschränktem Umfang renovierte Unterkünfte bereit. Manchmal teilen sich zwei Familien eine Wohnung, manchmal hat jede ihre eigene Wohnung. Die maximale Aufenthaltsdauer liegt zwischen sechs Monaten und zwei Jahren. Dies gibt den Frauen mehr Zeit, wieder auf die Beine zu kommen.

Im Gegensatz zu den Frauenhäusern gibt es in den Übergangswohnungen so gut wie keine Betreuung. Sofern Mitarbeiterinnen dort tätig sind, beschränken sie sich auf die Vermittlung von Aus- und Weiterbildungsmaßnahmen. Von den Familien wird erwartet, daß sie selbst zurechtkommen.

Erkundigen Sie sich im örtlichen Frauenhaus, ob in Ihrer Umgebung Übergangswohnungen zur Verfügung stehen. Ist dies der Fall, dann könnten Sie sich einen Termin geben lassen, um Näheres zu erfahren.

Mit einer anderen Frau und deren Kindern ein Haus bewohnen

Eine Frau, die sich in einem Frauenhaus aufhält oder vorübergehend bei Verwandten wohnt, muß sich darüber klarwerden, was sie unternehmen kann. Da manche Frauen nicht viel Miete zahlen können, beschließen sie, eine Wohnung mit einer anderen Frau und deren Kindern zu teilen. Oft finden sie die zukünftige Hausgenossin über ein Frauenhaus oder eine Einrichtung, die die Kinder besuchen, etwa über eine Tagesstätte.

Eine solche Wohngemeinschaft hat viele Vorteile, insbesondere für alleinerziehende Mütter. Wird die Miete aufgeteilt, haben die zwei Parteien oft mehr Wohnraum zur Verfügung, als sie sich allein leisten könnten. Statt einer kleinen Wohnung haben sie eine große, eventuell mit Garten. Eine gute Mitbewohnerin kann sich als echte Partnerin erweisen, wenn es um die laufenden Kosten, die Kinderbetreuung und die anfallenden Arbeiten geht. Sie kann Ihre Freundin und Vertraute sein; auf jeden Fall haben Sie einen erwachsenen Menschen, mit dem Sie reden und auf den Sie sich bei einer Erkrankung oder im Notfall verlassen können.

TRISHA Ich hatte Glück mit meiner Mitbewohnerin. Ich war gern mit ihr zusammen und fühlte mich nie allein. Sie war ein guter Übergang für mich, denn mein Mann hatte mich völlig unterdrückt, und ich brauchte jemanden, um zu lernen, wie man einen Haushalt selbständig führt. Meine Mitbewohnerin brachte mir das bei, aber ich kam mir niemals nutzlos vor, weil ich ihr in anderen Dingen behilflich sein konnte.

Es spricht also vieles dafür, eine Wohnung gemeinsam zu mieten. Wenn die Parteien nicht zusammenpassen, kann allerdings manches schieflaufen: Die Kinder streiten sich, die Erwachsenen zahlen ihren Anteil an den Rechnungen nicht, die Hausarbeit bleibt liegen. Diese Probleme lassen sich vermeiden, wenn sich die zukünftigen Wohnungsgenossinnen zusammensetzen und sich über ihre unterschiedlichen Anschauungen und Lebensweisen unterhalten. Dabei könnten die Essenszeiten, die Verteilung der Hausarbeit sowie Erziehungsangelegenheiten besprochen werden. Haben Sie zuvor im Frauenhaus, bei Angehörigen oder Freunden gewohnt, sollten Sie sich überlegen, wie Sie damit zurechtgekommen sind. Wenn Sie Differenzen ausräumen konnten und meist froh darüber waren, mit anderen zusammenzusein, werden Sie wohl mit einer anderen Frau und deren Kindern gut zusammenleben können.

Eine eigene Wohnung
oder ein Haus mieten

Frauen, die Wohngeld bekommen können oder über ein regelmäßiges Einkommen verfügen (durch Berufstätigkeit, Sozialhilfe oder Unterhaltszahlungen), ziehen es oft vor, eine eigene Wohnung oder ein Haus zu mieten.

KAY Als ich meine eigene Wohnung bezogen hatte, bekam ich mein Leben allmählich wieder in den Griff. Ich war selbständig. Ich konnte selbst entscheiden. In finanzieller Hinsicht gab es Schwierigkeiten, ab und zu fühlte ich mich sehr einsam, und manchmal fürchtete ich mich, aber ich brauchte die Unabhängigkeit.

Fast alle Frauen, mit denen wir sprachen, bezeichneten die Wohnungssuche als ihr schwierigstes und aufreibendstes Problem. Die Suche war oft so langwierig, daß viele zuerst einmal zu ihrem Partner zurückkehrten, bis sie eine Lösung gefunden hatten und sich endgültig trennen konnten. Das sollten Sie berücksichtigen. Machen Sie sich keine Vorwürfe, wenn die Wohnungssuche kompliziert und zeitraubend ist. Schauen Sie sich nach Unterstützung um, und suchen Sie weiter.

Wir haben in diesem Kapitel die negativen Aspekte der Wohnungssuche hervorgehoben, damit Sie aufs Schlimmste gefaßt sind. Das Positive daran ist: Frauen werden mit diesen Schwierigkeiten fertig. Und Ihnen wird es ebenfalls gelingen. Im folgenden Kapitel sprechen wir über weitere Schritte, mit denen Sie Ihr Leben wieder in den Griff bekommen.

9. Das Leben
wieder in Besitz nehmen

«Ich habe jetzt endlich Ruhe und Frieden», erzählte uns Clare, die sich nach zwanzig Jahren Ehe von ihrem Mann getrennt hatte. «Ich komme von der Arbeit nach Hause, mache mir's bequem, koche, wann ich Lust dazu habe, telefoniere mit einer Freundin – und niemand schreit mich an und beschimpft mich. Mir war angst und bange, wenn ich zu meinem eigenen Mann ‹Guten Morgen› sagte, weil ich nie wußte, was mich erwartete. Das muß man sich mal vorstellen! Ich konnte in meinen eigenen vier Wänden nicht einmal ‹Guten Morgen› sagen, ohne daß ich's mit der Angst zu tun bekam.»

Clare klagte zwar darüber, daß sie ihres Mannes wegen «bis zum Hals in Schulden» stecke, betonte jedoch, daß die vergangenen fünfzehn Monate (seit der Trennung) die friedlichste Zeit ihres Lebens gewesen seien. «In finanzieller Hinsicht ist es sehr schwierig», sagte sie. «Ich muß auf fast alles verzichten. Restaurantbesuche gibt's für mich nicht. Ich spreche mir immer wieder Mut zu: ‹Eines Tages hast du alle Rechnungen bezahlt. Du schaffst das schon, Clare.›»

Nach der Trennung sei sie zuerst völlig verängstigt gewesen, sagte Clare. «Das war auch kein Wunder. Ich war fast mein halbes Leben lang mit diesem Mann verheiratet. Allein zu leben konnte ich mir nicht vorstellen. Ich redete mit unserem Pfarrer, und er sagte, Gott liebe mich immer noch, und ich hätte das Richtige getan.» Nach diesem Gespräch habe endlich der seelische Genesungsprozeß eingesetzt. «Als ich merkte, daß die Schuld bei meinem Mann lag und nicht bei mir, konnte ich mit allen Schwierigkeiten fertig werden.»

Joyce bezeichnete die zwei Jahre, die seit der Trennung von ihrem Mann vergangen waren, als «zwei der besten meines ganzen Lebens». Sie erwähnte aber auch die negativen Aspekte. «Als ich in meine eigene Wohnung einzog, war ich begeistert», sagte sie. «Doch ich fürchtete mich auch davor, ganz auf mich gestellt zu sein. Ich weiß noch, wie es war, als ich die erste Autopanne hatte. Ich geriet völlig in Panik und meinte, ich sei rettungslos verloren. Aber ich kam ganz gut zurecht, und danach fühlte ich mich prima.»

«In den ersten zwölf Monaten war ich ziemlich durcheinander», sagte Joyce. «Ich war froh, daß ich meinen Mann los war, andererseits vermißte ich ihn auch. Dieses Gefühl war manchmal kaum auszuhalten, und dann war ich drauf und dran, ihn anzurufen.» Wie viele andere Frauen geriet Joyce während des ersten Jahres mit ihren Gefühlen von einem Extrem ins andere. Sie verglich diese Gefühle mit «einer von diesen silberglänzenden Kugeln, die in Flipperautomaten umherschnellen». Aber es gelang ihr, ihre Vergangenheit und ihre Zukunft aus einer anderen Perspektive zu sehen.

JOYCE Daß ich ihn so sehr vermißte, zeigte mir auch, wieviel Zeit und Mühe ich auf ihn verwendet hatte. Ich hatte mich stets bemüht, ihn bei Laune zu halten. Ich sorgte für ihn, half ihm oder ging ihm aus dem Weg – und dann war er auf einmal nicht mehr da, und ich brauchte nur noch an mich zu denken. Mir war, als hätte ich meine Lebensaufgabe verloren; ich kam mir vor wie ein Chirurg, der seine Hände nicht mehr gebrauchen konnte. Was sollst du denn anfangen, wenn du deinen Beruf nicht mehr ausüben kannst? Als ich die Sache unter diesem Blickwinkel betrachtete, mußte ich lachen: Eigentlich sehnte ich mich gar nicht nach ihm – ich hatte nur nicht genug zu tun.

Jede Frau, die mit einem kontrollierenden Partner zusammenlebt, weiß zur Genüge, wie schwierig es ist, das eigene Leben wieder in Besitz zu nehmen. Es kommt einem fast unmöglich vor, die eigenen Gedanken und Pläne in die Tat umzusetzen. Haben Sie aber Ihren Partner verlassen, tragen Sie für alles die alleinige Verantwortung. Sie müssen sich selbst um die Finanzen kümmern, müssen selbst Kontakte und neue Interessengebiete finden. Oft machen Sie einen Schritt nach vorn und zwei zurück. So haben Sie vielleicht einen Antrag auf Unterlassung von Mißhandlung beim Gericht gestellt, eine einstweilige Verfügung erlangt, und beginnen ein wenig, sich zu entspannen, aber nach Ablauf eines Monats bedroht Sie Ihr Mann schon wieder. Sie schaffen es, Ihren Beruf ohne Pannen auszuüben, Sie bezahlen die Rechnungen, Ihr Haushalt funktioniert, die Kinder sind zufrieden – aber dann geht der Kühlschrank kaputt, oder Sie stellen fest, daß in dem Gebäude, in dem Sie wohnen, mit Drogen gehandelt wird. Wie sollen Sie damit zurechtkommen?

In diesem Kapitel zeigen wir, wie andere Frauen es schafften, ihr Leben wieder in Besitz zu nehmen. Wir meinen dies wortwörtlich: daß Frauen wieder Besitz ergreifen von etwas, das ihnen gehört. Anders ausgedrückt: daß Sie die Entscheidungsgewalt, die Sie – unter Druck – an Ihren Partner abgetreten haben, zurückgewinnen und die Verantwortung für Ihren Körper, Ihre Gedanken und Gefühle und auch für Ihre Handlungen wieder übernehmen. Jede Frau, deren Leben von einem kontrollierenden Partner besetzt war, steht vor dieser Aufgabe, ob sie nun bei ihm bleibt oder geht, ob er sein Fehlverhalten einstellt oder nicht. Oft gelingt dies aber nur, wenn die Frau nicht in der Nähe ihres Partners ist. Joyce sagte: «Ich hätte das nicht geschafft, wenn ich weiter im Schatten meines Mannes gelebt hätte.»

Daß Sie Angst haben, ist völlig verständlich. Und wenn Sie Ihr Partner in der Vergangenheit seelisch oder körperlich schwer mißhandelt hat und fest entschlossen ist, Sie zurückzuholen oder sich an Ihnen zu rächen, werden Sie weiterhin Angst haben müssen. Wenn Sie sich Zeit lassen, um sich zu erholen und wieder ganz zu Kräften zu kommen, werden auch Sie feststellen, daß es aufwärts geht und daß Sie sich so wohl fühlen wie lange nicht mehr.

Finanziell selbständig werden

Viele Frauen sind von ihrem Partner finanziell unabhängig, weil sie eigene Einkünfte haben: sei es, daß sie arbeiten, Sozialhilfe beziehen oder über eine Erbschaft verfügen. In manchen Fällen bestreitet die Frau den Unterhalt des Partners, und die Trennung ist schwierig, weil der Mann ein starkes Interesse daran hat, sie zu halten. Eine Frau, die Selbständigkeit gewohnt ist, ist bei der Trennung anderen um einiges voraus (sofern ihr Partner nicht mit ihrem Geld verschwunden ist oder Schulden hinterlassen hat). Für Frauen, die von ihrem Partner finanziell abhängig sind, kann die Umstellung sehr schwierig sein. Ihr Lebensstandard wird sinken.

Staatliche Hilfen

Daß ihr Lebensstandard sank, mußte auch Amy erleben, als sie mit ihren Kindern von zu Hause wegging und ein Frauenhaus aufsuchte. Amy hatte keine nennenswerte Berufsausbildung oder Berufserfahrung und mußte zwei kleine Kinder durchbringen. Sie erzählte uns: «Ich hatte keine Ahnung, wie ich durchkommen sollte. Ich weiß nicht, was ich gemacht hätte ohne die Beraterin im Frauenhaus.» Wie viele andere Frauen kannte sich Amy in Sozialhilfeangelegenheiten überhaupt nicht aus. «Ich war so hilflos», sagte sie. «Und das ging mir gegen den Stolz.» Die Beraterin wies Amy jedoch darauf hin, daß sie ein Recht auf Unterstützung habe: auf Sozialhilfe, medizinische Versorgung und Lebensmittelgutscheine.

Amy mußte Antragsformulare ausfüllen und die erforderlichen Unterlagen zusammensuchen (ihren Trauschein, ihren Sozialversicherungsnachweis und die Geburtsurkunden ihrer Kinder). Damit ging sie zum Sozialamt. Es gab viele Komplikationen, und die Sachbearbeiterin war unfreundlich, aber Amy bekam innerhalb eines Monats die erste Zahlung. Da sie sich immer noch im Frauenhaus aufhielt, konnte sie den größten Teil des Geldes als Kaution für eine Wohnung verwenden. Amy betrachtete die Sozialhilfe nur als Zwischenlösung. Sie sagte sich: «Ich brauche das Geld, um wieder auf die Beine zu kommen. Aber ich suche mir so bald wie möglich eine Stelle.»

Lynn hatte eine bessere Ausbildung und mehr Berufserfahrung als Amy, doch als sie ihren Mann verließ, erging es ihr nicht viel besser. Sie hatte viele Jahre lang als Prophylaxeassistentin gearbeitet, hatte aber nach der Geburt ihres zweiten Kindes ihre Lizenz nicht mehr erneuern lassen, weil ihr Mann dies für unnötig hielt. «Er meinte, ich würde die Lizenz nicht mehr brauchen», sagte Lynn. «Und ich war dumm genug, ihm das abzukaufen. Als ich mich von ihm trennte, hatte ich meinen Beruf längere Zeit nicht mehr ausgeübt und besaß keine gültige Lizenz.» Lynn hielt sich mit ihren drei Kindern in einem Frauenhaus auf und sprach mit einer Beraterin über ihre Finanzsituation. Sie merkte schnell, daß sie auf Sozialhilfe angewiesen war.

LYNN Das Drumherum bei der Antragstellung war entwürdigend. Aber ich sah keine andere Möglichkeit. Ich mußte immer wieder hingehen, bis alle erforderlichen Unterlagen beisammen waren. Sie behandelten mich wie ein dummes, ungezogenes Kind. Man erwartete von mir, daß ich den Mund hielt und alles tat, was von mir verlangt wurde, und es gab mehr bürokratische Vorschriften als im Pentagon. Ich blieb also schön ruhig und erfüllte ihre Forderungen. Was sollte ich anderes tun? Ich ging ja auf die Vierzig zu und hatte drei Kinder, denen ich was zu essen verschaffen mußte. Aber es war schon schlimm.

Diese Erlebnisse waren für Lynn ziemlich demoralisierend. «Wir waren knapp dran», sagte sie. «Zu essen hatten wir schon, aber nicht viel.» Wenn sie am Monatsende den Gürtel enger schnallen mußten, malten sich Lynn und die Kinder aus, wie es wäre, wenn sie in einem Restaurant säßen. «Wir versuchten, unseren Humor nicht zu verlieren», erzählte Lynn. «Und Erdnußbuttersandwiches sind ja gar nicht so übel... Aber durch den Kontakt mit dem Sozialamt bekam ich das Gefühl, ich sei schuld daran, daß wir in der Klemme saßen und daß alles anders wäre, wenn ich ein bißchen Grips im Kopf hätte.»

Obwohl beide dieses bedrückende Gefühl kannten, sagten Amy und Lynn übereinstimmend, es sei gut für sie gewesen, Sozialhilfe beziehen zu können. «Rückblickend sehe ich die positiven Aspekte, die ich damals nicht erkennen konnte», sagte Lynn. «Als ich mich von meinem Mann trennte, war ich seelisch völlig am Boden. Durch die Sozialhilfe bekam ich Zeit, mich wieder aufzurappeln.» Sie ging damals mehrfach vor Gericht, unter anderem, um eine Sorgerechtsregelung zu bekommen. Wie Amy nahm sie sich Zeit für ihre Kinder, die besonders viel Liebe und Zuwendung brauchten.

«Ich hatte die achtzehn Monate, in denen ich Sozialhilfe bezog, bitter nötig, um physisch und psychisch wieder auf die Beine zu kommen und ein neues Leben anzufangen. Am Anfang war ich ein Nervenbündel. Jedesmal, wenn ich ein Geräusch hörte oder glaubte, jemand wolle mir auf die Pelle rücken, zuckte ich zusammen. Ich brauchte Monate, um Ruhe zu finden. Wenn ich mir selbst leid tat, was oft passierte, dachte ich daran, daß mich die Sozialhilfe von meinem Mann unabhängig machte.»

Als Lynn schließlich ihre Lizenz als Prophylaxeassistentin zurückerhielt und eine Teilzeitbeschäftigung fand, bezog sie in reduziertem Umfang Sozialhilfe. Als sie dann voll arbeitete, ging sie sofort aufs Sozialamt und meldete sich ab. «Da wurde ich eine zentnerschwere Last los», sagte sie. Um dies zu feiern, aßen Lynn und ihre Kinder am selben Abend zum ersten Mal wieder in einem Restaurant. «Als Dessert aßen wir Karamelleis – es war das beste, das ich je gegessen habe.»

Eine Arbeitsstelle finden

Wie Lynn sehnen viele Frauen den Tag herbei, an dem sie aufs Sozialamt gehen und sich abmelden können. Für die meisten heißt das, daß sie sich nach Arbeit umsehen müssen. Aber die Stellensuche ist oft genauso schwierig wie die Wohnungssuche. Wenn Sie keine Ausbildung oder wenig Berufserfahrung haben, ist es sehr wahrscheinlich, daß Ihnen nur Tätigkeiten für ungelernte Kräfte angeboten werden, die Ihnen unzumutbar erscheinen. Und wenn Sie einen solchen Job annehmen, werden Sie vielleicht feststellen, daß Sie nicht genug verdienen, um für die Kosten der Kinderbetreuung aufkommen zu können. Manche Frauen nutzen deshalb die Zeit, in der sie Sozialhilfe beziehen, zur Aus- und Weiterbildung. Sie machen eine Lehre, holen Schulabschlüsse nach, besuchen Berufs- oder Handelsschulen oder schreiben sich an Hochschulen ein. Andere verrichten unqualifizierte Arbeiten, sofern ihnen die betreffende Firma Ausbildungsprogramme mit guten Aufstiegschancen anbietet.

Sie brauchen vor allem Informationen über die örtlichen Arbeits- und Ausbildungsmöglichkeiten. Sie können ein Frauenhaus oder Frauenzentrum aufsuchen, um sich beraten zu lassen. Vor allem aber sollten Sie zum Arbeitsamt gehen und in der Zeitung die Stellenanzeigen lesen.

Die in manchen Städten anzutreffenden Hilfsangebote für getrenntlebende Nur-Hausfrauen sollen dazu dienen, diese nach längerer Abwesenheit vom Arbeitsmarkt beruflich wieder einzugliedern. Manche Hochschulen bieten Frauen, die über das Studienalter hinaus sind, die Möglichkeit, sich zu immatrikulieren, auch wenn sie die üblichen Zulassungsbedingungen nicht erfüllen. Informationen über diese Programme sind bei den Studienberatungsstellen der jeweiligen Hochschulen erhältlich.

Manches können Sie auch in Gesprächen in Erfahrung bringen. Unterhalten Sie sich mit Bekannten und Nachbarn über deren Jobs, und sagen Sie ihnen, daß Sie auf Stellensuche sind. Genaueres über die Tätigkeit, die Sie ausüben möchten, können Sie dadurch herausfinden, daß Sie mit Leuten reden, die eine entsprechende Berufserfahrung haben. Möchten Sie beispielsweise in einer Bank oder in einem Krankenhaus arbeiten, dann reden Sie mit einer Frau, die dort tätig ist. Erkundigen Sie sich nach Einzelheiten, und fragen Sie, wie sie die Stelle bekommen hat. Auch wenn Ihnen daran gelegen ist, eine bezahlte Arbeit zu bekommen, könnte es nützlich sein, als freiwillige Helferin Erfahrungen zu sammeln. Als Amy Sozialhilfe bezog, arbeitete sie in der Schule ihrer Tochter unentgeltlich als Betreuerin und erhielt dann bald eine Anstellung.

Bei der Stellensuche sind bestimmte Fertigkeiten erforderlich. Sie können sie erwerben, indem Sie an Workshops oder Kursen teilnehmen. Dort erfahren Sie, wie man sich schriftlich bewirbt und wie man sich bei einem Vorstellungsgespräch verhalten sollte. Kurse dieser Art werden von Frauenzentren und Volkshochschulen angeboten. Einige sind speziell für ältere Frauen konzipiert, die wieder am Arbeitsleben teilnehmen wollen. Diese Kurse können dazu beitragen, daß Sie berufsbezogene Fähigkeiten entdecken, zum Beispiel Ihr Organisationstalent, das Sie bei der Haushaltsführung erworben haben. In allen größeren Bibliotheken finden Sie zudem Broschüren, in denen die verschiedenartigsten Berufe genau beschrieben sind.

Unterhaltszahlungen und Zugewinnausgleich

Wenn Sie von Ihrem Mann getrennt leben, können Sie von ihm Unterhaltszahlungen für die Kinder sowie Ehegattenunterhalt verlangen. Unterhaltsansprüche sind vor dem Familiengericht geltend zu machen, und es ist ratsam, einen Rechtsanwalt einzuschalten. Näheres darüber finden Sie im zehnten Kapitel. Lesen Sie dieses Kapitel auch dann sorgfältig durch, wenn Ihr Partner kein Geld zur Verfügung hat, wenn Sie sich vor ihm fürchten oder wenn Sie ihn einfach loswerden wollen. Was das während der Ehe erworbene Vermögen betrifft, haben Sie einen Anspruch auf Zugewinnausgleich. Dieser Zugewinnausgleich ist meist Teil des Scheidungsurteils. Auch darüber erfahren Sie im zehnten Kapitel Näheres.

Der Umgang mit Geld

Geld zu bekommen mag schwierig sein; Geld richtig zu verwalten, ist auch nicht einfach. Da ein kontrollierender Partner alles unter seiner Kontrolle haben will, erhalten Sie meist keine Gelegenheit, in finanziellen Angelegenheiten Erfahrungen zu sammeln. So ist es durchaus möglich, daß einer getrennt lebenden Frau bei der Kontoführung der Überblick fehlt und sie nicht weiß, wie ein monatlicher Haushaltsplan aufgestellt wird. Sind Sie in Gelddingen unerfahren oder haben Sie Schwierigkeiten, finanziell über die Runden zu kommen, kann es Ihnen und Ihren Kindern nur nützen, wenn Sie einige Grundkenntnisse im Umgang mit Geld erwerben. Besonders dann, wenn Sie mit dem Pfennig rechnen müssen.

Erkundigen Sie sich im Frauenhaus, bei Frauenorganisationen oder bei der Volkshochschule nach einschlägigen Kursen. Manche Frauenhäuser bieten eine ganze Reihe von Workshops an zu Themen wie: Aufstellung eines Haushaltsplans, Umgang mit Schulden, Steuererklärungen, Kontenführung. Über Bankgeschäfte können Sie Näheres in Erfahrung bringen, indem Sie sich in einer Bank oder Sparkasse informieren lassen.

Die Gefühle
wieder in den Griff bekommen

«Meine Angehörigen meinten, ich solle doch froh sein, daß ich diesen ‹Blödmann› losgeworden sei», sagte Marcy. «Ich glaubte selbst, daß mir nun leichter ums Herz sein müßte. Das war aber nicht so. Ich weinte viel. Und ich war andauernd wütend. Ich verstand mich selbst nicht mehr.» In den ersten zwölf Monaten nach der Trennung hatte Marcy des öfteren das Gefühl, verrückt zu werden. In Wirklichkeit durchlebte sie den normalen Loslösungsprozeß nach einer Beziehung zu einem kontrollierenden Partner.

Marcy hatte viel durchgemacht: jahrelang war sie dauernd kritisiert und beschimpft worden. Fred hatte seine schlechte Laune an ihr ausgelassen, hatte sie bedroht, eingeschüchtert, sexuell mißbraucht und finanziell kurzgehalten. Marcy hingegen hatte sich ganz in die Beziehung eingebracht. Sie waren sechs Jahre verheiratet und vorher schon vier Jahre befreundet gewesen. Fred war Marcys «Traummann» gewesen, ihr Partner fürs Leben. Das, wonach sie sich im Leben sehnte, wollte sie mit ihm zusammen erreichen: Kinder haben, ein schönes Haus mit Garten, Urlaub machen. Oft malte sie sich aus, wie sie zusammen alt werden würden.

Als Marcy sich zur Trennung entschloß, war es mit diesen Träumen vorbei, und ein großer Abschnitt ihrer eigenen Lebensgeschichte ging zu Ende. Viele Jahre harter Arbeit und gemeinsamer Erinnerungen lagen hinter ihr. Sie erzählte uns: «Manchmal überlegte ich: ‹Wie war das damals, als wir mit den Kindern ans Meer gingen...?› Doch der einzige Mensch, mit dem ich diese Erinnerung teilen konnte, war nicht mehr da. Es war, als hätte ich ein Stück von mir verloren.»

Das «Gefühl, versagt zu haben», machte Marcy ebenfalls zu schaffen. «Ich meinte, ich hätte als Ehefrau versagt», erzählte sie. «Mir vor Augen zu führen, daß Fred das eigentliche Pro-

blem war, half gar nichts.» Wenn sie über Freds Verhalten
nachdachte, ging es ihr sogar noch schlechter; sie wußte, daß er
gemein war und daß er sich niemals ändern würde. Sie mußte
von ihren Wunschvorstellungen Abschied nehmen. «Ich
wußte, er würde niemals zu mir kommen und sagen: ‹Es tut mir
leid, es wird nicht mehr passieren.› Auf ihn durfte ich keine
Hoffnungen mehr setzen.»

Diese Hoffnungen aufzugeben, das empfand Marcy als den
schwersten Verlust. Fred hatte sich manchmal schlimm aufgeführt, doch die meiste Zeit war er lustig und vergnügt gewesen –
charmant, geistreich, liebevoll und sexy. Marcy und Fred hatten miteinander viel Schönes erlebt. Sie hatte den schlimmen
Vorfällen ein Ende gesetzt, aber damit hörten auch die schönen
Zeiten auf.

Im Jahr nach der Trennung hatte Marcy unter starken Stimmungsschwankungen zu leiden. Sie war wütend auf Fred, weil
er sie so schlecht behandelt hatte, sie war aber auch wütend auf
sich, weil sie so lange an ihn geglaubt hatte. Und sie war verbit-
tert, weil er die Zukunftsträume zerstört hatte, um deren Verwirklichung sie sich so sehr bemüht hatte. Gleichzeitig machte
sie sich Sorgen um ihre psychische Verfassung. «Ich erkannte
mich selbst nicht wieder», sagte Marcy. «Ich war gereizt und
ließ es an anderen aus. Ich schrie meine Kinder an. Danach
weinte ich und wußte nicht, was mit mir los war. Aber es war
eigentlich ganz einfach: Ich war wütend auf Fred. In all den
Jahren hatte ich es nie gewagt, diese Wut zu zeigen. Sobald ich
von ihm weg war, brach alles aus mir heraus.» Marcy ging oft
mit sich selbst ins Gericht; sie fragte sich, wie sie so dumm hatte
sein können, ihre besten Jahre an diesen Mann zu verschwenden. Die besten Jahre lagen hinter ihr, und es waren ihre
schlimmsten gewesen.

Es war die Trauerphase. Marcy betrauerte den Verlust ihres
Partners, des Vaters ihrer Kinder. Sie trauerte der Beziehung,
ihrer Vergangenheit, ihren Hoffnungen und Träumen nach, al-

lem, was Fred und die Beziehung für sie bedeutet hatte. Und sie war wütend, daß Fred sie enttäuscht hatte. Sie war deprimiert, traurig, reizbar, verunsichert und voller Zorn. Sie schlief unruhig. Sie war erschöpft und den Kindern gegenüber ungeduldig. «Während der ersten sechs Monate hatte ich kaum genug Energie, um Einkäufe zu machen», sagte Marcy. «Es war schon eine Leistung, zum Auto zu gehen und zu einem Supermarkt zu fahren. Mit den Kaufentscheidungen war ich völlig überfordert. Ich meinte ohnehin, daß mir die Kraft fehle, ein Essen zu kochen.»

Bei der Trauerarbeit rufen sich die meisten Menschen angenehme Erinnerungen ins Gedächtnis, um über die schwerste Zeit hinwegzukommen. Wenn ein Angehöriger stirbt, setzen sich viele Menschen mit ihren Verwandten und Freunden zusammen und reden über die schönen Zeiten, die sie mit dem Verstorbenen verbracht haben. Sie zeigen damit ihre Zuneigung und Achtung; und auf sie selbst wirkt sich dies positiv aus. Wenn eine Frau sich von ihrem Mann trennt, tröstet auch sie sich oft damit, daß sie angenehme Erinnerungen wachruft. Aber in diesem Fall kann das gefährlich sein. Sie kann sich in die Vorstellung verrennen, die glücklichen Zeiten kämen wieder, wenn der Partner wieder bei ihr wäre. Das ist der Grund, weshalb viele Frauen zu ihrem Partner zurückkehren, und dann merken sie, daß die Schwierigkeiten von vorn anfangen.

Marcy war in einer ähnlichen Situation. «Als ich überhaupt nicht mehr wußte, was ich wollte, fing Fred an, den Kindern Geschenke zu machen», erzählte sie. «Dann schrieb er mir Briefchen, in denen er mir beteuerte, er vermisse mich sehr, und er habe sich grundlegend geändert. Ich bekam Schuldgefühle und vermißte ihn auch.» Hier läßt sich das «gute» Verhalten erkennen, das Kontrollierer an den Tag legen, um die Partnerin bei der Stange zu halten; von dieser «positiven» Phase war bereits die Rede.

Marcy dachte fälschlicherweise, in diesem Verhalten zeige sich der «wahre» Fred. Und als sie sich all die schönen Augenblicke in Erinnerung rief, die sie mit Fred erlebt hatte, fing sie an, sein Fehlverhalten zu bagatellisieren. «Es kam mir plötzlich alles gar nicht mehr so schlimm vor», sagte Marcy. «Ich dachte: ‹Er hat mir ja keinen Knochen gebrochen, und ins Krankenhaus mußte ich auch nicht. Ich war keine von diesen mißhandelten Frauen. Es war vielleicht wirklich gar nicht so schlimm.›» Marcys neu entfachte Hoffnungen währten jedoch nicht lange: Fred fing bald wieder an, sie herumzukommandieren. «Ich merkte, daß alles wieder von vorne anfing», sagte Marcy. «Es gab nur eine Lösung: von ihm wegzubleiben.» Als Marcy sich weigerte, Fred zu sehen, rief er wiederholt mitten in der Nacht an, um «die Dinge zu besprechen». Marcy sagte dazu: «Er ignorierte meine Entscheidung. Er glaubte, er könne sich über alles hinwegsetzen, was ich beschlossen hatte.» Sie ließ sich daraufhin eine neue Telefonnummer geben, die nicht im öffentlichen Verzeichnis stand.

Marcy erkannte, daß sie durch ihre Einsamkeit in eine gefährliche Lage geraten war und daß sie in Zukunft auf der Hut sein mußte. Durch die Trennung von Fred war in ihrem Leben ein Vakuum entstanden, und dem hätte sie beinahe dadurch abgeholfen, daß sie zu ihm zurückkehrte. «Wer ein neues Leben anfangen will, muß die Tür zum alten verschließen», sagte Marcy. «Aber manchmal ist es sehr schwer, einfach dazusitzen und nichts zu tun – die schlimmen Gefühle und die Einsamkeit zu ertragen und darauf zu hoffen, daß es anders werden wird.» Wie Marcy geht es vielen Frauen anfänglich schlechter, bevor sie sich endlich besser fühlen. Daß es Ihnen schlechter geht, kann jedoch ein positives Anzeichen dafür sein, daß Sie einem glücklicheren Leben entgegengehen.

Unterstützung finden

Frauen, die sexuell mißbraucht oder körperlich mißhandelt wurden, leiden oft unter Alpträumen und Angstzuständen oder empfinden gegenüber anderen Menschen ein tiefes Mißtrauen. Manche seelisch mißhandelten Frauen stellen ebenfalls fest, daß sie nicht mehr in der Lage sind, anderen Menschen Vertrauen zu schenken. Deshalb versuchen diese Frauen, das schwierige erste Jahr ihres neuen Lebensabschnittes ganz allein durchzustehen. Meist schaffen sie das auch. Wir glauben aber, daß jede Frau, die ihr Leben wieder in Besitz nehmen will, ein Anrecht auf Unterstützung und Hilfe hat. Wenn Sie Unterstützung haben, kommen Sie leichter und schneller voran und fühlen sich wohler.

Bei Marcy setzte ein Umschwung ein, als sie sich im Frauenhaus einer Selbsthilfegruppe anschloß. «Zuvor hatte ich mich selbst bemitleidet», sagte sie. «Ich war eine alleinstehende Frau, und das fand ich schrecklich.» Marcy ging nur hin, weil sie verzweifelt war. «Ich hatte für Frauen wenig übrig. Ich hielt sie für nicht besonders intelligent und ziemlich unbedeutend, denn bei allen wichtigen Dingen haben ja die Männer das Sagen. Deshalb versprach ich mir von der Frauengruppe herzlich wenig. Mir fiel nur nichts anderes ein.»

Wie viele von uns wuchs Marcy mit Klischeevorstellungen auf, die ihr Selbstverständnis bestimmten. Wenn sie sich das Leben einer alleinstehenden Frau vorzustellen versuchte, traten ihr Schreckensbilder vor Augen: das verzweifelte Scheidungsopfer, die Junggesellin, die alte Jungfer. Sie meinte, alleinstehende Frauen seien einsame, unglückliche, erbärmliche Wesen, mal groß und dick, mal alt und verschrumpelt. Die Männer hingegen kamen ihr durchsetzungsfähig, abenteuerlustig, unabhängig und stark vor – sie waren der gute Fang. Alleinstehende Frauen warteten nur darauf, daß ein solcher Mann auftauchte und sie aus ihrer mißlichen Lage befreite. Erst dann konnten sie die Aufgabe erfüllen, für die sie bestimmt waren: den Mann und die Kinder zu umsorgen. Als Marcy über diese alten Klischees redete, die sie einst als Selbstverständlichkeit betrachtet hatte, sagte sie lachend: «Kein Wunder, daß ich mich für einen Versager hielt!»

In ihrer Selbsthilfegruppe war Marcy dazu gekommen, die Dinge in einem anderen Licht zu sehen. Anfangs hatte sie nicht über Fred sprechen wollen, weil sie meinte, es würde ihr dann nur noch schlechter gehen. «Mir ging es aber sowieso schon schlecht, und da versuchte ich's mal. Und je mehr ich redete, desto besser fühlte ich mich», sagte Marcy. Sie brach oft in Tränen aus, konnte aber auch endlich wieder lachen. «Es war eine große Erleichterung für mich, daß all diese tollen, energischen Frauen in meiner Gruppe die gleichen Probleme hatten wie ich», berichtete Marcy. «Sie sagten zu mir, ich sei ein sehr liebenswerter Mensch und eine gute Mutter. Das brauchte ich. Ich hatte mein Selbstvertrauen verloren, und sie halfen mir, es zurückzugewinnen.» Einige der Frauen gingen nach den Sitzungen gemeinsam Kaffee trinken, und in dieser kleinen Runde lernte Marcy eine Frau kennen, die ihre beste Freundin wurde. «Sooft wir ein bißchen Auftrieb brauchten, riefen wir einander an. Mehr als einmal waren diese Telefonate meine Rettung.»

Nach wenigen Monaten wurde die Selbsthilfegruppe für Marcy zu einer wichtigen Hilfe bei der Einschätzung ihrer Lage. «Manchmal vermißte ich Fred, und da fragten mich die anderen: ‹Was fehlt dir denn eigentlich?› Ich antwortete: ‹Ach, er war so ein guter Vater...› Ich sah, was für Gesichter sie machten, und wußte gleich, daß ich mich wieder mal selbst an der Nase herumgeführt hatte. Die Gruppe war einfach großartig.»

Eines Abends stellten die Frauen eine Liste der Tätigkeiten zusammen, die geeignet waren, ihnen Kraft und Trost zu geben. Dazu gehörte: in einer Kindertagesstätte mitzuarbeiten, ein Tagebuch zu führen, eine Mieterversammlung einzuberu-

fen, ein Buch zu lesen, Wanderungen zu machen, Zusammen-
künfte mit Polizeibeamten zu organisieren, bei denen über
Gewalt in der Familie gesprochen wurde, im Kirchenchor zu
singen und Schwimmunterricht zu nehmen. Die Frauen
tauschten auch Erfahrungen aus, wie sie am besten mit Mo-
menten großer Einsamkeit zurechtkamen. «Ich plane meine
Ferien und meine Wochenenden sehr sorgfältig», sagte die erste. «Ich sorge dafür, daß ich genügend Zeit habe, um mit
Leuten zusammenzukommen, die ich mag», sagte die zweite.
«Ich gehe dreimal wöchentlich zu Al-Anon-Treffen, und
wenn ich mit jemandem reden möchte, rufe ich eine Al-Anon-
Freundin an», erzählte die dritte. Von verschiedenen Frauen,
die vor kurzem eine Stelle angetreten hatten oder Kurse besuchten, war zu hören, sie hätten gar keine Zeit mehr, sich
einsam zu fühlen. Sie hätten viel zu tun und fühlten sich deshalb schon viel besser.

Marcy fand im Laufe des Jahres ebenfalls eine Stelle und arbeitete unentgeltlich im Frauenhaus. Auch sie sah sich selbst
in einem anderen Licht. Wie die anderen Frauen, die diesen
Weg beschritten hatten, war auch Marcy nicht mehr angster-
füllt. Sie war aktiv und produktiv. Bei ihrer beruflichen Tätigkeit und bei ihrer Arbeit im Frauenhaus wurde ihr Achtung
entgegengebracht, und sie war stolz auf sich. Sie schloß neue
Freundschaften, insbesondere mit Frauen aus ihrer Selbsthilfegruppe. Das schreckliche Gefühl der Leere trat immer
seltener auf. Sie fand auch Gefallen daran, mit sich selbst
allein zu sein. «Ich bin gern mit meinen Kindern zusammen,
und ich bin auch gern allein», sagte Marcy. «Das ist so fried-
lich.»

Sich einer Selbsthilfegruppe anzuschließen und auf diese
Weise Unterstützung zu finden ist für Frauen, die mit einem
kontrollierenden Partner zusammenlebten, eine gute Lösung;
für Frauen, die von ihrem Partner körperlich mißhandelt oder
sexuell mißbraucht wurden, ist dies besonders wichtig. Oft

fungiert eine ausgebildete Kraft, die Erfahrung im Umgang mit mißhandelten und mißbrauchten Frauen hat, als Gruppenleiterin.

Sie haben vielleicht – wie Marcy – gewisse Hemmungen, sich anderen Frauen anzuvertrauen und Ihre Probleme mit ihnen zu besprechen. Aber ist es denn sinnvoll, daß Sie sich mit Ihren «Privatproblemen» allein abmühen, wenn andere Frauen Ihnen helfen können, Problemlösungen zu finden? In einer Gruppe bekommen Sie die Hilfe, die es Ihnen möglich macht, Ihren Kummer und Ihre Sorgen loszuwerden und ein neues Leben zu beginnen. Sie selber können mithelfen, daß andere dies ebenfalls schaffen. Und wenn Sie weitere Hilfen brauchen, mag eine erneute Lektüre des sechsten Kapitels («Neue Kraft finden») von Nutzen sein.

Eine neue Intimbeziehung anfangen?

Alle Experten und alle Frauen mit Trennungserfahrung sagen übereinstimmend: «Lassen Sie sich Zeit!» Manche drücken es noch deutlicher aus. Amy meinte: «Laß bloß die Finger davon!» Marcy war der Ansicht: «Die Lücke kannst du nicht dadurch stopfen, daß du zu deinem Mann zurückkehrst, aber auch nicht dadurch, daß du dir einen anderen suchst.» Lynn sagte: «Du mußt dir Zeit lassen, dich zu erholen und dein Leben in Ordnung zu bringen. Eines Tages wirst du in einer neuen, gewaltfreien Beziehung alles bekommen, was du brauchst. Es nützt überhaupt nichts, wenn du dir irgendeinen dahergelaufenen Typ schnappst.»

Vergessen Sie eines nicht: Wenn Sie Ihr Leben wieder in Besitz nehmen, werden Sie sich verändern. In einem Jahr werden Sie vielleicht ein anderer Mensch sein. Sie werden eine andere Selbsteinschätzung haben, andere Ziele und Zukunftsträume. Vor allem aber werden Sie in einem Jahr einen ganz anderen Partner wählen als jetzt. Lynn sagte dazu: «Ich mußte eines lernen: daß mein Leben mir gehört, daß ich es nach meinen

Vorstellungen gestalten muß und daß ich dazu keine Beziehung brauche. Sobald ich das begriffen hatte, betrachtete ich meine Umwelt mit anderen Augen.»

Als Lynn ein Jahr nach der Trennung anfing, mit Männern auszugehen, fühlte sie sich sehr beklommen. «Meine letzte Verabredung lag sechzehn Jahre zurück», erzählte sie. «Ich wußte gar nicht, was wir miteinander reden sollten.» Den meisten Männern gegenüber, mit denen sie ausging, war sie ziemlich gehemmt; oft lehnte sie weitere Einladungen ab. «Ich schaute diesen Burschen auf die Finger, denn ich wollte mich nicht noch einmal an jemanden ausliefern.»

Viele Frauen sind überaus vorsichtig, wenn sie wieder mit einem Mann ausgehen. Sie nehmen den potentiellen Partner genau unter die Lupe. Sie wollen feststellen, wie er sich in unterschiedlichen Situationen verhält und wie er längerfristig mit verschiedenen Leuten zurechtkommt, etwa mit ihren Verwandten und ihren Kindern. Manche stellen ihn immer wieder auf die Probe. Ob er vertrauenswürdig ist, läßt sich nur dadurch herausfinden, daß man ihn über einen längeren Zeitraum hinweg genau im Auge behält, aber auch diese Vorsichtsmaßnahme ist nicht sicher. Viele Frauen, die körperlich mißhandelt wurden, wollen herausfinden, ob sich der potientielle Partner auch in Extremsituationen gewaltfrei verhält, und fangen absichtlich eine Auseinandersetzung an. Diese Methode mag zwar einleuchtend sein, aber wir halten sie nicht für empfehlenswert.

Wichtig ist, daß Sie nicht nur darauf achten, wie sich ein Mann Ihnen gegenüber, sondern auch wie er sich *anderen gegenüber* verhält. Wie schon erwähnt, ist ein kontrollierender Mann oft sehr zuvorkommend, wenn er eine Frau für sich gewinnen will. Im Umgang mit anderen Menschen zeigt er viel eher sein wahres Gesicht. Ein liebenswürdiger, besonnener Mann, der im Verkehrsstau anfängt zu toben, ist vielleicht gar nicht so liebenswürdig und besonnen. Wenn er im Umgang mit anderen nörglerisch, herausfordernd, tyrannisch, eifersüchtig oder unbesonnen ist, dann betrachten Sie das nicht als Ausrutscher. Nehmen Sie es als Warnung. Achten Sie darauf, wie Ihr potentieller Partner andere Frauen behandelt und wie er über sie spricht – insbesondere dann, wenn er behauptet, Sie seien «anders» oder «besser» als andere Frauen. Stellt sich heraus, daß er Frauen gegenüber wenig Achtung und Wertschätzung empfindet, dann lassen Sie die Finger von ihm!

Wenn Sie dabei sind, sich über einen Mann ein Urteil zu bilden, sollten Sie sich die folgenden Fragen beantworten.

Was für ein Mensch ist er?

_____ Ist er egozentrisch?

_____ Will er immer seinen Willen durchsetzen?

_____ Gerät er außer sich, wenn er sich ärgert?

_____ Sagen Sie ja, wenn er mit Ihnen schlafen will, weil Sie sonst Schuldgefühle oder Angst bekommen?

_____ Haben Sie das Gefühl, daß Sie sich mit ihm auf keine Auseinandersetzung einlassen sollten?

_____ Macht er andere Frauen schlecht oder spottet er über sie?

_____ Trinkt er zuviel oder nimmt er Drogen?

_____ Weigert er sich, Kondome zu verwenden oder andere Vorsichtsmaßnahmen zu ergreifen?

Wenn Sie mehr als eine dieser Fragen mit ja beantwortet haben, sollten Sie sich lieber nach einem anderen umsehen.

Natürlich kommt es bei einem potentiellen Partner auch noch auf manches andere an. Hier war nur von einigen Grundvoraussetzungen für eine neue, repressionsfreie Beziehung die Rede. Was Ihnen an dem Mann gefällt, mit dem Sie ausgehen, müssen Sie selbst herausfinden. Lynn fühlte sich zu einem

Mann hingezogen, den sie bei Freunden kennengelernt hatte, weil er ihr mit respektvoller Aufmerksamkeit begegnete. «Er hörte nicht nur interessiert zu, wenn ich über mich und die Kinder redete, sondern merkte sich auch, was ich ihm erzählte», sagte Lynn. Für sie war das etwas Ungewohntes, ein großer Fortschritt.

Wenn Sie Ihr Leben wieder in Besitz nehmen, ist die Zeit gekommen, darüber nachzudenken, wie eine wirklich gute Beziehung sein sollte. Sie sollten für sich und die neue Beziehung verbindliche Grundregeln aufstellen. Im Domestic Abuse Intervention Project in Duluth wurde dazu das «Gleichheitsrad» entwickelt, das wir nachfolgend abdrucken.

Dieses Rad soll gewalttätigen Männern zeigen, welche Verhaltensformen sie erlernen müssen, damit eine gute Beziehung entstehen kann. Frauen können daraus ebenfalls etwas lernen. Zu diesem Rad gehört ein Umfeld von Gewaltlosigkeit; im Zentrum steht die Gleichheit. In jedem Segment steht ein besonderer Aspekt der Beziehung, und dazu gibt es Verhaltensbeispiele. So gehört zur «verantwortungsbewußten Kindererziehung» ein Partner, der Verantwortung übernimmt und den Kindern gegenüber ein Vorbild für Gewaltlosigkeit ist. Sehen Sie sich das Rad genau an, und schreiben Sie die Verhaltensweisen auf, die Sie in den einzelnen Segmenten hinzufügen würden. Was soll Ihr Idealpartner tun, um seine Achtung, sein Vertrauen und seine Zuneigung zum Ausdruck zu bringen?

Und was ist mit Sex?

Für viele Frauen, die ihr Leben nach der Trennung von einem kontrollierenden Partner wieder in Besitz nehmen, lassen sich neue Beziehungen ganz gut an – bis Sex ins Spiel kommt. Frauen, die über längere Zeit hinweg den sexuellen Forderungen eines kontrollierenden Partners nachgekommen sind, verlieren oft ihre eigenen Wünsche und Bedürfnisse aus den Augen. Manche haben nach der Trennung mit verschiedenen

GEWALTLOSIGKEIT

**VERSTÄNDI-
GUNGSBEREITSCHAFT
UND FAIRNESS**

Beiderseitig akzeptable Kon-
fliktlösungen finden –
Veränderungen
akzeptieren –
Kompromiß-
bereitschaft
zeigen

**REPRESSIONS-
FREIES VER-
HALTEN**

Sich so verhalten, daß
die Partnerin frei-
mütig reden und
ungehindert
handeln
kann

**PARTNERSCHAFT IN
FINANZANGELEGENHEITEN**

Über Anschaffungen gemeinsam entscheiden – sicherstel-
len, daß finanzielle Regelungen
für beide von Vorteil sind

RESPEKT

Der Partnerin
unvoreingenommen
zuhören – für ihre Gefühle
Verständnis zeigen – ihren
Standpunkt gelten lassen

GLEICHHEIT

GEMEINSAME VERANTWORTUNG

Die anfallende Arbeit in
gegenseitigem Einvernehmen
aufteilen – familiäre Angelegenheiten gemeinsam entscheiden

VERTRAUEN UND UNTERSTÜTZUNG

Die Partnerin in ihren Zielsetzungen
unterstützen – ihr Recht auf eine
eigene Meinung, auf einen
eigenen Freundeskreis und
eigene Aktivitäten
respektieren

**VERANTWOR-
TUNGSBEWUSSTE
KINDERERZIEHUNG**

Elterliche Pflichten gemeinsam
wahrnehmen – den Kindern
gegenüber ein Vorbild für
Gewaltlosigkeit sein

**EHRLICHKEIT
UND VERLÄSSLICHKEIT**

Verantwortung für das
eigene Tun übernehmen
– frühere Gewaltanwendung
zugeben – Fehler eingestehen –
mit der Partnerin offen und
ehrlich reden

GEWALTLOSIGKEIT

Partnern ein sehr aktives Sexualleben, während andere (insbe-
sondere diejenigen, die mißbraucht oder mißhandelt wurden)
Sex kategorisch ablehnen. Manche Frauen gehen von einem
Extrem ins andere.

Wenn Sie sich Ihrer sexuellen Wünsche oder Ihres Sexual-
lebens wegen Sorgen machen, sollten Sie berücksichtigen, daß
dies unter den gegebenen Umständen völlig normal ist. Eine
Frau braucht eine gewisse Zeit, um ihre eigene Sexualität zu
finden (oder wiederzufinden). Dies trifft besonders dann zu,
wenn Sie sich zwar von Ihrem Partner getrennt haben, aber
immer noch von restriktiven gesellschaftlichen Normen einge-

engt werden, etwa von der sexuellen Doppelmoral der Kulturen, in denen die Männer das Sagen haben. Ist beispielsweise in Ihrer religiösen Gemeinschaft oder in Ihrem kulturellen Umfeld die Meinung vorherrschend, daß Frauen keinen außerehelichen Verkehr haben sollten, kann es für Sie schwierig sein, Ihren eigenen Vorstellungen und Wünschen Ausdruck zu verleihen.

Wie die Umstände im einzelnen auch sein mögen: Tatsache ist, daß Frauen, die lange Zeit in einer kontrollierenden Beziehung lebten, mit ihrer Sexualität oft Kummer und Schwierigkeiten haben. Wir schlagen vor, daß Sie Ihre Probleme einer Freundin mitteilen oder das Thema in Ihrer Selbsthilfegruppe zur Sprache bringen. (Dort werden Sie auf reges Interesse stoßen.) Sie sollten im Verlauf dieses Klärungsprozesses immer daran denken, daß niemand das Recht hat, Sie in irgendeiner Weise unter Druck zu setzen – und jener interessante potentielle Partner schon gar nicht.

Beim Sex kommt noch ein besorgniserregender Aspekt hinzu, nämlich die Ansteckungsgefahr. Als Marcy eine neue Beziehung anfing, ging sie der Empfängnisverhütung wegen zu ihrem Hausarzt. Dieser empfahl ihr, sie solle verlangen, daß ihr Partner beim Geschlechtsverkehr stets ein Kondom verwende. Der Arzt riet ihr, die Zusicherungen oder Ausreden der Männer nicht zu akzeptieren. «Die Männer wissen meist gar nicht, welche Risiken sie eingegangen sind. Und was sie über ihre sexuelle Vorgeschichte sagen, stimmt oft nicht. Lassen Sie sich da auf nichts ein», sagte der Arzt. Die einzige Möglichkeit, Ansteckungen zu vermeiden, seien die Methoden des «Safer Sex».[1]

Den Kindern bei der Eingewöhnung helfen

Wenn Sie sich über eine neue Beziehung Gedanken machen, müssen Sie auch auf Ihre Kinder Rücksicht nehmen. Wahrscheinlich werden sie über Ihren neuen Partner nicht sehr begeistert sein. Als Lynn anfing, mit einem Mann auszugehen, bekam sie von ihrer älteren Tochter Vorsichtsmaßregeln zu hören. Ihr Sohn verhielt sich dem neuen Partner gegenüber völlig abweisend. Und ihre jüngere Tochter ließ den Gast eintreten und schrie dabei: «He, Mama, dieser blöde neue Freund von dir ist wieder da.» Lynn sagte uns dazu: «Wenn man bedenkt, was meine Kinder und ich durchgemacht haben, ist es verständlich, daß sie jeden ablehnen, der ihnen die Mutter wegnehmen könnte. Einen Elternteil haben sie ja schon verloren. Sie brauchen jetzt besonders viel Zuwendung, und die bekommen sie auch. Sie müssen jedoch einsehen, daß ich durchaus das Recht habe, Samstag abends auszugehen und mich zu vergnügen. Aber das regeln wir schon noch.»

Ihre Kinder haben wahrscheinlich schon genug Schwierigkeiten, und für sie ist es ein weiterer Schock, wenn Sie einen Freund mitbringen. Ziehen Sie beispielsweise bei der Trennung in eine neue Wohnung, stehen Ihre Kinder plötzlich vor einer ganzen Reihe von Problemen. Sie müssen sich in einer neuen Schule und einer anderen Umgebung eingewöhnen. Es kann sein, daß sich die Mitschüler dort anders kleiden und daß sie andere Verhaltensweisen haben – und diese Anpassungsprozesse sind für ein Kind oder einen Teenager schwierig. Die Kinder müssen neue Freunde finden. Manche sind zum ersten Mal dem Makel ausgesetzt, von der Sozialhilfe zu leben. Sie verspüren vielleicht eine gewisse Beklemmung und fürchten sich davor, daß ihre Freunde herausfinden werden, daß sie in einer Sozialwohnung leben und Lebensmittelgutscheine bekommen. Kurz gesagt: Den Kindern werden Veränderungen zugemutet, die genauso umfassend sind wie diejenigen, die Sie selbst durchmachen müssen. Dadurch fühlen sie sich mitverantwortlich, obwohl sie auf das, was geschehen ist, keinen Einfluß hatten.

Während Sie Ihr Leben wieder in Besitz nehmen, erwarten sie von Ihnen, daß Sie ihnen helfen, auch ihr eigenes Leben wieder in den Griff zu bekommen. Sie müssen sich vor Augen halten, daß auch sie unter Ihrem Partner zu leiden hatten. (Was Ihre Kinder durchgemacht haben und wie Sie ihnen helfen können, besprechen wir im elften Kapitel eingehend.) Auch sie durchleben eine Trauerphase, bei der es oftmals zu Stimmungsschwankungen und Gefühlsausbrüchen kommt. Ihre seelischen Probleme können zu schlechten Schulzeugnissen und zu tiefgreifenden Änderungen ihrer Einstellung, ihres Verhaltens, ihrer Eß- und Schlafgewohnheiten führen. Kinder, die unter der Knute eines kontrollierenden Mannes gelebt haben, führen sich auf, als hätten sie einen Gefängnisaufenthalt hinter sich. Sie können streitsüchtig, schlecht gelaunt, aggressiv, feindselig und gewalttätig sein. Auch in ihnen kann sich Wut angestaut haben, die sie nach dem Verschwinden des Partners an der Mutter auslassen.

Nach dem Einzug in eine neue Wohnung war dies bei Amys Kindern der Fall, insbesondere bei ihrem Sohn. Die Helferin im Frauenhaus hatte Amy jedoch darauf vorbereitet. Amy befolgte ihre Anweisungen; sie gab ihren Kindern besonders viel Zuwendung und hatte ein offenes Ohr für sie, achtete jedoch auch auf Disziplin. In der Küche hängte Amy einen Spruch auf, der mehr für sie selbst als für die Kinder gedacht war: «Nein heißt nein.» Amy erzählte uns: «Meine Tochter wollte die neue Situation nicht akzeptieren. Im ersten Jahr war sie mit nichts zufrieden. Sie mochte die Gegend nicht, sie fand die Wohnung widerlich, und ihre Mitschüler hielt sie für miese Typen.» Durch Amys Zuwendung und ihre konsequente Haltung wurden ihre Kinder allmählich ruhiger. Amy sagte uns: «Mein Sohn erzählte mir, daß er auf seinen Vater böse sei. Er hatte Schuldgefühle deswegen und meinte, er sei mitverantwortlich für die Situation, weil er seinen Vater so oft zum Teufel gewünscht hatte. Daß er darüber reden konnte, schien ihm gutzutun.» Amy war überzeugt, daß die schwierige Phase bald zu Ende sein würde. Das traf auch zu: «Nach einem Jahr kamen wir ganz gut zurecht, und wir fühlten uns ziemlich wohl.»

Hilfen für die Kinder, wenn sie
mit dem Expartner zusammentreffen

Ist Ihr Expartner der Vater oder der gesetzliche Stiefvater Ihrer
Kinder, kann ihm das Gericht das gemeinsame Sorgerecht oder
das Umgangsrecht erteilen. Sofern die Kinder auf ein Zusammentreffen Wert legen, können Sie auch selbst eine Regelung
vereinbaren. (Wir befassen uns im zehnten Kapitel ausführlich
mit dem Sorge- und Umgangsrecht; hier geht es uns um die
emotionalen Probleme, die während der Besuche entstehen
können.) Sie sollten ein Zusammentreffen mit den Kindern ar-
rangieren, bei dem es keine unerwünschten Begegnungen zwischen Ihnen und Ihrem Expartner gibt. Viele Frauen müssen
außerdem dafür sorgen, daß sich durch das egozentrische Verhalten des Expartners keine Beeinträchtigungen der Kinder ergeben.

Für Marcy war das ein Problem. Ihre Kinder wollten mit
Fred zusammentreffen, und Marcy hielt dies für richtig. Sie
wollte jedoch, daß diese Treffen genau festgelegt wurden und
weit weg von ihrer Wohnung stattfanden. Als sie mit Fred das
erste Treffen besprechen wollte, wurde er immer mürrischer,
und Marcy fiel es schwer, Ruhe zu bewahren. Mit der Zeit fand
Marcy heraus, wie sie es bei diesen Telefonaten vermeiden
konnte, sich in Gespräche verwickeln zu lassen. «Er rief an und
wollte angeblich über die Kinder reden», erzählte sie uns.
«Doch in Wirklichkeit wollte er mich einwickeln. Ich sagte
ihm, ich hätte keine Zeit und wolle nur kurz über die Kinder
sprechen. Ich mußte ihm immer wieder klarmachen, daß unsere Beziehung beendet war.»

Marcy merkte schnell, daß die Treffen mit den Kindern nicht
so glatt und zufriedenstellend verliefen, wie sie sich das vorge-
stellt hatte. Fred versuchte immer noch, sie einzuschüchtern
und zu kontrollieren. Oft traf er verspätet ein, oder er fuhr wie
ein Wilder vom Parkplatz des Spielplatzes, auf dem er die Kinder abgeholt hatte. Ein andermal sagte er das Treffen zur Ent-

täuschung der Kinder im letzten Moment ab. Marcy merkte, daß Fred es nicht lassen konnte, es ihr auf diese Weise heimzuzahlen.

MARCY Als ich Sozialhilfe bezog, brachte Fred den Kindern schöne Geschenke, und sie fanden das toll. Wir hatten nicht genug Lebensmittel im Haus, und da kaufte er ihnen diese teuren Spielsachen. Sie sollten glauben, wenn er wieder da wäre, hätten sie immer solche Dinge. Daraufhin sagten sie zu mir, ich solle doch nicht so «gemein» sein, ich solle ihren «armen Daddy» nach Hause kommen lassen. Dann sagte er ein oder zwei Besuche zu ihrer Enttäuschung kurzfristig ab. So ist er, er macht Versprechungen und hält sie nicht. Er redet davon, daß er sie ins Stadion mitnimmt, und wenn der Tag gekommen ist, hat er es völlig vergessen oder taucht überhaupt nicht auf.

Lange Zeit suchte ich irgendwelche Entschuldigungen für sein Verhalten, damit die Kinder nicht so enttäuscht waren. Doch dann ließ ich es sein. Ich kann sie gegen die Realität nicht in Schutz nehmen. Ich kann ihnen nur zuhören, wenn sie mich brauchen, und für das Verhalten ihres Vaters einige Grundregeln aufstellen. Sie wissen, daß ich mein Bestes tue, um sie vor Schaden zu bewahren. Ich habe mit ihnen über Manipulationsversuche gesprochen, und ich bin immer wieder überrascht, wie gut sie sich da auskennen. Die Welt ist leider voll von Menschen wie Fred, doch meine Kinder sind gegen Manipulationen schon jetzt viel besser gefeit, als es einst bei mir der Fall war.

Marcy gestattet das Zusammentreffen mit dem Vater vorerst noch. Ein Gericht dazu zu bringen, das Umgangsrecht wegen der Unzuverlässigkeit und der Manipulationsversuche des Vaters aufzuheben, wäre mehr als schwierig. Wie viele andere Frauen, die weiterhin mit einem kontrollierenden Expartner zu tun haben, muß sie mit dieser unguten Situation zurechtkommen und ihren Kindern helfen, das Beste daraus zu machen. Manche Frauen haben mit dem Expartner weit größere Probleme, etwa wenn dieser die Kinder sexuell mißbraucht, körperlich mißhandelt oder droht, er werde sie entführen. (Mit dieser überaus ernsten Situation befassen wir uns im nächsten Kapitel.) Doch selbst wenn Sie sich – wie Marcy – in einer weit weniger schlimmen Lage befinden, sollten Sie sie mit Ihrer Selbsthilfegruppe, einer Helferin aus dem Frauenhaus oder einer Freundin besprechen, um moralische Unterstützung und eventuell Ratschläge zu erhalten, wie Sie am besten mit der Situation zurechtkommen können. Und mit der Zeit werden Ihnen die Schwierigkeiten mit Ihrem Expartner – genauso wie viele andere Dinge aus Ihrem früheren Leben – unwichtig vorkommen.

Das mag Ihnen im jetzigen Moment unglaublich erscheinen, aber es hat sich schon bei einer großen Zahl von Frauen bewahrheitet. Viele Frauen bewältigen einen Tag nach dem anderen und lernen allmählich, wie sie die gewaltig anmutenden Probleme meistern können: die Wohnungs- und Finanzprobleme, ihre seelischen Probleme und die Umstellungsschwierigkeiten der Kinder.

Im nächsten Kapitel befassen wir uns mit weiteren Hilfen für Sie und Ihre Kinder, die Sie auch in Anspruch nehmen können, wenn Sie sich nicht von Ihrem Partner getrennt haben. Doch zuvor wollen wir Lynn noch einmal zu Wort kommen lassen. Sie beschreibt die Veränderungen, die sie in Angriff genommen hat, seit sie sich vor drei Jahren von ihrem Mann trennte und ihr Leben wieder in Besitz nahm. Sie in die Lage zu versetzen, solche Veränderungen ebenfalls zu vollziehen, war der Sinn dieses Kapitels.

LYNN Ich zerbreche mir nicht mehr den Kopf darüber, ob ich für meinen Sohn und meine Töchter ein gutes Beispiel bin. Ich weiß genau, daß sie später nicht von mir sagen werden: «Meine Mutter hat sich andauernd schikanieren lassen.» Ich bin wieder an dem Punkt angelangt, an dem ich mich befand, bevor Mark auf mir herumtrampelte. Ich bin stark, und ich bin ein gutmütiger Mensch. Als ich mit ihm zusammenlebte, konnte ich es mir nicht leisten, stark und gutmütig zu sein. Ich brauchte so viel Kraft, um mich zu schützen, daß ich keine positive Energie mehr übrighatte. Jetzt kann ich mir selbst und meinen Kindern vieles geben. Wir haben viel Spaß miteinander. Das war vor drei Jahren nicht so, weil es damals zu viele Spannungen gab.

Da ich nach der Trennung nicht begreifen konnte, weshalb ich es so lange bei Mark ausgehalten hatte, war ich eine Zeitlang sehr kritisch mir gegenüber. Daß ich so lange brauchte, ist mir jetzt egal. Ich traf ja schließlich meine Entscheidung, und ich treffe weiterhin meine Entscheidungen ganz allein. Ich gehe spazieren, wenn ich Lust dazu habe. Ich ziehe an, was mir gefällt. Ich sage, was ich denke. Manchmal mache ich einen Fehler, besonders bei den Kindern. Aber ich weiß jetzt, daß ich unter den gegebenen Umständen das Bestmögliche getan habe. Und das will ich auch weiterhin tun.

Vierter Teil

Hilfe für Sie und Ihre Kinder

10. Umgang mit Polizei und Gerichten

Die Wahrscheinlichkeit ist groß, daß eine Frau, die mit einem kontrollierenden Partner zusammenlebt, eines Tages mit der Polizei oder einem Gericht zu tun haben wird. Ob Sie verheiratet sind oder nicht, ob Sie psychisch oder körperlich mißhandelt wurden, ob Sie bei Ihrem Partner bleiben oder ihn verlassen – in allen Fällen kann die Sache vor Gericht kommen. Das Gesetz und seine Hüter sind verpflichtet, Sie zu schützen und die Wahrung Ihrer Rechte durchzusetzen. So wie die Dinge gegenwärtig liegen, können wir allerdings nicht voraussagen, ob Polizei und Rechtsprechung für oder gegen Sie arbeiten werden. Sie müssen auf alles gefaßt sein.

Da die rechtliche Situation in Deutschland anders ist als in den USA, wird hier, mit Zustimmung der Autorinnen, der Beitrag der Juristin Alexandra Goy eingeschaltet. Sie beschreibt, welche Rechte mißhandelte Frauen haben und was sie beachten sollten.*

---

* Alexandra Goy, Mißhandlung und Vergewaltigung in ehelichen und eheähnlichen Beziehungen. In: Doris Lucke/Sabine Berghahn (Hg.), *Rechtsratgeber Frauen*, rororo *frauen* aktuell, Reinbek 1992, S. 292–308.

Gewalt gegen Frauen

. . .

Das Tabu der Frauenmißhandlung ist gebrochen, das Aus-
maß der Frauenmißhandlung dagegen ist gleichgeblieben. Da-
für gibt es mehrere Gründe: Die soziale Ächtung der Mißhand-
lung von Frauen durch Männer ist gesellschaftlich nicht veran-
kert. Obwohl die Ehe unter dem besonderen Schutz des Staates
steht (Art. 6 GG), werden Strafvorschriften gegen Ehemänner
(vgl. § 223 ff StGB) von den RechtsanwenderInnen sehr zu-
rückhaltend angewandt. Demzufolge ist das Sanktionsrisiko
nicht sehr groß. Das Unrechtsbewußtsein bei Männern ist kaum
ausgeprägt und die psychische Hemmschwelle zur Ausübung
von körperlicher Gewalt zu gering. Eine Verbesserung des
rechtlichen Schutzes von mißhandelten (Ehe-)Frauen setzt vor-
aus, daß die vorhandenen Strafvorschriften von den Rechts-
anwenderInnen konsequenter angewendet werden.

Zivilrechtliche Ansprüche
bei ehelicher Gewalt

Sofortmaßnahmen

Einschreiten der Polizei

In einer akuten Gewaltsituation sollte frau versuchen, durch
Schreien oder telefonisch Bekannte, Verwandte, Nachbarinnen
oder Freundinnen zu Hilfe zu rufen. Sie wird ohnehin, sobald es
ihr gelingt, aus der Wohnung fliehen und bei anderen Hilfe su-
chen. Dies ist auch wichtig, damit sie ZeugInnen für Verlet-
zungsspuren hat. Die Polizei reagiert sehr unterschiedlich auf
Hilferufe von mißhandelten Frauen. Je energischer die Frau ihre
Situation darstellen kann, desto größer ist die Chance, daß die

Polizei schnell eintrifft. Die Polizei ist nach den Polizeigesetzen der Länder verpflichtet, zum Schutz der Frau zu intervenieren, da die Mißhandlung einer Frau durch ihren (Ehe-)Mann die «öffentliche Sicherheit und Ordnung» gefährdet. Sie kann darauf bestehen, daß die Polizei eingreift, und braucht sich nicht mit der oft gebrauchten Formel, dies sei eine private Auseinandersetzung, abspeisen lassen. Ist der Mann be- oder gar volltrunken oder auf andere Weise außer Kontrolle, muß die Polizei ihn zum Schutz der (Ehe-)Frau mitnehmen und entweder zur Einlieferung in ein Krankenhaus bringen oder ggf. auch zur Ausnüchterung in Polizeigewahrsam nehmen. Befindet sich der Mann in einem Zustand erheblicher psychischer Störung und ist die Frau dadurch in ihrem Leben bedroht, ist die vorläufige Unterbringung in einem psychiatrischen Krankenhaus durch eine Amtsärztin erforderlich (vgl. z. B. §§ 1,8 PsychKG-Berlin).[1]

In der Regel wird der Mann, falls er überhaupt mitgenommen wird, am nächsten Morgen wieder entlassen und in die Wohnung zurückkehren. Falls die Frau nicht bereits allein oder mit den Kindern bei Nachbarinnen, Freundinnen, Verwandten, Bekannten oder im Frauenhaus Zuflucht gefunden hat, muß dringend die weitere Nutzung der Ehewohnung geregelt werden. In den wenigsten Fällen wird es möglich sein, hierüber eine einverständliche Regelung mit dem Ehemann – ggf. auch durch Vermittlung von FreundInnen usw. – herbeizuführen. Sollte dies dennoch möglich sein, können die Bedingungen weiteren Zusammenlebens bzw. die Trennung schriftlich geregelt werden, ohne daß es des Beistandes einer Anwältin oder deren Unterschrift bedarf.

Viele Frauen sind von ihren Männern ökonomisch abhängig, und nicht für jede Frau bedeutet körperliche Mißhandlung zwangsläufig Trennung. Angst vor dem Alleinsein, die Hoffnung, daß es lediglich ein «Ausrutscher» war, oder die Angst vor sozialer Mißachtung als getrennt lebende oder geschiedene alleinstehende Frau, Scham, das Empfinden, versagt zu haben, lassen Frauen gelegentlich jahrelang – oder ein Leben lang – in

Mißhandlungsbeziehungen verharren. Den meisten aber gelingt es – auch nach mehrmaligen Versöhnungsversuchen –, sich von dem Mißhandler zu trennen.

Regelung des Mietverhältnisses

Ist die Frau zu einem weiteren Zusammenleben nicht mehr bereit, sind die Folgen der Trennung mit Hilfe einer Anwältin und/oder des Gerichts zu regeln. Ist der Mann nach Aufforderung durch die Anwältin, die Wohnung umgehend zu verlassen, freiwillig bereit auszuziehen, kann die Vermieterin gebeten werden, den Mietvertrag allein mit der Ehefrau fortzusetzen. Dies setzt voraus, daß der (Ehe-)Mann sich damit einverstanden erklärt. Ist dies nicht der Fall, besteht der Mietvertrag auf beider Namen weiter. Der Mann darf aber die Wohnung nicht mehr betreten, da er freiwillig den Besitz daran aufgegeben hat. Er muß der Frau den Wohnungs-, Haustür- und Kellerschlüssel aushändigen. Ein Rechtsanspruch auf Umschreibung des Mietvertrags besteht jedoch nicht. Die Vermieterinnen weigern sich oft auch, den Mietvertrag lediglich auf die Ehefrau allein umzuschreiben, weil sie den Ehemann aus Haftungsgründen nicht aus dem Mietvertrag entlassen wollen.

Nach rechtskräftiger Scheidung wird aber in der Regel die Vermieterin bereit sein, den Mietvertrag allein auf die Frau umzuschreiben. Stimmt der Mann nicht zu, regelt der/die Familienrichterin anläßlich der Scheidung auf Antrag der Ehefrau, daß diese das Mietverhältnis allein fortsetzt (§§ 1,5 ff. HausratsVO). Dies gilt auch, wenn vorher nur der Mann Partner des Mietvertrags war.

Gerichtlicher Antrag auf Zuweisung der Ehewohnung

Wird der Ehemann unter Fristsetzung zum Verlassen der Wohnung aufgefordert und kommt er dieser Aufforderung nicht nach, muß eine gerichtliche Entscheidung gemäß § 1361 b BGB

– *ggf. im Wege der einstweiligen Anordnung – herbeigeführt werden. Die Frau kann entweder selbst bei der Rechtsantragsstelle des Familiengerichts einen entsprechenden Antrag stellen oder durch ihre Anwältin stellen lassen. Der Antrag muß die genaue Schilderung der Mißhandlungen mit Zeitangaben enthalten und – soweit vorhanden – ZeugInnen benennen. Eventuell vorhandene ärztliche Atteste sind beizufügen. Bestreitet der Ehemann die Gewalttätigkeit, muß ggf. eine Beweisaufnahme stattfinden. Der Gerichtstermin findet in der Regel innerhalb eines Monats statt. Ist die Wohnung groß genug, besteht die Möglichkeit, daß der/die RichterIn dem Ehemann und der Ehefrau jeweils ein Zimmer zur alleinigen Nutzung zuweist. Ist dies nicht der Fall und gelingt der Frau im Bestreitensfall der Nachweis der Mißhandlungen, wird dem Ehemann zwar die Räumung der Wohnung aufgegeben, gelegentlich aber noch eine Räumungsfrist von ein oder zwei Monaten zugebilligt. Gegebenenfalls ist die Räumung mit Hilfe eines/einer GerichtsvollzieherIn durchzuführen. Voraussetzung ist, daß sich die Frau nicht nur vorübergehend, sondern endgültig von ihrem Mann trennen will. Einen Antrag auf Scheidung der Ehe muß sie aber noch nicht gestellt haben. Sind auch die Kinder von weiteren Mißhandlungen des Ehemannes bedroht und durch ärztliches Attest bereits psychische und/oder körperliche Beeinträchtigungen festzustellen, ist ein Antrag auf Wohnungszuweisung in der Regel erfolgreich.*

Hat die Frau schon die Scheidung gemäß § 1565 Abs. 2 BGB beantragt, ist über die Wohnungszuweisung gemäß § 620 Nr. 7 ZPO im Wege der einstweiligen Anordnung zu entscheiden. Die Angaben zur Mißhandlung müssen eidesstattlich versichert werden, und es ergeht eine Entscheidung im Beschlußwege, ggf. auch ohne mündliche Verhandlung und ohne Anhörung des Mannes. Wird der Frau die Ehewohnung zur alleinigen Nutzung zugewiesen, kann der Mann innerhalb von 14 Tagen Beschwerde einlegen (§ 620c Satz 1 ZPO i.V.m. § 22 Abs. 1 Satz 1 FGG). Wird der Antrag abgelehnt, steht der Ehefrau dagegen kein Rechtsmittel zu (§ 620 c Satz 2 ZPO). Ist es der Frau also dann nicht gelungen, gerichtlich das Verlassen der Wohnung durch den Mann durchzusetzen, sollte sie besser selbst die Wohnung verlassen. Viele Frauen werden aber ohnehin entweder vorübergehend bis zur gerichtlichen Entscheidung oder endgültig aus der Wohnung ausziehen. Der vorübergehende Auszug bedeutet nicht, daß sie die Rechte an der Wohnung verlieren. In den meisten Fällen ist es ratsam wegzugehen, wenn der Mann nicht da ist, und alles Notwendige mitzunehmen. Da bei Mißhandlung der Frau in der Regel auch die Mißhandlung der Kinder zu befürchten bzw. ihre Versorgung beim Mann nicht gewährleistet ist, sollte die Frau die Kinder mitnehmen (s. u.). Für die Frau, die nicht bei Verwandten, Bekannten, FreundInnen usw. unterkommen kann, bleibt das Frauenhaus als einziger Zufluchtsort.

Wenn die Frau die Wohnung verläßt und den Mietvertrag der Ehewohnung mit unterschrieben hat, haftet sie grundsätzlich weiter für die Miete. Der/die VermieterIn ist nicht verpflichtet, die Frau aus dem Mietvertrag zu entlassen. Die Ehefrau kann oder sollte dennoch versuchen, den/die VermieterIn darum zu bitten, und sollte ihr schriftlich mitteilen, daß sie wegen Mißhandlungen ihres Ehemannes die Wohnung verlassen mußte. Sie sollte die Mißhandlungen ausführlich schildern. Zahlt der Mann die Miete nicht, wird die Frau mitverklagt. Sie muß dann die Miete zahlen, wenn der Mann es nicht tut. Sie kann das Geld gerichtlich von dem Mann zurückklagen. Das Recht des/der VermieterIn auf Haftung durch beide Mietvertragsparteien wird gegenüber dem Schutz der Ehefrau, die wegen Mißhandlungen durch ihren Mann an der Ausübung ihres Wohnrechts gehindert wird, von der herrschenden Meinung als vorrangig erachtet.

Gerichtlicher Antrag auf Unterlassung von Mißhandlungen
Setzt der Mann die Mißhandlungen fort, lauert der Frau vor dem Frauenhaus, der ehelichen oder neuen Wohnung oder an der Arbeitsstelle auf, kann ihm dies durch einstweilige Verfügung

untersagt und ein Ordnungsgeld bis zu 500 000 DM im Wieder-holungsfall angedroht werden (vgl. die §§ 1004, 823 Abs. 2 BGB i.V.m. §§ 223 ff. StGB, §§ 890, 935 ZPO). Müßte der Mann das Geld tatsächlich zahlen, so erhielte es allerdings nicht die Frau, sondern die Staatskasse. Zuständig für die Androhung eines Ordnungsgeldes ist das Landgericht, es besteht Anwalts-zwang. Leider machen die betroffenen Frauen bisher zuwenig Gebrauch von dieser Möglichkeit. Es ist aber ein gutes Mittel, dem Mann klarzumachen, daß die Frau sämtliche rechtlichen Möglichkeiten zu ihrem Schutz ausnutzen wird.

Schmerzensgeld und Schadensersatz

Eine andere rechtliche Möglichkeit, dem Ehemann vor Augen zu führen, daß die körperliche Mißhandlung seiner Ehefrau auch finanzielle Nachteile für ihn hat, ist die Geltendmachung eines Schmerzensgeldes, das zusammen mit einer Schadens-ersatzklage (gemäß § 823 BGB) ggf. gerichtlich geltend gemacht werden kann. Schmerzensgeld ist eine Entschädigung der Frau für die – wie der Name schon sagt – Schmerzen und die psychi-sche Beeinträchtigung (vgl. §§ 253, 847 BGB). Schadensersatz dagegen ist der Ersatz von Vermögensschäden, also entstande-ner Kosten oder finanzieller Nachteile, wie Arztkosten oder Ver-dienstausfall.

Auskunftssperre

Mit der Auskunftssperre wird erreicht, daß der Ehemann die neue Anschrift nach polizeilicher Anmeldung seiner Ehefrau nicht er-fährt. Der Antrag auf Auskunftssperre muß die Schilderung der Mißhandlungen, die eidesstattliche Versicherung der Frau und die Befürchtung, daß die Mißhandlungen sich wiederholen wer-den, enthalten und beim Einwohnermeldeamt gestellt werden.

Elterliche Sorge – Aufenthaltsbestimmungsrecht – Umgangsrecht

Bei Mißhandlung der Ehefrau sind in der Regel auch die Kinder von Mißhandlungen durch den Vater bedroht. Um die Kinder davor zu schützen, muß die Ehefrau sie bei ihrem Auszug mitnehmen. Da beide Elternteile bis zu einer anderweitigen gerichtlichen Entscheidung die gemeinsame elterliche Sorge haben, muß umgehend ein Antrag auf Übertragung der elterlichen Sorge bzw. des Aufenthaltsbestimmungsrechts beim Familiengericht gestellt werden. Dieser Antrag ist auch ohne Scheidungsantrag zulässig. Über die elterliche Sorge bzw. das Aufenthaltsbestimmungsrecht kann im Wege der vorläufigen Anordnung entschieden werden (§ 1672 BGB). Der Antrag ist bei der Rechtsantragsstelle des Familiengerichts zu stellen. Eine Anwältin wird nur dann beigeordnet, wenn die Sach- und Rechtslage schwierig ist oder der Ehemann auch durch eine AnwältIn vertreten ist. Das Jugendamt sollte unverzüglich über den Auszug und dessen Umstände informiert werden, da das Familiengericht von dort eine Stellungnahme einholen muß. Eine Entscheidung im Wege der einstweiligen Anordnung ohne Anhörung des Kindesvaters ergeht nur in dringenden Fällen, zum Beispiel, wenn Entführungsgefahr durch den Vater besteht. Liegen die Voraussetzungen für eine einstweilige Anordnung nicht vor, dauert es einen bis drei Monate bis zur Entscheidung. Um zu verhindern, daß die Kinder vom Vater in der Schule, im Kindergarten o. ä. abgefangen werden, weil Lehrerin oder Kindergärtnerin die Herausgabe der Kinder an den Vater bis zu einer gerichtlichen Entscheidung nicht verweigern können, sollten die Kinder – zumindest vorübergehend – nicht dorthin gebracht werden.

Mit dem Antrag auf Übertragung der elterlichen Sorge kann gleichzeitig ein Antrag auf zeitweilige oder unbegrenzte Aussetzung des Umgangsrechts beantragt werden (§ 1634 BGB). Dem wird im Ausnahmefall stattgegeben, und zwar dann, wenn durch die Besuche des Kindes beim Vater das Kindeswohl gefährdet oder erheblich beeinträchtigt ist. Dies ist der Fall, wenn der Vater wegen Alkohol- oder Drogenabhängig-

keit das Kind in der Besuchszeit nicht versorgen kann, Kindes-
mißhandlung vorliegt oder hinreichender Verdacht auf sexuellen
Mißbrauch besteht. Dieser Antrag kann umgangen werden,
wenn die Möglichkeit der Durchführung des Umgangsrechts in
Gegenwart einer Freundin, eines / einer Familienangehörigen
oder eines / einer VertreterIn des Jugendamts bzw. der Familien-
fürsorge besteht.

Kindesunterhalt – Ehegattenunterhalt – Sozialhilfe

Zahlt der Ehemann trotz Aufforderung den Kindes- und / oder
Ehegattenunterhalt nicht, kann dieser im Eilverfahren, wenn
noch kein Scheidungsantrag gestellt ist, mit einer einstweiligen
Verfügung in Höhe des notdürftigen Unterhalts (ca. 900 DM)
geltend gemacht werden. Ebenso kann natürlich Klage in Höhe
des ganzen zustehenden Unterhalts erhoben werden.[2] Da es bis
zur Entscheidung auch im Wege der einstweiligen Verfügung ein
bis zwei Monate – im Klageverfahren bis zu sechs Monate oder
länger – dauern kann, sollte die Frau umgehend nach der Tren-
nung für sich und die Kinder Sozialhilfe beantragen, wenn sie
sonst mittellos dastünde.

Das Sozialamt übernimmt auch die Miete und auf Antrag die
Kosten für die freiwillige Krankenversicherung. Ansonsten stellt
es Krankenscheine zur Verfügung. Auf Antrag werden einma-
lige Beihilfen für Bekleidung, Waschmaschine und sonstigen
Hausrat oder Möbel bewilligt. Wenn nicht innerhalb von drei
Monaten über die Unterhaltsklage entschieden wird, übernimmt
die Unterhaltsvorschußkasse den Unterhalt von Kindern unter
sechs Jahren.

Aufteilung des Hausrats, Herausgabe persönlicher Sachen und Papiere

Die Aufteilung des Hausrats geschieht, wenn die Scheidung
noch nicht eingereicht ist, in einem Klageverfahren gemäß
§ 1361 a BGB, soweit keine außergerichtliche Einigung möglich

ist. Grundsätzlich steht der Frau und dem Mann jeweils die Hälfte des gemeinsam angeschafften Hausrats zu. Beide können die jeweils eingebrachten Hausratsgegenstände mitnehmen bzw. die Herausgabe von der anderen Person verlangen. Haushaltsmaschinen, wie Wasch-, Spülmaschine usw., stehen dem sorgeberechtigten Elternteil zu. Da Hausratsverfahren in der Regel sehr aufwendig sind und lange dauern, empfiehlt es sich grundsätzlich, beim Auszug das mitzunehmen, was dringend benötigt wird. Besteht die Gefahr, daß der Ehemann Hausratsgegenstände zertrümmert, kann ihm dies mit einer einstweiligen Verfügung vom Landgericht untersagt werden. Für die Herausgabe von persönlichen Sachen – wie Kleidungsgegenstände und Papiere – ist nicht das Familiengericht, sondern das Amts- bzw. Landgericht je nach Höhe des Streitwerts zuständig. Entfernt der Mann ohne Zustimmung der Frau Hausratsgegenstände aus der Wohnung, macht er sich gemäß den §§ 242, 247 StGB wegen Diebstahls strafbar.

Scheidungsantrag nach § 1565 Abs. 2 BGB

Grundsätzlich kann die Ehe erst nach einjährigem Getrenntleben geschieden werden (§ 1565 Abs. 1 BGB). Der Antrag auf Scheidung kann aber bei Mißhandlungen nach § 1565 Abs. 2 BGB sofort gestellt werden, weil, bzw. wenn die Fortsetzung der Ehe aus Gründen, «die in der Person des anderen Ehegatten liegen, eine unzumutbare Härte darstellen würde» (§ 1565 Abs. 2 BGB). Die Mißhandlungen müssen mit genauen Angaben zur Art der Ausführung und zum Zeitpunkt dem Gericht dargelegt und unter Angabe von ZeugInnen bewiesen werden. Gegebenenfalls muß eine Beweisaufnahme stattfinden. Mit einer Scheidung vor dem Ablauf eines Jahres des Getrenntlebens kann jedoch in der Regel nicht gerechnet werden, da von Amts wegen grundsätzlich mit der Scheidung über den Versorgungsausgleich und die elterliche Sorge entschieden werden muß (sog. Scheidungsverbund § 623 ZPO). Das Versorgungsausgleichsverfah-

ren dauert in der Regel gerade in Fällen der Mißhandlung besonders lange. Mißhandelnde Ehemänner sind nämlich in der Regel
mit der Scheidung nicht einverstanden. Sie bestreiten die Mißhandlungen oder tragen nichts zum Fortgang des Scheidungs-
verfahrens bei, füllen insbesondere nicht die Versorgungsaus-
gleichsunterlagen aus. Von der Androhung von Zwangsgeld bis
zur Betreibung des Zwangsgeldes – gelegentlich auch der Anordnung einer Haft – dauert es nicht selten bis zu zwei Jahre, bis
der Ehemann die Auskunft wegen seiner Rentenanwartschaften
erteilt hat bzw. seine Versorgungsausgleichsauskünfte vorliegen.
Von der Möglichkeit, den Versorgungsausgleich vorab ab-
zutrennen, wird zumindest in Berlin sehr wenig Gebrauch
gemacht. § 1565 Abs. 2 BGB stellt in seiner gegenwärtigen Aus-
gestaltung keinen rechtswirksamen Schutz für mißhandelte
Ehefrauen dar. Die Anforderungen der höchstrichterlichen
Rechtsprechung an die Nachweisbarkeit der Mißhandlungen
sind zu hoch und in der Regel nicht zu erfüllen. Sie müßten m. E.
herabgesetzt werden, d. h., den Frauen müßte mehr geglaubt
werden. Bei Mißhandlungen sollte grundsätzlich sofort geschieden werden, und zwar auch ohne die Regelung des Versorgungs-
ausgleichs. Darüber könnte dann gesondert nach der Scheidung
entschieden werden. Die §§ 1565 Abs. 3 BGB und 628 ZPO
sind reformbedürftig.

Unabhängig von der psychischen Belastung für die Frau, mit
dem mißhandelnden Ehemann weiter verheiratet zu sein, sind
Frauen während der Trennung von Drohungen und Mißhandlungen ihres Mannes weiter bedroht, da der Ehemann oft bis zur
Scheidung versucht – häufig weiterhin mit Gewalt –, die Frau
von der Scheidung abzubringen. Ist sie jedoch erst einmal ausgesprochen, erkennt der Mann meist das Aussichtslose seines Tuns
und läßt die Frau in Ruhe.

Strafrechtlicher Schutz von Ehefrauen

Strafanzeige wegen Mißhandlung und/oder Vergewaltigung
Die Erfahrung zeigt, daß mißhandelte Ehefrauen vor Strafanzeigen gegen ihren Ehemann wegen Körperverletzung (vgl. die §§ 223 ff. StGB) zurückschrecken. Häufig erstatten sie erst gar nicht Anzeige oder nehmen bereits erstattete Strafanzeigen wieder zurück. Mit körperlichen Mißhandlungen gehen oft Vergewaltigungen in der Ehe einher. Diese werden fast nie angezeigt, denn sie sind lediglich wegen Körperverletzung und Nötigung (§ 240 StGB) strafbar. Ein Grund dafür ist, daß die Verantwortung für das Strafverfahren nicht dem Ehemann, sondern der Ehefrau überbürdet wird. Es besteht auch die berechtigte Angst, der Mann werde im Fall einer Strafanzeige erneut drohen und gegebenenfalls mit Gewalt versuchen, die Rücknahme der Strafanzeige zu erreichen. Die Bagatellisierung der männlichen Gewalt durch Polizei, Staatsanwaltschaft und Justiz als «Familienstreitigkeit» trägt ebenso dazu bei, daß die Frauen in der Regel keine Strafanzeige erstatten. Es kommt auch vor, daß beabsichtigte Strafanzeigen von der Polizei nicht entgegengenommen werden. Festzustellen ist, daß sich jüngere, berufstätige Frauen, die in der Stadt leben, eher mit einer Strafanzeige zur Wehr setzen als ältere Frauen, die ausschließlich Hausfrauen waren und auf dem Land leben. Soweit nicht bereits der Polizei die Vorfälle im Rahmen eines Polizeieinsatzes geschildert wurden, sollte grundsätzlich eine schriftliche Strafanzeige bei der zuständigen Staatsanwaltschaft erstattet werden. Bei Strafanzeigen wegen einfacher Körperverletzung gemäß § 223 StGB muß zusätzlich ein Strafantrag gestellt werden, und zwar innerhalb von drei Monaten. Die Staatsanwaltschaft verfolgt eine solche Anzeige von sich aus nur dann, wenn sie wegen des «besonderen öffentlichen Interesses an der Strafverfolgung ein Einschreiten für geboten hält» (§ 232 StGB). Die Frau sollte in jedem Fall eine Anwältin beauftragen, damit diese die Akten einsehen kann. Die Zahl der

Einstellungen wegen fehlenden öffentlichen Interesses ist ebenso hoch wie die Einstellungen wegen fehlenden hinreichenden Tatverdachts. Wenn Zeuginnen nicht vorhanden sind, der Mann die Gewalttätigkeiten bestreitet und Aussage gegen Aussage steht, wird oft in Anlehnung an den Grundsatz «in dubio pro reo» (im Zweifel für den Angeklagten) bzw. «in dubio pro homine» (Im Zweifel für den Mann) eingestellt. Trotz Beweise des Gegenteils[3] hält sich das verbreitete Vorurteil von der angeblichen Unglaubwürdigkeit der Frau bei Staatsanwaltschaften und Gerichten. In vielen Fällen ist die Beschwerde gegen die Einstellung des Verfahrens erfolgreich. Wird sie zurückgewiesen, besteht die Möglichkeit des Klageerzwingungsverfahrens beim Oberlandesgericht (OLG) oder in Berlin beim Kammergericht (KG) gemäß den §§ 171 ff. StPO.

Kann die Frau die Anwältin nicht bezahlen, wird diese ihr auf ihren Antrag beigeordnet, und zwar auch schon für das Ermittlungsverfahren (§§ 406 Abs. 3 StPO, 397 a StPO). Seit Inkrafttreten des Opferschutzgesetzes am 1. 4. 1986 ist Voraussetzung, daß die «Sach- und Rechtslage schwierig» ist, während die Zeugin vorher immer einen Anspruch auf Beiordnung hatte, wenn sie arm war. Die Rechtsmittelbefugnis ist seit dem 1. 4. 1986 eingeschränkt. Wird die Beiordnung der Anwältin abgelehnt, besteht kein Beschwerderecht (vgl. § 397 a StPO). Wegen der Höhe der Strafe kann keine Berufung oder Revision mehr eingelegt werden (§ 401 StPO).

Nebenklage der Frau

Hat die Staatsanwaltschaft Anklage erhoben, das Gericht die Anklage zugelassen und das Strafverfahren eröffnet, kann die Frau auf ihren Antrag als Nebenklägerin zugelassen werden. Sie kann dadurch das Verfahren aktiv mitbestimmen. Sie und ihre Anwältin haben das Recht, während des gesamten Strafverfahrens anwesend zu sein, Fragen und Beweisanträge zu erstellen, Fragen zu beanstanden, ggf. den/die RichterIn abzulehnen usw.

(§ 395 ff. StPO). Die Anwältin kann plädieren und gleichzeitig die Verurteilung zu Schmerzensgeld und Schadensersatz in einem Verfahren mit der Verurteilung beantragen (§§ 403 ff. StPO).

Sämtliche Initiativen, die Vergewaltigung in der Ehe auch als solche zu ahnden, sind bisher erfolglos geblieben. In der Sachverständigenanhörung im Juni 1987 im Bundestag aufgrund des Gesetzentwurfs der SPD und der GRÜNEN zur Strafbarkeit der Vergewaltigung in der Ehe plädierten zwar sämtliche weibliche Experten für die Strafbarkeit. Aber auch die überwiegende Anzahl der männlichen Sachverständigen hielt die Schlechterstellung der Ehefrau für verfassungswidrig.[4]

Mit den Stimmen der CDU und CSU und bei Stimmenthaltung der GRÜNEN wurde der Gesetzentwurf der SPD abgelehnt. Die GRÜNEN verfolgten ihren Gesetzentwurf nicht weiter. Die Begründung der CSU lautete, Ehefrauen könnten mit der Behauptung, sie seien vergewaltigt worden, den Wunsch nach Abtreibung rechtfertigen.

Mißhandlung oder sexueller Mißbrauch von Kindern der Frau

Bei Strafanzeigen wegen körperlicher Mißhandlung und/oder sexuellem Mißbrauch des Kindes (§ 176 StGB) kann die Mutter nur dann eine Anwältin als Vertreterin für das Kind beantragen, wenn sie die alleinige elterliche Sorge hat. Haben beide Eltern – also auch der mißhandelnde Vater – die elterliche Sorge, kann auf Antrag der Mutter vom Vormundschaftsgericht ein/eine ErgänzungspflegerIn bestellt werden (§ 1909 BGB), der/die eine AnwältIn beauftragen kann. Diese kann das Kind als Nebenklägerin vertreten. Von den jährlich von Vätern, Onkeln, Großvätern etc. 300 000 sexuell mißbrauchten Kindern sind ca. 92 Prozent Mädchen.[5] Auch bei den Jungen sind die Täter überwiegend männliche Familienangehörige.

1984 wurde in Berlin das erste Selbsthilfeprojekt «Wildwasser» von Frauen aus der autonomen Frauenbewegung ge-

gründet, die Mädchen und deren Mütter beraten, Therapien an-
bieten, an Ärztinnen und Anwältinnen weitervermitteln und
Öffentlichkeitsarbeit machen. Inzwischen gibt es in der Bundes-
republik eine Reihe von Beratungsstellen für sexuell miß-
brauchte Mädchen und in Hamburg, München und Berlin Mäd-
chenhäuser bzw. Mädchenwohngemeinschaften.

Mütter setzen sich der Gefahr eines Strafverfahrens wegen
Beihilfe aus, wenn sie trotz Wissen keine Strafanzeige gegen den
Ehemann wegen sexuellen Mißbrauchs erstatten. Da aber die
Mädchen in der Regel die Aussage bezüglich einer eventuellen
Mitwisserschaft der Mutter verweigern (§ 52 StPO), kommt es
meist nicht zu ihrer Verurteilung.

Mißhandlung und Vergewaltigung in eheähnlichen Beziehungen

Zivilrechtliche Ansprüche

Leben beide in einer Wohnung zusammen und ist der Mietver-
trag allein auf den Namen der Frau ausgeschrieben, kann diese
im Fall der Mißhandlung dem Mann das Untermietverhältnis
fristlos kündigen, und zwar schriftlich mit Angabe der Gründe
per Einschreiben mit Rückschein. Verläßt er die Wohnung nicht,
muß Räumungsklage eingereicht werden. Ist ein Untermiet-
verhältnis noch nicht begründet, ist das Sinnvollste, einfach das
Schloß auszuwechseln. Läuft der Mietvertrag auf beider Na-
men, hat die Frau keine Möglichkeit zu erreichen, daß der Mann
die Wohnung verläßt. Sie kann nicht einmal die Wohnung kün-
digen, da die Kündigung nur wirksam ist, wenn beide Mietver-
tragsparteien kündigen.

Die Geltendmachung von Schadensersatz- und Schmerzens-
geldansprüchen ist ebenso möglich wie bei Mißhandlung in der
Ehe.

Strafrechtliche Möglichkeiten

Hinsichtlich der Strafanzeige bei Körperverletzung gilt in einer nichtehelichen Lebensgemeinschaft das gleiche wie bei Ehefrauen. Auch hier besteht eine Tendenz zur Bagatellisierung, der aber durch Beschwerden und Klageerzwingungsverfahren oft mit Erfolg begegnet werden kann.

Die Vergewaltigung in einer eheähnlichen Lebensgemeinschaft wird nach § 177 StGB auch als Vergewaltigung bestraft. Allerdings wertet die höchstrichterliche Rechtsprechung eine Vergewaltigung in einer bestehenden Beziehung in der Regel als «minderschweren Fall». Die Mindeststrafe beträgt dann anstatt zwei Jahre (§ 177 Abs. 1 StGB) sechs Monate (§ 177 Abs. 2 StGB). Vergewaltigungen geschehen aber in ca. 80 Prozent der Fälle im sozialen Nahbereich.[6] Die Tatausführung ist dabei meist besonders brutal, weil sie in geschlossenen Räumen stattfindet, wo in der Regel keine Hilfe von außen zu erlangen ist. Die geringere Mindeststrafe ist deshalb m. E. rechtspolitisch unbefriedigend und nicht vertretbar. Nach dem Gesetzentwurf der GRÜNEN für ein Antidiskriminierungsgesetz soll daher § 177 Abs. 2, also der minderschwere Fall, wegfallen, und der Mindeststrafrahmen von zwei Jahren soll allgemein gelten.   *Ende des Textes von Alexandra Goy*

Eine Anwältin finden

Um eine gute Anwältin zu finden, können Sie den für Ihre Stadt zuständigen Anwaltverein kontaktieren. In manchen Großstädten gibt es auch einen Anwältinnenverein oder einen ausländischen Anwaltverein.* Wenn Sie das tun, beschreiben Sie

* Telefonnummern z. B. in Hamburg:
Hamburgischer Anwaltverein e. V.
040/342068 + 342069
Ausländischer Anwaltverein
040/366534
Anwältinnenverein in Hamburg e. V.
040/8003830

kurz Ihre Umstände und Ihre finanzielle Situation und erklären Sie, welche Hilfestellung Sie von Ihrer Anwältin erwarten. Zum Beispiel können Sie sagen, daß Sie psychisch oder körperlich mißhandelt wurden und daß Ihr Mann das Sorgerecht für die Kinder verlangt. Erklären Sie, daß Sie eine Anwältin suchen, die auf Familienrecht spezialisiert ist. Verlangen Sie die Namen von mehreren Anwältinnen. Wenn Ihr Einkommen gering ist, sollten Sie das erwähnen.

Setzen Sie sich mit einem Frauenhaus oder einer Frauenberatungsstelle in Verbindung, um herauszufinden, ob Sie Anspruch auf kostenlosen Beistand haben. (Ihr Einkommen muß bestimmten Richtlinien entsprechen. Achten Sie darauf, daß die juristische Beratung nicht das Einkommen Ihres Partners mitberechnet.) Selbst wenn Sie keinen Anspruch haben oder die Warteliste zu lang ist, können Sie sich dort nach einer kompetenten Anwältin erkundigen.

Gespräch mit einer Anwältin

Nachdem Sie drei oder vier Anwältinnen gefunden haben, die auf Familienrecht spezialisiert sind, sollten Sie mit jeder von ihnen einen Termin vereinbaren, um ein kurzes Gespräch über ihre Erfahrung und Praxis zu führen. Eine Stunde oder weniger sollte genügen, um die anstehenden Fragen zu besprechen und einen Eindruck von der jeweiligen Person zu erhalten. Vergessen Sie nicht, daß Sie nicht Ihre ganze Geschichte erzählen müssen, um Informationen über die Anwältin und die Gesetze zu erhalten. (Erkundigen Sie sich im voraus, ob das Interview gebührenfrei sein wird.) Denken Sie daran, daß es sich hier um *Ihren* Fall handelt – um die Zukunft Ihrer Kinder – und daß Sie sich mit der Person, die Sie vertritt, wohl fühlen sollten. Die meisten Rechtsexperten empfehlen, so lange nach einer Anwältin zu suchen, bis man die richtige gefunden hat, selbst wenn man Geld leihen muß, um die Kosten zu bezahlen.

Wir haben hier eine Liste der Fragen erstellt, die Sie vielleicht in einem Interview stellen möchten. Verlassen Sie sich aber in jedem Fall auf Ihren Instinkt. Möglicherweise werden Sie längere Zeit mit Ihrer Anwältin zusammenarbeiten, suchen Sie sich also jemanden, den Sie mögen. Wenn die Anwältin Ihnen nicht zuhört oder in einer für Sie unverständlichen Weise spricht und Sie so sehr einschüchtert, daß Sie es nicht wagen, Fragen zu stellen, ist sie nicht die richtige Person für Sie.

1. Wieviel Erfahrung haben Sie mit Fällen von Anfechtungen in Sorgerechts- oder Scheidungsverfahren? Wie viele Fälle dieser Art haben Sie schon bearbeitet?

2. Wann empfehlen Sie ein Schlichtungsverfahren? Raten Sie jemals davon ab? Halten Sie ein Schlichtungsverfahren auch dann für angemessen, wenn ein Mann seine Partnerin körperlich mißhandelt hat?

3. Welche Arten von Sorgerechtsregelungen werden in Fällen wie meinem vom hiesigen Gericht beschlossen? Was halten Sie vom gemeinsamen Sorgerecht? Würden Sie es auch in Fällen empfehlen, in denen der Mann seine Frau körperlich mißhandelt hat?

4. Habe ich Anspruch auf Kindesunterhalt und Ehegattenunterhalt? Welcher Betrag wäre Ihrer Ansicht nach angemessen? Wie sieht es mit der Aufteilung des Hausrats aus?

5. Wie hoch sind Ihre Honorarforderungen? Welche Arbeiten werden dadurch abgedeckt? Können weitere Ausgaben entstehen? Wird Ihr Honorar pro Stunde berechnet (wenn ja, mit welchem Satz) oder als Pauschalbetrag für bestimmte Dienstleistungen? Verlangen Sie ein Extrahonorar für die Erscheinung vor Gericht oder für Verhandlungssitzungen? Basiert Ihr Honorar auf der Zahlungsfähigkeit der Klienten? Erwarten Sie, daß Ihre Rechnungen sofort beglichen werden, oder wären Sie bereit, einen Zahlungsplan mit mir auszuarbeiten?

6. Wären Sie für den Fall, daß sich neue Umstände ergeben,

bereit, wieder mit mir vor Gericht zu gehen? Werden Sie, wenn mein Fall komplizierter wird, ein zusätzliches Honorar verlangen, *bevor* Sie mit mir weiterarbeiten? (Aufgepaßt, Leserin: genau dies kommt immer wieder vor.)

7. Würden Sie unsere Vereinbarungen zum Honorar und zum Umfang der Arbeit schriftlich festhalten?

8. Werden Sie Ihr Vorgehen auf die Tatsache hin abstimmen, daß mein Partner gefährlich ist?

9. Wie kann ich zur Erledigung meines Falls beitragen? Würden Sie so eng mit mir zusammenarbeiten, daß ich mich beteiligt fühle?

Was tun, wenn Sie in Fragen des Sorgerechts oder Kindesunterhalts in ein Schlichtungsverfahren überwiesen werden?

Wenn Mann und Frau sich in Fragen der elterlichen Sorge nicht einigen können, wird ein Richter oft darauf bestehen, daß sie sich mit einem Schlichtungsbeamten treffen, um eine Lösung zu finden. Ein Schlichtungsbeamter ist eine Art Schiedsrichter – offiziell neutral –, der den Parteien in einem Rechtsstreit helfen soll, ihre Differenzen zu bereinigen. Schlichtungsbeamte können Fälle von einem Familien-, Zivil-, Kriminal- oder Scheidungsgericht zugewiesen bekommen oder dafür vorgeschlagen werden. Im Gegensatz zu einem Rechtsanwalt ist die Aufgabe des Schlichtungsbeamten nicht, Stellung für eine der Parteien zu beziehen oder rechtliche Ratschläge zu erteilen. Er versucht, eine Vereinbarung zu erzielen, mit der beide Parteien leben können, damit der Fall die Zeit des Richters nicht zu sehr beansprucht. Der Schlichtungsbeamte arbeitet auf einen Kompromiß hin. Er wird vielleicht vorschlagen, daß Sie in einer Sache, etwa dem Sorgerecht, nachgeben, und Ihren Partner dazu ermutigen, auf anderem Gebiet, etwa den Unterhaltsfragen, zurückzustecken.

Anwälte, Anwältinnen und juristische Berater, die mit körperlich und psychisch mißhandelten Frauen zu tun haben, stellen sich jedoch bei einer Anfechtung des Sorgerechts und des Unterhalts entschieden gegen das Schlichtungsverfahren. Ein Schlichtungsverfahren mag bei Meinungsverschiedenheiten zwischen ebenbürtigen Partnern richtig sein, aber ein kontrollierender Partner und seine Frau sind nicht ebenbürtig. Überdies glaubt ein sogenannt «neutraler» Schlichtungsbeamter vielleicht an den Wert traditioneller Familienstrukturen, während ein anderer die Lastenverteilung zwischen den Eltern befürwortet; beide Schlichtungsbeamte sind dann jedoch, auf Grund dieser Überzeugungen, voreingenommen zugunsten des gemeinsamen Sorgerechts. In der Folge werden sie, wie die Anwältin Laurie Woods, Leiterin des *National Center on Women and Family Law*, vermerkt, die Frauen mit Argumenten unter Druck setzen, die nicht ihren Interessen oder denjenigen ihrer Kinder entsprechen. «In vielen Fällen», erklärt Woods, «hat eine Frau so große Angst vor ihrem Partner, daß sie bei einer Besprechung mit ihm und einem Schlichtungsbeamten allem zustimmen wird – und später bereut sie es dann.[7] Wenn eine Frau Angst vor ihrem Partner hat, ist ein Schlichtungsverfahren für sie nicht das richtige. Überdies wird der Schlichtungsbeamte, dessen Aufgabe es ist, zu einer Vereinbarung zu gelangen, die Frau vielleicht als Querschlägerin sehen, wenn sie nicht dem zustimmt, was er vorschlägt, und wird sie dem Richter gegenüber als ein «Problem» darstellen.

Eine Veröffentlichung des *National Center on Women and Family Law* stellt fest: «Untersuchungen haben ergeben, daß die Frauen gewöhnlich weniger zufrieden mit den Vereinbarungen zu Eigentum und Unterhaltsregelungen sind als die Männer.»[8] In einem Schlichtungsverfahren kann ein Mann falsche Angaben zu seinen Vermögensverhältnissen machen, weil er nicht wie vor Gericht unter Eid steht und deswegen keine rechtlichen Folgen befürchten muß. Wenn Sie also nicht viel über die finanzielle Situation Ihrer Familie wissen (Eigentum,

Sparguthaben, das Einkommen Ihres Partners, Renten, Versicherungen und andere Vermögenswerte), ist die Gefahr groß, daß Sie bei einem Schlichtungsverfahren die Unterlegene sein werden.»[9]

Was aber, wenn Sie trotz dieser Warnungen eine Schlichtung versuchen möchten? Oder wenn das Gericht Ihnen ein Schlichtungsverfahren vorschreibt? Anwältin Woods sagt: «Vergessen Sie nie, daß man Ihnen ein Schlichtungsverfahren aufzwingen kann, aber man kann Sie nicht zwingen, zu einer Einigung zu gelangen.»[10] Wenn Ihnen die Schlichtung auferlegt wird und Sie vor Ihrem Partner Angst haben, können Sie den Schlichtungsbeamten bitten, besondere Vorkehrungen zu treffen. Bitten Sie um ein Gespräch unter vier Augen und schildern Sie dem Beamten Ihre Bedenken. Ein guter Schlichtungsbeamter sollte, wenn er hört, daß Ihr Partner Ihnen angst macht, vor allem aber wenn dieser Partner Sie schon tätlich angegriffen hat, die Verhandlungen einstellen und Ihnen vorschlagen, eine Anwältin aufzusuchen. Wenn der Schlichtungsbeamte weiterhin auf Schlichtung besteht, bitten Sie ihn, getrennte Sitzungen für Sie und Ihren Partner zu vereinbaren. Noch eine Warnung: Vergessen Sie nicht, daß das, was Sie einem Schlichtungsbeamten erzählen, nicht vertraulich ist und vor Gericht zur Sprache kommen könnte; dazu gehören auch Adresse, Telefonnummer und Arbeitsplatz.[11]

Mögliche Optionen beim Umgangsrecht

Häufig wird das Umgangsrecht innerhalb eines Scheidungs- und Sorgerechtsverfahrens geregelt, aber vielerorts haben Sie die Möglichkeit, spezielle Bedingungen zu verlangen – etwa Zeit und Ort der Besuche –, die dann Teil Ihrer Verfügung auf Unterlassung sind.

1. Sie können verlangen, daß die Besuche unter Aufsicht stattfinden, daß z. B. eine Mitarbeiterin des Jugendamts oder einer Erziehungsberatungsstelle anwesend ist.

2. Sie können Ihren Partner bitten, die Kinder in der Wohnung von Verwandten oder Freunden zu besuchen. Versichern Sie sich, daß diese Personen Ihre Bedenken bezüglich der Sicherheit ernst nehmen. Freunde oder Verwandte können die Kinder abholen und sie wieder nach Hause bringen. Auf diese Weise können Sie den Kontakt mit Ihrem Partner verhindern.

3. Sie können verlangen, daß die Besuche kurz sind und untertags an einem öffentlichen Ort stattfinden.

4. Sie können fordern, daß das Umgangsrecht abhängig ist von der Teilnahme Ihres Partners an einem Trainingsprogramm für gewalttätige Ehemänner oder Suchtkranke. Sollte Ihr Partner rücksichtslos Auto fahren oder zuviel trinken, können Sie verlangen, daß er nicht fahren oder trinken darf, solange er mit den Kindern zusammen ist.

Bevor Sie sich auf irgendeine gerichtlich festgelegte Umgangsrechtsregelung einlassen, sprechen Sie mit einer Beraterin oder einer Anwältin. Wie reagieren die Gerichte, wenn ein Mann die Bestimmungen des Umgangsrechts verletzt? Sind einige Richter strenger als andere? Rechnen Sie damit, wieder vor Gericht zu gehen, wenn Ihr Partner die Vereinbarungen verletzt; und seien Sie auch darauf gefaßt, daß er andere Forderungen aufstellen wird, wenn Sie ihm eine Zuwiderhandlung vorwerfen. Die meisten Rechtsexperten raten dazu, einen Anwalt oder eine Anwältin dabeizuhaben. Eine erschöpfte, aber stolze Mutter erzählte uns: «Jedesmal, wenn ich versuchte, die Vereinbarungen des Umgangsrechts durchzusetzen, versuchte er, den Umfang des Kindesunterhalts zu verringern und die Sorgerechtsbestimmung abzuändern. Aber ich blieb fest und hatte das Glück, einen Richer zu haben, der sich weigerte, auf die Faxen meines Mannes einzugehen.»

11. Schutz für Ihre Kinder

Frauen, die mit einem kontrollierenden Partner zurechtkommen wollen, übersehen oder bagatellisieren manchmal, was dieser den unschuldigsten Opfern antut: den Kindern. Iris sagte dazu: «Erst wenn ich Elaine zu Bett gebracht hatte, fiel Glen über mich her. Ich meinte immer, sie ahne nichts davon. Doch als sie sechs oder sieben Jahre alt war, schaute sie eines Morgens am Frühstückstisch zu mir hoch und fragte: ‹Hat Daddy dich diesmal totgemacht?› Ich war sprachlos. Meine Rationalisierungen waren umsonst gewesen. Ich hatte mir überlegt: ‹Er ist gut zu ihr. Sie braucht ihn. Ich bleibe ihretwegen.› Aber es war viel komplizierter und viel schrecklicher, als ich gedacht hatte.»

Es hat manchmal den Anschein, als betrachteten wir Gewalt fast als Selbstverständlichkeit. Vielleicht haben wir im Fernsehen zuviel davon erlebt. Darlene zum Beispiel entging es nicht, daß ihr zweiter Mann die Kinder seelisch mißhandelte, aber sie hielt das für «normal». Sie erzählte uns: «Er fing am Frühstückstisch an zu brüllen und nannte die Kinder Dummköpfe und Idioten. Mein jüngster Sohn mußte sich jeden Morgen übergeben, bevor er zur Schule ging. Ich nahm das nicht ernst, weil ich dachte, mein Mann und die Kinder brauchten noch etwas Zeit, sich aneinander zu gewöhnen.» Sechs Jahre danach verdrosch er eines der Kinder mit seinem Gürtel. Da wußte Darlene, daß sie ihre Kinder wegschaffen mußte; sie traf Vorbereitungen und trennte sich bald darauf von ihrem Mann. Darlene, die jetzt über die seelische Mißhandlung von Kindern besser Bescheid weiß, sagte rückblickend: «Er traktierte meine Kinder sechs Jahre lang mit Schimpfworten. Ich wußte, daß sie das nicht ausstehen konnten, aber ich sah darin keine Kindesmißhandlung. Meine Kinder haben viel erlitten. Ob sich das wieder in Ordnung bringen läßt, ist fraglich.»

Frauen, die in einer repressiven Beziehung leben, versuchen ihre Kinder so gut wie möglich zu beschützen. Sie behalten sie stets im Auge, sorgen für Ruhe oder schicken sie nach draußen, um sie gegen den Partner abzuschirmen. Oft intervenieren sie und nehmen Beschimpfungen oder gar Prügel in Kauf, um zu verhindern, daß ihre Kinder ausgescholten oder geschlagen werden. Manche nehmen alles schweigend hin, weil sie wissen, daß das Kind es büßen muß, wenn sie es verteidigen. So wie Iris und Darlene bringen die meisten schließlich ihre Kinder weg. Manche Frauen merken jedoch gar nicht, daß Kindesmißhandlung stattfindet (wie es bei Darlene der Fall war). Wie Iris bagatellisieren oder verleugnen sie die Vorfälle. Viele Frauen begreifen nicht, daß die Kinder Schaden leiden, wenn sie mitansehen müssen, wie ihre Mutter mißhandelt wird. Andere werden gewalttätig und behandeln die Kinder so, wie sie selbst von ihrem Partner behandelt werden. In jedem Fall sind die Kinder die Leidtragenden.

In diesem Kapitel beschreiben wir, welche Folgen es hat, wenn Kinder seelisch und körperlich mißhandelt oder sexuell mißbraucht werden oder wenn sie erleben müssen, wie dies ihrer Mutter angetan wird. Wir geben Hinweise, wie Sie Kindesmißhandlungen erkennen, und Anleitungen, wie Sie Ihre Kinder schützen können. In diesem Kapitel wird hauptsächlich von körperlichen Mißhandlungen und sexuellem Mißbrauch die Rede sein, weil darüber mehr bekannt ist als über den seelischen Mißbrauch und weil dadurch jeden Tag Kinder zu Tode kommen. Wir befassen uns jedoch auch mit den seelischen Beeinträchtigungen, die entstehen, wenn Kinder mitansehen, wie ihre Mutter mißhandelt oder mißbraucht wird.

Kinder als Augenzeugen von Gewalt

Viele Jahre lang war man der Auffassung, wenn die Mutter verbal oder körperlich mißhandelt werde, erlitten die Kinder keine traumatischen Schäden. Manche Experten vertreten nach wie vor diese Auffassung, insbesondere dann, wenn Gewalt sporadisch und «heimlich» angewandt wird. Kinder mißhandelter Mütter schneiden ja mitunter in der Schule gut ab und lassen kaum Anzeichen von Störungen erkennen, aber es kann sehr wohl sein, daß der Schein trügt.

Olivia erzählte uns: «Die Kinder wissen Bescheid, auch wenn du meinst, sie hätten nichts gemerkt. Als ich mich von meinem Mann getrennt hatte, erzählten mir die Kinder zu meiner Verblüffung die schaurigsten Details.» Olivia meinte, ihre Kinder seien angesichts der im Haus herrschenden Gewalt überangepaßt gewesen. «Meine Töchter verhielten sich mustergültig. Sie wurden nie geschlagen, glaubten aber, daß es dazu kommen könnte, wenn sie etwas anstellten. Und deshalb wollten sie sich nichts zuschulden kommen lassen.»

Olivias Töchter hatten große Ängste. «Joanna, meine Älteste, machte sich Sorgen, wenn ich mich allein zu Hause aufhielt», sagte Olivia. «Sie kam in ihrer Mittagspause vorbei und schaute nach, wie es mir ging. Sie war in der dritten Klasse, als das anfing. Außerdem hatte sie Alpträume, in denen mir etwas passierte, z. B. fiel ich die Treppe hinunter.»

Viele Kinder werden wie Olivias Töchter, wenn sie mitansehen müssen, wie ihre Mutter beschimpft und mißhandelt wird: Sie werden fleißige, ängstliche Streber. Viele Kinder sind wie ihre Mütter verunsichert und von Schuldgefühlen geplagt, und wie ihre Mütter suchen sie die Ursache bei sich selbst. «Habe ich Daddy dazu gebracht, daß er Mama das antut?» fragen sie sich. «Was soll ich bloß tun, damit er das sein läßt?»

Annette wußte genau, warum ihre Kinder so dachten. «Er hat die Kinder nie geschlagen», sagte sie. «Wenn sie ungezogen waren, schrie er mich an und schlug mich. Die Kinder fühlten sich für das, was er mir antat, verantwortlich. Sie litten darunter, daß sie ihre Mutter nicht beschützen konnten.»

Annettes Mann setzte die Kinder außerdem unter Druck, indem er Drohungen ausstieß wie: «Wenn ihr jemandem erzählt, daß ich eure Mutter verhauen habe, gehe ich.»

ANNETTE Meine Kinder befanden sich in einem Dilemma: Wenn sie etwas erzählten, befürchteten sie, daß ihr Vater verschwände, und damit wären sie verantwortlich gewesen für das «Auseinanderbrechen» der Familie. Wenn sie aber nicht darüber redeten, deckten sie die Mißhandlungen. Das machte sie schließlich ganz fertig. Aber mit der Trennung war noch lange nicht Schluß. Jedesmal, wenn er die Kinder besuchte, fragte er sie nach mir aus, und außerdem verlangte er, daß sie sich für ihn oder für mich entschieden. Er brachte ihnen bei, was sie zu mir sagen sollten, und dann mußten sie sich überlegen, ob sie das tun wollten. Er setzte die Kinder in dem Krieg, den er gegen mich führte, als Waffen ein. Es war schrecklich für sie.

Manche Kinder reagieren auf diesen Stress mit «Ausflippen», andere machen das nach, was sie gesehen haben.

JOCELYN Eines Morgens, als mein Mann zur Arbeit gegangen war, hielten sich meine beiden Söhne noch in ihrem Zimmer auf, und ich war gerade dabei, die Küche zu putzen. Da merkte ich, daß sie eine unserer Auseinandersetzungen nachspielten. Der jüngere nannte seinen Bruder «Dreckfotze». Ich wäre am liebsten tot umgefallen. Im Laufe der Jahre kam es immer wieder zu ähnlichen Szenen. Mein älterer Sohn wollte seinen Vater um meinetwillen verprügeln und versuchte es auch ein paarmal. Mein jüngerer Sohn dagegen stolzierte im Haus umher und nannte mich «fette Sau». Schließlich fing er an, mich zu schlagen. Das war der Gipfel. Und das hat mir die Augen geöffnet: Von einem Achtjährigen wollte ich mir das nicht gefallen lassen – warum ließ ich es mir dann von meinem Mann gefallen? Ich merkte, daß meine Kinder mit einer grundfalschen Vorstellung von Familie und normalen Mutter- und Vaterrollen aufwuchsen und daß sie nicht wußten, was Liebe ist. Sie hatten bereits eine geringschätzige Haltung Frauen gegenüber angenommen, insbesondere mir gegenüber.

CHERYL Eines Tages fiel mein Mann über mich her, weil ich in der Kirche aufgehalten worden war und das Essen nicht auf dem Tisch stand, als er von der Arbeit nach Hause kam. Er schimpfte fort und fort, und nachher sagte mein Sohn zu mir: «Ich wäre auch fuchsteufelswild, wenn ich nach Hause käme und meine Frau wäre nicht da.» Er war erst neun. Ich haßte die Art, wie er über Frauen dachte und wie er mit mir redete, und ich merkte, daß er eines Tages genauso denken und handeln würde wie sein Vater, wenn wir noch länger dablieben.

Viele Frauen stellen bei ihren eigenen Kindern die Tendenz fest, sich die Einstellung und die Handlungsweisen des kontrollierenden Partners zu eigen zu machen. Wenn Kinder sehen, wie ihre Mutter herumgeschubst wird (im wörtlichen und im übertragenen Sinn), hat dies aber noch tiefer gehende Auswirkungen. Obwohl dieses Gebiet wenig erforscht ist und die Ergebnisse widersprüchlich sind, läßt sich sagen, daß bei manchen Kindern, die Augenzeugen von Gewaltanwendung gegen die Mutter werden, ähnliche Symptome auftreten wie bei Kindern, die tatsächlich körperlich mißhandelt und sexuell mißbraucht wurden. Es kann aber auch vorkommen, daß ein Kind, das seelische oder körperliche Mißhandlungen miterleben mußte, selbst zum Opfer wird. Amanda sagte uns: «Als meine Kinder klein waren, schlug mein Mann sie nie. Sie beobachteten nur, was er mir antat. Doch als sie größer wurden, konnten sie seine Schikanen und Gemeinheiten nicht mehr ertragen. Sie fingen an, Widerworte zu geben und trotzig zu werden. Und plötzlich hagelte es die gleichen Vorschriften und Strafen wie gegen mich.»

Kinder, die Augenzeugen von Gewalt werden, können auch durch Zufall zu Opfern werden.

LUCY Ich kam mit dem Baby vom Einkaufen nach Hause und machte mich daran, die Lebensmittel auszupacken. Aus heiterem Himmel – wir hatten kein Wort miteinander gewechselt – fing Tom plötzlich an zu toben: Es sei nicht seine Aufgabe, die Lebensmittel wegzuräumen, und das Baby solle endlich den Mund halten. Er brachte gerade eine große Dose Erbsen weg, drehte sich plötzlich um und warf die Dose nach mir. Sie verfehlte mich aber und traf meine Tochter an der Schläfe. In diesem Moment wußte ich, daß ich weggehen mußte. Ich brauchte dazu drei Jahre. Er tat dem Kind nichts mehr an, aber ich wußte, daß ich mich von ihm trennen würde.

Manche Kinder, die Augenzeugen von Mißhandlungen wurden, kommen zwar erstaunlich gut voran und zeigen keine der nachfolgend beschriebenen Verhaltensweisen, doch andere sind stark betroffen. Sie brauchen sehr viel Hilfe und Zuwendung. Die meisten Symptome sind vorübergehender Natur; sie werden schließlich verschwinden, insbesondere dann, wenn die Kinder Geborgenheit gefunden haben. Manche Symptome können jedoch fortdauern, so daß sie unter Umständen eine fachkundige Beratung brauchen. Falls Sie bei der Lektüre der folgenden Liste Schuldgefühle bekommen, sollten Sie daran denken, daß Sie durchaus etwas unternehmen können, um Ihrem Kind eine gute Zukunft zu sichern. Selbst stark traumatisierte Kinder können wieder gesunden, wenn sie genug Zuwendung erhalten.

Symptome bei Kindern, die sahen,
wie die Mutter mißhandelt wurde

_____ Schlaflosigkeit, Angst vor dem Einschlafen, Alpträume, Träume von Gefahr.

_____ Kopfschmerzen, Magenschmerzen.

_____ Angst, verletzt oder umgebracht zu werden.

_____ Rauflust; Grausamkeit gegen andere Kinder oder gegen Tiere.

_____ Temperamentsausbrüche.

_____ Sichzurückziehen von Menschen und Aktivitäten.

_____ Lustlosigkeit, Depressivität, mangelnde Lebensfreude.

_____ Einsamkeits- und Isolationsgefühle.

_____ Suchtmittelmißbrauch.

_____ Selbstmordabsichten.

_____ Angst, zur Schule zu gehen oder die Mutter allein zu lassen; Schule schwänzen.

_____ Diebstähle.

_____ In Gegenwart des Täters starre Wachsamkeit oder übertriebene Ängstlichkeit.

_____ Beflissenheit, Strebertum, Verhalten wie ein kleiner Erwachsener.

_____ Grübeln, Zerstreutheit, Konzentrationsschwierigkeiten.

_____ Bettnässen.

_____ Appetitmangel.

_____ Gesundheitliche Probleme wie Asthma, Arthritis, Geschwüre.[1]

Wenn Ihr Partner die Kinder
mißhandelt oder sexuell mißbraucht

Bei den Interviews, die Lenore Walker mit 400 mißhandelten Frauen führte, ergab sich, daß 53 Prozent der männlichen Partner die Kinder ebenfalls mißhandelten.[2] Diese Zahl ist erschreckend. Daß auch ihre Kinder mißhandelt wurden, raubte Lucille den Schlaf. Sie sagte uns: «Ich fragte mich andauernd: ‹Wie kann ich meine Kinder schützen, wenn ich mich nicht einmal selbst schützen kann?›» Daß ihr Mann die Töchter oft schlug, war ihre größte Sorge. Das führte zu starken Schuldgefühlen und zu Selbstvorwürfen: «Was ist bloß los mit mir, daß ich so etwas zulasse?» fragte sich Lucille.

Sie suchte nach einer Antwort. Aber ihre Fragestellung war nicht richtig. Sie war für das Fehlverhalten ihres Mannes nicht verantwortlich. Es konnte keine Rede davon sein, daß sie etwas «zugelassen» hätte. Lucille war dagegen, daß ihr Mann Gewalt anwandte, stritt sich deswegen mit ihm und trennte sich schließlich von ihm. Sie tat ihr möglichstes, um ihre Kinder zu schützen, aber manchmal gab es Situationen, die sie nicht unter Kontrolle hatte.

LUCILLE Mein drei Monate altes Baby wachte mitten in der Nacht auf; es hatte eine Mittelohrentzündung und erhöhte Temperatur. Mein Mann schrie: «Sorg dafür, daß das Balg Ruhe gibt! Ich will schlafen!» Ich versuchte, das Kind zu beruhigen, aber es half nichts. Er stand auf, nahm mir das Kind aus dem Arm und schlug es. Sein Hintern war grün und blau. Ich überlegte, was ich tun sollte. Wenn ich das Baby zum Arzt brächte, würde man es mir wegnehmen, weil ich als Mutter zugelassen hatte, daß so etwas passierte. Und mein Mann sagte: «Du kannst erzählen, was du willst, ich werde sagen, daß du es getan hast.»

Als Lucilles Kinder älter wurden, übte ihr Mann auf andere Weise Kontrolle aus. Lucille sagte dazu: «Ich mußte meine

Töchter zu meiner Mutter bringen, damit sie wie andere Kinder einen Schokoriegel oder einen Hamburger bekamen. Geld hatte er schon, aber er ging sehr knauserig damit um; ich durfte den Kindern keine Leckereien und keine Geschenke kaufen.» Er hatte für die Kinder wenig übrig, verlangte aber von Lucille, daß sie stets Zeit für ihn hatte.

> Wenn er Abends von der Arbeit nach Hause kam, ging er zu Bett – um sechs Uhr. Er erwartete von mir, daß ich mitging und die Kinder in ihrem Zimmer allein weiterspielen ließ. Das war sehr belastend für mich. Er schenkte den Kindern keine Beachtung, doch ich sollte für ihn da sein, sobald er zu Hause auftauchte. Ich machte mir Sorgen, daß die Kinder keine Vaterfigur hätten. Und oftmals hatten sie auch keine Mutter.

Als Penny nach der Trennung um das Sorgerecht für ihre Tochter kämpfte, stellte sie fest, daß Greg das Kind sexuell mißbrauchte. Von Rechtsanwälten und Medizinern ist zu hören, daß solche Fälle von sexuellem Mißbrauch immer häufiger vorkommen. Sie setzen meist nach der Trennung ein, wenn der Vater das Kind trifft. Es hat den Anschein, daß manche Väter ihr Kind sexuell mißbrauchen, um die Mutter dafür zu bestrafen, daß sie sich von ihnen getrennt hat.[3] Penny meinte, daß dies bei ihr der Fall gewesen sei.

PENNY Als meine Tochter von einem Wochenende mit ihrem Vater nach Hause kam, bemerkte ich in ihrem Unterhöschen einen Fleck. Als ich sie danach fragte, sagte sie: «Vati und ich haben ein Spiel gespielt.» Als ich meinen Mann damit konfrontierte, sagte er: «Kinder erfinden doch immer alles mögliche.» Später änderte er seine Taktik und drohte mir, er werde das einem bestimmten Mann, mit dem ich ausgehe, zur Last legen. Ich sagte: «Du wirst schon sehen, wie weit du damit kommst.» Er versuchte es damit, und die gerichtliche Auseinandersetzung dauert immer noch an. Er meinte, daß mir das Sorgerecht nicht zugesprochen werden könne, weil ich zugelassen habe, daß mein Freund *sein* Kind mißbraucht. Und das hat Greg nur getan, weil er es mir heimzahlen will, daß ich mich von ihm getrennt habe.

Viele Frauen handeln wie Penny, wenn sie den Verdacht haben, daß etwas nicht stimmt: Sie reden mit dem Kind, hören genau zu und glauben ihm aufs Wort. Wenn es um den Schutz des Kindes geht, ist der erste Schritt, seinen Worten Glauben zu schenken. Es kann jedoch sein, daß Sie nicht wahrhaben wollen, daß Ihr Partner Ihrem Kind seelisch, körperlich oder sexuell Gewalt antut. Manche Frauen wehren sich dagegen, zur Kenntnis zu nehmen, was ihr Partner tut. Andere reagieren darauf genauso, wie sie auf das gegen sie gerichtete Verhalten des Partners reagieren: Sie bagatellisieren es und schieben die Schuld anderen zu. Manchmal geben sie dem Kind die Schuld und lassen ihre Wut an ihm aus, indem sie sagen: «Wenn du nicht so böse wärst, hätte Vati das nicht tun müssen.» Oder sie geraten in die Sackgasse der Erklärungsversuche und suchen Entschuldigungen für das Fehlverhalten, indem sie etwa sagen: «Mein Mann muß gerade viel durchmachen» oder «Er hat bei der Arbeit viel Stress».

Manche Frauen sehen keine Möglichkeit, ihre Kinder zu schützen. Und weil sie sich ihre eigene Machtlosigkeit nicht eingestehen wollen, versuchen sie das Fehlverhalten zu ignorieren. Geneen sagte dazu: «In meinem tiefsten Inneren wußte ich, daß etwas nicht stimmte. Ich mußte erst wieder lernen, auf mich selbst und auf die Kinder zu hören.» Sie entdeckte schließlich das, wovor sie sich am meisten gefürchtet hatte: «das Entsetzen in den Augen meiner Kinder».

Obwohl die Kinder nie blaue Flecken hatten und ein Ermittlungsverfahren wegen Kindesmißhandlung wahrscheinlich ergebnislos verlaufen wäre, war Geneen überzeugt, daß etwas nicht stimmte. Sie bildete sich ihr eigenes Urteil über die Situation, indem sie sich fragte: «Hat mein Mann die Kinder durch sein Verhalten geschädigt?» Ihrer Meinung nach war das der

Fall. Die Frage, die Geneen sich stellte, muß jede Frau für sich selbst beantworten.

Damit Sie die Antwort leichter finden können, definieren wir, was unter Mißhandlung und Vernachlässigung von Kindern zu verstehen ist; wir stützen uns dabei auf ein Merkblatt des National Committee for Prevention of Child Abuse. Wir führen dazu verschiedene Beispiele von Mißhandlung und von Vernachlässigung auf. Folgendes ist dabei wichtig: Vieles, was als «Spiel» oder eine «disziplinarische Maßnahme» ausgegeben wird, ist in Wirklichkeit Gewaltanwendung und Gewalttätigkeit, also Kindesmißhandlung. Wir führen außerdem Symptome auf, die von Ärzten, Krankenschwestern, Lehrern und Sozialarbeitern als Anzeichen für Mißhandlung oder Vernachlässigung gewertet werden.

Körperliche Mißhandlung

Körperliche Mißhandlung von Kindern ist eine absichtlich zugefügte Verletzung oder eine Reihe von Verletzungen.

Dazu gehört: dem Kind den Hintern versohlen, es durchschütteln, ohrfeigen, ihm Faustschläge, Stöße oder Fußtritte versetzen, es packen, würgen, herumschubsen, festhalten, an den Haaren ziehen, an den Ohren ziehen, ihm ein Bein stellen, seinen Kopf gegen etwas schlagen, es herumwerfen oder herumschleudern, es absichtlich fallen lassen, es in den Arm kneifen, am Arm zerren, ihm den Arm verdrehen, es mit Gegenständen bewerfen, verprügeln, seinen Kopf unter Wasser halten, es in sehr heißes oder sehr kaltes Wasser eintauchen, ihm etwas aufs Gesicht drücken, es anbinden, ihm Schnitt- oder Brandwunden zufügen, es beißen, es mit Gegenständen wie einem Gürtel, einem Besen oder einem Paddel schlagen.

Körperliche Anzeichen und Symptome:

1. Blutergüsse, Knochenbrüche, Rißwunden, Einstiche, Schwellungen, fehlendes Haar oder Wunden, die durch Bisse oder Zigaretten entstanden sein können.
2. Häufiges Auftreten von kleineren oder größeren Verletzungen.
3. Zahlreiche unterschiedlich verheilte Verletzungen, die darauf schließen lassen, daß sie zu verschiedenen Zeitpunkten entstanden sind.
4. Schlecht versorgte Wunden oder Anzeichen verspäteter oder unsachgerechter Behandlung.

Verbale Anzeichen und Verhaltenssymptome

1. Das Kind hat seltsame oder nicht glaubhafte Erklärungen für die Verletzungen.
2. Der Vater oder die Mutter des Kindes haben unzureichende oder widersprüchliche Erklärungen für die Verletzungen.
3. Wiederholtes Zuspätkommen zum Unterricht oder Fernbleiben von der Schule. (Die Eltern behalten das Kind möglicherweise zu Hause, bis die sichtbaren Anzeichen der Mißhandlung verschwunden sind.)[4]

Vernachlässigung von Kindern

Vernachlässigung bedeutet, ein Kind unzureichend zu versorgen und zu beschützen, so daß eine normale Entwicklung nicht mehr gewährleistet ist.

Dazu gehört: fehlende oder unzureichende Ernährung und Bekleidung, fehlende Nachtruhe, fehlende Sauberkeit und Hygiene, mangelhafte medizinische Versorgung.

Sichtbare Anzeichen und körperliche Symptome:
1. Hunger, Durst, Mangelerscheinungen
2. Unsauberkeit, verwahrlostes Erscheinungsbild
3. Übermüdung, Schläfrigkeit in der Schule
4. Häufige Erkrankungen oder unbehandelte Verletzungen

Verhaltensmerkmale der Eltern:
1. Die Eltern sorgen nicht für einen geregelten Tagesablauf
2. Das Kind hat den Eindruck, den Eltern gleichgültig zu sein
3. Die Eltern lassen das Kind stunden- oder tagelang unbeaufsichtigt.[5]

Sexueller Mißbrauch von Kindern
Darunter versteht man den sexuellen Kontakt zwischen einem Kind und einem Erwachsenen oder einem älteren Kind zwecks sexueller Befriedigung des Mißbrauchers. Es handelt sich dabei nicht immer um einen körperlichen Kontakt – das Kind kann etwa dazu gebracht werden, sich eindeutig sexuelle Aussagen anzuhören. Sexueller Mißbrauch ist immer mit Zwang verbunden. Dieser Zwang kann durch Gewalt ausgeübt werden oder durch seelischen Druck, etwa durch Bestechung oder Einschüchterung.

Dazu gehört: Bemerkungen über den Körper des Kindes zu machen; das Kind auf eindeutig sexuelle Weise anzusprechen; das Kind auf sexuelle Weise oder gegen seinen Willen zu küssen oder zu liebkosen; sexuellen Kontakt zwischen Kindern herbeizuführen; dem Kind gegenüber die Genitalien zu entblößen; die Genitalien des Kindes zu entblößen; das Kind zu zwingen, das Geschlechtsteil des Erwachsenen zu berühren; das Kind unzüchtig zu kitzeln oder sein Geschlechtsteil unter dem Vorwand eines Spiels zu berühren; das Kind pornographischem Material auszusetzen; das Kind mit sexuellen Gewaltakten an der Mutter oder Sexualakten von Erwachsenen zu konfrontieren; den Finger oder Gegenstände in die Vagina einzuführen; den Geschlechtsverkehr mit dem Kind zu vollziehen.

Äußere Anzeichen und Symptome:

1. Gereizte oder gerötete Genitalien, Jucken an den Genitalien oder am After.
2. Schmerzen oder Verletzung im Genitalbereich oder am Mund.
3. Ausfluß aus der Vagina oder aus dem Penis.
4. Blaseninfektionen, Schwierigkeiten beim Harnlassen.
5. Ungewöhnlicher, widerlicher Geruch.
6. Geschlechtskrankheiten.
7. Schwangerschaft.[7]

Anzeichen und Symptome im Verhalten des Kindes:

1. Angst vor einer bestimmten Person oder bestimmten Orten wie Duschräumen oder Toiletten. (Ist der Täter ein Elternteil oder eine andere dem Kind nahestehende Person, kann es sein, daß es in seiner Gegenwart nicht ängstlich reagiert.)
2. Sichanklammern; furchtsames, verstörtes Verhalten.
3. Regression auf Verhaltensformen des Babyalters (Daumenlutschen).
4. Plötzliche Befangenheit hinsichtlich der Genitalien; plötzliches Interesse an den Genitalien anderer, für sexuelle Handlungen und das entsprechende Vokabular.
5. Abneigung, den Mundbereich untersuchen zu lassen.
6. Nicht altersgerechtes Sexualverhalten, zum Beispiel Zungenküsse.
7. Zunahme oder Abnahme des Appetits.
8. Angsterfüllte Zeichnungen.
9. Starke Überreaktionen auf die Frage, ob es angefaßt worden ist.[8]

10. Das Verhalten gegenüber den Eltern unterscheidet sich stark von dem der anderen Kinder.

11. Das Kind geht zu früh zur Schule oder kommt verspätet zurück.

12. Nervöses, aggressives, feindseliges oder störendes Verhalten gegenüber Erwachsenen, insbesondere gegenüber den Eltern.

13. Von zu Hause weglaufen.

14. Alkohol- oder Drogenkonsum.

15. Häufig wechselnde Geschlechtspartner.

16. Rückzug aus sozialen Bindungen, Flucht in eine Phantasiewelt.

17. Anzeichen geistiger Zurückgebliebenheit.

18. Alpträume, Bettnässen, Furcht vor der Dunkelheit, Schwierigkeiten beim Einschlafen, immer wieder auftauchende Ängste, häufiges Weinen.

19. Ausagieren von sexuellen, aggressiven oder gewalttätigen Impulsen an Spielsachen, Tieren oder Menschen. Dabei kommt es manchmal auch zu Diebstählen, zu Versuchen, die Freundschaft anderer Kinder zu erkaufen, sowie zu Tätlichkeiten.

20. Gestörtes Verhältnis zu Gleichaltrigen und Unfähigkeit, Freundschaften zu schließen.

21. Äußerungen, die Andeutungen auf den Vorfall enthalten: «Mit John bin ich nicht gern allein»; «Mrs. Smith führt sich mir gegenüber so komisch auf»; «Er hat mit mir herumgealbert»; «Ich fürchte mich davor, heute abend nach Hause zu gehen»; «Kann ich heute bei dir übernachten?»

Seelische Mißhandlung

Diese Form der Kindesmißhandlung führt zu seelischen Wachstums- und Entwicklungsstörungen. Wenn ein Kind beschimpft wird oder wenn es unter übergroßem Leistungsdruck ein negatives Selbstverständnis entwickelt und in seinem Verhalten verunsichert wird, spricht man von seelischer Mißhandlung. Zu körperlicher Mißhandlung braucht es dabei nicht zu kommen.[10] Fachleute unterscheiden fünf Formen seelischer Grausamkeit: Zurückweisung, Nichtbeachtung, In-Angst-Versetzen, Isolierung und Korrumpierung.[11]

Dazu gehört: das Kind anzuschreien und zu beschimpfen; zornig oder angsteinflößend zu gestikulieren; obszöne Ausdrücke zu verwenden; das Kind zu ignorieren, es zu verspotten, es mit Schimpfnamen zu belegen; mit dem Kind ausschließlich negative Interaktionen zu haben; es bei Streitigkeiten zwischen Erwachsenen dazu zu bringen, Partei zu ergreifen; ihm das Wort im Mund herumzudrehen; es einzusperren; es mit Fragen zu löchern und in der Öffentlichkeit herabzusetzen; ihm Geld oder Bedarfsartikel vorzuenthalten; Dinge, die ihm gehören, zu vernichten oder seine Haustiere zu töten; dem Kind Alkohol oder Drogen zu verabreichen; mit dem Kind im Auto rücksichtslos oder alkoholisiert zu fahren; ihm Gewalt oder Aussetzung anzudrohen und es dadurch in Angst zu versetzen.

Anzeichen und Symptome im Verhalten der Erwachsenen:
1. Positives, normales Verhalten des Kindes wird bestraft, zum Beispiel die Fröhlichkeit, die Entdeckungsfreude, der Spieltrieb, das Singen.
2. Bindungen des Kindes, zum Beispiel zum anderen Elternteil oder zu Freunden, werden abgelehnt.
3. Das Kind wird bestraft, wenn es ein positives Selbstwertgefühl an den Tag legt.
4. Das Kind wird ignoriert; es wird beiseite geschoben oder weggeschickt.
5. Ein Klima der Angst wird geschaffen; das Kind wird schikaniert; Dinge und Tiere, die ihm gehören, oder Menschen, die das Kind gern hat, werden schlecht behandelt.
6. Mangelnde Beachtung der Aggressivität, der Straftaten oder der sexuellen Frühreife des Kindes.

Anzeichen und Symptome im Verhalten des Kindes:

1. Angst, Sichzurückziehen, ausgeprägte Schüchternheit und starke Isolation.
2. Angebertum und Gier nach Aufmerksamkeit.
3. Temperamentsausbrüche, theatralische Zurschaustellung der Verärgerung und der Feindseligkeit.
4. Alpträume, Schlafstörungen.
5. Weglaufen von zu Hause.
6. Suchtmittelmißbrauch.
7. Strebertum.

Wenn Ihr Kind mißhandelt oder mißbraucht worden ist

Wenn Sie von Ihrem Kind erfahren, daß es von Ihrem Partner körperlich mißhandelt oder sexuell mißbraucht wurde, sollten Sie eine Reihe von Initiativen ergreifen. Fachleute stimmen darin überein, daß diese Maßnahmen – so schwierig sie sein mögen – für Ihr Kind und für Sie hilfreich sein werden.

1. Schenken Sie Ihrem Kind Glauben. Daß Kinder in diesem Punkt die Unwahrheit sagen, kommt äußerst selten vor.
2. Bewahren Sie die Fassung. Überreaktionen können das Kind erneut traumatisieren und Sie selbst zu unüberlegten Handlungen verleiten, die sich bei der Sorgerechtsauseinandersetzung nachteilig auswirken.
3. Sorgen Sie umgehend dafür, daß Ihr Kind vor dem mutmaßlichen Täter in Sicherheit ist.
4. Versichern Sie Ihrem Kind, es sei nicht seine Schuld, und Sie seien froh darüber, daß es mit Ihnen geredet habe.
5. Lassen Sie Ihr Kind sofort ärztlich untersuchen, auch wenn es unverletzt zu sein scheint. Der Arzt kann aber unter Umständen keinen medizinischen Nachweis erbringen.

6. Suchen Sie eine Beratungsstelle auf, oder melden Sie den Vorfall dem Jugendamt. Falls Sie eine arme, farbige oder lesbische Frau sind oder die Landessprache nicht gut sprechen, sollten Sie *zuerst* mit einer Beraterin reden.
7. Stehen Sie Ihrem Kind zur Seite, wenn der Vorfall untersucht wird.

Das Kind ärztlich untersuchen und behandeln zu lassen ist von großer Wichtigkeit. Dabei sollten Sie jedoch beachten, daß der Arzt gesetzlich verpflichtet ist, Anzeichen von Kindesmißhandlung oder Kindesmißbrauch dem Jugendamt zu melden. Das Jugendamt seinerseits ist gesetzlich verpflichtet, dem Vorfall nachzugehen und zu entscheiden, ob das Kind in einem Ausmaß gefährdet ist, daß es von zu Hause weggebracht werden muß. Das Jugendamt kann Ihrer Familie eventuell Betreuungshilfen anbieten, damit das Kind ohne Gefährdung in seinem Zuhause bleiben kann.

Manche Frauen fürchten sich vor dem Jugendamt. Sie glauben, man werde sie für den betreffenden Vorfall verantwortlich machen und ihnen womöglich die Kinder wegnehmen. Einige haben Bekannte oder Verwandte, deren Kinder in staatliche Obhut genommen wurden. Andere fürchten sich weniger vor dem «System» als vor ihrem Partner. «Wenn Bill herausbekommen hätte, daß ich mit dem Jugendamt geredet habe, wäre ich jetzt tot», erzählte uns Sarabeth.

Wie viele Frauen, die mit einem gewalttätigen Partner zusammenleben, befand sich auch Sarabeth in einem schrecklichen Dilemma: Wenn sie den Vorfall meldete, würde sie zu Hause mit dem Täter große Schwierigkeiten bekommen – und dazu mit den Behörden. Wenn sie den Vorfall verschwieg, konnte das Kind schweren Schaden erleiden. Wird ein Kind verletzt, kann der Mutter vom Jugendamt, von Ärzten und Psychiatern «unterlassene Hilfeleistung» vorgeworfen werden. Bleibt eine solche Mutter bei ihrem Partner oder kehrt sie nach einer zeitweiligen Trennung zu ihm zurück, kann es dazu kommen, daß ihre Kinder für längere Zeit in staatliche Obhut genommen werden.

Wenn Sie sich in dieser Lage befinden, sollten Sie sich an Organisationen wenden, die Ihre Rechte schützen und Ihnen im Umgang mit dem Jugendamt behilflich sind. Kommt es zu einem Ermittlungsverfahren wegen Kindesmißhandlung oder Kindesmißbrauch, brauchen Sie die Unterstützung von Leuten, die sich im «System» auskennen. Denken Sie daran: Wenn Sie eine arme oder farbige Frau sind, ist das Risiko besonders groß, daß Ihre Kinder in staatliche Obhut genommen werden. Die Hilfsangebote sind von Ort zu Ort verschieden, aber Sie könnten zuerst im Frauenhaus mit einer Beraterin sprechen oder mit einer Rechtsberatungsstelle Kontakt aufnehmen. (Eine Beraterin für mißhandelte Frauen wird vermutlich die prekäre Situation am besten verstehen, in der Sie sich befinden, auch die Gefahren, die Ihnen von Ihrem Partner drohen, wenn er feststellt, daß Sie gegen ihn vorgehen. Vergessen Sie jedoch nicht, daß die Beraterin gesetzlich verpflichtet ist, Kindesmißbrauch und Kindesmißhandlung zu melden.) Bekommen Sie dort keine Hilfe, dann lassen Sie sich andere Organisationen empfehlen.

Jocelyn Tilsen, die Leiterin von Parents Anonymous in Minnesota, rät Frauen, die ihr Kind untersuchen ließen und damit ein Verfahren in Gang setzten, folgendes: «Auch wenn Sie das Verfahren instinktiv ablehnen, ist es ratsam, Kooperationsbereitschaft zu zeigen. Es könnte sogar angebracht sein, selbst Anzeige zu erstatten. Andernfalls könnte das Jugendamt argwöhnen, Sie hätten etwas zu verbergen. Nützen Sie die verfügbaren Hilfsangebote, und setzen Sie den Ermittlungsbeamten ins Bild. Haben Sie vor Ihrem Partner Angst, dann sagen Sie das dem Beamten, und bitten Sie ihn, für Ihren Schutz zu sorgen – Sie beispielsweise anderswo unterzubringen. Falls es in Ihrer Stadt Hilfsangebote für mißhandelte Frauen gibt, dann suchen

Sie sich dort eine Beraterin, die Ihnen in dieser Angelegenheit zur Seite steht.»[13] (In Deutschland: «Parents Anonymous» oder «Kinderschlagende Eltern»)

Oft kann ein Vorfall, der den Behörden gemeldet wurde, nicht bewiesen werden. Für das Jugendamt ist dann die Angelegenheit erledigt. Von Frauen ist häufig zu hören, daß der Partner daraufhin noch gewalttätiger wird. Er zahlt es der Partnerin heim, daß sie gegen ihn ausgesagt hat, und versucht, dafür zu sorgen, daß sich dies nicht wiederholt. Für viele Frauen ist das der Anlaß, zusammen mit ihren Kindern zu fliehen.

Denjenigen, die nicht weggehen können, wird von fachkundiger Seite oft geraten: «Sie müssen Anwalt und Beschützer Ihrer Kinder sein. Treffen Sie zusammen mit den Kindern Sicherheitsvorkehrungen. Legen Sie fest, wo die Kinder sich verstecken oder wohin sie fliehen können, zum Beispiel zu einem Nachbarn, zu Bekannten oder zu den Großeltern. Bringen Sie den Kindern bei, wie sie die Polizei benachrichtigen oder ihren Lehrern mitteilen können, was geschieht. Solange Sie sich überlegen, was Sie tun sollen, wäre es für die Kinder am besten, wenn sie vorübergehend anderswo untergebracht werden könnten – etwa bei Verwandten oder Bekannten. So wären sie in Sicherheit.»

Marian mußte drei Jahre lang überlegen und Geld sparen, bis sie mit ihren Kindern fliehen konnte. In dieser Zeit tat sie ihr Äußerstes, um ihre Kinder zu schützen. Sie sagte uns: «Drei Jahre lang ließ ich sie nie mit ihm allein. Ich nahm sie überallhin mit. Das paßte ihm gar nicht, aber ich ließ mich auf nichts ein.» Waren Schwierigkeiten zu erwarten, schickte Marian die Kinder auf Besuch zu den Großeltern oder zu Freunden. Sie machte lange Spazierfahrten mit ihnen, brachte sie früh zu Bett und sorgte dafür, daß eine ruhige Atmosphäre herrschte.

Selbst als sie noch mit ihrem Mann zusammenlebte, fand Marian Möglichkeiten, die Kinder emotional zu stützen. Sie sagte dazu: «Ich versuchte vor allem herauszufinden, was sie be-

wegte, und hörte ihnen zu, auch wenn ich den schmerzlichen
Dingen, die sie mir mitteilten, lieber aus dem Wege gegangen
wäre.» Marian redete in diesen drei Jahren viel mit ihren Kindern. «Ich sagte ihnen, daß sie in Sicherheit seien; ich ließe es
nicht zu, daß ihnen jemand weh tue. Das war in Wirklichkeit
nicht einfach, aber ich tat mein Bestes. Ich sagte den Kindern
auch, daß ihr Vater ein Problem habe. Das sei nicht ihre
Schuld, sondern seine. Sie hätten überhaupt keine Schuld.»

Erziehungsberater schlagen vor, unvoreingenommen anzuhören, was die Kinder bewegt. Auch wenn es Ihnen schwerfällt,
müssen Sie Ihre Abwehrhaltung aufgeben und ihnen *zuhören*.
Dann sollten Sie auf das Gesagte eingehen. Klagt ein Kind:
«Was Vati uns antut, ist schrecklich», wollen Sie unter Umständen Ihren Mann verteidigen. Sie sagen vielleicht: «Er kann
nichts dafür, wenn er die Beherrschung verliert.» Oder Sie sind
darauf bedacht, daß Ihr Mann sich nicht aufregt, und sagen
deshalb zu dem Kind: «Du mußt eben lernen, dich ruhig zu
verhalten, wenn Vati müde ist.» So oder so verweigern Sie dem
Kind die Unterstützung. Kinder müssen jedoch wissen, daß sie
mit ihren Gefühlen im Recht sind. Im fraglichen Fall muß das
Kind erfahren, daß die Abneigung gegen den Vater eine gesunde Reaktion ist, daß das Verhalten des Vaters tatsächlich
falsch ist und daß es selbst keinerlei Verantwortung dafür tragen
muß. Darüber hinaus kann es für *Sie* sehr gut sein, das Kind
reden zu lassen und ihm aufmerksam zuzuhören – besonders
dann, wenn es Dinge sagt, die Sie lieber nicht hören möchten.
Wenn Sie das Verhalten Ihres Partners verleugnen oder bagatellisieren, hat das Kind womöglich einen schärferen Blick dafür als
Sie.

Anzeige erstatten

Wie schon erwähnt, kommt es manchmal nach der Trennung der Eltern zu Kindesmißbrauch. Es hat dabei oft den Anschein, als mißbrauche der Vater das Kind, um so seine Kontrolle über die Mutter auszubauen und diese dafür zu bestrafen, daß sie ihn verlassen hat. Wenn Sie sich in dieser Situation befinden, überlegen Sie sich vielleicht, was zu tun ist, damit das Umgangsrecht Ihres Expartners eingeschränkt oder aufgehoben wird und er für sein Verbrechen bestraft wird.

Wenn Frauen bei der Polizei oder vor Gericht ihren Verdacht auf Kindesmißbrauch vorbringen, ist es leider oftmals so, daß dies als Rachsucht abgetan und daß ihnen unterstellt wird, sie machten falsche Anschuldigungen, um so dem Mann das Umgangs- oder Sorgerecht verweigern zu können. Viele Richter betrachten solche Anschuldigungen als Teil der Auseinandersetzungen zwischen den Ehegatten. Wenn Sie sich in dieser Situation befinden, sollten Sie zu einer Beratungsstelle oder zu einer Rechtsanwältin gehen. (In den Kapiteln sechs und zehn erfahren Sie Näheres darüber.)

Auch wenn das Strafverfolgungssystem in vielen Gegenden dem Gesetz nicht Genüge tut, steht fest, daß Kindesmißbrauch ein Verbrechen ist. Beim Verdacht auf sexuellen Mißbrauch sollten Sie das Kind zu einem erfahrenen Arzt bringen, am besten zu einem Spezialisten für Mißbrauchsfälle. Sie sollten außerdem eine Rechtsanwältin einschalten und örtliche Hilfsangebote nutzen.

Wenn Sie gegen Ihren Partner juristische Schritte unternehmen wollen, brauchen Sie glaubwürdige Beweise, zum Beispiel Polizei- und Krankenhausberichte. Es ist äußerst wichtig, über den sexuellen Mißbrauch, den Ihr Partner an Ihnen und an den Kindern verübt hat, schriftliche Aufzeichnungen anzulegen und dazu möglichst viele amtliche Beweisunterlagen zu sammeln. Sie können mit Hilfe dieser Aufzeichnungen im Ge-

Vorfälle

Datum / *Uhrzeit*	*Zeugen*	*Beschreibung des Vorfalls*

Einschaltung der Polizei

Wenn Sie die Polizei holen, dann schreiben Sie sich die Namen der Beamten und ihre Dienstnummer auf, und bitten Sie um eine Kopie des Berichts.

Datum / *Uhrzeit*	*Zeugen*	*Vorfall /* *Beschreibung*	*Name des Beamten Dienst- nummer*

richtsverfahren darlegen, daß Ihr Partner eine lange, ernstzunehmende Vorgeschichte von Drohverhalten, sexuellem Mißbrauch oder Gewalttätigkeit hat. Dadurch wird es leichter, gerichtliche Anordnungen zu Ihrem Schutz und zum Schutz Ihrer Kinder, eine Einschränkung des Sorge- und Umgangsrechts zu erreichen und zu erwirken, daß er in Behandlung geschickt wird. Wenn Sie Anzeige erstatten, werden diese Unterlagen ebenfalls wichtige Beweismittel sein. Die Aufstellungen auf S. 339 können Ihnen bei Aufzeichnungen eine Hilfe sein.

Ärztliche Behandlung

Brauchen Ihre Kinder oder Sie nach Fällen von Gewaltanwendung ärztliche Hilfe, sollten Sie über die Vorfälle und die Art der Behandlung Aufzeichnungen führen. Sofern Ihnen dies unbedenklich erscheint, sollten Sie dem Arzt oder der Krankenschwester berichten, wie es zu den Verletzungen gekommen ist, und darum bitten, daß die Verletzungen offiziell als Folge von Gewaltanwendung eingestuft werden.

Datum / Uhrzeit	*Vorfall / Art der Verletzungen*	*Arzt / Krankenhaus*

Legen Sie über das Fehlverhalten Ihres Partners Aufzeichnungen an, sollten Sie daran denken, daß eine Mutter unter Anklage gestellt werden kann, wenn sie die an einem Kind verübten Gewalttaten ihres Mannes nicht meldet. Wird in Ihrer Familie ein Kind mißhandelt oder mißbraucht, sollten Sie sich sofort mit einer Rechtsanwältin in Verbindung setzen.

Wenn Sie Ihre Kinder
selbst vernachlässigen oder mißhandeln

Lenore Walker stellte fest, daß von den 400 mißhandelten Frauen, die sie interviewte, 28 Prozent ihre Kinder mißhandelt hatten. Eine Anzahl dieser Frauen berichtete, sie hätten ihre Kinder weniger oft oder gar nicht mißhandelt, als sie selbst vor Mißhandlungen sicher gewesen seien. Walker kam zu folgendem Schluß: «Solange diese Mütter selbst geschlagen werden, ist die Wahrscheinlichkeit, daß sie ihre Kinder mißhandeln, achtmal größer als in einer Zeit, in der sie vor Gewalt sicher sind.»[14] Es hat den Anschein, daß Frauen, die von einem Partner unterjocht werden, ihre Kinder ebenfalls unterjochen.

Viele Frauen sagen, die Art und Weise, wie sie ihre Kinder behandelten, sei auf die im Zusammenleben mit dem Partner entstandenen Belastungen zurückzuführen.

MARTHA Mein Mann explodierte laufend, und ich mußte meine Wut im Zaum halten, weil er sich sonst noch schlimmer aufgeführt hätte. Aber an den Kindern konnte ich sie auslassen. Ich schlug sie nie, aber ich stichelte und nörgelte dauernd an ihnen herum. Ich hatte keine Geduld mit ihnen. Ich sagte zu ihnen: «Geht in euer Zimmer und spielt. Ich will euch nicht mehr sehen. Laßt mich in Frieden.» Vorher war ich anders gewesen.

Allyce sagte, sie habe sich dauernd den Kopf zerbrochen; den Kindern habe sie rasch etwas zusammengerührt und sie dann vor den Fernseher gesetzt: «Ich war völlig ausgebrannt.» Und als die Kinder mehr Zuwendung von ihr verlangt hätten, habe sie angefangen, sie zu schlagen, damit sie sie in Ruhe ließen.

Stimmen Lenore Walkers Schlußfolgerungen (und die meisten Experten bejahen dies), dann wäre es für Martha und Allyce das beste, sich von ihrem repressiven Ehemann zu trennen. Für Frauen, die ihre Kinder schon immer herabgesetzt, vernachlässigt, streng bestraft, geschlagen oder als Waffe gegen den Partner verwendet haben, gibt es keine derart klare Alternative. Eines steht jedoch fest: Genauso wie der Mann selbst entscheidet, wie er die Partnerin behandelt, entscheidet jede Frau selbst darüber, wie sie ihre Kinder behandelt, und sie muß dafür die Verantwortung übernehmen.

ALLYCE Als ich im Frauenhaus war, wurde mir gesagt, ich dürfe meine Kinder nicht schlagen. Eine der Frauen sagte zu mir: «Denk mal daran, wie du dich fühltest, als dein Mann dich schlug, und dann überleg mal, wie deine Kinder sich fühlen, wenn du sie verprügelst.» Ich hielt das für eine Unverschämtheit und bekam eine Stinkwut auf sie. Ich wäre beinahe wieder gegangen. Aber dann dachte ich darüber nach und merkte, daß sie recht hatte und daß ich Hilfe brauchte. Ich hatte nur eine Erziehungsmethode gekannt: Prügel.

Allyce besuchte daraufhin eine Gruppe von Parents Anonymous (PA), die regelmäßig in einer Kirche unweit des Frauenhauses zusammenkam. In der Gruppe berichteten andere Mütter und Väter, daß sie Schuldgefühle und Selbsthaß empfunden hätten, als sie ihren Kindern weh taten. Sie erzählten auch, welche Erziehungsmethoden sie jetzt anwandten. Bei Parents Anonymous wurde Allyce klar, daß sie ihr Verhalten durch ihre eigene Entscheidung ändern und mehr Spaß mit ihren Kindern haben konnte. Manches von ihrem früheren Fehlverhalten konnte sie sich verzeihen, ohne daß sie nach Ausflüchten suchte. Allyce begriff, daß sie ihre Kinder genauso behandelte, wie sie selbst als Kind behandelt worden war. Sie erinnerte sich daran, wie sehr sie das gehaßt hatte, und entschloß sich, einen anderen Weg einzuschlagen. Sie wurde eine viel bessere Mutter, und ihre Selbstachtung stieg.

Soll dem Fehlverhalten ein Ende gesetzt werden, muß zuallererst die Angst überwunden und die Verleugnung eingestellt werden. Dann muß ein Stützsystem aufgebaut werden, welches es ermöglicht, daß Sie die Probleme auf konstruktive Weise angehen können. Von Fall zu Fall gibt es dafür verschiedene Möglichkeiten.

1. Parents Anonymous hat Selbsthilfegruppen im ganzen Land, die sich regelmäßig treffen. Die Gruppenarbeit zielt darauf ab, Ihnen zu helfen, die für die Eltern-Kind-Beziehung nachteiligen Verhaltensweisen einzustellen.*

2. Betreuungshilfen sind Einrichtungen, die das Kleinkind einige Stunden oder Tage aufnehmen, wenn Sie überbeansprucht sind. In manchen Städten macht eine geschulte Kraft Hausbesuche, um Sie ein paar Stunden lang von der Kinderbetreuung zu entlasten. Falls dieses Hilfsangebot verfügbar ist, sollten Sie Gebrauch davon machen. Genauere Informationen sind beim Gesundheitsamt erhältlich.

3. Kurse über Kindererziehung und Familienseminare. Sie informieren darüber, wie sich Kinder in bestimmten Entwicklungsstadien verhalten und wie die Eltern darauf eingehen sollen. Derartige Kurse gibt es an öffentlichen Schulen, an Volkshochschulen und Krankenhäusern.

---

* Diese Selbsthilfegruppen gibt es unter dem Namen «Kinderschlagende Eltern» oder «Parents Anonymous» auch in Deutschland.

4. Programme für mißhandelte Frauen. Dort arbeiten häufig Beraterinnen für Kinder- und Frauenfragen mit. Sie haben schon vielen Frauen weitergeholfen, die ihre Kinder mißhandelten. In manchen Frauenhäusern gibt es außerdem Selbsthilfegruppen, die sich mit Erziehungsfragen befassen.

5. Notrufe, Gemeindeschwestern und Sozialarbeiter an Schulen. Dort können Sie erfahren, welche Hilfsangebote es in Ihrer Gegend gibt. (In Deutschland kann z. B. auch der Deutsche Kinderschutzbund mit seinen Beratungsstellen helfen.)

Vergessen Sie eines nicht: Wenn Sie über Vorfälle reden, die Kindesmißhandlung, Kindesmißbrauch, Vernachlässigung oder seelische Mißhandlung beinhalten, sind die betreffenden Personen (auch die Mitarbeiter der oben aufgeführten Organisationen) gesetzlich verpflichtet, dem Jugendamt Meldung zu erstatten. Vielleicht sollten Sie die betreffende Stelle zuerst anrufen, ohne Ihren Namen zu nennen, und klären, was geschehen wird, wenn Sie vorbeikommen und um Hilfe bitten. Sie haben vermutlich Angst, Ihre Kinder könnten Ihnen genommen werden, doch wenn Sie motiviert sind und von den oben angegebenen Hilfsangeboten Gebrauch machen, wird das Jugendamt den Fall in einem positiveren Licht betrachten.

Nehmen wir an, Sie sagen bei der Trennung von Ihrem Partner einem Sozialarbeiter des Krankenhauses, daß Sie beide dem Kind Verletzungen zugefügt haben. Das Krankenhaus wird die Mißhandlung entweder selbst melden oder Sie bitten, sie zu melden. Ergreifen Sie diese Gelegenheit, werden die Behörden Sie als verantwortungsbewußt und kooperativ betrachten. Das Jugendamt wird einen Beratungsplan für Sie ausarbeiten und Ihnen eventuell die Teilnahme an einem Kindererziehungskurs zur Auflage machen. Wenn Sie in der Gruppe und mit Ihren Kindern gut vorankommen, wird das Jugendamt den Fall wahrscheinlich als abgeschlossen betrachten.

Leben Sie aber erneut mit einem Partner zusammen, der gewalttätig ist, kann es sein, daß sich das Jugendamt erneut meldet. Trotz all Ihrer Bemühungen mag es der Auffassung sein, daß das Kind bei Ihnen und Ihrem Partner gefährdet ist. Wenn Sie in dieses Dilemma geraten, brauchen Sie sachkundige Beratung und Entscheidungshilfe.

Manchen Frauen wird nicht genug geholfen, ihre Kinder gegen den gewalttätigen Ehemann zu schützen, und sie «verschwinden» deshalb mit ihren Kindern. Das ist ein riskantes und schwieriges Unterfangen, bei dem die Mutter und die Kinder viel aufs Spiel setzen: den Umgang mit den Verwandten und Freunden, den Arbeitsplatz, den Schulbesuch, die vertraute Umgebung. Verstößt eine Frau durch ihre Flucht gegen einen Gerichtsbeschluß, etwa gegen das Sorge- oder Umgangsrecht ihres Mannes, drohen ihr schwere Strafen. Wird sie gefaßt, kann sie zu Geldbußen oder zu einer Gefängnisstrafe verurteilt werden, und sie kann das Sorgerecht für die Kinder endgültig verlieren.

Falls Sie ein «Verschwinden» in Betracht ziehen, sollten Sie zuvor unter allen Umständen mit einer Rechtsanwältin sprechen, damit Sie über die möglichen Folgen im Bilde sind und genau wissen, wie Sie sich schützen können. Es wäre nicht schlecht, wenn Sie sich von verschiedenen Personen beraten ließen, damit auch Möglichkeiten, an die Sie bisher nicht gedacht haben, berücksichtigt werden können.

Wenn Bemühungen, das Kind zu beschützen, ins Gegenteil umschlagen

Frauen, die in einer repressiven Beziehung leben, geraten manchmal ihren Kindern gegenüber in eine schreckliche Situation.

LAUREEN Ich war den Kindern gegenüber sehr streng, denn wenn
sie sich auch nur im geringsten danebenbenahmen, war Keith
wütend auf mich. Also bemühte ich mich andauernd darum,
daß Ruhe herrschte. Keith machte ihnen auch lächerliche Vorschriften: Um halb sieben mußten sie ihre Zimmer aufgeräumt
haben und im Bett sein. Das mußte ich ebenfalls verlangen. Die
Kinder waren wütend auf mich. Ich wußte, daß das nicht richtig
war, doch wenn ich mich dagegen gewehrt hätte, wäre für die
Kinder alles nur noch schlimmer geworden.

Yolanda erzählte, wenn ihr Mann mit den Kindern eine Auseinandersetzung gehabt habe, habe sie ihn unterstützt, obwohl
sie fast immer der Meinung gewesen sei, daß er unrecht hatte.
«Wenn ich mit ihm übereinstimmte, durfte ich die Strafen aussuchen», sagte sie. «Und die waren viel kleiner, als wenn er sie
ausgesucht hätte.» Als das Fehlverhalten ihres Mannes schlimmer wurde, brachte Yolanda ihre Kinder in Sicherheit, indem
sie sie zu ihrer weit entfernt wohnenden Schwester schickte.
Die Kinder führten sich dort schlimm auf und liefen mehrmals
weg. Den Grund dafür nannten sie ihrer Mutter erst später.

YOLANDA Sie glaubten, daß sie weggeschickt würden, sei wieder
mal eine von diesen Strafen. Ich versuchte, sie zu beschützen,
doch sie glaubten, ich hätte sie weggeschickt, weil sie mir
gleichgültig seien. Das ging mir sehr zu Herzen. Ich merkte,
daß ich das nicht einmal mehr mit ihnen beredet hatte. Ich hatte
einfach angenommen, sie wüßten genau, daß ich sie liebte.
Aber ich hatte schon so lange für meinen Mann Partei ergriffen,
daß ihnen das nicht mehr klar war.

Geschichten wie diese hörten wir von vielen Frauen. Renee
sagte, sie sei bei ihrem (der oberen Mittelschicht angehören-
den) Mann geblieben, weil der Psychiater ihres Sohnes ihr dies
angeraten habe. Der Psychiater sei der Meinung gewesen, auf
diese Weise könne sie ihren Sohn beschützen, und Brian könne
weiterhin die gute, von seinem Vater finanzierte Schulausbil-

dung bekommen. Als der Vater Brian den Arm brach, warf ihr ein Untersuchungsbeamter des Jugendamtes vor, sie habe dadurch, daß sie bei ihrem gewalttätigen Mann geblieben sei, ihre Fürsorgepflicht gegenüber dem Sohn verletzt. Da merkte Renee, daß Brians Sicherheit viel wichtiger war als seine Schulbildung. Sie bat ihre Eltern und ihre Schwester, ihr dabei zu helfen, daß sie wegkam und mit ihrem Sohn einen neuen Anfang machen konnte.

In unserer Gesellschaft werden die Mütter fast immer für alles verantwortlich gemacht, was mit ihren Kindern passiert, und zwar ohne Rücksicht darauf, ob sie einen Einfluß auf die Situation haben oder nicht; die Väter hingegen (insbesondere die gewalttätigen) werden selten zur Rechenschaft gezogen. Durch diese Ungerechtigkeit geraten viele Frauen in eine ausweglose Lage. Doris erzählte uns, ihr Mann habe die Kinder nach der Trennung mit Waffengewalt gekidnappt und gedroht, er werde sie umbringen, wenn sie nicht nach Hause zurückkäme. Doris kehrte auf die Farm zurück. Drei Wochen danach durfte sie das Telefonkabel, das er herausgerissen hatte, reparieren lassen. Als ihr Mann wieder gewalttätig wurde, holte Doris die Polizei, und diese telefonierte einen Beamten des Jugendamtes herbei. Die Polizisten dachten nicht daran, den Mann von Doris wegen seiner Gewalttätigkeit oder wegen der Androhung von Waffengewalt festzunehmen. Als sie gegangen waren, wandte sich der Jugendfürsorger an Doris und fragte sie in anklagendem Ton: «Warum haben Sie uns erst jetzt angerufen? Ihre Kinder könnten genausogut tot sein.»

Heutzutage könnten Doris und ihre Kinder in manchen Gegenden von Amerika Hilfe bekommen, und ihr Mann würde festgenommen. Andernorts können Männer aber immer noch gefahrlos Gewalt anwenden. Solange den Gesetzen nicht überall Geltung verschafft wird, geraten Frauen wie Doris weiterhin in die schwierige Lage, für den Schutz ihrer Kinder sorgen zu müssen, selbst wenn ihnen der gesetzliche Beistand vorenthalten wird. (Zur Situation in Deutschland siehe das Kapitel «Umgang mit Polizei und Gerichten».)

Viele Frauen finden jedoch die nötige Unterstützung. Und wenn Ihre Kinder Hilfe brauchen, dann denken Sie daran, daß Sie ihnen von großem Nutzen sein können, wenn Sie ihnen einfach zuhören, ihre Gefühle ernst nehmen und mit ihnen reden. Sie können sie auch dadurch gegen Ihren Partner schützen, daß Sie die Situation klar erkennen, Unterstützung suchen und Schritte ergreifen, um eine Änderung herbeizuführen. Und wenn Sie Ihre Kinder selbst mißhandelt haben, können Sie sich entscheiden, ihnen von nun an mit Liebe und Achtung zu begegnen. Denn soviel Macht haben Sie immerhin in Händen.

12. Wie Sie bei Alkohol- oder Drogenproblemen Hilfe bekommen können

Sehr viele Frauen überstehen das Zusammenleben mit einem kontrollierenden Partner, ohne daß sie sich dem Alkohol oder Drogen zuwenden. Wir hoffen natürlich, daß Sie eine von diesen Frauen sind; wenn dem so ist, können Sie dieses Kapitel überspringen. Doch nach den vielen Gesprächen, die wir über eine Reihe von Jahren hinweg führten, steht für uns zweifelsfrei fest, daß Frauen, die mit einem kontrollierenden oder gar mit einem gewalttätigen Partner zusammenleben, für Alkohol und Drogen besonders anfällig sind.

Wenn Sie mit diesen Suchtmitteln Probleme haben oder sie für unentbehrlich halten, sollten Sie weiterlesen. Ganz gleich, ob Sie noch mit Ihrem Partner zusammenleben, ob Sie von ihm wegkommen wollen oder ob Sie allein einen neuen Anfang machen: Wenn Sie mit Alkohol oder Drogen Probleme haben, müssen Sie sich zuerst einmal von der Sucht befreien.

Das betrifft nicht nur Sie. Zwei bis vier Millionen Amerikanerinnen, so wird geschätzt, sind von *legalen* Drogen abhängig.[1] In den Vereinigten Staaten stellen die Ärzte jährlich über 200 Millionen Rezepte für Psychopharmaka aus, zwei Drittel davon für Frauen[2] – und dabei handelt es sich häufig um

Frauen, die Hilfe suchen, weil sie vom Partner seelisch oder körperlich mißhandelt werden. Darüber hinaus sind mindestens drei Millionen Amerikanerinnen alkoholabhängig, und die Zahl steigt ständig. Von manchen Alkoholikerinnen ist zu hören, daß sie angefangen haben zu trinken, weil der kontrollierende Partner sie dazu brachte oder weil sie die Belastungen des Zusammenlebens nicht anders ertrugen. Und vielfach greifen Frauen, die einem kontrollierenden Partner ausgesetzt sind, zu illegalen Drogen.

Alkohol und Drogen scheinen das Überleben möglich zu machen. Viele Frauen trinken, bevor der Mann nach Hause kommt, um sich gegen seine verbalen oder körperlichen Attacken abzustumpfen. Und nach einem Krach dämpfen sie die Erregung mit Hilfe von Tabletten. Manche sagen, ihr Partner erlaube ihnen nicht, Krankheiten oder von ihm zugefügte Verletzungen ärztlich behandeln zu lassen, und sie griffen deshalb zum Alkohol. Andere sagen, Alkohol und Drogen linderten die Niedergeschlagenheit und Verzweiflung im Zusammenleben mit einem kontrollierenden Partner. Wieder andere trinken, um ihre Wut hinunterzuspülen. «Wenn ich nicht betrunken gewesen wäre, hätte ich ihn wahrscheinlich umgebracht», sagte Ruth.

Bei Frauen, die in drogen- oder alkoholgeschädigten Familien aufwuchsen, können sich die in kontrollierenden Beziehungen entstehenden Probleme verschärft auswirken. Die Sucht zerstört die häusliche Gemeinschaft, und jedes Familienmitglied ist von ihr betroffen, ganz gleich, wer süchtig ist (meist ist es der Vater). Kinder, die in diesen Verhältnissen aufwuchsen, nehmen ins Erwachsenenalter eine schwere Belastung mit: Sie schämen sich, sind verwirrt und unsicher. Um mit dem Leben zurechtzukommen, übernehmen sie die in ihrer Familie übliche Verdrängungstaktik; genauso wie ihre Eltern werden sie mit Problemen fertig, indem sie so tun, als wären diese nicht vorhanden.

Für eine Frau, die mit einem gewalttätigen Partner zusammenlebt, ist die gewohnheitsmäßige Verdrängung besonders gefährlich. Je länger sie verdrängt, was der Partner ihr antut, desto schwieriger wird es für sie, an der Beziehung etwas zu ändern oder sich vom Partner zu trennen. (Im zweiten Kapitel war davon die Rede, daß viele Frauen das Fehlverhalten ihres Partners nicht wahrhaben wollen oder es bagatellisieren.) Wird die Frau selbst drogen- oder alkoholabhängig, dann wird ihre alte Verdrängungstaktik sie daran hindern, Hilfe zu suchen oder sich helfen zu lassen. Kurzfristig kann die Verdrängung einer Frau das Gefühl vermitteln, sie komme mit den Gegebenheiten zurecht, doch auf längere Sicht gerät sie in eine Sackgasse, weil jede Veränderung ausgeschlossen ist.

Manche Frauen haben bereits Alkohol- oder Drogenprobleme, wenn sie eine Beziehung eingehen. Viele setzen jedoch Alkohol oder Drogen ein, um einen feindseligen Partner ruhigzustellen. Oft haben sie deswegen ein schlechtes Gewissen, und der Partner wird zudem noch ablehnender. Einigen Frauen gelingt es, sich vom Partner zu lösen; andere hingegen geraten immer tiefer in die Abhängigkeit hinein. Durch die Drogen und durch seine Drohungen geraten sie in eine ausweglose Lage; ihr Zustand verschlimmert sich zusehends, doch sie sind zu verängstigt, um etwas zu unternehmen. Manchen von ihnen werden die Kinder weggenommen. Manche werden so krank, daß sie kein normales Leben mehr führen können. Manche sterben am Alkoholismus, an einer Überdosis oder durch Unfälle. Viele von ihnen finden aber doch noch die Hilfe, die sie brauchen.

Wenn Frauen in einer repressiven Beziehung leben und dazuhin suchtmittelabhängig sind, ist ihre Lage doppelt schwierig. Sie sind verängstigt und sehen keinen Ausweg. Ihr Selbstwertgefühl schwindet. Alkohol, Tabletten, Marihuana oder Kokain helfen ihnen anfänglich darüber hinweg. Doch im Laufe der Zeit, wenn sie nicht nur unter Mißhandlungen, sondern auch unter den Auswirkungen der Suchtmittel zu leiden haben, nimmt ihre Verwirrung und Unsicherheit zu. Urteilskraft und Selbstvertrauen gehen ihnen vollends verloren. Sherry sagte dazu: «Ich meinte, mein Freund und die Drogen seien alles, was ich im Leben brauchte. Ich hätte wissen müssen, daß das grundfalsch war.» Als sie eine zweijährige Behandlungs- und Rehabilitationszeit hinter sich hatte, war Sherry klar: «Die Drogen hatten mein Bewußtsein völlig getrübt. Ich mußte erst wieder lernen, klar zu denken.»

Was ist Sucht?

Für Sucht und körperliche Abhängigkeit gibt es viele verschiedene Definitionen. Der «Erste Schritt» der Anonymen Alkoholiker enthält die plausibelste Erläuterung: «Wir geben zu, daß wir dem Alkohol gegenüber machtlos waren, daß wir unser Leben nicht mehr im Griff hatten.» Vernon Johnson, ein Fachmann auf dem Gebiet des Suchtmittelmißbrauchs, definiert die körperliche Abhängigkeit ähnlich. Er schreibt: «Wenn der Konsum von Alkohol oder anderen Suchtmitteln zu fortgesetzten Störungen in der persönlichen, gesellschaftlichen oder wirtschaftlichen Sphäre des einzelnen führt und dieser daraufhin den Suchtmittelkonsum *nicht einstellt*, ist eine körperliche Abhängigkeit gegeben.»[3]

Süchtige gibt es in allen gesellschaftlichen Schichten. Und sie verwenden alles, was sie auf legale oder illegale Weise bekommen können. In diesem Kapitel befassen wir uns hauptsächlich mit den Stoffen, die von unseren Interviewpartnerinnen am häufigsten genannt wurden: Alkohol, Tranquilizer, Sedativa, Marihuana und Kokain. Andere Frauen, die sich in einer ähnlichen Lage befinden, verwenden sonstige weithin gebräuchliche Stoffe – von legalen Diätpillen und Antidepressiva bis hin zu Heroin. Viele süchtige Frauen verwenden regelmäßig zwei oder mehr Stoffe.

Eine große Anzahl der von uns interviewten Frauen machten schließlich eine Entgiftungsbehandlung oder schlossen sich Selbsthilfegruppen wie den Anonymen Alkoholikerinnen, Narcotics Anonymous oder Women in Sobriety an, die ihren Genesungsprozeß unterstützen. Manche wandten sich zuerst an Geistliche, Ärzte oder Therapeuten und wurden von diesen an die genannten Selbsthilfegruppen verwiesen. Die meisten auf dem Weg der Genesung befindlichen Frauen sagten, der erste Schritt sei der schwierigste: mit der Verleugnung aufzuhören, das Problem zu erkennen und sich um Hilfe zu bemühen. Genau dabei wollen wir Sie unterstützen.

Arlenes Geschichte:
Alkohol, Tranquilizer und Sedativa

Elf Jahre lang trank die mit einem leitenden Angestellten verheiratete Arlene keinen Tropfen Alkohol. Sie erzählte uns: «Ich wußte nur zu gut, wie sich der Alkohol bei meinem Mann auswirkte. Sooft er mit dem Zeug in Berührung kam, geriet er außer Rand und Band.» Doug verhielt sich Arlene gegenüber äußerst gewalttätig. Er versetzte ihr Faustschläge, würgte und vergewaltigte sie; drei- oder viermal warf er sie die Treppe hinunter. Zwei von ihren vier Kindern wurden unter Gewaltanwendung gezeugt. Oft schlug Doug auch die Kinder.

Einige Familienmitglieder und Bekannte wußten zwar von Dougs Gewalttätigkeiten, aber niemand bot Arlene Hilfe an. «Vor zwanzig Jahren taten alle so, als könnte man das Problem dadurch zum Verschwinden bringen, daß man die Augen vor ihm verschloß», sagte sie. «Und Frauenhäuser gab es damals nicht.» Marlene versuchte auf ihre Weise, Hilfe zu bekommen. Viele Male kleidete sie ihren kleinen Sohn so, daß seine Blutergüsse zu sehen waren, und ließ ihn dann zur Schule gehen. Sie hoffte, daß seine Lehrer etwas merken würden, daß sie die Mißhandlung melden und ihr Unterstützung anbieten würden – doch es geschah nichts. Arlene vertraute sich außerdem dem Hausarzt an. «Ich dachte, ich würde noch den Verstand verlieren und ging zum Arzt», sagte sie. «Ich erzählte ihm, daß Doug mich mißhandelte und daß ich mich nachts im Bett herumwerfe und nicht schlafen könne. Der Arzt verschrieb mir Schlaftabletten.» In den darauffolgenden Jahren sucht Arlene viele Male den Arzt auf und sagte ihm, daß Doug immer gewalttätiger und sie immer nervöser werde. Der Arzt verschrieb ihr weitere Medikamente: nachhaltiger und immer stärker wirkende Sedativa.

«Meine Lage kam mir ausweglos vor», sagte Arlene. «Meine Eltern waren schon gestorben. Ich hatte vier Kinder und kein Geld. Doug erklärte, von ihm würde ich keinen Cent bekommen. Was sollte ich da tun?» Eines Morgens goß sie sich ein Glas Bourbon ein.

> Ich nahm einen Schluck, und mein Magen hörte auf zu zucken. Die Übelkeit verschwand. Ich trank den ganzen Tag lang, und nichts schien mehr eine Rolle zu spielen. Am Abend konnte ich einschlafen – ich war besinnungslos, aber das war für mich wie Schlaf. Wenn Doug mich anschrie oder mich schlug, tat das nicht mehr so weh, weil ich betäubt war. Der Alkohol gab mir ein bißchen Mut. Ich hatte keine Angst. Die Hauptsache war, daß ich mich vor Doug nicht mehr fürchtete.

Aber schon damals merkte Arlene, daß der Alkohol auch seine Nachteile hatte.

> Tagsüber fühlte ich mich ohne Alkohol nie sicher. Ich mußte immer mehr trinken. Schließlich hatte ich mich kaum noch im Griff. Da machte ich mir Sorgen: Was werden die Leute bloß von mir denken? Ich wußte, sie würden sagen: «Sie ist eine Säuferin und vernachlässigt ihre Kinder. Doug schlägt sie nicht

ohne Grund. Sie hat es sich selbst zuzuschreiben.» Ich war in einer völlig ausweglosen Situation: Ich trank, damit ich mit Doug zurechtkommen konnte, aber alle gingen mir aus dem Weg, weil ich trank. Da versuchte ich, mir das Leben zu nehmen.

Arlene wurde ins Krankenhaus eingeliefert und dann wieder nach Hause entlassen. Sie machte einen zweiten Selbstmordversuch, wurde wieder eingeliefert und schließlich zu Doug zurückgeschickt. Sie machte einen dritten Selbstmordversuch. Diesmal traf sie im Krankenhaus mit einem erfahrenen Therapeuten zusammen. Er brachte Arlene dazu, daß sie sich einer stationären Entgiftungsbehandlung unterzog. Dort begann ihre Genesung, und mit Unterstützung der Anonymen Alkoholiker fand sie den Mut, sich von ihrem Mann zu trennen.

Doch ihre Probleme waren damit noch lange nicht vorüber. Wegen Arlenes Alkoholismus und wegen ihrer Selbstmordversuche erhielt Doug das Sorgerecht für die Kinder. Arlene sagte dazu: «Während ich vor Gericht darum kämpfte, daß ich meine Kinder zurückbekam, hatte ich mehrere Rückfälle.» Als Doug vor ihrer Wohnungstür erschienen war und gedroht hatte, sie und die Kinder umzubringen, nahm Arlene mit einem Anwalt Verbindung auf und ging mit ihm zum Gericht, um eine Unterlassungsanordnung zu erwirken. Als sie dort warteten, merkte ihr Anwalt, daß sie ganz durcheinander war; er gab ihr ein Beruhigungsmittel. Um die Mittagszeit spendierte er ihr einen Drink und gab ihr ein weiteres Beruhigungsmittel. «Das war natürlich eine Katastrophe», sagte Arlene. «Wir gingen nach der Mittagspause vor Gericht. Der wohlhabende, gut gekleidete Alkoholiker, mit dem ich verheiratet war, machte einen erstklassigen Eindruck – und ich brachte kaum ein Wort heraus. Mir wurde nicht nur die Unterlassungsanordnung verweigert, ich mußte jahrelang darum kämpfen, bis ich überhaupt ein Umgangsrecht bekam. Es hieß, ich sei als Mutter ungeeignet. Und Doug lachte sich ins Fäustchen.»

Fünf Jahre danach, als sie, in ärmlichen Verhältnissen lebend, sich von ihrer Sucht erholte und wieder eine Beziehung zu ihren Kindern aufbaute, erhielt Arlene eine Anstellung als Beraterin in einem Therapieprogramm für drogenabhängige Frauen. «Ich weiß, was es heißt, am Boden zu sein», sagte sie. «Ich habe eine Zeitlang auf der Straße gelebt. Deshalb kann ich anderen viel geben.» Arlene weiß jetzt ganz genau, was sie den Frauen, die mit einem gewalttätigen Partner zusammenleben, raten soll.

> Als erstes sage ich ihnen: «Wenn du bei ihm bleibst, wirst du vielleicht zugrunde gehen – körperlich oder seelisch.» Dann sage ich ihnen: «Du kannst deine Kinder für immer verlieren.» Und drittens: «Die Beziehung ist es nicht wert, daß du so leidest.» Ich fordere sie auf: «Tu dir und deinen Kindern mal einen Gefallen, laß dir helfen, und trenne dich von ihm, bevor es dir so ergeht wie mir.»

In welchem Stadium des Suchtmittelmißbrauchs befinden Sie sich?

Frauen fangen heutzutage in jungen Jahren an zu trinken. Drei von vier Oberschülerinnen und acht von zehn College-Studentinnen konsumieren Alkohol. Experten sind der Ansicht, daß bei einem Drittel dieser jungen Frauen ein Alkoholproblem entstehen kann.[4] Ist es zu einer Abhängigkeit gekommen, dann entstehen bei Frauen rascher alkoholbedingte Störungen (Schädigungen der Leber, hoher Blutdruck, Unterernährung, Verlust des Kurzzeitgedächtnisses) als bei Männern.[5] Hinzu kommt, daß Alkoholikerinnen häufig von mindestens einem weiteren Rauschmittel abhängig sind – von Sedativa, Barbituraten, Schmerzmitteln, Diätpillen, Tranquilizern, «Speed», «Crack» oder Heroin –, was im Zusammenhang mit Alkohol lebensbedrohende Folgen haben kann.

Wie können Sie erkennen, ob Sie ein Alkohol- oder Drogenproblem haben? Wir geben Ihnen im Verlauf dieses Kapitels einen Kurztest, der es Ihnen erleichtern wird, eine Antwort zu finden. Doch zuerst sollten Sie sich mit der nachfolgenden Darstellung der verschiedenen Stadien der Alkoholabhängigkeit befassen. Sie stammt aus Katherine Ketchams und Ginny Lyford Gustafsons Buch *Living on the Edge.* Sollte Ihnen irgendeines der Anzeichen bekannt vorkommen, dann seien Sie ehrlich mit sich selbst, und streichen Sie es an.

Anzeichen für das Anfangsstadium der Alkoholabhängigkeit

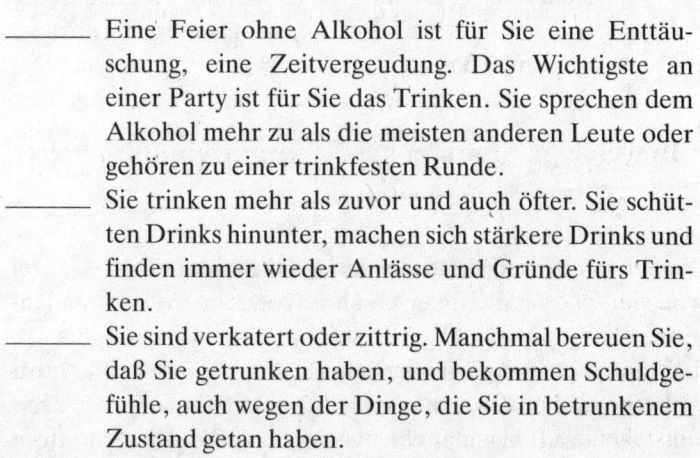

_____ Eine Feier ohne Alkohol ist für Sie eine Enttäuschung, eine Zeitvergeudung. Das Wichtigste an einer Party ist für Sie das Trinken. Sie sprechen dem Alkohol mehr zu als die meisten anderen Leute oder gehören zu einer trinkfesten Runde.

_____ Sie trinken mehr als zuvor und auch öfter. Sie schütten Drinks hinunter, machen sich stärkere Drinks und finden immer wieder Anlässe und Gründe fürs Trinken.

_____ Sie sind verkatert oder zittrig. Manchmal bereuen Sie, daß Sie getrunken haben, und bekommen Schuldgefühle, auch wegen der Dinge, die Sie in betrunkenem Zustand getan haben.

Anzeichen für das mittlere Stadium
der Alkoholabhängigkeit

_____ In Ihrem Verhalten machen sich Symptome bemerkbar. Sie rechtfertigen oder verleugnen das Trinken.
Sie geloben sich und anderen, aufzuhören oder weniger zu trinken, und halten Ihr Versprechen nicht. Sie
nehmen sich vor, nur bis zu einer bestimmten Grenze
zu gehen, und trinken dann doch mehr. Sie trinken
nur Bier oder Wein, keine «harten Sachen». Sie verstecken Flaschen. Sie klauen Alkohol.

_____ Es zeigen sich psychische Symptome wie Stimmungsschwankungen, Reizbarkeit, Depressionen, Nervosität, Angstzustände, Schuldgefühle, Verzweiflung,
Selbstmitleid, Verlust der Selbstachtung; Sie ertragen
es nicht, wenn andere Ihr Verhalten kritisieren.

_____ Es zeigen sich körperliche Symptome wie Toleranzerwerb, Blackouts, Händezittern, hoher Blutdruck,
Geschwüre, Gastritis, Übelkeit und Durchfall.

Anzeichen für das späte Stadium
des Alkoholismus

_____ Sie müssen Ihr Verlangen nach Alkohol stillen, obwohl das Trinken dazu führt, daß Sie alles verlieren,
was Ihnen im Leben wichtig ist – Ihre Freunde, Ihren
Job und Ihre Familie.

_____ Sie versuchen aufzuhören, können aber mit den Entzugserscheinungen nur dadurch fertig werden, daß
Sie trinken. Sie stellen fest, daß Ihr Körper die großen
Mengen Alkohol, die Sie wegen der Entzugserscheinungen brauchen, nicht mehr verkraften kann.

_____ Sie trinken schon am Morgen, gehen auf Sauftouren,

achten nicht mehr auf Sauberkeit, fallen Treppen hinunter oder haben andere Unfälle.

———— Sie müssen oft im Krankenhaus behandelt werden.

———— Sie haben starke Angstzustände und denken an Selbstmord.

———— Sie bekommen lebensbedrohende Entzugserscheinungen wie Krämpfe und Delirium tremens.[6]

Tranquilizer, Sedativa und Barbiturate

Die Amerikaner verwenden jährlich über fünf Milliarden ärztlich verschriebene Einheiten von Valium und vergleichbaren Tranquilizern wie Atavin, Centrax, Dalmane, Halcion, Librium, Paxipam, Restoril, Serxa, Sereen, Tranxene, Verstran und Xanax. Viele von diesen Arzneimitteln werden auf der Straße verkauft. Bei den 1,5 Millionen von diesen Beruhigungsmitteln abhängigen Amerikanern handelt es sich überwiegend um Frauen. Die meisten von ihnen glauben, daß diese Mittel nicht süchtig machen.

Die Ärzte verschreiben sie zur Linderung der Symptome von Angstzuständen, Spannungen, Depressionen und Schlaflosigkeit, doch können diese Mittel genau die Probleme herbeiführen, die sie beseitigen sollen. Wenn Frauen Tranquilizer schlucken und dann unter Störungen leiden, glauben sie, sie hätten eine zu geringe Dosis eingenommen; folglich nehmen sie eine stärkere.[7] Unter Umständen trinken sie gleichzeitig Alkohol, was zu einer gefährlichen, ja lebensbedrohlichen Angewohnheit werden kann.

Viele Experten, die sich mit den Auswirkungen der Tranquilizer befaßt haben, sind inzwischen der Meinung, daß diese Mittel tatsächlich süchtig machen. So weisen Emanuel Peluso und Lucy Silvay Peluso in ihrem Buch *Women and Drugs* darauf hin, daß bei Frauen, die mit der Einnahme von Tranquilizern aufhören, schwere Entzugserscheinungen auftreten können: Schmerzzustände, Kopfschmerzen, Muskeltremor, Angstzustände, Übelkeit, Depressionen, Krämpfe sowie Gedächtnisverlust. Sie empfehlen, bei Entzugserscheinungen fachärztliche Hilfe und Beratung zu suchen.[8]

Barbiturate und vergleichbare Zusammensetzungen werden von Ärzten ebenfalls häufig verschrieben, um Angstzustände zu lindern. Sie sind unter Bezeichnungen wie Luminal, Secundal oder Doriden im Handel. Sie sind stark süchtig machend. Dasselbe trifft auf Sedativa und Hypnotika zu. Die anfängliche Wirkung von Barbituraten und Sedativa ähnelt der des Alkohols. Sie dämpfen Schmerzen und lassen ein angenehmes Gefühl entstehen. Es kommt jedoch bald zu einem Toleranzerwerb, so daß immer mehr Tabletten eingenommen werden. Und das ist gefährlich. Bei Barbituraten ist die Grenze zwischen einer «sicheren» und einer gefährlichen Dosis nicht exakt zu bestimmen. Sie gehören bei Selbstmorden von Frauen zu den häufigsten Todesursachen; oft läßt sich nicht genau sagen, ob es sich um Selbstmord handelt oder um einen Unfall.[9]

Fachleute sind sich einig, daß Frauen Barbiturate, Sedativa oder Tranquilizer nie über längere Zeiträume hinweg einnehmen sollten, und auf keinen Fall in Dosierungen, welche über die ihnen verschriebenen hinausgehen.[10] Da Ärzte diese Arzneimittel zu häufig verschreiben, empfehlen viele Gesundheitsfürsorgerinnen den Frauen, sie gar nicht einzunehmen, auch nicht auf ärztliches Anraten. Wenn Sie diese Medikamente bereits verwenden, werden Sie wahrscheinlich bei einem Absetzen starke Entzugserscheinungen bekommen wie Erregung, Hautjucken, allgemeines Unwohlsein, Kopfschmerzen, Magenschmerzen, Schlaflosigkeit und Nervosität. Ärztliche Hilfe wäre ratsam.

Fachleute weisen außerdem darauf hin, daß Alkohol, Schmerzmittel, Sedativa und Tranquilizer ähnliche Auswirkungen auf das zentrale Nervensystem haben. Verwenden Sie eines davon, haben Sie beim nächsten bereits einen «Vorsprung». So kann eine Alkoholikerin, die Tranquilizer einnimmt, für diese sehr rasch eine Toleranz erwerben, weil ihr zentrales Nervensystem bereits vom Alkohol beeinträchtigt ist. (Toleranzerwerb bedeutet, daß sich Ihr Körper an das Medikament gewöhnt und Sie immer mehr Tabletten nehmen müssen, um die gewünschte Wirkung zu erzielen.) Eine Frau, die neben dem Alkohol noch ein Medikament oder gar mehrere einnimmt, wird besonders schwere, nicht vorhersehbare Entzugserscheinungen durchmachen, unter Umständen mit Anfällen und Halluzinationen. Sie wird dringend ärztliche Hilfe brauchen.[11]

Meryls Geschichte: Schmerzmittel

Als Teenager trank Meryl des öfteren Alkohol und rauchte Joints. «Ich wollte mich mal anders fühlen. Mein Zuhause war ziemlich öde und deprimierend», erzählte sie uns. Als sie neunzehn war, lernte sie Paul kennen, und sie heirateten bald darauf. Meryl dachte, jetzt brächen bessere Zeiten an. «Er war große Klasse», sagte sie. «Ein bißchen wild war er schon, aber er hatte einen guten Job. Und wir hatten viel Spaß zusammen.» Doch als sie verheiratet waren, wurde Paul oft böse. Meryl hatte den Eindruck, daß er wegen Kleinigkeiten in die Luft ging. Er jagte ihr immer wieder Angst ein, indem er stundenlang verschwand oder in gefährlichem Tempo Auto fuhr.

Als sie eines Nachts vom Haus eines Freundes heimfuhren, fing Paul mit Meryl einen Streit an. Je lauter der Streit wurde, desto schneller fuhr er. Meryl bat ihn, langsamer zu fahren, aber er lachte nur und trat aufs Gas. Dann verlor er die Kontrolle über den Wagen und raste gegen einen Baum. Paul war unverletzt, Meryl hingegen mußte zur Beobachtung ins Krankenhaus und wurde wegen schwerer Rückenschmerzen meh-

rere Wochen lang behandelt. Paul besuchte sie in dieser Zeit
nur einmal. Er sagte, er müsse geschäftlich verreisen. «Damals
stieß ich auf Demerol», sagte sie, «und brachte damit das Gefühl der Leere zum Verschwinden.»

In den darauffolgenden Jahren ging Meryl wegen ihrer Rük-
kenschmerzen von einem Arzt zum anderen und bat um weitere Schmerzmittel. Der eine verschrieb Percocet, der andere
ein kodeinhaltiges Präparat, doch Meryl meinte, daß sie von
keinem Arzt gründlich behandelt wurde. Sie erzählte uns: «Ich
hatte den Eindruck, daß keiner von ihnen begriff, was für
Schmerzen ich hatte.» Jedesmal, wenn sie den Arzt wechselte,
behielt Meryl die Tabletten, die sie bereits hatte, und fügte
neue hinzu. «Ein Teil von mir wußte, daß ich in Schwierigkeiten war, weil ich schon morgens Tabletten einnahm, um den
Arbeitstag durchstehen zu können», sagte sie. «Aber lange
Zeit begründete ich mein Verhalten damit, daß ich mir sagte:
‹Ich habe Schmerzen und nehme die Tabletten ein, die der Arzt
mir verschrieben hat.›»

Durch Pauls Verhalten wurden Meryls Schwierigkeiten nur
noch größer. Er trank immer mehr und wurde immer gewalttätiger. Mehrere Male brachte er ihr am Rücken Verletzungen
bei. Meryl sagte dazu: «Ich ging wegen des Rückenleidens zu
einer Chiropraktikerin. Jedesmal, wenn ich zurückkam, gab
mir Paul einen ‹Klaps› auf die Schulter. Er klopfte ziemlich
stark drauf, aber nicht so stark, daß man hätte sagen können, er
habe mich geschlagen. Ich sagte der Chiropraktikerin nichts
darüber, und sie konnte nicht verstehen, weshalb keine Besserung eintrat.» Meryl war deprimiert und verbrachte immer
mehr Zeit damit, sich Rezepte zu beschaffen; sie nahm, was sie
bekommen konnte.

«Ich mußte wieder ganz von vorn anfangen», sagte sie. «Die
Entgiftung war schlimm – körperlich und seelisch –, aber es gab
eine Menge Leute, die mir halfen. Sie brachten mich dazu, daß
ich darüber nachdachte, warum ich so unglücklich war und was

in meinem Eheleben geschah.» Nach einer erfolgreichen stationären Behandlung schloß sich Meryl den Anonymen Alkoholikern und einer Selbsthilfegruppe mißhandelter Frauen an. Ihr war klar, daß sie sich von Paul fernhalten mußte, um ihre Genesung nicht zu gefährden. «Das war ein harter Kampf», sagte sie. «Um ihn durchzustehen, brauchte ich viel Unterstützung. Aber ich schaffte es.»

Schmerzmittel

Dr. Joel Haber und seine Kollegen stellten in einer Schmerzklinik fest, daß 50 Prozent ihrer Patientinnen eine Vorgeschichte von körperlicher Mißhandlung hatten, aber bei Anamnesen durch Ärzte und Schwestern nur 20 Prozent von ihnen je nach Gewaltanwendung gefragt worden waren. Haber ist der Meinung, daß diese Patientinnen Schmerzmittel einnahmen, um den Stress der Mißhandlungen ertragen zu können, und daß die behandelnden Ärzte, die ihnen die Rezepte ausstellten, den Kausalzusammenhang zwischen Gewaltanwendung, Schmerzzuständen und Schmerzmitteln nicht erkannten.[12]

Häufig werden Narkotika als Schmerzmittel eingesetzt: Methadon, Kodein, Morphium und Heroin. In kleinen Dosierungen erzeugen sie Wohlbefinden; gleichzeitig dämpfen sie Schmerzen und Ängste. Sie fördern das Einschlafen und führen zu Apathie. Größere Dosierungen können zu Übelkeit, Erbrechen, Atembeschwerden, Krämpfen, Komata und zum Tod führen. Bei diesen Drogen kommt die Abhängigkeit rasch und nachhaltig. Eine Alkoholikerin kann jahrelang trinken, bis bei abstinentem Verhalten Entzugserscheinungen auftreten, doch bei einer Frau, die von Narkotika abhängig geworden ist, werden sich schon nach wenigen Wochen oder Monaten Entzugserscheinungen bemerkbar machen. Bei vielen führt die Abhängigkeit zum Tod. So ist die Sterblichkeitsrate von Heroinabhängigen in der Altersgruppe von 25 bis 44 Jahren zehnmal höher als im Bevölkerungsdurchschnitt.[13]

Heutzutage sterben sie auch häufig, weil sie mit unsauberen Spritzen hantierten. Abhängige brauchen zur Entgiftung ärztliche Hilfe; je früher dies geschieht, desto besser.

Donnas Geschichte:
Marihuana und Kokain

Donna fing an, Marihuana zu rauchen, um ihrem kontrollierenden Partner einen Gefallen zu tun. «Er kiffte gern in Gesellschaft», erzählte sie, «und wenn ich nicht mitmachte, sagte er, daß ich ihn vor seinen Freunden in Verlegenheit bringe und daß ich ein Spielverderber sei. Wenn ich auch kiffte, war er netter zu mir.»

Donna und Gordie gingen oft Samstag abends aus, um Bier zu trinken und mit seinen Freunden und deren Frauen zu kiffen. Manchmal brachte einer von ihnen Kokain mit, und dann wurden sie alle high. «Es war keine große Sache», sagte Donna. «Ab und zu ließ einer fünfzig Dollar für Kokain springen, und wir zogen alle ein bißchen davon rein, nur so zum Spaß. Mir war das nicht so wichtig, aber Gordie fuhr auf Kokain ab.»

Als Gordie damit anfing, Kokain zu kaufen und es zu Hause zu schnupfen, machte Donna mit und hatte ihren Spaß daran. Doch als Gordie häufiger danach griff und mehr davon konsumierte, wurde er immer schwieriger. «Tyrannisch war er schon immer gewesen», sagte Donna. «Doch wenn er schnupfte, meinte er, er sei der King. Er kommandierte mich herum, und wenn ich mich darüber beklagte, daß er unser ganzes Geld für Kokain ausgab, sagte er, ich sei dumm und nervtötend.» Sie stritten sich immer häufiger. Gordie ging tagelang mit anderen Frauen weg, mit denen er «mehr Spaß haben» konnte. Das Kokain nahm er mit. «Ich war aufgebracht und sehr verletzt, doch während seiner Abwesenheit merkte ich auch, wie sehr mir das Kokain fehlte.»

Donna fing dann an, sich Kokain zu beschaffen. Sie wußte, wo sie es bekommen konnte – bei Gordies Freunden, die in den Clubs Bier tranken. Donna hatte kein Geld und fing deshalb mit Gordies Lieferanten, einem Mann namens Curtis, ein Verhältnis an. Er schlug sie oft, aber sie ging immer wieder zu ihm, weil er mit Kokain freigebig war. Als sie Curtis eines Nachts nicht finden konnte, nahm sie einen seiner Freunde mit nach Hause.

> Allmählich wußten alle, daß ich mit Männern ins Bett ging, um Kokain zu kriegen. Ich meinte, diese Männer seien meine Freunde, und der Sex sei nur ein Beweis der Freundschaft. Doch in Wirklichkeit war ich eine Kokain-Hure. Viele Männer machten Dinge mit mir, die wirklich erniedrigend waren, aber ich ließ mir das gefallen. Das Bumsen und das Kokain gehörten für mich schließlich zusammen. Curtis behauptete, ich sei eine echte Masochistin: ich hätte geradezu ein Verlangen danach, sexuell mißbraucht zu werden und Schmerz zu empfinden. Ich glaubte ihm das. Er sagte, ich hätte mir dieses Leben selbst ausgesucht, und auch das glaubte ich ihm. Aber es war natürlich die Droge, nach der ich süchtig war. Ich konnte mir überhaupt nichts «aussuchen», ich war völlig abhängig.

Donna verbrachte ihre Zeit damit, nach Drogen Ausschau zu halten, Freier zu suchen, Drogen zu konsumieren und sich um die Verletzungen zu kümmern, die ihr Gordie und andere gewalttätige Männer zugefügt hatten. Ihre beiden kleinen Töchter wurden ihr gleichgültig. Sie brachte sie zu ihrer Mutter.

Eines Tages konnte Donna kein Kokain beschaffen. Sie trank Bier und nahm Diätpillen (die sie auch vorher schon verwendet hatte), konnte aber nicht aufhören zu weinen. Als sie zwanzig Stunden ohne Kokain war, fiel sie vom Balkon eines Clubs und brach sich ein Bein. Im Krankenhaus erkannten die Ärzte ihre Entzugssymptome und ordneten ein Entgiftungs-

programm an. Nach ihrer Entlassung schloß sich Donna Narcotics Anonymous an und wohnte bei ihrer Mutter und ihren Kindern. Drei Jahre danach hält sie sich immer noch dort auf.

> Ich halte mein Genesungsprogramm genau ein. Aber die Sucht
> ist etwas sehr Schlimmes und Heimtückisches. Ich brauche wei-
> terhin die Unterstützung meiner Mutter. Daß alles so schnell
> ging, jagt mir immer noch die meiste Angst ein. In weniger als
> zwei Monaten war ich total abhängig. Es dauerte keine zwei
> Jahre, und ich hatte alles verloren, auch meine beiden Mäd-
> chen. Aber ich dachte zuerst, das hätte ich alles freiwillig aufge-
> geben, um ein besseres, interessanteres Leben führen zu kön-
> nen. Damit war es bald zu Ende, und das ganze letzte Jahr war
> die Hölle für mich. Alles, was ich tat, tat ich des Kokains we-
> gen. Ich bin jetzt seit über drei Jahren «clean», aber es wird
> noch lange dauern, bis ich wieder zu mir gefunden habe und in
> Sicherheit bin.

Marihuana

Marihuana halten viele für harmlos und nicht süchtig machend.
Experten sind jedoch anderer Ansicht. Heute glauben die meisten Forscher, daß Marihuana seelisch abhängig macht; bei hoher Dosierung entsteht zudem eine körperliche Abhängigkeit.
Wer viel Marihuana raucht, verspürt ein dauerndes Verlangen
nach der Droge und kann den Konsum nicht einschränken oder
einstellen. Chronische Marihuanaraucher brauchen die Droge,
um durchzukommen.[14]

Katherine Ketcham und Ginny Lyford Gustafson unterscheiden bei Marihuanaabhängigkeit zwischen dreierlei Symptomen:

1. Psychische Symptome. Die Abhängige wird depressiv und
   kommt sich untauglich vor. Sie ist desorientiert und ängstlich und bekommt Halluzinationen. Sie wird reizbar, leidet
   unter Stimmungsschwankungen und zeigt Selbstmordten-
   denzen.

2. Verhaltenssymptome. Die Abhängige will den Konsum von Marihuana einschränken oder einstellen, kann es aber nicht. Sie wird aggressiv und überdreht oder passiv und teilnahmslos. Sie betreibt keine Körperpflege, denkt an Selbstmord oder unternimmt gar Selbstmordversuche. Sie ist unaufrichtig, und sie wird in der Regel abstreiten, daß der Drogenkonsum schädliche Auswirkungen auf sie hat.

3. Körperliche Symptome. Die Abhängige leidet unter Kopfschmerzen und Ermüdungserscheinungen. Sie kann sich nicht konzentrieren, hat ein schwaches Erinnerungsvermögen und kann keine komplizierten Aufgaben erledigen. Ihr Zeitgefühl kann stark beeinträchtigt sein.[15]

Kokain

Kokain gehört zu den sogenannten Stimulanzien oder Aufputschmitteln. Es verschafft für die Dauer des Rauschzustandes ein Gefühl grenzenloser Energie und Kraft. Doch dieser Zustand hält nicht lange an. Wird Kokain geschnupft, folgt auf den etwa halbstündigen Rauschzustand ein Absacken. Wird Kokain injiziert, tritt der Absturz rascher ein, und wenn es als «Crack» geraucht wird, verschwinden die angenehmen Gefühle nach wenigen Minuten.[16] Um sich «normal» zu fühlen oder um die nach dem Konsum auftretende Erschöpfung und Depressivität abzuwehren, nehmen Kokainabhängige die Droge dann immer häufiger ein.[17] Oder sie bekämpfen Entzugserscheinungen mit Alkohol, Tranquilizern und Marihuana.

Wird Kokain in Form von «Crack» geraucht, kann es innerhalb weniger Wochen zu einer Abhängigkeit kommen, bei der ein starkes Verlangen nach der Droge entsteht. Zu den Begleiterscheinungen gehören Herzattacken, Kurzschlußhandlungen, Anfälle, Schlaganfälle und Unterernährung. Kokainabhängige können wie Donna den Anschein erwecken, sie seien sehr auf Sex erpicht, während sie in Wirklichkeit nur an der Droge interessiert sind. Tatsächlich nimmt der Sexualtrieb ab. Bei chronischen Kokainkonsumenten kann es auch zu starken Stimmungsschwankungen und zu Persönlichkeitsveränderungen kommen. Abhängige sind meist reizbar, mißtrauisch, verwirrt, ängstlich, paranoid und potentiell gefährlich. Wer gebrauchte Spritzen verwendet, kann sich Hepatitis und Aids zuziehen, und eine schwangere Frau kann diese Krankheiten wie auch ihre Sucht an das ungeborene Kind weitergeben.[18]

Verdienen Sie wegen des Alkohol- oder Drogenkonsums Schläge?

Auch wenn sie nicht abhängig ist, ist eine Frau, die Alkohol oder Drogen konsumiert, in einer Beziehung mit einem kontrollierenden Partner im Nachteil. Wie schon erwähnt, schiebt er ihr sofort für alles, was bei ihm schiefgeht, die Schuld zu. Ihr Alkohol- oder Drogenkonsum liefert ihm den besten Vorwand. Dadurch, daß sie trinkt oder Drogen nimmt, ist das Familienleben wohl ohnehin zerrüttet, und sie mag deswegen ein schlechtes Gewissen haben. Führt der Partner die familiären Probleme (oder auch seine eigenen) auf ihren Alkohol- oder Drogenkonsum zurück, kann es sehr wohl sein, daß sie die Schuld auf sich nimmt. Edith erzählte uns: «Wir gingen zur Eheberatung, und mein Mann hatte mich so sehr manipuliert, daß ich dem Therapeuten genau das erzählte, was er mir immer einredete: Wenn ich nicht trinken würde, dann würde er mich auch nicht schlagen. Ich glaubte tatsächlich, der Alkohol mache mich so gereizt, daß ich Larry dazu brachte, mich zu schlagen.» Der Alkohol machte Edith zwar gereizt und schnippisch, aber er brachte Larry nicht dazu, sie zu attackieren. Edith zufolge war es vielmehr so: «Schon lange bevor ich zu trinken anfing, hatte Larry mich mißhandelt. Ich konnte ihn ja nicht einmal dazu bringen, den Müll hinauszutragen. Wie sollte ich ihn denn dazu bringen können, mich zu schlagen?»

Dolores fand die Ausreden, die ihr Partner für seine Gewalttätigkeit hatte, ebenfalls verwirrend. Sie wollte nicht glauben, daß sie es sich selbst zuzuschreiben hätte, daß Phil sie schlug. Doch als er sie beschuldigte, sie vernachlässige ihres Drogenproblems wegen die Kinder, meinte sie, er hätte recht. Dolores sagte dazu: «Lange Zeit glaubte ich, daß ich Prügel verdiente.» Als sie aber erfuhr, daß Phil eine Freundin, die nie Alkohol getrunken oder Drogen konsumiert hatte, ebenfalls mißhandelt hatte, änderte sie ihre Meinung. Dolores sagte uns: «Ganz egal, was ich oder eine andere tat: Er würde schon einen Vorwand finden, seine Partnerin zu schlagen und ihr dann die Schuld zuzuschieben.»

Den meisten Frauen wird beigebracht, ihre Aufgabe sei es, Probleme zu lösen, Differenzen auszuräumen, die Familie zusammenzuhalten, sich für alles verantwortlich zu fühlen und ja nicht die Beherrschung zu verlieren. Von allen Frauen wird erwartet, daß sie eine gute Mutter sind, ganz gleich, ob sie auf die Elternrolle vorbereitet werden oder nicht. «Versagt» eine Frau, weil sie sich wegen ihres Alkohol- oder Drogenkonsums nicht mehr im Griff hat, wird sie von Verwandten, Freunden und Hilfsorganisationen als «schlechte Ehefrau» oder «schlechte Mutter» abgestempelt. Kontrollierende Partner nützen dies für ihre Zwecke aus. Sie sagen Dinge wie: «Du bist ein völliger Versager. Nicht mal für deine eigenen Kinder sorgst du.» Was einer Frau an Stolz noch verblieben ist, schwindet unter solchen Attacken dahin. Sie schämt sich und bemüht sich um so mehr, ihr Suchtmittelproblem zu verbergen. Von der Gewalt und der körperlichen Abhängigkeit in die Enge getrieben, wird sie sich immer mehr isolieren und immer stärker unter die Kontrolle des gewalttätigen Partners geraten.

Erst seit mehr Frauen den Mut gefunden haben, sich behandeln zu lassen, gibt es auch Therapien für Klientinnen, die mit einem doppelten Problem konfrontiert sind: mit der Sucht und dem Fehlverhalten des Partners. Einer der Therapeuten erzählte uns: «Wir sagen den Frauen immer wieder: ‹Sie waren in einer schlimmen Situation, und Sie haben Ihr Bestes getan, um unter diesen Umständen zu überleben. Sie sollten Nachsicht mit sich haben und darüber hinwegkommen. Niemand hat das Recht, Sie zu mißhandeln – *ganz egal, was Sie taten.*›»

Wie ist Ihr Alkohol- und Drogenkonsum einzustufen?

Die nachfolgenden Fragen werden Ihnen helfen, Ihren eigenen Alkohol- und Drogenkonsum einzustufen. Antworten Sie mit «ja» oder «nein».

_____ Versprechen Sie sich selbst oder anderen, Ihren Alkohol- oder Drogenkonsum einzuschränken?

_____ Haben Sie Schwierigkeiten, diese Versprechen einzuhalten?

_____ Haben Sie wegen des Trinkens oder des Drogenkonsums Schuldgefühle?

_____ Haben Sie manchmal ein schlechtes Gewissen wegen der Dinge, die Sie getan haben, als Sie betrunken oder «high» waren?

_____ Haben Sie wegen Drogen- oder Alkoholkonsums in der Ausbildung, bei der Arbeit oder bei gesellschaftlichen Anlässen gefehlt, oder haben Sie deswegen Termine versäumt?

_____ Brauchen Sie immer mehr, um betrunken oder «high» zu werden?

_____ Essen Sie wenig oder schlafen Sie schlecht, wenn Sie trinken oder Drogen nehmen?

_____ Verwenden Sie Alkohol oder Drogen, um einzuschlafen oder um aufzuwachen und «in Schwung zu kommen»?

_____ Haben Familienmitglieder oder Freunde schon einmal gegen Ihren Drogen- oder Alkoholkonsum Einwände erhoben?

_____ Sind Sie verletzt, wenn Familienmitglieder oder Freunde auf Ihren Alkohol- oder Drogenkonsum zu sprechen kommen?

_____ Haben Sie ein starkes Verlangen nach Alkohol oder Drogen?

_____ Freuen Sie sich oft auf den nächsten Drink oder die nächste Drogendosis?

_____ Haben Sie je beim Drogen- oder Alkoholkonsum einen teilweisen oder völligen Gedächtnisverlust erlitten?

_____ Machen Sie sich Sorgen über Ihren Drogen- oder Alkoholkonsum?

_____ Trinken Sie Alkohol oder nehmen Sie Drogen, um Ihr Selbstvertrauen zu stärken oder Schmerzen zu betäuben?

_____ Sind Sie häufiger allein, als es sonst der Fall war?

_____ Sind die meisten Leute, mit denen Sie gern zusammen sind, genauso starke Alkohol- und Drogenkonsumenten wie Sie?

_____ Sind Sie nicht gern mit Leuten beisammen, wenn der Anlaß es nicht erlaubt, Alkohol oder Drogen zu konsumieren?

_____ Stärken Sie sich manchmal vor einem wichtigen Termin oder gesellschaftlichen Ereignis mit einem Drink oder mit Drogen?

Haben Sie mehrere Fragen mit «ja» beantwortet, dann sollten Sie sich jetzt nach Hilfe umsehen.

Was ist zu tun, wenn Sie meinen,
daß Sie ein Alkohol- oder Drogenproblem haben?

Wenn Sie mehrere Fragen mit «ja» beantwortet haben, denken Sie vielleicht: «Ich habe kein Problem!»; «Ich brauche mich doch nicht *behandeln* zu lassen!»; «Ich weiß, was ich tue»; «Warum machen die bloß eine so große Sache daraus?» oder «Ich komme ja ganz gut zurecht.» Sieht es so aus, als machten wir wegen eines kleinen, harmlosen Vergnügens zuviel Aufhebens? Hacken auch andere Leute deswegen auf Ihnen herum? Sind Sie überzeugt, daß alle unrecht haben? Wenn dem so ist, sollten Sie wissen, daß alle Suchtmittelabhängigen so denken. Bei allen fing es damit an, daß sie dachten, sie hätten die Sache im Griff; viele, die an ihrer Sucht starben, dachten genauso.

Sie mögen im Moment andere Probleme haben, die Ihnen größer und wichtiger vorkommen als Ihr Alkohol- oder Drogenkonsum. Das Zusammenleben mit einem kontrollierenden Partner ist schon ein gewaltiges Problem, besonders wenn er gewalttätig oder potentiell gewalttätig ist. Und alle anderen Probleme, die Sie haben, werden zwangsläufig durch einen solchen Partner nur noch schlimmer: etwa Geldsorgen, Spannungen am Arbeitsplatz oder Schwierigkeiten mit den Kindern. Ist dies der Fall, dann kann es sein, daß Ihnen Alkohol und Drogen überhaupt nicht problematisch erscheinen. Sie mögen wie Edith der Meinung sein, daß eine Flasche Schnaps oder eine Packung Tranquilizer Ihr bester Freund sei – die einzige Stütze, die Sie haben.

Dieser Gedanke mag plausibel klingen, doch er ist abwegig. Alkohol und Drogen mögen zwar hilfreich erscheinen, doch in Wirklichkeit blockieren sie die Lösung anderer Probleme. Sie ermöglichen Ihnen lediglich ein zeitweiliges Entrinnen – wie kleine Nickerchen mitten im Tagesgeschehen, nur daß sie ein weitaus größeres Gefahrenpotential haben. Sie hindern Sie daran, aktiv zu werden und klar zu denken. Und sie können Sie in unvorstellbare Schwierigkeiten bringen. Deshalb ist es ratsam, daß Sie sich zuerst einmal mit Ihrem Alkohol- oder Drogenkonsum beschäftigen und erst dann mit den anderen Problemen.

Wenn Sie sich fragen, ob bei Ihnen eine Gefährdung gegeben ist, können Ihnen erfahrene Fachkräfte helfen, die Antwort zu finden. Zuallererst müssen Sie sich nach geeigneten Hilfsangeboten umschauen. In vielen Städten gibt es Zentren für Suchtmittelabhängige; dort können Sie sich einen Gesprächstermin geben lassen. Die Telefonnummern der Hilfsangebote finden Sie auf den Gelben Seiten des Telefonbuchs, z. B. unter dem Stichwort Drogenberatung. Dort können Sie erfragen, welche Entgiftungsprogramme und Therapien gegen Suchtmittelmißbrauch es in Ihrer Gegend gibt. Sie können sich auch telefonisch bei den Anonymen Alkoholikern oder der Anonymen Drogenberatung nach dem nächst gelegenen Zentrum für Suchtmittelabhängige erkundigen.

· Wenn es in Ihrer Nähe kein solches Zentrum gibt (oder wenn Ihnen das vorhandene nicht zusagt), können Sie an einigen «offenen» Treffen der AA oder AD teilnehmen, um zu hören, was andere über ihre Abhängigkeit zu sagen haben, und um festzustellen, ob Sie mit ihren Ansichten übereinstimmen. Sowohl die AA als auch die AD empfehlen, daß Sie an vielen verschiedenen Treffen teilnehmen, bevor Sie zu einer Entscheidung kommen, ob Sie süchtig oder suchtfrei sind. Sie können die AA oder AD anrufen und sich nach Treffen in Ihrer Gegend erkundigen. Fragen Sie dabei ausdrücklich nach «offenen» Treffen, zu denen die Allgemeinheit Zugang hat. Und vergessen Sie nicht, daß alles, was bei diesen Treffen geschieht, vertraulich behandelt werden muß. Wenn Sie mit jemandem darüber sprechen wollen, ist es das beste, eine der Teilnehmerinnen zum Kaffee einzuladen oder ihr Ihre Telefonnummer zu geben. Suchen Sie sich nach Möglichkeit eine Teilnehmerin aus, die bei

dem Treffen Äußerungen gemacht hat, die Ihnen gefielen.
Sind Sie durcheinander, dann suchen Sie sich keine Frau aus,
die genauso verwirrt zu sein scheint wie Sie selbst. Sie werden
feststellen, daß meist eine ganze Gruppe von Frauen nach dem
Treffen in ein Café geht und daß Sie sich ihnen anschließen
können.

Manchen Frauen behagt es nicht, eine öffentliche Einrichtung oder ein der Allgemeinheit zugängliches Treffen zu besuchen. Sie sind vielleicht der Meinung, daß es einfacher wäre,
mit Ihrem Hausarzt, Ihrem Pfarrer oder Ihrem Therapeuten zu
reden. Wir empfehlen dies nicht. Viele Ärzte, Pfarrer und Therapeuten wissen wenig über Abhängigkeit. Der Arzt mag das
Problem bagatellisieren oder mißverstehen, oder er ver-
schreibt Ihnen sogar zusätzliche Medikamente. Der Pfarrer
mag moralisierend und voreingenommen sein. Und wenn die
Therapeutin keine Spezialistin für Suchtberatung ist, wird sie
Sie vielleicht monate- oder jahrelang behandeln und, weil sie
Ihren Problemen auf die Spur kommen möchte, Ihre ganze
Kindheit durchforschen. Jede von diesen Personen kann Sie
dafür verantwortlich machen, daß Sie trinken oder Drogen
nehmen. Und wenn sie über Ihren kontrollierenden Partner
nicht ausreichend Bescheid wissen, können sie Sie auch noch
für das Verhalten Ihres Partners verantwortlich machen. Ein
guter Arzt, Pfarrer oder Therapeut wird Sie ohnehin an ein
Krankenhaus, eine Suchtberatungsstelle, die AA oder AD verweisen. Sie können also auch gleich zu Fachkräften gehen, von
denen Sie die Hilfe bekommen, die Sie brauchen.

Den Genesungsprozeß einleiten

Wenn Sie in ein örtliches Zentrum für Suchtmittelabhängige gehen, wird Sie die Beraterin nach der Vorgeschichte und dem Verlauf Ihrer Alkohol- oder Drogenabhängigkeit fragen: wann Sie angefangen haben, was Sie einnehmen und wie oft dies geschieht. Die Beraterin wird nach Ihren Verhaltensweisen und nach Ihrem Gesundheitszustand fragen, möglicherweise auch nach Ihrer Familie. Hat sie diese Informationen ausgewertet, wird sie Behandlungsmöglichkeiten empfehlen.

Für manche beginnt die Behandlung mit der Entgiftung, also mit der Beseitigung «toxischer» (giftiger) Stoffe, die sich im Körper während des starken Alkohol- und Drogenkonsums angesammelt haben. Dieser Entgiftungsprozeß dauert zwei bis vier Wochen und muß von Medizinern sorgfältig überwacht werden. (Wenn Sie schwanger sind, ist eine Überwachung besonders wichtig.) Er findet meist unter stationären Bedingungen statt. (Wir werden noch darauf zu sprechen kommen, was Sie während eines solchen Aufenthalts mit Ihren Kindern tun können.) Wahrscheinlich haben Sie schon Filme gesehen mit Szenen, wie der Hauptdarsteller in einem abgesperrten Zimmer mit dem Stoff Schluß macht und dann unter schrecklichen Entzugserscheinungen wild um sich schlägt. Davon sollten Sie sich nicht abschrecken lassen. Heutzutage ist die Entgiftung so eingerichtet, daß Sie möglichst wenig körperliche und seelische Beeinträchtigungen erfahren.

Manche Patientinnen beginnen nach dem Klinikaufenthalt mit einer Entwöhnungsbehandlung, die mehrere Wochen oder Monate dauert. Dabei wohnen sie mit Frauen, die ebenfalls eine Entwöhnung durchmachen, in einer Gruppe zusammen und erhalten therapeutische Behandlung. Andere wohnen zu Hause und gehen mehrmals wöchentlich zur Einzel- oder Gruppentherapie in die Klinik. Viele, die eine Entwöhnung durchmachen, schätzen die förderliche Atmosphäre der Wohngemeinschaften und der ambulanten Behandlungsprogramme. Zahlreiche Frauen, die sich im frühen Stadium des Alkoholismus oder der Drogenabhängigkeit befinden, brauchen die erwähnten Behandlungsmethoden nicht. Die Drogenberaterin wird Ihnen möglicherweise empfehlen, im örtlichen Zentrum für Suchtmittelabhängige eine Einzel- oder Gruppentherapie anzufangen, sich den AA oder AD anzuschließen oder beides zu machen. Die Beraterin wird Ihnen helfen, das auszusuchen, was für Sie am besten ist.

Ganz gleich, ob die Beraterin eine Entgiftung, einen Aufenthalt in einer Wohngemeinschaft, eine Therapie oder die Teilnahme an Treffen der AA oder AD empfiehlt: Für Ihre Genesung werden Sie Zeit brauchen. Viele Frauen nehmen für den Rest ihres Lebens an Entwöhnungsprogrammen teil. Die Genesung ist ein Prozeß, der Schritt für Schritt abläuft. Das Ziel ist, Ihnen zu einem gesunden, glücklichen und produktiven Leben zu verhelfen.

Ihre speziellen Bedürfnisse
bei der Genesung

Das Programm der Anonymen Alkoholiker haben Männer erdacht, um Männern zu helfen, genauso ist es mit den meisten anderen Hilfsangeboten für Suchtmittelabhängige. Im Laufe der Jahre haben viele Frauen von diesen Angeboten Gebrauch gemacht, doch die Forschung, die Literatur und die Angebote auf dem Gebiet des Suchtmittelmißbrauchs sind nach wie vor weitgehend auf Männer eingestellt. Das hat zur Folge, daß manches an den Programmen der AA, AD und der örtlichen Zentren für Suchtmittelabhängige für Frauen im allgemeinen und für mißhandelte Frauen im besonderen nicht geeignet ist. So wird zum Beispiel bei den meisten Entwöhnungsprogrammen versucht, Abhängige dazu zu bringen, daß sie mit der Verdrängung aufhören. Wie schon erwähnt, wird beim «Ersten Schritt» der Anonymen Alkoholiker von den Abhängigen verlangt, daß sie ihr Leben als gescheitert betrachten. Haben Sie sich jedoch nach Kräften bemüht, Ihren Partner zu besänftigen und die Familie intakt zu halten, werden Sie sich nicht als Versager einstufen wollen. Der «Vierte Schritt» verlangt von den Abhängigen, daß sie eine «gründliche innere Bestandsaufnahme» machen; bei späteren Schritten sollen sie allen Menschen, denen sie geschadet haben, «Wiedergutmachung leisten». Von den Mitgliedern der AA und AD wird erwartet, daß sie über ihre «Fehler» und «Charaktermängel» nachdenken. Wenn Sie einen kontrollierenden Partner haben, bekommen Sie jedoch Ihre Fehler und Mängel ohnehin dauernd vorgehalten. Die erwähnten Schritte taugen für die meisten Abhängigen, weil es für die Genesung äußerst wichtig ist, daß sie die Verantwortung für ihr Verhalten übernehmen; haben Sie aber zu Hause unter dem Fehlverhalten Ihres Partners zu leiden, mag es Ihnen seltsam vorkommen, wenn schon wieder von Ihren Mängeln die Rede ist. Mißhandelten Frauen bringt das wenig. Und vielerorts gibt es leider keine speziellen Hilfsangebote für solche Frauen, die alkohol- oder drogenabhängig sind.

In manchen Städten gibt es jedoch spezielle AA- und AD-Treffen für Frauen oder für Lesbierinnen. Die Diskussionen dieser Gruppen werden für Sie hilfreicher und nützlicher sein. Akzeptiert und unterstützt zu werden ist nämlich genau das, was Sie brauchen. Eine Rehabilitationsexpertin sagte uns dazu: «Eine mißhandelte Frau muß das beruhigende Gefühl bekommen, daß sie von anderen akzeptiert und ermutigt wird, daß diese sie mögen; nur so kann sie sich von der Alkohol- und Drogenabhängigkeit erholen. Die besten Heilungschancen haben Frauen, die eine andere Frau oder eine Gruppe finden, von der sie bei ihrem Versuch, neue, sucht-

freie Verhaltensweisen zu finden, mit liebevoller Unterstützung auf den Weg der Genesung gebracht werden.»[21]

Mit dieser liebevollen Unterstützung ist jedoch keine neue
Beziehung gemeint. Viele im Anfangsstadium der Entwöhnung befindliche Frauen sehen in einem neuen Partner oder
einer Reihe neuer Beziehungen eine willkommene Ablenkung.
Wer Alkohol und Drogen durch Liebesaffären ersetzt, verhin-
dert jedoch, daß sich wirklich etwas ändert; oft werden die Probleme noch größer. Erfahrene Suchtmittelberater halten es für
das Beste, sich ein Jahr lang ganz auf die Entwöhnung zu konzentrieren und erst dann wieder nach einem Partner Ausschau
zu halten. Und wenn Sie sich bei den AA oder AD einen Be-
treuer aussuchen, dann sollte es eine Person sein, die *kein* potentieller Sexualpartner ist – weder von Ihrem Standpunkt aus
noch aus der Sicht des Betreuers. Sind Sie eine heterosexuelle
Frau, dann suchen Sie sich eine andere heterosexuelle Frau.
Sind Sie eine Lesbierin, dann suchen Sie sich einen homo-
sexuellen Mann.

Spezielle Angebote für Frauen

Wo spezielle Behandlungs- und Beratungseinrichtungen für al-
kohol- und drogenabhängige Frauen vorhanden sind, leisten
diese unschätzbare Dienste. Alison fand in ihrem örtlichen
Krankenhaus ein Behandlungsprogramm für Frauen. Dort
wurde berücksichtigt, daß sich ihr Alkohol- und Drogenkonsum von dem ihres Mannes unterschied und daß sie eine andere
Behandlung brauchte. Alison hatte nicht in eine Entgiftung gehen können, weil sie sich um ihre Kinder kümmern mußte.
(Wie viele andere Einrichtungen der Suchtbekämpfung wurden Rehabilitations- und Entgiftungszentren für Männer geschaffen, die ihre Kinder der Ehefrau überlassen konnten.)
Alison erzählte uns: «Bei diesem Programm dachte man auch

an meine Kinder. Man half mir, daß ich Sozialhilfe bekam und meine Kinder einen Monat lang in Pflege geben konnte. Auf diese Weise war es mir möglich, mich im Krankenhaus behandeln zu lassen.»

Wie viele andere Frauen, die von Männern mißhandelt worden sind, stellte auch Marcia fest, daß sie erst dann freimütig reden konnte, als sie sich in ihrem örtlichen Zentrum für Suchtmittelabhängige einer Frauengruppe anschloß sowie einer AA-Gruppe für Frauen. «Ich brauchte das, um ungehindert reden zu können», sagte sie. «Als ich in der Entgiftung war, konnte ich nicht darüber reden, was mein Mann mir antat, und bei den normalen AA-Treffen sagte ich auch nichts darüber. Ich will mit gewalttätigen Männern nichts mehr zu schaffen haben, aber für meine Genesung war es sehr wichtig, über Gewalt zu reden.»

Um ein Behandlungs- oder Rehabilitationsprogramm in Ihrer Nähe zu finden, können Sie sich an die örtliche Suchtberatungsstelle, ein Frauenhaus, ein Krankenhaus oder eine psychotherapeutische Klinik wenden. Denken Sie jedoch daran, daß es in diesen Einrichtungen Mitarbeiter geben kann, die gegenüber weiblichen Suchtmittelabhängigen immer noch eine feindselige Haltung an den Tag legen. Marcia sagte dazu: «Ich war verblüfft, wie mich die Mitarbeiterin des Notrufs für mißhandelte Frauen bei meinem ersten Telefonat abfertigte. ‹Für Frauen mit Drogen- und Alkoholproblemen können wir nichts tun›, erfuhr ich von ihr.» Immer mehr Frauenhäuser haben jedoch Beraterinnen für Suchtmittelabhängige; dabei handelt es sich oft um Frauen, die selbst abhängig waren. Es gibt durchaus Hilfen, aber Sie müssen sie erst ausfindig machen.

Für Mütter wie Alison, die stationäre Behandlung brauchen, erhebt sich die Frage: Wo bringe ich meine Kinder während der Behandlung unter? Bekomme ich sie wieder zurück, wenn ich sie eine Zeitlang in Pflege gebe? Die Antwort darauf ist nicht einfach. Wenn Sie sich umschauen, werden Sie aber vermutlich eine Beraterin oder AA- bzw. AD-Mitglieder finden, die Ihre Probleme verstehen und Ihnen zur Seite stehen.

Selbst bei Programmen für weibliche Suchtmittelabhängige gibt es manchmal Beraterinnen, die den kontrollierenden Partner nicht richtig einzuschätzen vermögen. Dies kann dazu führen, daß sie Ihre Schwierigkeiten und Ihre Gefährdung bagatellisieren. Sie können sogar vorbringen, Ihre (berechtigte) Angst vor dem Partner sei ein «paranoides» Symptom des Suchtmittelmißbrauchs, das Sie «loswerden» müßten. Geschieht dies, dann sollten Sie ein Hilfsangebot für mißhandelte Frauen suchen und dort um Unterstützung bitten.

Jennifer erzählte uns: «Meine Entwöhnung begann damit, daß ich im Frauenhaus in eine Selbsthilfegruppe mißhandelter Frauen ging. Ich ließ nie etwas über meine Drogenabhängigkeit verlauten, aber ich fing dort an zu verstehen, warum ich trank.» Rückblickend ist Jennifer der Meinung, daß sie bei der Entwöhnung für zwei Probleme Hilfe brauchte: sowohl im Hinblick auf ihre Abhängigkeit als auch auf die Gewalt in ihrer Ehe. Sie hatte Glück. Die Leiterin einer Selbsthilfegruppe für mißhandelte Frauen verwies sie an das Entwöhnungsprogramm für Frauen am örtlichen Krankenhaus. Jennifer schloß sich nach der Behandlung den Anonymen Alkoholikern an und kehrte zu der Selbsthilfegruppe zurück. Sie sagte dazu: «In der Selbsthilfegruppe konnte ich über meinen Alkoholkonsum reden: daß ich aus Angst vor meinem Mann getrunken hatte oder wenn ich in die Nähe meines Vaters kam, der mich als Kind mißbraucht hatte. In der Gruppe gab es noch andere Frauen, die sich bemühten, abstinent zu bleiben, und ich bekam viel Unterstützung. Ohne sie hätte ich's nicht geschafft.»

Manche Frauen suchen auch bei Al-Anon Hilfe. Al-Anon wurde vor vielen Jahren als Selbsthilfegruppe der Angehörigen von Alkoholikern ins Leben gerufen; da es sich bei den Alkoholikern meist um Männer handelte, wurde Al-Anon überwiegend zu einem Zusammenschluß von Frauen. Auch heute sind die meisten Mitglieder Frauen. Sie wissen, was es bedeutet, mit einem kontrollierenden und gewalttätigen Mann zusammenzuleben, denn in den meisten Fällen sind sie deswegen zu Al-Anon gekommen.

Manche Mitglieder von Al-Anon betrachten sich jedoch als «co-abhängig». So bezeichnet man im allgemeinen eine Person, die den Bedürfnissen einer anderen Person Vorrang vor ihren eigenen einräumt und sich bemüht, deren Anerkennung zu finden. Leider sind manche Experten der Ansicht, daß Co-Abhängigkeit eine Art Krankheit sei (so wie der Alkoholismus) und daß die Co-Abhängigen ihre Probleme selbst herbeiführen, weil sie zu abhängig sind. Wir sind anderer Meinung; wir glauben, daß Co-Abhängigkeit lediglich eine Umschreibung für das ist, was Frauen in einer Beziehung zu einem kontrollierenden und gewalttätigen Partner tun, um überleben zu können. Wie schon im ersten und zweiten Kapitel erwähnt, umsorgen und besänftigen diese Frauen den Partner, damit Ruhe und Frieden herrscht; oft wollen sie dadurch erreichen, daß er sie nicht verletzt oder gar umbringt. Anders ausgedrückt: In einer Beziehung zu einem kontrollierenden Partner kann es dazu kommen, daß die Frau «co-abhängig» handelt; dies ist jedoch eine Folge und keine Ursache der Beziehung. Frauen, die in solchen Beziehungen gelebt haben, wollen sich jedoch oft von der Angewohnheit befreien, dem Partner Vorrang einzuräumen, und dafür kann das Al-Anon-Programm sehr nützlich sein. Es ist auch verständlich, daß mißhandelte Frauen, die süchtig sind, mit mißhandelten Frauen süchtiger Männer besser zurechtkommen als mit süchtigen Männern – und daß sie deshalb bei Al-Anon mehr Unterstützung bekommen als bei den AA oder AD.

Die Gegebenheiten sind von Ort zu Ort verschieden. Sie müssen in Ihrer Gegend die geeigneten Hilfen für den Alkoholismus oder die Drogenabhängigkeit finden. Denken Sie daran, daß Sie selbst bestimmen können, von wem Sie sich helfen lassen wollen: von Menschen, mit denen Sie sich verstehen und denen Sie vertrauen; von Frauen, die ähnliches durchgemacht haben, die Sie so nehmen, wie Sie sind, und denen Ihr Glück am Herzen liegt. Wenn Sie Hilfe finden, dann machen Sie auch Gebrauch davon. Wenn Sie gefahrlos reden können, dann erzählen Sie von der Angst, die Ihr Partner Ihnen einjagt (falls er gefährlich ist). Reden Sie über Ihren Kummer und Ihre Wut. Reden Sie über Ihre Alpträume und Ihre Wunschträume. «Der Behandlungserfolg und die Genesung hingen bei mir davon ab, daß ich über Dinge redete, die mich am meisten bedrückten», sagte Alison. «Mir gelang es, eine Therapeutin und eine AA-Betreuerin zu finden, die mich verstanden.» Und Marcia bat uns, unseren Leserinnen mitzuteilen: «Wenn ihr die Malaise mit dem Partner überlebt habt, werdet ihr das auch durchstehen. Und danach wird es euch viel bessergehen.»

13. Für Angehörige, Freunde und Helfer

«Wie kann ich ihr helfen?» So lautet die Frage, die sich die Familienmitglieder und Freunde einer Frau, die mit einem kontrollierenden Partner zusammenlebt, immer wieder stellen. Daß sie unglücklich ist, sehen Angehörige und Freunde oft schon lange bevor sie sich dies selbst eingesteht. Doch die meisten von uns wollen sich in die persönlichen Angelegenheiten anderer nicht gern einmischen. Und wenn wir doch einen Rat geben, stoßen wir damit meist auf taube Ohren. Wer einen helfenden Beruf ausübt – als Sozialarbeiter, juristischer Berater, Therapeut, Arzt oder Geistlicher –, macht oft dieselbe Erfahrung. Viele von uns bemühen sich nach Kräften, werden jedoch zurückgewiesen. Wir sind verwundert, vielleicht auch verletzt oder verärgert und überlegen, was wir bloß tun sollen.

In diesem Kapitel wird untersucht, warum Hilfsangebote an Frauen, die in einer kontrollierenden Beziehung leben, oft zu frustrierenden Ergebnissen führen. Wir befassen uns mit dem Problem der Einmischung und zeigen verschiedene Methoden, effektiver zu helfen.

Wie viele andere war auch Tracy frustriert, als sie sich bemühte, mit ihrer Schwester Robin über deren Freund zu reden. Tracy sagte dazu: «Ich versuchte es immer wieder, aber sie ging nicht darauf ein. Doch eines Abends rief sie an und fragte mich, ob mein Angebot noch gelte und sie zu mir ziehen könne. Ich war sehr erleichtert.» Von Robin hörten wir: «Als Wayne damals über mich herzog und mir wieder einmal lautstark alle meine Fehler vorhielt, erinnerte ich mich daran, was Tracy gesagt hatte: ‹Das brauchst du dir nicht gefallen zu lassen. Du kommst auch ohne ihn zurecht.› Ich schaffte es, von dort wegzukommen, indem ich immer an diese Worte dachte.»

Viele Frauen, die mit einem kontrollierenden Partner zusammenleben, brauchen die Hilfe einer außenstehenden Person, um aus der Beziehung herauszukommen. Die meisten Außenstehenden wissen jedoch gar nicht, welchen Beitrag sie leisten. Wie Robins Schwester glauben viele Helfer, ihre Mühe sei vergeblich gewesen. Und viele mißhandelte Frauen sind nicht imstande, denen, die ihnen geholfen haben, die gebührende Anerkennung zukommen zu lassen.

Das liegt daran, daß Frauen die Informationen und Hilfen erst dann verwerten können, wenn für sie der richtige Zeitpunkt gekommen ist. Kerry erzählte uns: «Im Krankenhaus gab mir eine Sozialberaterin eine Karte, auf der meine gesetzlich festgelegten Rechte standen und die Telefonnummer eines Frauenhauses. Ich war erst nach Monaten soweit, daß ich die Nummer anrief.» Kerry hätte der besorgten Sozialarbeiterin gern gedankt, doch die Frau war inzwischen weggezogen. «Als ich damals aus ihrem Büro ging, sagte ich nur, daß ich keine Hilfe brauche», erzählte Kerry. «Ich behauptete, mir gehe es gut; ich sei glücklich mit meinem Freund. Ich kann mir denken, daß sie völlig frustriert war. Und jetzt weiß sie gar nicht, daß sie mir das Leben gerettet hat.»

Durch die zeitliche Verzögerung entsteht ein falscher Eindruck. Oft genug haben wir dies von hilfsbereiten Menschen gehört oder haben es sogar selbst gesagt: «Ich habe es versucht, aber sie hat nicht auf mich gehört»; «Ich gab ihr einen Rat, aber sie sagte, ich solle mich um meinen eigenen Kram kümmern»;

«Wie soll ich einer Frau helfen, die sich selbst nicht helfen will?» Das sind Äußerungen begreiflicher Frustration. Sie stützen die weitverbreitete Auffassung, daß mißbrauchte Frauen zu masochistisch, zu passiv oder zu dumm seien, um sich selbst zu helfen, und daß das, was sie durchmachen, vielleicht doch nicht so schlimm sei.

Doch die Zustände sind wirklich so schlimm, wie die Frauen sie schildern. Viele Frauen und Kinder werden durch seelische oder körperliche Mißhandlungen ernsthaft gefährdet. Und Frauen, die in einer solchen Beziehung leben, brauchen Rat, Unterstützung und Hilfe. Als Angehörige, Freundin, Nachbarin, Kollegin oder professionelle Helferin müssen Sie trotz aller gegenteiligen Beweise daran festhalten, daß Sie mit Ihrer Unterstützung etwas bewirken.

Anzeichen körperlicher oder seelischer Mißhandlung

Haben Sie den Verdacht, daß eine Frau, die Sie kennen, seelisch oder körperlich mißhandelt wird? Wenn Sie mehrere der nachfolgenden Fragen mit «ja» beantworten, ist Ihr Verdacht wahrscheinlich begründet.

_____ Kommt es immer wieder zu Blutergüssen, Knochenbrüchen und anderen Verletzungen, die als «Unfälle» ausgegeben werden?

_____ Klagt die betreffende Frau über Beklemmungen, Depressionen oder unspezifische Ängste? Ist sie verschüchtert, ungesellig, isoliert, ungewöhnlich still oder wortkarg?

_____ Ist es Ihnen unangenehm, wenn der Partner der betreffenden Frau anwesend ist? Kritisiert er sie in Ihrer Gegenwart, oder macht er abfällige Bemerkungen über sie? Sagt er ihr, was sie zu tun und zu lassen hat? Benimmt sie sich auf einmal ganz anders – ist sie etwa außerordentlich fröhlich oder ungewöhnlich still? Ist er charmant und verbindlich, sie hingegen zurückhaltend, still und angespannt?

———— Ist ihr Partner so eifersüchtig oder besitzergreifend, daß Sie sie nie allein treffen können? Wenn Sie bei ihm eine Nachricht für sie hinterlassen, gibt er sie dann weiter?

———— Haben Sie jemals vor ihrem Partner Angst gehabt?

———— Erwähnt sie, daß er manchmal schlecht gelaunt, zornig oder reizbar ist? Spricht sie darüber, was er anstellt, wenn er betrunken ist? Macht sie Andeutungen, daß es bei ihr zu Hause Schwierigkeiten oder Konflikte gibt?

———— Huscht sie auf Zehenspitzen umher, um ihn nicht zu verärgern? Bittet sie Sie, bestimmte Themen in seiner Gegenwart nicht anzuschneiden?

———— Ignoriert er die Kinder? Mißhandelt er die Kinder seelisch oder körperlich? Mißbraucht er sie sexuell? (Anzeichen von Mißhandlungen und Mißbrauch s. S. 327–333) Sind sie in seiner Gegenwart ängstlich, verunsichert oder überangepaßt? Wird die Frau von den Kindern verbal oder körperlich mißhandelt?

———— Hat es in dieser Familie Selbstmordversuche oder Morddrohungen gegeben?

———— Beschuldigt er die Partnerin, sie habe Affären mit anderen Männern oder Frauen? Versucht er sie auf Schritt und Tritt zu überwachen? Muß sie Rechenschaft ablegen, was sie mit ihrer Zeit angefangen hat?

———— Gibt es in der Familie Suchtmittelmißbrauch?

———— Verhält sie sich ihm gegenüber untertänig? Stellt sie ihn als eine Person dar, die viel besser und bedeutender ist als sie selbst? Spricht sie selten von Aktivitäten, Ereignissen oder Menschen, die *sie* interessieren?

———— Fühlt sie sich oft unwohl? Kommt sie oft zur Arbeit zu

spät, fehlt sie häufig, oder hat sie ihren Job aufgegeben? Sagt sie Termine im letzten Moment ab oder erscheint sie einfach nicht? Muß sie bei der Arbeit oder bei geselligen Anlässen oft früher weg, weil ihr Partner sie erwartet?

———— Trägt sie manchmal bei warmem Wetter langärmelige Kleider, Rollkragen oder Halstücher? Legt sie manchmal ungewöhnlich viel Make-up auf oder trägt sie zu unpassenden Zeiten Hüte, Kopftücher oder Sonnenbrillen?

Wenn Sie helfen wollen, müssen Sie Geduld haben

Wenn Sie den Eindruck haben, daß Ihre Verwandte, Ihre Freundin, Ihre Nachbarin oder Ihre Kollegin seelisch oder körperlich mißhandelt wird und Sie ihr helfen wollen, dann beachten Sie zwei Grundprinzipien: Zum einen sollten Sie sich und der betreffenden Frau etwas Zeit lassen, die Veränderungen herbeizuführen. Zum anderen sollten Sie daran denken, daß es keine einzig richtige Methode des Helfens gibt. Wichtig ist, daß Sie sich bemühen.

Während der achtzehn Monate, die Robin mit Wayne verbrachte, war ihre Schwester Tracy mal besorgt und mal verärgert.

TRACY Wenn es zwischen ihnen kriselte, sagte Robin: ‹Ich gehe!› Dann besserte sich die Lage, und sie sagte: ‹Alles in Ordnung!› Ich dachte, sie hätte den Verstand verloren. Um ihre Urteilskraft war es jedenfalls schlecht bestellt. Ich hatte den Eindruck, daß sie ihr Leben wegwarf, und das bereitete *mir* manchmal Schuldgefühle. Ich fragte mich, inwieweit unsere Familie dafür verantwortlich war. Außerdem wußte ich, daß sie Wayne in

Schutz nahm und mir über ihre Beziehung die Unwahrheit
sagte, und das brachte mich in Rage. Ich erlebte es selbst mit,
wie tyrannisch, nörglerisch und gemein er war; ich ahnte also,
daß er sich, wenn er mit ihr allein war, noch schlimmer aufführte und bestimmt viel übler, als Robin zugeben wollte. Das
konnte ich nicht ertragen. Wir waren immer so ehrlich zueinan-
der gewesen.

Was Tracy bei ihrer Schwester beklagte, macht vielen hilfsbereiten Menschen Sorgen: daß die betreffende Frau sich nicht
entscheiden kann und daß sie ihren Partner deckt. Beide Verhaltensweisen ergeben sich jedoch aus dem Zusammenleben
mit einem kontrollierenden Partner. Zum besseren Verständnis der Dynamik einer solchen Beziehung empfehlen wir Ihnen
nochmals die Lektüre des Ersten Teils dieses Buches. Sie werden erkennen, daß ihr scheinbarer Mangel an Entschlußkraft
und ihre Loyalität gegenüber dem Partner in Wirklichkeit
wichtige Überlebenstaktiken sind. Sie sollten nicht zu dem
Schluß verleiten, daß die betreffende Frau Ihre Hilfe nicht
braucht oder nicht zu schätzen weiß. Wahrscheinlich ist das Gegenteil der Fall. Ihre Unentschlossenheit und ihre Loyalität gegenüber dem Partner sind zusätzliche Anzeichen dafür, daß sie
seelisch und/oder körperlich mißhandelt wird.

Oft sind die Entscheidungen, die seelisch oder körperlich
mißhandelte Frauen hinsichtlich ihrer Beziehung treffen, für
Außenstehende schwer verständlich. Am unverständlichsten
ist es wohl, wenn eine Frau sich dagegen sträubt, ihren kontrollierenden Partner zu verlassen. Wenn von mißhandelten
Frauen die Rede ist, wird immer wieder gefragt, warum sie
bloß bei ihrem Partner bleiben. Viele Frauen sagen wie Robin:
«Ich gehe!» Aber dann überlegen sie es sich anders. Und viele
Helfer sagen wie Tracy: «Das bringt mich noch um den Verstand.»

Die Dinge
aus ihrem Blickwinkel sehen

Aus der Perspektive der mißhandelten Frau hat die scheinbare Unentschlossenheit gute Gründe. Wie wir im ersten Kapitel erläutert haben, geben die meisten Frauen eine Beziehung nicht gern auf. Sie betrachten es als ihre Aufgabe, sie lebensfähig zu machen.[2] Schiebt der kontrollierende Partner der Frau für alle Probleme die Schuld zu (wie dies meist der Fall ist), dann wird sie sich – zumindest eine Zeitlang – noch mehr Mühe geben. Alle Beziehungen, auch die kontrollierenden, fangen gut an und haben auch später noch ihre positiven Aspekte. Durch ihr Bleiben wie auch durch eine zeitweilige Trennung wollen Frauen das Gute an der Beziehung zurückholen.

Sie müssen noch manches andere berücksichtigen: emotionale, finanzielle, gesellschaftliche und religiöse Aspekte, auch die eigene Sicherheit. Jede von uns würde dem Mann eine weitere Chance geben, wenn wir Angst davor hätten, in Armut zu leben, unseren Kindern die Zukunft zu verbauen, in ewige Verdammnis zu geraten oder von ihm verletzt oder umgebracht zu werden. Ist eine Beziehung schlecht, setzen Frauen jedoch eine der wenigen Waffen ein, die sie besitzen: die Trennung. Indem sie sich trennen, teilen sie dem Partner mit, daß er sich ändern muß. Das bringt die meisten Männer dazu, zumindest zeitweilig ein besseres Verhalten an den Tag zu legen. Wenn der Partner verspricht, er werde sich ändern, und wenn in der Beziehung eine Besserung eintritt, wird die Frau wohl zurückkehren und einen erneuten Versuch machen.[3] Ihre Taktik hat sich vorerst bewährt. Kehrt der Partner zu seinem alten Fehlverhalten zurück (wie dies meist der Fall ist), kann sie sich wieder von ihm trennen, um ihn erneut zu warnen.

Die scheinbare Unentschlossenheit der Frau mag auch auf etwas anderes zurückzuführen sein. Ist der kontrollierende

Partner gefährlich, kann es sein, daß die Frau seine *Nähe* sucht,
um ihn zu besänftigen und dadurch ihr Überleben zu sichern.
Viele kontrollierende Männer verfolgen, überfallen, vergewal-
tigen, verstümmeln oder ermorden die Ehefrau oder Freundin,
die von ihnen wegkommen will. Einer bedrohten Frau mag es
also angebracht erscheinen, an Ort und Stelle zu bleiben. Sie
wird die Flucht erst dann wagen, wenn die Voraussetzungen
gegeben sind.[4] Wenn Sie alle Aspekte betrachten, werden Sie
feststellen, daß eine Frau sich entschließen kann, bei einem
kontrollierenden Partner zu bleiben, weil sich die Beziehung
bessert *oder* weil diese schlecht ist; sie kann sich trennen, weil
die Beziehung schlecht ist *oder* weil sie besser ist als sonst.
Kurzum: Eine mit einem kontrollierenden Partner zusammen-
lebende Frau befindet sich in einer sehr schwierigen Situation,
die ein Außenstehender schwer beurteilen kann.

Wenn Sie helfen möchten, sollten Sie versuchen, die Situation aus der Perspektive der betreffenden Frau zu betrachten –
selbst wenn dies für Sie keinen Sinn ergeben sollte. Vergessen
Sie nicht: Was Ihnen verrückt oder völlig widersprüchlich vorkommt, kann einer Frau, die Tag für Tag den Wahnsinn einer
gewalttätigen Beziehung erleben muß, sehr vernünftig oder
notwendig erscheinen.

Wie schlimm kann die Situation sein?

Frauen, die wiederholt seelischen Mißhandlungen ausgesetzt
waren, empfinden oft starke psychische Reaktionen: Angst,
Schock, Beschämung, Traurigkeit und ein Gefühl der Hilflosigkeit. Die Situation wird jedoch komplizierter, wenn die
Frau, der Sie helfen wollen, körperlicher Mißhandlung oder
sexuellem Mißbrauch ausgesetzt ist. Frauen werden dadurch
noch stärker traumatisiert. Wie andere Überlebende traumati-
sierender Geschehnisse – von Verbrechen, Unfällen oder Ka-

tastrophen – fühlen sich körperlich mißhandelte oder sexuell mißbrauchte Frauen ausgeliefert, machen jedoch so gut es geht weiter. Manche verlieren fast den Verstand, andere sind depressiv oder traurig. Wieder andere stumpfen sich mit Alkohol oder Medikamenten ab. Viele sind im Alltag so teilnahmslos, daß man meinen könnte, sie hätten überhaupt keine Gefühle. Jede Art von Gewalt erzeugt in den Opfern ein Gefühl der Hilflosigkeit, Verletzlichkeit, Erstarrung und Niedergeschlagenheit.

Haben Sie den Eindruck, daß die Frau, der Sie helfen möchten, körperlich mißhandelt oder sexuell mißbraucht wird, müssen Sie sich um so mehr bemühen, die Vielschichtigkeit und Verworrenheit ihrer Situation zu begreifen. Geduld macht sich bezahlt; das stellte auch Tracy fest, als ihre Schwester Robin schließlich den Freund verließ und ihr Angebot annahm. Wird Ihr Hilfsangebot immer wieder zurückgewiesen, dann wollen Sie vielleicht aufgeben. Doch wenn Sie sich zurückziehen, nehmen Sie der Frau etwas, das sie dringend benötigt: die Gewißheit, daß sie auf Ihre Unterstützung zählen kann, sobald sie in der Lage sein wird, von ihr Gebrauch zu machen. Sie können sie nicht «retten», und Sie sollten ihr deswegen auch nicht böse sein. Dadurch, daß Sie ihr weiterhin Ihre Unterstützung und Ihre umfassende Hilfe anbieten, können Sie ein wesentlicher Faktor in dem Prozeß werden, in dem sie sich selbst rettet.

Wenn Sie nicht wissen, ob Sie sich engagieren sollen

Viele Menschen haben Mitgefühl Frauen gegenüber, die sich in einer Notlage befinden, zögern jedoch aus unterschiedlichen Gründen, sich zu engagieren. Wenn dies auf Sie zutrifft, sollten Sie die Kapitel eins bis fünf lesen und danach Ihre Gründe noch einmal überprüfen. Haben Sie immer noch Mitgefühl, aber auch Vorbehalte, dann sollten Sie sich überlegen, wie Sie Ihrem Engagement Grenzen setzen können, ohne daß die betreffende Frau dies als Kritik und Zurückweisung auffaßt. Wir wollen zunächst die Beweggründe untersuchen, die viele Menschen zögern lassen.

Genauso wie die in einer kontrollierenden Beziehung lebenden Frauen neigen auch Außenstehende (Angehörige, Freundinnen, Kolleginnen, Mitglieder der helfenden Berufe) dazu, das Verhalten des kontrollierenden Partners zu bagatellisieren und zu verleugnen. «Das traue ich ihm nicht zu», heißt es, oder: «Es ist ja nur ein paarmal vorgekommen.» Wie die Ehefrauen suchen auch Außenstehende nach Entschuldigungen oder nach Gründen für das Fehlverhalten. «Er ist überarbeitet», heißt es, oder: «Wenn er eine Stelle gefunden hat, wird er sich beruhigen.» Kommt Ihnen dies bekannt vor, dann sollten Sie in den Kapiteln zwei und drei nachlesen, was wir dort über Bagatellisierungs- und Erläuterungsversuche aufgeführt haben.

Manche Außenstehende verweisen darauf, daß alles zwei Seiten hat. Es mag sein, daß Sie einer Frau gegenüber Mitgefühl haben, aber fair sein wollen; Sie meinen, ihr Partner könne ebenfalls Grund zur Klage haben. Möglicherweise haben Sie den Eindruck, daß mit der betreffenden Frau nicht leicht auszukommen ist. Vielleicht ist sie sehr nervös. Vielleicht trinkt sie, schreit ihre Kinder an oder nörgelt an ihrem Partner herum. Vielleicht ist ihr Haushalt völlig in Unordnung. Vielleicht möchten Sie mit ihr keine fünf Minuten verheiratet sein. Sie können durchaus dieser Meinung sein, doch bevor Sie die betreffende Frau für das Verhalten ihres Partners verantwortlich machen, sollten Sie die Kapitel drei und fünf lesen. Und wir möchten Sie daran erinnern, daß die Mißhandlung einer Frau durch nichts je zu begründen ist.

Wenn Sie religiös sind und die Ehe für ein Sakrament halten, übersehen Sie vielleicht das Fehlverhalten oder betrachten es als eine Prüfung, die eine gute Ehefrau ertragen muß. Viele religiöse Menschen meinen, eine Frau dürfe ihr Ehegelübde unter keinen Umständen brechen. Sind Sie ebenfalls dieser Ansicht, dann werden Sie kaum verstehen können, daß sie auch verpflichtet ist, sich und ihre Kinder zu schützen. Und Sie werden vielleicht völlig übersehen, daß ihr Partner die Verpflichtung hat, seine Frau zu lieben und zu ehren.

Es kann sein, daß Sie sich fürchten. Wenn eine Frau Ihnen anvertraut, daß sie körperlich mißhandelt wird, wollen Sie sich vielleicht mit ihrem gewalttätigen Partner nicht auseinandersetzen, weil dieser für Sie und Ihre Angehörigen eine Gefahr darstellen könnte. Diese Furcht ist sicherlich berechtigt, und Sie müssen sie bei Ihrem weiteren Vorgehen in Betracht ziehen. Wenn Sie jedoch vor dem betreffenden Mann Angst haben, können Sie sich vielleicht auch vorstellen, wie seiner Partnerin zumute ist.

Manche Frauen sprechen ganz offen über die seelische oder körperliche Mißhandlung, der sie ausgesetzt sind, aber wir sind vielleicht nicht bereit, uns mit den Beziehungsproblemen anderer Leute zu befassen. Es kann sein, daß eine Frau Sie um Hilfe bittet und Sie vor der Verantwortung zurückschrecken, wenn Sie merken, was für ein schreckliches Problem sie hat. Im Grunde möchten Sie helfen, aber Sie überlegen es sich dann doch anders. Sie begreifen, daß ihr das Problem schwer zu schaffen macht, weil es Ihnen ebenfalls schwer zu schaffen macht und Sie ihm aus dem Wege gehen möchten. Wenn Sie jedoch von vornherein Ihre Grenzen festlegen, werden Sie ihr helfen können.

Daß viele nicht helfen wollen, liegt auch daran, daß wir glauben, Erwachsene müßten selbst zurechtkommen. Eine Redensart lautet: «Wie man sich bettet, so liegt man.» Frauen sagen oft: «Ich würde mir das nicht gefallen lassen! Warum trennt sie sich nicht von ihm?» Oft heißt es: «Das ist eine Privatangelegenheit zwischen zwei erwachsenen Menschen.» Und bis in die jüngste Zeit hinein galten eheliche «Auseinandersetzungen» bei der Polizei und den Gerichten als Privatangelegenheiten – selbst wenn Gewalt angewandt wurde. Warum sollten wir uns also einmischen, wenn staatliche Institutionen nicht eingreifen wollen?

Viele von uns hoffen, daß das Problem mit der Zeit verschwinden wird. Das ist jedoch nicht sehr wahrscheinlich. Experten stimmen darin überein, daß seelische und körperliche Mißhandlungen im Laufe der Zeit immer häufiger vorkommen und immer gravierendere Formen annehmen werden. Es ist so gut wie sicher, daß es zu erneuten seelischen und körperlichen Mißhandlungen kommen wird, wenn Außenstehende nicht helfen. Je mehr eine Frau drangsaliert und mißhandelt wird, desto stärker wird ihr Wunsch wegzugehen. Doch je mehr sie unter Druck gesetzt, mißhandelt oder bedroht wird, desto schwieriger mag – paradoxerweise – die Trennung zu bewerkstelligen sein.

Wenn Sie tatsächlich helfen wollen, kann es also sehr wohl sein, daß Sie eine Zurückweisung erfahren, daß Sie verletzt und frustriert sind und dann noch weniger Lust haben, sich zu engagieren. Sie sollten aber berücksichtigen, daß eine in einer kontrollierenden Beziehung lebende Frau gute Gründe haben mag, Abstand zu halten (Gründe, die sie Ihnen nicht mitteilen kann). Der kontrollierende Partner sorgt meist dafür, daß sein Opfer mit Verwandten und Bekannten möglichst wenig Kontakt hat. Hält er sein Opfer von anderen Menschen fern, ist es leichter für ihn, die Kontrolle auszuüben. Will die Frau Angehörige oder Freundinnen besuchen, macht er ihr solche Schwierigkeiten, daß sie schließlich «freiwillig» darauf verzichtet: Er kann ihr eine Szene machen, sie verprügeln, die Kinder schlagen oder drohen, den Verwandten, den Bekannten oder sogar den Helfern (Rechtsanwälten, Therapeuten oder Frauenhausmitarbeiterinnen), die angeblich einen «schlechten Einfluß» auf sein Opfer ausüben, etwas anzutun. Eine mißhan-

delte Frau wird sich unter diesen Umständen von Ihnen fernhalten, um sich und ihren Kindern weitere Schwierigkeiten zu
ersparen: Wenn sie nicht mit Ihnen redet, wird er einen Grund
weniger haben, in die Luft zu gehen. Es kann auch sein, daß sie
Sie meidet, um *Sie* nicht zu gefährden.

Wenn Sie nicht wissen, was Sie sagen sollen

Das Schwierigste an einem Gespräch mit einer mißhandelten
Frau ist der Anfang. Von einem Freund hörten wir: «Jeden Tag
nahm ich mir vor, meine Sekretärin zu fragen, was denn mit ihr
los sei. Aber ich fand die richtigen Worte nicht.» Da der kontrollierende Partner ihr immer die Schuld zuschiebt, wittert die
Frau hinter jeder persönlichen Frage einen Vorwurf. Wird sie
nach privaten Dingen gefragt, verstummt sie. Stellen Außenstehende bohrende Fragen nach ihrer Kindheit, fühlen sich
viele Frauen besonders unter Druck gesetzt. Julia erzählte uns:
«Ich hatte Angst, mein Mann werde mich umbringen, und da
fragte man mich andauernd, was für eine Beziehung ich zu meinen Eltern habe – als ob *da* etwas nicht gestimmt hätte.»

Das erste Gespräch mit einer mißhandelten Frau mag
schwierig sein, aber wenn Sie helfen wollen, müssen Sie einen
Anfang machen. Zuerst müssen Sie dafür sorgen, daß die Voraussetzungen gegeben sind: daß Sie ungestört sind und genügend Zeit zur Verfügung steht, damit die Frau sich aussprechen
kann, sofern sie dies möchte. Dann ist es oft das beste, etwas
ganz Offenkundiges zu sagen: «Sie sind wohl ziemlich unglücklich. Möchten Sie darüber reden? Ich würde Ihnen gern zuhören, und ich würde es natürlich für mich behalten.» Selbst wenn
die Frau das Angebot zurückweisen sollte, wird Ihre Bemer-
kung über Ihren Zustand von Nutzen sein, weil sie dadurch in

ihrer eigenen Einschätzung bestätigt wird. Außerdem haben Sie eine Möglichkeit für eine Aussprache zu einem späteren Zeitpunkt geschaffen.

Falls diese Methode nichts bewirkt oder die Frau zwar reden möchte, aber keinen Anfang findet, können die nachfolgenden Fragen nützlich sein. Dabei geht es nicht darum, die Frau zu analysieren, nach Erklärungen für ihr Verhalten zu suchen, sie herauszufordern oder zu verurteilen. Die Frau soll vielmehr dazu bewegt werden zu schildern, was der kontrollierende Partner tut und was sie dabei empfindet. Fangen Sie mit einer allgemeinen Frage an, zum Beispiel mit der ersten, zweiten oder dritten. Ist die Frau gesprächsbereit, können Sie mehr ins einzelne gehen, etwa mit der Frage neun, zehn oder elf.

1. Kommen Sie daheim zurecht?
2. Was passiert denn, wenn Sie und Ihr Partner eine Meinungsverschiedenheit oder einen Streit haben?
3. Wie reagiert Ihr Partner, wenn er seinen Willen nicht durchsetzen kann? Was macht er da?
4. Haben Sie manchmal Angst vor ihm? Bedroht er Sie?
5. Hält er Sie davon ab, Dinge zu tun, die Sie tun möchten?
6. Spioniert er Ihnen manchmal nach?
7. Müssen Sie ihm gegenüber Rechenschaft ablegen, wie Sie Ihre Zeit verbracht haben?
8. Ist er eifersüchtig, unzufrieden, reizbar, anspruchsvoll, nörglerisch?
9. Demütigt er Sie? Beschimpft er Sie? Schreit er Sie an? Bestraft er Sie auf irgendeine Weise?
10. Schubst er Sie herum oder schlägt er Sie?
11. Zwingt er Sie manchmal, mit ihm zu schlafen? Verlangt er Sexualpraktiken, die Ihnen nicht gefallen?

Wenn sie sich sicher fühlen, werden viele Frauen bereit sein zu sprechen. Sie können dazu beitragen, indem Sie der betreffenden Frau versichern, daß Sie alles vertraulich behandeln werden (und sich daran halten). Hören Sie aufmerksam zu, wenn sie ihre Geschichte erzählt. Unterbrechen Sie sie nicht. Und achten Sie darauf, daß Sie mit Ihrer Miene oder Ihrer Körpersprache nicht Zweifel oder Ablehnung zum Ausdruck bringen. Fällt ihr das Reden schwer, können Sie eine weitere Frage stellen; überlegen Sie sich aber genau, worüber Sie sie befragen wollen. Hört sie auf zu reden, dann fragen Sie: «Wie kann ich Ihnen behilflich sein?» Lassen Sie sie wissen, daß Sie Anteil nehmen und daß es Menschen und Einrichtungen gibt, die sie unterstützen wollen. Möglicherweise weiß sie nicht (und Sie müssen es ihr dann sagen), daß Tausende von Frauen ähnliches erlebt haben und daß in den letzten Jahrzehnten spezielle Zufluchtsstätten und Hilfsangebote geschaffen sowie Gesetze verabschiedet wurden, um diesen Frauen zu helfen. Stellen Sie klar, daß ihr Partner ein Problem hat und daß sie dieses Problem nicht beheben kann, auch wenn sie sich noch so sehr bemüht.

Und vergessen Sie nicht: Wenn die Frau zum gegenwärtigen Zeitpunkt nicht mit Ihnen reden will oder jede weitere Hilfe ablehnt, hat sie ihre Gründe dafür. Zeigen Sie ihr auf alle Fälle Ihre Anteilnahme. Sagen Sie ihr, daß die seelische Mißhandlung und die körperliche Mißhandlung falsch ist und daß Sie etwas Besseres verdient hat. Versichern Sie ihr, daß Sie immer bereit sind, mit ihr zu reden oder ihr zu helfen, wenn sie dies wünscht. Dann lassen Sie ihr Zeit.

Wenn eine Frau
Sie ins Vertrauen zieht

Wenn eine Frau mit Ihnen über Probleme spricht, die sie mit ihrem kontrollierenden Partner hat, kommt es sehr darauf an, wie Sie reagieren. Hier sind einige Empfehlungen:

1. Schenken Sie ihr Glauben. Über Mißhandlungen wird sie keine Unwahrheiten erzählen. Viele gewalttätige Männer sind Außenstehenden gegenüber nett und charmant; es kann also sein, daß Sie von ihrem Partner einen falschen Eindruck haben. Auch wenn Ihnen die von ihr geschilderten Vorfälle unglaublich erscheinen, sollten Sie geduldig zuhören. Da Mißhandlungen eine schlimme Erfahrung sind, braucht sie vielleicht Zeit, um sich Einzelheiten in Erinnerung zu rufen, und ihre Schilderung mag wirr und bruchstückhaft sein.

   Es kann sein, daß die Einzelheiten nicht zueinanderpassen oder wenig Sinn ergeben. Denken Sie daran, daß auch die Gewalt willkürlich und irrational ist. Deshalb sollten Sie ihr *glauben*, ganz egal, was sie sagt – und sie auch merken lassen, daß Sie ihr glauben.

2. Zeigen Sie Anerkennung dafür, daß sie mit Ihnen redet. Sie ist damit ein Risiko eingegangen: Ihr Partner kann sie dafür bestrafen, oder Sie selbst hätten sie zurückweisen können. Sagen Sie ihr, daß Sie ihren Mut zu schätzen wissen.

3. Lassen Sie sie wissen, daß Sie ihre Haltung vernünftig und normal finden, daß es in ihrer Situation nichts Außergewöhnliches ist, verängstigt, verunsichert, zornig, traurig, abgestumpft oder hoffnungslos zu sein.

4. Überlassen Sie ihr das Wort. Sie können sie fragen, wie Sie ihr helfen können, sollten aber nicht erwarten, daß sie gleich zu Beginn Antworten parat hat. Sie braucht jeman-

den, der zuhören kann. Und wenn sie eine vernünftige Bitte an Sie hat, dann erfüllen Sie sie.

5. Wenn sie eine Bitte hat, die Sie nicht erfüllen können, dann sagen Sie ihr das. Besprechen Sie die Angelegenheit mit ihr, und suchen Sie sowohl nach einer anderen Lösungsmöglichkeit für ihr Anliegen als auch nach einer anderen Unterstützung, die Sie ihr gewähren könnten. Achten Sie darauf, daß Sie ihr Ihre Vorstellungen nicht aufzwingen.

6. Teilen Sie ihr mit, daß Sie sich um sie und um ihre Sicherheit Gedanken machen. Bringen Sie Ihre Betroffenheit zum Ausdruck, indem Sie ihr freimütig sagen: «Ich glaube, daß Sie in Gefahr sind. Ich mache mir Sorgen wegen Ihrer Sicherheit.»

7. Geben Sie ihr nicht die Schuld für das Fehlverhalten ihres Partners. Sagen Sie ihr, daß sie nichts dafür kann. Vergessen Sie jedoch nicht, daß sie wahrscheinlich ihrem Partner gegenüber gemischte Gefühle haben wird. Äußern Sie sich sehr entrüstet über ihn, kann es sein, daß sie es für nötig hält, ihn zu verteidigen.

8. Wollen Sie sich für sie engagieren, dann erklären Sie sich bereit, örtliche Hilfsangebote ausfindig zu machen. (Versprechen Sie nie etwas, was Sie nicht halten können.) Will die Frau in eine Zufluchtsstätte für mißhandelte Frauen gehen, dann bieten Sie ihr an, sie dorthin zu begleiten. Wenn sie in unmittelbarer Gefahr ist, rufen Sie die Polizei. Ermutigen Sie sie stets, sich um mehr Unterstützung und Information zu bemühen. Geben Sie ihr Zeitungsartikel, Bücher sowie Broschüren vom örtlichen Frauenhaus.

9. Drängen Sie sie nicht, sondern seien Sie geduldig. Niemand entschließt sich von heute auf morgen, eine Beziehung aufzugeben. Es kann sein, daß sie Drohungen oder immer heftiger werdenden Attacken ausgesetzt ist. Helfen Sie ihr also bei Ihren Plänen, aber lassen Sie sie die Entscheidun-

gen alleine treffen. Während Sie Pläne entwickeln, sollten
Sie von örtlichen Fachleuten Rat einholen.

10. Rufen Sie ihr ihre Stärken, ihre Leistungen und positiven
Eigenschaften in Erinnerung. Behandeln Sie sie nicht wie
ein Kind oder ein hilfloses Opfer.

11. Unterstützen Sie sie stets, wenn sie ihre Angelegenheiten
in die Hand nimmt.

12. Denken Sie daran, daß die Frauenrechte vielerorts immer
noch nicht geschützt werden. Setzen Sie nicht voraus, daß
ihr die Polizei, die Gerichte und staatlichen Einrichtungen
Schutz und Hilfe gewähren werden. Und seien Sie nicht
überrascht, wenn sie meint, es sei sicherer, nichts zu unternehmen. Diese Strategie des Nichtstuns dürfen Sie nicht als
Passivität oder Gleichgültigkeit betrachten. Sie sollten statt
dessen herausfinden, welche Hilfsangebote es an Ihrem
Wohnort für sie gibt und sich bereit erklären, bei Behörden, bei Verwandten und Bekannten für sie einzutreten.
Bemühen Sie sich, für sie in einer Einrichtung für mißhandelte Frauen eine Beraterin zu finden.

13. Versuchen Sie im Einverständnis mit der Frau, der Sie helfen wollen, ihren Unterstützerkreis zu erweitern. Stellen
Sie fest, ob es im örtlichen Frauenhaus oder Frauenzentrum eine Selbsthilfegruppe für mißhandelte Frauen gibt,
und legen Sie ihr nahe, sich dieser Gruppe anzuschließen.
Suchen Sie mit ihrem Einverständnis weitere Helferinnen
für die Kinderbetreuung oder für gerichtliche Angelegenheiten. (Sie können sich dabei gegenseitig unterstützen.) Je
mehr Hilfe sie bekommt, desto stärker wird sie werden.

Jedes bißchen Unterstützung, jede mitfühlende Äußerung sei
von Wert, sagen Frauen, die den kontrollierenden Partner mit
Hilfe anderer verlassen haben. Die meisten sind für konkrete
Hilfen sehr dankbar: daß sie eine Bleibe oder einen Kredit bekommen; daß sie zum Gericht gefahren werden; daß jemand

sie begleitet, wenn sie zur Polizei, zum Gericht oder zu einem Rechtsanwalt gehen, oder daß sich jemand um die Kinder kümmert, während sie diese Angelegenheiten erledigen. Und die meisten haben Verständnis, wenn eine hilfsbereite Person eine Grenze zieht und beispielsweise sagt: «Ich kann Ihnen nicht all die Hilfe gewähren, die Sie brauchen, aber ich mache gern einige Anrufe und stelle fest, welche Beratungsmöglichkeiten es gibt.» Frauen, die vor dem Partner Angst haben, verstehen sehr gut, daß Helfer die eigene Sicherheit im Auge behalten müssen. Bevor Sie für eine Frau, die Sie ins Vertrauen gezogen hat, etwas Konkretes unternehmen, sollten Sie sie fragen, ob Ihr Partner gewalttätig ist oder andere bedroht. Ist dies der Fall, dann setzen Sie sich mit einer örtlichen Beratungsstelle oder einem Frauenhaus in Verbindung, um die Situation zu besprechen und Sicherheitsvorkehrungen zu treffen. Sie können der betreffenden Frau vorschlagen, gemeinsam mit ihr hinzugehen.

Wie sollten Sie sich ihrem Partner gegenüber verhalten?

Im dritten und fünften Kapitel haben wir bereits darauf hingewiesen, daß der kontrollierende Partner der Verursacher der Probleme ist. Theoretisch wäre der Frau am besten dadurch geholfen, daß der Partner sein Fehlverhalten einstellt. Doch wie wir schon im fünften Kapitel gezeigt haben, ist dies schwer zu bewerkstelligen. Kann die Frau den Partner nicht dazu bewegen, sich zu ändern, dann wird es Ihnen wohl auch nicht gelingen. Sie können jedoch einen Versuch machen, sofern Sie dadurch die Frau, sich selbst oder andere nicht in Gefahr bringen. Doch zuvor sollten Sie die Frau fragen: «Wollen Sie, daß ich mal eindringlich mit ihm rede? Oder wäre das gefährlich?»

Bei Zusammenkünften von Verwandten oder Freunden ignorieren wir oft die Differenzen zwischen Partnern. Kommt es in unserer Gegenwart zu einer Meinungsverschiedenheit, dann tun wir so, als wäre nichts passiert, und versuchen, das Thema zu wechseln. Doch wenn Sie wiederholt mitanhören müssen, wie ein kontrollierender Mann seine Frau oder Freundin demütigt oder beschimpft, sollten Sie ihm entgegentreten oder ihn beiseite nehmen und ihm sagen, daß Sie sein Verhalten mißbilligen. Wir haben schon im fünften Kapitel darauf hingewiesen: Je mehr Leute das Verhalten eines kontrollierenden Mannes mißbilligen, desto eher wird sich dieser veranlaßt sehen, es zu ändern.

Ratschläge für Mitglieder
der helfenden Berufe

Obwohl häusliche Gewalt bei amerikanischen Frauen die Hauptursache von Körperverletzungen darstellt, wird sie ebenso wie seelische Mißhandlung bei vielen Mitgliedern der helfenden Berufe in der Ausbildung kaum oder gar nicht berücksichtigt. Der frühere Gesundheitsminister C. Everett Koop hat die Gewalt in der Familie zwar als eine «landesweit verbreitete Epidemie» bezeichnet, doch in der medizinischen, sozialpädagogischen, krankenpflegerischen und therapeutischen Ausbildung wird das Problem erst allmählich erkannt. Deshalb sind Sie vielleicht völlig ratlos, wenn eine Frau Ihnen mitteilt, daß sie seelisch oder körperlich mißhandelt wird. Es mag für eine ausgebildete Fachkraft sehr bedauerlich sein, wenn sich zeigt, daß ihre Ausbildung in bestimmten Punkten unzureichend war.

In den ersten fünf Kapiteln dieses Buches beschreiben wir einen neuen Zugang zu dem Dilemma von Frauen, die von einem kontrollierenden Partner seelisch und/oder körperlich mißhandelt werden. Als Kern des Problems betrachten wir den kontrollierenden Partner, dem eine von Männern beherrschte Kultur beigebracht hat, die Frau habe ihm zu dienen, und der in dieser Auffassung von unseren kulturellen und gesellschaftlichen Institutionen unterstützt wird. Seine Weltanschauung und sein Verhalten zu ändern ist einer einzelnen Fachkraft wohl kaum möglich, und die Frau, die das Pech hat, seine Partnerin zu sein, ist damit ganz gewiß überfordert.

Da kontrollierende Männer selten einen Grund sehen, sich zu ändern, wird die seelisch oder körperlich mißhandelte Frau Sie um Hilfe bitten, und Sie werden feststellen, daß in Ihrer Ausbildung eine Lücke besteht. In einer kontrollierenden Beziehung lebende Frauen berichten oft, daß professionelle Helfer Ansichten vertreten, die von Fachleuten auf dem Gebiet der seelischen und körperlichen Mißhandlung längst widerlegt wurden. Diese Helfer haben gute Absichten, sind jedoch unzureichend informiert. Um Ihnen – und Ihren Klientinnen – derlei zu ersparen, befassen wir uns nachfolgend mit einigen häufig anzutreffenden Fehleinschätzungen kontrollierender Beziehungen. (Die meisten dieser Punkte wurden in den Kapiteln eins bis fünf eingehender behandelt.) Wir befassen uns hier in erster Linie mit Gewalt gegen Frauen, doch sollte berücksichtigt werden, daß der kontrollierende Partner auch noch andere Taktiken verwendet. Seelisch mißhandelte Frauen haben vergleichbare Probleme und werden mit denselben Fehleinschätzungen konfrontiert. Sie werden feststellen, daß manche dieser Fehleinschätzungen gravierende Auswirkungen haben können.

Fehleinschätzung 1: Es geht um Gewalt in der Paarbeziehung. Beide Partner sind gewalttätig; die Frau zahlt mit gleicher Münze zurück.

In Wirklichkeit geht es um Gewalt gegen Frauen. Der kon-

trollierende Mann mißhandelt die Partnerin seelisch oder körperlich und sollte dafür zur Verantwortung gezogen werden. Es
stimmt, daß manche Frauen aus Frustration, Wut oder Not-
wehr zurückschlagen. Es kann sogar sein, daß sie zuerst schlagen. Bei Attacken, die zu ernsthaften Verletzungen führen,
sind Frauen jedoch fast ausnahmslos die Opfer. Und während
der kontrollierende Mann darauf abzielt, die Partnerin einzuschüchtern, zu beherrschen, zu terrorisieren und zu kontrollieren, jagen Frauen, die zurückschlagen, dem Mann selten Angst
ein. Ob eine Frau Vergeltung übt oder nicht: Wenn sie mißhandelt wird, hat sie ein Anrecht auf Schutz und Hilfe.

Viele Mitglieder der helfenden Berufe möchten mit dem betreffenden Paar «das Gewaltproblem besprechen». Wenn ein
Partner den anderen beherrscht, ist ein derartiger Vermitt-
lungsversuch jedoch völlig fehl am Platze. Die Paarberatung
liefert dem Mißhandler ungewollt eine Bestätigung, sie beeinträchtigt das seelische Befinden des Opfers und kann sogar dessen Leben gefährden. Selbst wenn eine Frau um Paarberatung
nachsucht, wird der gewissenhafte Helfer ihre Bitte mit Rücksicht auf seine Fürsorgepflicht ablehnen müssen.

*Fehleinschätzung 2: Gewalt ist mit Suchtmittelmißbrauch ver-
knüpft. Wird die Abhängigkeit beseitigt, dann verschwindet die
Gewalt.*

Zwischen Suchtmittelmißbrauch und häuslicher Gewalt gibt
es in der Tat einen ursächlichen Zusammenhang. Viele gewalttätige Partner konsumieren jedoch weder Alkohol noch Drogen, und ihre Opfer auch nicht. Und viele Männer, die extreme
seelische Grausamkeiten ausüben, verwenden keine Suchtmittel und setzen keine körperliche Gewalt ein. Deshalb muß jede
Frau nach seelischer und körperlicher Mißhandlung befragt
werden.

Untersuchungen haben ergeben, daß zwischen 30 und 60
Prozent aller gewalttätigen Männer Suchtmittel verwenden.[8]

Zahlreiche Männer, die sich einer Behandlung wegen Drogen- und Alkoholabhängigkeit unterzogen haben, setzen sich jedoch nach wie vor mit Gewalt durch. Und viele, die sich ihrer Gewalttätigkeit wegen therapieren ließen, üben die Kontrolle danach mit anderen Mitteln aus. Wir haben im fünften Kapitel darauf hingewiesen, daß der gewalttätige Abhängige zwei Probleme hat, nämlich seine körperliche Abhängigkeit und seine Gewalttätigkeit, die beide behandelt werden müssen. Doch selbst wenn der körperlichen Abhängigkeit und der Gewalttätigkeit durch eine Behandlung ein Ende gesetzt wurde, kann er immer noch kontrollierend sein.

Wie im zwölften Kapitel erwähnt, hat eine süchtige Frau, die mißhandelt wird, ebenfalls zwei Probleme: ihre körperliche Abhängigkeit und den kontrollierenden Partner. In vielen Fällen wird sie abhängig, weil sie Alkohol oder Drogen verwendet, um mit den Mißhandlungen fertig zu werden. Das Problem wird oft falsch diagnostiziert, indem sie als Abhängige betrachtet und die Mißhandlung bagatellisiert oder übersehen wird. Eine süchtige Frau, die Mißhandlungen ausgesetzt ist, sollte eine Entzugsbehandlung bekommen und in einer Selbsthilfegruppe mißhandelter Frauen Unterstützung erhalten.

Fehleinschätzung 3: Eine Frau sucht sich eine solche Beziehung selbst aus; man kann deshalb wenig für sie tun.
In Wirklichkeit nimmt eine Frau einen Mann zum Partner, der behauptet, daß er sie liebe. Fängt er an, Kontrolle über sie auszuüben, sucht sie nach Alternativlösungen. Es gibt allerdings kaum welche: Verläßt sie den Partner, kann sie die Beziehung, ihr Zuhause, ihren Lebensstandard, ihre Kinder, ja sogar ihr Leben verlieren. So kann es nicht überraschen, daß sie es sich immer wieder anders überlegt oder sich zum Bleiben entschließt. Doch selbst wenn die betreffende Frau sich entscheidet, bei ihrem Partner zu bleiben, können Sie ihr helfen. Denken Sie daran, daß der Veränderungsprozeß allmählich von-

statten geht. Wenn Sie ihr zur Seite stehen, können Sie zu diesem langfristigen Prozeß Entscheidendes beitragen.

Fehleinschätzung 4: Ich würde nur meine Zeit vergeuden, weil sie ohnehin zu ihrem Partner zurückkehren wird.

Es trifft zu, daß manche mißhandelten Frauen hin- und herpendeln; sie suchen nach Möglichkeiten, die Beziehung zu erhalten und gleichzeitig den Mißhandlungen ein Ende zu setzen.[9] Manchmal kommt es erst nach der fünften oder sechsten Trennung zum endgültigen Bruch. Geht eine Frau weg, hat sie nicht versagt (und ihre Helfer auch nicht). Die Trennung ist vielmehr der erste mutige Schritt, um aus der Gefahr herauszukommen; hat sie ihn einmal gemacht, kann sie ihn auch ein zweites Mal machen. Die Hilfe, die Sie einer mißhandelten Frau heute gewähren, kann es ihr ermöglichen, in einem Monat oder in einem Jahr die Initiative zu ergreifen.

Fehleinschätzung 5: Mißhandelte Frauen sind Masochistinnen; sie provozieren die Gewaltanwendung, weil sie ihnen gefällt. Sie haben ein so geringes Selbstwertgefühl, daß sie absichtlich einen Partner wählen, von dem sie Prügel bekommen werden. Sie stammen aus völlig zerrütteten Familien und übernehmen von dort das selbstzerstörerische Verhaltensmuster.

Tatsache ist, daß in Amerika jedes Jahr 1,8 Millionen Ehefrauen von ihren Männern verprügelt und mehrere Millionen alleinstehender, geschiedener oder getrenntlebender Frauen ebenfalls mißhandelt werden. (Wie viele Frauen seelisch mißhandelt werden, läßt sich nicht schätzen.) Angesichts solch hoher Zahlen kann nicht behauptet werden, daß das Opfer das Fehlverhalten des Täters herausfordert. Die Soziologen Gerald Hotaling und David Sugarman kamen nach der Durchsicht von 52 Forschungsarbeiten über die Merkmale von Tätern und Opfern zu folgendem Schluß: «Die Suche nach charakteristischen Merkmalen von Frauen, die sich selbst zum Opfer ma-

chen, scheint ergebnislos verlaufen zu sein. Es gibt keine über-
zeugenden Beweise, daß irgendwelche Verhaltensmuster, Hal-
tungen, demographische Merkmale oder Charaktereigenschaften dafür bestimmend sind, welche Frauen Opfer gewalttätiger
Partner werden.» Die Autoren fahren fort: «Diese Untersuchung der Opferbereitschaft hat gezeigt, daß Frauen das
Hauptobjekt der Gewaltanwendung darstellen und daß das
Problem in männlichem Fehlverhalten zu suchen ist.»[10]

Ungeachtet dieser Forschungsergebnisse sehen überkom-
mene Vorstellungen vom Masochismus der Frauen und modi-
sche Theorien wie die der «intergenerationalen Transmission
von Gewalt» den Kern des Problems in einem krankhaften
Verhalten der Frau. In Wahrheit kann jede Frau einem kontrollierenden und gewalttätigen Partner zum Opfer fallen,
ohne daß sie aus einer zerrütteten Familie stammt, ein schwaches Selbstwertgefühl hat oder an masochistischen Sexualpraktiken Gefallen findet. Für Frauen ist Gewaltanwendung er-
niedrigend, schmerzhaft und furchterregend.

*Fehleinschätzung 6: Hilfen gibt es, doch die Frauen nutzen sie
nicht.*

Tatsache ist, daß sich die meisten Frauen bemühen, dem
Fehlverhalten des Partners ein Ende zu setzen oder Hilfe zu
bekommen. Suchen sie Unterstützung, dann stoßen sie oft auf
Ablehnung, Unglauben und Verdrängung oder müssen sich
selbstgerechte Belehrungen anhören über die Pflichten einer
Ehefrau. Eine Untersuchung am Yale Hospital in New Haven
ergab, daß 25 Prozent aller mißhandelten Frauen als neuroti-
sche, hysterische, hypochondrische oder «mit multiplen Beschwerden behaftete» Patientinnen betrachtet werden.[11] Die
Untersuchung zeigt, daß das Gewaltproblem in den Hintergrund tritt und die betreffende Frau als problematisch angesehen wird.

Darüber hinaus wird von den mißhandelten Frauen oft verlangt, daß sie sich ändern oder dem Partner dadurch helfen, daß sie seine Prügel hinnehmen. Bei einer Befragung konservativer protestantischer Geistlicher waren 21 Prozent der Ansicht, keine noch so großen Mißhandlungen könnten eine Rechtfertigung dafür liefern, daß eine Frau sich von ihrem Mann trennt; 26 Prozent waren darin einig, daß «eine Ehefrau ihrem Mann untertan sein und auf Gott vertrauen soll, daß er entweder der Mißhandlung ein Ende setzt oder ihr die Kraft gibt, sie zu ertragen».[12] Daß die Polizei und die Gerichte nicht immer willens sind, mißhandelten Frauen Schutz zu gewähren, ist bekannt. In einigen fortschrittlichen Gemeinden wird die Gewalt gegen Frauen entschlossen bekämpft, doch im allgemeinen stehen vielen – vielleicht den meisten – Opfern der Gewalt nicht einmal die elementarsten Hilfen zur Verfügung.

Fehleinschätzung 7: Mißhandelte Frauen versäumen Termine, erzählen über ihre Beziehung die Unwahrheit und halten Vereinbarungen nicht ein.

Tatsache ist, daß eine der Haupttaktiken des kontrollierenden Partners darin besteht, sein Opfer zu isolieren. Er weiß, daß die Frau um so eher in der Lage ist, sich ihm zu widersetzen oder ihn zu verlassen, je mehr Kontakte sie zu anderen hat. Er kann sie auf verschiedene Weise isolieren: indem er sie ins Gesicht schlägt, so daß sie Blutergüsse bekommt und es ihr zu peinlich ist, zu einem Termin zu erscheinen; indem er ihr die Autoschlüssel wegnimmt oder die Autobatterie entfernt oder indem er verspricht, er werde auf die Kinder aufpassen, und dann betrunken nach Hause kommt, so daß sie ihm die Kleinen nicht anvertrauen kann. Auf diese Weise versäumt die Frau weitere Termine, und nach mehreren Vorfällen dieser Art beginnt sie, sich zu schämen.

Daß Frauen sich schämen, ist jedoch nur einer der Gründe dafür, daß sie ihre Sache nicht konsequent verfechten. Es kann auch sein, daß sie wieder Hoffnung für die Beziehung haben oder daß sie sich fürchten. Eine Frau mag sich entschließen, nicht mehr vor Gericht zu gehen, wenn sie glaubt, ihr Partner werde sich dafür rächen, daß sie sich durch eine gerichtliche Anordnung Schutz verschaffte, oder wenn sie den Eindruck hat, daß die Polizei die Anordnung nicht mit entsprechendem Nachdruck durchsetzt. Hat sie ihm vom Gericht Auflagen machen lassen, die Wirkung zeigen, mag sie sich damit zufriedengeben und von weiteren Schritten absehen, die ihn nur verärgern würden. Kurz gesagt: Was nach Verantwortungslosigkeit oder nach einer «Komplizenschaft des Opfers» aussieht, ist nur ein weiterer Beweis dafür, daß die Frau Mühe hat, mit der Situation zurechtzukommen.

Andererseits gibt es auch mißhandelte Frauen, die zu Terminen erscheinen, kein Blatt vor den Mund nehmen und eine konsequente Haltung an den Tag legen. In Städten wie San Francisco, wo eine Sonderabteilung der Staatsanwaltschaft die Anzeigen bearbeitet, ziehen die mißhandelten Frauen das Verfahren bis zum Urteilsspruch durch. Wir haben festgestellt, daß sich die meisten Frauen für ihre Sache einsetzen, sobald sie von den Behörden Unterstützung bekommen. Wenn sie den Vorstellungen der Helfer nicht gerecht werden, liegt es oft daran, daß der Partner Kontrolle ausübt. Manchmal liegt es auch an den Helfern oder an den Institutionen, die ihnen nicht helfen oder sie nicht beschützen. Daß eine mißhandelte Frau Termine nicht einhält, mag viele Gründe haben. Ein gewissenhafter Helfer sollte sich fragen: «Hat sie von mir genügend Unterstützung bekommen? Durfte ich erwarten, daß sie noch einmal bei mir erscheint?»

Fehleinschätzung 8: Mein Aufgabengebiet ist fest umrissen. Mit Behörden zusammenzuarbeiten und dafür zu sorgen, daß die betreffende Frau gerichtlichen und polizeilichen Schutz sowie ein Unterkommen erhält, fällt nicht in meine Zuständigkeit.

Genau das Gegenteil ist der Fall. Da Strafverfolgungsbehörden den Rechten der mißhandelten Frauen oft nicht Geltung verschaffen, müssen Mitglieder der helfenden Berufe um so mehr darauf achten, daß diese Frauen Schutz finden. Männer, die prügeln, sind gefährlich. In den Vereinigten Staaten werden jedes Jahr etwa 2000 Frauen von ihren Ehemännern oder Lebensgefährten umgebracht.[13] Bei vielen geschieht dies, wenn sie gerade dabei sind, sich vom Partner zu trennen. Nimmt eine solche Frau das Risiko auf sich, bei Ihnen vorzusprechen, dann braucht sie Ihre Hilfe.

Wenn eine Frau gegen ihren Mann gerichtlich vorgehen will, müssen Mitglieder der helfenden Berufe bereit sein, sie zu informieren, zu unterstützen und Sicherheitsvorkehrungen zu treffen. Psychosoziale Dienste, Jugendämter, Strafverfolgungsbehörden und Frauenhäuser müssen zusammenarbeiten und der betreffenden Frau umfassenden Schutz gewähren.

Wenn Sie gewalttätige Männer behandeln, dann sollten Sie mit den örtlichen Einrichtungen für mißhandelte Frauen und mit den Strafverfolgungsbehörden zusammenarbeiten, damit diese Männer für ihre Taten zur Rechenschaft gezogen werden können. Gewalttätige Männer ändern ihr Verhalten im allgemeinen erst dann, wenn ihnen Freiheitsstrafen oder gerichtliche Auflagen drohen (vgl. Kapitel fünf). Wenn Sie die Ansicht teilen, daß man sie nicht dazu zwingen sollte, sich zu ändern, geben Sie ihnen einen Freibrief, anderen weiterhin Schaden zuzufügen. Denken Sie daran: Die Körperverletzung, die Sie stillschweigend billigen, stellt eine Straftat dar.

Darüber hinaus treffen manche gängigen Vorstellungen auf mißhandelte Frauen so wenig zu, daß sie nichts als Schaden anrichten. Diejenigen Mitglieder der helfenden Berufe, die ihre Hauptaufgabe darin sehen, die Familie zusammenzuhalten, sind geneigt, Mißhandlungen zu bagatellisieren oder zu ignorieren. Auch dies stellt eine stillschweigende Billigung des gewalttätigen Verhaltens dar und trägt dazu bei, daß es weitergeht. Der mißhandelten Frau wird doppelt übel mitgespielt:

durch das Fehlverhalten ihres Partners und durch das, was der Helfer denkt und tut.

Fehleinschätzung 9: Sie provoziert den Partner. Sie muß lernen, besser mit ihm umzugehen.

Der Frau die Schuld zuzuschieben oder von ihr zu erwarten, daß sie den Partner dazu bringt, sich zu ändern, ist ein schlimmer Fehler. Ruths Berater stellte fortwährend Fragen, die wie Beschuldigungen klangen: «Was tun Sie bloß, daß er so wütend wird? Fällt Ihnen denn nichts anderes ein?» Der Berater arbeitete daran, Ruths «Kommunikation» mit dem Partner zu verbessern. Er meinte schließlich, daß Frauen den Partner zur Gewalttätigkeit anstifteten und daß sie lernen könnten, ihn zu besänftigen. Daß der Partner wütend wird, ist jedoch nicht das eigentliche Problem; Wut ist nur eine Taktik, die der kontrollierende Partner anwendet, um das Opfer einzuschüchtern und unter seine Kontrolle zu bringen. Zu verhindern, daß er wütend wird, ist nicht die Lösung des Problems und im übrigen auch nicht die Aufgabe des Opfers. Aufgabe des Helfers ist es, seiner Klientin zur Seite zu stehen – er soll nicht dafür sorgen, daß sie jemand anderem hilft.

Fehleinschätzung 10: Mißhandelte Frauen sind unvernünftig. Sie wollen nichts für sich tun.

Professionelle Helfer sind oftmals der Meinung, nur sie wüßten Bescheid. Sie wollen Veränderungen herbeiführen, zu denen die Klientin noch nicht bereit ist. Es kann jedoch sein, daß eine Frau Zeit braucht, bis sie sich dazu entschließt, den Partner zu verlassen. Es ist also ein großer Fehler, wenn Berater Pläne machen und sich dann aufregen, weil die Klientin sie nicht ausführt. Therapeuten verlangen manchmal von mißhandelten Frauen, den Partner zu verlassen und in ein Frauenhaus zu gehen. Weigern sich die Frauen, sind die Therapeuten frustriert und verärgert und brechen die Behandlung ab. Einer von ihnen sagte zu Phuong: «Wenn Sie sich selbst nicht helfen wollen, kann ich nichts mehr für Sie tun.» Joyce erlebte etwas Ähnliches; sie sagte dazu: «Therapeuten sollten uns als Erwachsene betrachten. Wir sind keine hilflosen Opfer, und dumm sind wir auch nicht. Wir sind in Schwierigkeiten, doch die meisten von uns können ihre Entscheidungen immer noch selbst treffen.»

Diese Darstellung verbreiteter Fehleinschätzungen soll dazu führen, daß Sie Ihre Ansichten revidieren. Sollten Sie an den erwähnten Vorstellungen festhalten, werden Sie seelisch und körperlich mißhandelten Frauen nicht angemessen helfen können, auch wenn Sie Ihren Beruf noch so sachverständig ausüben. In diesem Fall verpflichtet Sie die Ethik Ihres Berufes dazu, die betreffenden Frauen an Kollegen zu überweisen, von denen sie die Hilfen bekommen können, auf die sie einen Anspruch haben.

Wie kann mißhandelten Frauen am besten geholfen werden?

Wenn Sie einer mißhandelten Frau wirklich helfen wollen, sollten Sie ihr zuhören und versuchen, sich an ihre Stelle zu versetzen. Sprechen Sie unter vier Augen mit ihr, und fragen Sie sie nach der Geschichte ihrer Beziehung. Sofern die betreffende Frau nicht von sich aus darauf zu sprechen kommt, sollten Sie sich im einzelnen danach erkundigen, welchen körperlichen, seelischen und sexuellen Zwängen sie ausgesetzt war. Zwingen Sie sie jedoch nie dazu, etwas preiszugeben, was sie für sich behalten möchte. Sie sollte das Tempo bestimmen und sich frei entscheiden können. Die Therapeutin Valli Kanuha, eine Aktivistin der Lesbenbewegung, die jahrelang mißbrauchte Frauen beraten hat, empfiehlt für die erste Sitzung folgendes: «Ich stelle mir immer vor, daß es unter den gegebenen Umständen nur diese eine Gelegenheit gibt, mit der betreffenden Frau zu reden. Ich höre zu, nehme Anteil und stelle klärende Fragen. Am wichtigsten ist jedoch, die Sicherheitsrisiken gleich zu Beginn richtig einzuschätzen. Die Sicherheitsvorkehrungen brauchen nicht umfassend zu sein; sie sind jedoch äußerst nützlich, um die in einer kritischen Situation befindliche Frau aufzubauen, ihr weiterzuhelfen und ihr etwas Konkretes an die Hand zu geben.»[14]

Die Klientin weiß vielleicht selbst nicht recht, welche Schritte sie zunächst ergreifen soll. Besonders dann, wenn sie in Gefahr schwebt, mag Ihnen ihr Zögern, ihre Ängstlichkeit und Unsicherheit mißfallen. Braucht sie jedoch Zeit, um alles zu überdenken, dürfen Sie sie nicht drängen. Berücksichtigen Sie, daß viele mißhandelte Frauen in einem Zustand extremer Verunsicherung sind, wenn sie professionelle Hilfe in Anspruch nehmen. Oft ist die Frau vom Partner getäuscht, herabgewürdigt und für sämtliche Probleme verantwortlich gemacht worden. Dies kann dazu führen, daß sie sich für alles, was schiefläuft, verantwortlich fühlt. Sie mag ihr Selbstvertrauen eingebüßt haben. Sie können ihr helfen, es wiederzugewinnen, indem Sie ihr sagen, daß sie äußerst schwierige Situationen recht gut durchgestanden hat.

Manche mißhandelten Frauen suchen einen Therapeuten, der ihren kontrollierenden Partner «in Ordnung» bringen soll. Das ist eine verständliche Bitte, die von geistiger Gesundheit zeugt: Die betreffende Frau hat offenbar begriffen, daß das Problem bei ihrem Partner liegt. Es wäre für sie von Nutzen, wenn Sie zusammen mit ihr das vierte Kapitel «Schafft es mein Partner, sich zu ändern?» durcharbeiten würden. Was auch immer mit dem Partner geschehen mag: Ihre Hauptaufgabe ist es, die gefährdete Frau zu unterstützen. Sicherheitsüberlegungen sollten bei Ihrer gemeinsamen Arbeit stets eine Rolle spielen. Wenn Sie glauben, daß Ihre Klientin gefährdet ist, dann teilen Sie ihr dies mit. Da viele Frauen nur durchkommen, indem sie Gefahren bagatellisieren, merken sie manchmal gar nicht, welche Ängste sie ausstehen. Denken Sie daran, daß Ihre Klientin in großer Gefahr schwebt, wenn sie sich entschließt, den kontrollierenden Partner zu verlassen und selbständig zu werden.

Ist Ihnen nicht klar, wie Sie der Klientin bei ihren Sicherheitsvorkehrungen helfen sollen, dann schalten Sie die Polizei ein und lassen sich von der örtlichen Einrichtung für mißhandelte Frauen beraten. Dort wird man Ihnen verschiedene Möglichkeiten aufzeigen, zum Beispiel vor Gericht zu gehen, ein Frauenhaus oder eine Zufluchtsstätte aufzusuchen oder in eine andere Stadt zu flüchten. Unterschätzen Sie nie die Gefahr, die Ihrer Klientin droht.

Im örtlichen Frauenhaus oder in der örtlichen Einrichtung für mißhandelte Frauen kann Ihre Klientin viele andere wertvolle Hilfen finden (darunter oft einen Tag und Nacht verfügbaren Notdienst), die Ihnen die Arbeit erleichtern. Im Frauenhaus kann sich Ihre Klientin in Sozialfürsorge- und Wohnungsangelegenheiten, in Rechtsfragen sowie in Notlagen beraten lassen. Darüber hinaus besteht dort die Möglichkeit, Anschluß an eine Selbsthilfegruppe zu finden, bei der sie das Gefühl der Isoliertheit los wird, Freundschaften schließt, Informationen über häusliche Gewalt bekommt und vielleicht an Aktionen teilnehmen kann, welche die Öffentlichkeit auf häusliche Gewalt aufmerksam machen und die Polizei und die Gerichte dazu bringen kann, besser zu reagieren. Jeder professionelle Helfer sollte neben der Therapie die Selbsthilfegruppen der Frauenhäuser und der Einrichtungen für mißhandelte Frauen empfehlen.[15]

Falls sich Ihre Klientin keiner Selbsthilfegruppe anschließen möchte, muß sie die einschlägigen Informationen von Ihnen bekommen. Einer Frau aus der durch einen kontrollierenden Partner geschaffenen Verwirrung herauszuhelfen ist einer der sinnvollsten Beiträge, die Sie leisten können. Die meisten Frauen sagen, die Informationen über seelische Mißhandlung und andere Kontrolltaktiken hätten ihnen geholfen, mit dem, was ihnen angetan wurde, besser zurechtzukommen. Sie können damit anfangen, daß Sie gemeinsam einige Kapitel dieses oder eines anderen Buches für mißhandelte Frauen lesen (in der Bibliographie finden Sie Literaturempfehlungen). Doch zusätzlich dazu, daß Sie zusammen mit Ihrer Klientin «etwas lernen, indem Sie es tun», sollten Sie sich selbst einschlägig weiterbilden.

Bei der Zusammenarbeit sollten Sie daran denken, daß Ihr Ziel darin besteht, Ihrer Klientin behilflich zu sein, daß ihre Isolation ein Ende findet und sie ihr Leben wieder in den Griff bekommt. Solange die Frau die Beziehung zu ihrem Partner aufrechterhält, sollten Sie in erster Linie hinterfragen, *was er dadurch gewinnt*, und nicht, weshalb sie bei ihm bleibt (vgl. Kapitel drei). Schenken Sie ihr Glauben, geben Sie ihr Zuspruch, und vermitteln Sie ihr stets diese vier Botschaften:

1. Gewalt ist verwerflich. Vergewaltigung und Körperverletzung sind Straftaten. Sie haben eine bessere Behandlung verdient.
2. Sie sind nicht die Verursacherin der seelischen oder körperlichen Mißhandlung. Sie können Ihren kontrollierenden Partner nicht dazu bringen, sich zu ändern; andere können das ebensowenig. Er wird sich nur dann ändern, wenn er es selbst will.
3. Sie können Ihr Leben ändern. Sie können die Träume und Hoffnungen, die Sie einst hatten, wiedererstehen lassen. Sie können auch neue Ideale anstreben.
4. Es gibt andere Möglichkeiten als die, mit einem kontrollierenden Partner zusammenzuleben. Tausende von Frauen haben andere Lösungen gefunden und waren über ihre Entscheidung sehr froh. Einen neuen Anfang zu machen ist schwer, aber es lohnt sich.

Anmerkungen
zur Meldepflicht und zu Diagnosen

Als Mitglied der helfenden Berufe müssen Sie besondere Sorgfalt walten lassen, wenn Sie über mißhandelte Frauen Berichte abfassen oder Diagnosen erstellen. Sind Sie gesetzlich verpflichtet, Kindesmißhandlungen zu melden, sollten Sie Ihre Klientin gleich zu Beginn darüber informieren. Viele Frauen glauben, daß sie ihre Kinder verlieren werden, wenn sie offen über häusliche Gewalt reden. Bieten Sie Ihrer Klientin Hilfe an, damit sie sich zusammen mit den Kindern von dem gewalttätigen Partner trennen kann, und wenn Sie einen Fall von Kindesmißhandlung melden müssen, dann stehen Sie ihr zur Seite.

Über eine mißhandelte Frau eine Diagnose zu erstellen ist sehr problematisch, zumal viele professionelle Helfer in der Materie nicht bewandert sind. In Workshops, die wir im ganzen Land abhielten, bekamen wir von professionellen Helfern immer wieder dieselben Klischeevorstellungen zu hören: Mißhandelte Frauen sind depressiv, passiv und affektlos. Sie bagatellisieren. Sie sind mißtrauisch. Viele trinken zuviel oder nehmen zu viele Tabletten ein. Sie haben ein schwaches Selbstwertgefühl. Von ratlosen Klinikern ist immer wieder die Frage zu hören: Warum können sie sich nicht durchsetzen? Ist das nicht der Grund dafür, daß sie mißhandelt werden?

Wir erläutern dann, daß Symptome wie Abstumpfung, Depressivität, Paranoia, Angstzustände und Alkoholmißbrauch als *Folgen* körperlicher Mißhandlung und sexuellen Mißbrauchs auftreten. Welche Symptome sich bei einer Frau im einzelnen zeigen, hängt oft davon ab, was für einer Art von Mißhandlung sie ausgesetzt ist. Ihr Verhalten tritt als Folge davon auf, es ist nicht dessen Ursache. Wenn Sie über eine mißhandelte Frau eine Diagnose erstellen müssen, ist es am besten, von einem Fall von posttraumatischem Stress zu sprechen.

Denken Sie daran, daß die von Ihnen erstellte Diagnose Konsequenzen haben kann. Der Partner der Frau kann vor Gericht das Sorgerecht für die Kinder beanspruchen und behaupten, sie sei geisteskrank; er kann beantragen, daß Ihre Unterlagen als Beweis herangezogen werden. Um sie zu schützen, müssen Sie die Mißhandlungen, die ihr zugefügt wurden, sorgfältig dokumentieren, auch ihre Bemühungen, für sich und ihre Kinder Hilfe zu finden. Andernfalls kann Ihre Diagnose dazu führen, daß Ihrer Klientin weiteres Unrecht zugefügt wird.

Hilfe durch Anteilnahme

Als Bernice mit ihrer neun Monate alten Tochter vor ihrem kontrollierenden Partner floh, war sie zwanzig Jahre alt. Als dieser sie in einer anderen Stadt im Haus ihrer Schwester ausfindig gemacht hatte, schleppte er sie ins Auto, fuhr sie nach Hause und gab ihr die schlimmste Tracht Prügel ihres Lebens, weil sie ihn «im Stich gelassen» hatte. Als er damit aufhörte, spürte Bernice, daß Blut aus ihrem Ohr rann. Sie schaffte es, in ein Krankenhaus zu fahren, und in der Notaufnahme traf sie auf einen Arzt, der ihr, wie sie sagt, das Leben rettete.

«Es war eine peinliche Situation», erzählte uns Bernice. «Als der Arzt mich fragte, was passiert sei, sagte ich, ich sei aus einem Bus gefallen.» Der Arzt wies sie darauf hin, daß sie sich um Haaresbreite eine gefährliche Verletzung zugezogen hätte. Er bestand darauf, daß sie eine Woche lang Tag für Tag vorbeikam, damit er die weitere Entwicklung überwachen konnte. Jedesmal, wenn sie zur Nachuntersuchung erschien, sagte er ihr, es beschäftige ihn immer wieder, wie knapp sie der Gefahr entronnen sei. Als die Woche um war, bedankte sich Bernice für seine Fürsorge, und er bat sie um einen Gefallen: «Bitte bleiben Sie von diesem Bus weg, damit ich mir Ihretwegen keine Sorgen mehr machen muß», sagte er. In jener Nacht floh Bernice zum zweiten Mal aus ihrer Heimatstadt und tauchte unter.

Bernice erzählte uns diese Geschichte zehn Jahre danach. Sie erinnerte sich noch genau an die Worte des Arztes und an sein Gesicht. «Er gab mir den Mut, erneut wegzugehen», sagte sie. «Er war besorgt um mich, das spürte ich genau.»

Anmerkungen

Kapitel 1

1 Vgl. Susan Schechter, *Guidelines for Mental Health Practitioners in Domestic Violence Cases* (Washington, D. C.: The National Coalition Against Domestic Violence, 1987), S. 4.

Kapitel 3

1 Vgl. Joan Kaufmann und Edward Zigler, «The Intergenerational Transmission of Child Abuse», *Child Maltreatment: Theory and Research on the Causes and Consequences of Child Abuse and Neglect*, hg. v. Dante Cicchetti und Vicki Carlson (Cambridge: Cambridge University Press, 1989), S. 52–54.
2 Vgl. Carol Tavris, *Anger: The Misunderstood Emotion* (New York: Simon & Schuster, 1982), S. 143–150.
3 Lundy Bancroft und David Douglas, Interview, Juni 1989.
4 Ellen Pence, Interview, Juli 1989.
5 Vgl. Ellen Pence, «How Society Gives Men Permission to Batter», Tonbandaufnahme, Produktion durch Domestic Abuse Intervention Project, Duluth, MN, ohne Datum; Fernando Mederos, Interview, Juli 1989.
6 Vgl. R. Emerson Dobash und Russell Dobash, *Violence Against Wives: A Case Against the Patriarchy* (New York: Free Press, 1979), S. 95.

Kapitel 5

1 Anne Ganley, Brief vom Januar 1991.
2 Fernando Mederos, Interview, Juni 1989.
3 Don Chapin, Interview, November 1989.
4 Charles Niessen-Derry, Interview, November 1989.
5 David Adams, «Identifying the Assaultive Husband in Court: You Be the Judge», *Boston Bar Journal* (Juli/August 1989), S. 25.
6 Edward W. Gondolf und Ellen R. Fisher, *Battered Women as Survivors* (Lexington, MA: Lexington Books, 1988), S. 66.
7 Gondolf, S. 85.

8 Gondolf, S. 95.
9 Jeffrey Edleson, Interview, November 1989.
10 Don Chapin, Interview, s. o.
11 Fernando Mederos, Interview, Juli 1989.

Kapitel 7

1 R. Emerson Dobash und Russell Dobash, *Violence Against Wives: A Case Against the Patriarchy* (New York: Free Press, 1979), S. 144 bis 145.

2 «Money Income and Poverty Status in the United States, 1989», U. S. Department of Commerce, Bureau of the Census, 1989.

3 «Poverty in the United States: 1988 and 1989», U. S. Department of Commerce, Bureau of the Census, Series P-60, No. 171.

4 Edwin E. Niemi, *A Study of the Effects of Battering on Heterosexual Relationships Over Time*, unveröffentlichte Dissertation, Union Institute, Dezember 1988, S. 72, 100.

5 Marie M. Fortune, *Keeping the Faith: Questions and Answers for the Abused Woman* (San Francisco: Harper & Row, 1987), S. 15–17, 35.

6 Vgl. Fortune, S. 26.

7 Marie M. Fortune, Brief vom Juli 1990.

8 Vgl. Diana E. H. Russell, *The Secret Trauma: Incest in the Lives of Girls and Women* (New York: Basic Books, 1986), S. 103–105.

9 Ginny NiCarthy, *Getting Free: A Handbook for Women in Abusive Relationships* (Seattle: Seal Press, 1986), S. 103–105.

10 Diese Liste wurde aufgrund von Gesprächen mit Therapeuten von EMERGE, einem Beratungsprogramm für mißhandelnde Männer in Boston, und mit Dr. James Gilligan entwickelt. Viele Aktivisten und ehemalige Opfer im Conneticut Coalition Against Domestic Violence, ebenso wie mehrere Überlebende versuchten Totschlags, steuerten Vorschläge und Ideen bei. Vgl. auch Barbara Hart, «Beyond the ‹Duty to Warn›: A Therapist's Duty to Protect Battered Women and Children», in: *Feminist Perspectives on Wife Abuse*, hg. v. Kersti Yllö und Michele Bograd (Newsbury Park, CA: Sage, 1988), S. 241–243; und Jacquelyn C. Campbell, «Nursing in: Assessment for Risk of Homicide with Battered Women», *Advances in Nursing Science*, Bd. 8, Issue 4, (Juli 1986), S. 36–51.

Kapitel 8

1 Recognizing Stages of Breaking Away in Battered Women: What Shelter Staff Can Do to Help», Textvorlage des Transition House, Cambridge, MA, ohne Datum.

Kapitel 9

1 Vgl. *Women Need to Know About AIDS*, Gay Men's Health Crisis Brochure, 1989; und *10 Minutes That Can Change Your Life*, Gay Men's Health Crisis Brochure, 1989.

Kapitel 10

1 PsychKG Berlin v. 8.3.86 BVBI. 586 – s. auch PsychKG der anderen Bundesländer.

2 Ist bereits Scheidungsantrag gestellt, kann der Unterhalt auch mit einstweiliger *Anordnung* (oder im Klageverfahren) geltend gemacht werden. Prozessual bestehen kleine Unterschiede zwischen einstweiliger Verfügung und einstweiliger Anordnung.

3 Die Quote der Falschaussagen bei Vergewaltigung ist nicht höher als bei anderen Delikten, allenfalls liegt sie darunter, s. Kröhn, W. 1984, «Mythos und Realität sexueller Unterdrückung», in: *Sexualmedizin*, Heft 3, S. 130.

4 Goy, A. «Über den Stand der deutschen Rechtskultur – Bericht über die Anhörung im Bundestag zur Strafbarkeit der Vergewaltigung in der Ehe», in: *«Streit» – feministische Rechtszeitschrift* 1986, S. 147.

5 Kavemann, B./Lohstöter, I. *Väter als Täter – Sexuelle Gewalt gegen Mädchen*, rororo, Reinbek 1984.

6 *Vergewaltigung als soziales Problem – Notruf und Beratung vergewaltigter Frauen*, Abschlußbericht der Projektgruppe, Schriftenreihe des Bundesministers für Jugend, Familie und Gesundheit, Bd. 141, Stuttgart.

7 Laurie Woods, National Center on Women and Family Law, Interview, Juni 1990.

8 *Mediation and You* (New York: National Center in Women and Family Law, 1988), S. 11.

9 Vgl. *Mediation and You*, S. 11.

10 Woods.

11 Vgl. *The Custody Handbook* (Washington, D.C.: The Women's Legal Defense Fund, ohne Datum), S. 13; und *Mediation and You*, S. 16–25.

Kapitel 11

1 Elaine Hilberman, «Overview: The ‹Wife-Beater's Wife› Reconsidered», *American Journal of Psychiatry*, 137:11 (November 1980), S. 1340–1341; Vgl. auch Peter G. Jaffe, David A. Wolfe und Susan Kaye Wilson, *Children of Battered Women* (Newbury Park, CA: Sage, 1990), S. 49–54.

2 Lenore E. Walker, *The Battered Woman Syndrome* (New York: Springer, 1984), S. 59.

3 Muriel Sugarman, Brief vom Dezember 1990.
4 Vgl. Anne H. Cohn, *Physical Child Abuse* (Chicago: The National Committee for Prevention of Child Abuse, 1983), S. 1.
5 Vgl. Leontine Young, *Physical Child Neglect* (Chicago: The National Committee for Prevention of Child Abuse, 1981), S. 1–4.
6 Cornelia Spelman, *Talking About Child Sexual Abuse* (Chicago: The National Committee for Prevention of Child Abuse, 1985), S. 3.
7 Vgl. Spelman, S. 9.
8 Vgl. Spelman, S. 5, 9–10.
9 Vgl. National Committee for the Prevention of Child Abuse, *Basic Facts About Child Sexual Abuse*, 3. Aufl. Ed. (Chicago: The National Committee for Prevention of Child Abuse, 1988), S. 11.
10 James Garbarino und Anne C. Garbarino, *Emotional Maltreatment of Children*, Rez.Ex., (Chicago: The National Committee for Prevention of Child Abuse, 1986), S. 18.
11 Garbarino, S. 12–13. Vgl. auch J. Garbarino, E. Guttman und J. Seeley, *The Psychologically Battered Child: Strategies for Identification, Assessment, and Intervention* (San Francisco: Jossey-Bass, 1986).
12 Vgl. Garbarino, S. 13, 19–20.
13 Jocelyn Tilsen, Interview, November 1989.
14 Walker, S. 59–60.

Kapitel 12

1 Vgl. Emanuel Peluso und Lucy Silvay Peluso, *Women and Drugs: Getting Hooked, Getting Clean* (Minneapolis: Comp Care, 1988), S. 10.
2 *Ebda.*
3 Vernon Johnson, *Intervention: How to Help Someone Who Doesn't Want Help* (Minneapolis: Johnson Institute, 1986), S. 13.
4 Vgl. Peluso, S. 15.
5 Vgl. Peluso, S. 16.
6 Aus Katherine Ketcham und Ginny Lyford Gustafson, *Living on the Edge: A Guide to Intervention for Families with Drug and Alcohol Problems* (New York: Bantam, 1989), S. 214–215. Wir haben diese Liste adaptiert und erweitert.
7 Vgl. Peluso, S. 33–35.
8 *Ebda.*
9 Vgl. Peluso, S. 53.
10 Ketcham und Gustafson, S. 240.
11 Ketcham und Gustafson, S. 240–241.
12 Joel Haber, Brief vom Januar 1990.
13 Ketcham und Gustafson, S. 234–237.
14 Ketcham und Gustafson, S. 232.

15 Aus: Ketcham und Gustafson, S. 233–234. Wir geben diese Liste in eigenen Worten wieder.

16 Vgl. Ketcham und Gustafson, S. 219–220.

17 Vgl. *Cocaine/Crack: The Big Lie* (Washington, D. C.: U. S. Department of Health and Human Services, National Institute on Drug Abuse, 1987), S. 3.

18 Vgl. *Cocaine/Crack*, S. 3–4.

19 Dieser Text wurde aufgrund von verschiedenen Vorlagen zusammengestellt und adaptiert: Claudia Black, *It Will Never Happen to Me* (New York: Ballantine, 1981), S. 202–220; Johnson, S. 11–12; «Roots of Addiction», *Newsweek* (20. Feb. 1989), S. 52, wo ein Test des National Council on Alcoholism zitiert wird; Sue Doucette, «Drug/Alcohol Self Assessment for Women in Abusive relationships», unveröffentlichtes Manuskript.

20 Vgl. L. Ann Mueller und Katherine Ketcham, *Recovering: How to Get and Stay Sober* (Toronto: Bantam, 1987), S. 114–130.

21 Dan Domench, Brief vom Oktober 1990.

Kapitel 13

1 Vgl. *Helping the Battered Women: A Guide for Family and Friends* (Washington, D. C.: National Women Abuse Prevention Project, ohne Datum).

2 Joan Duncan, Brief zu ihrer Forschungsarbeit für die Connecticut Coalition Against Domestic Violence, Januar 1990.

3 R. Emerson Dobash und Russell Dobash, *Violence Against Wives: A Case Against the Patriarchy* (New York: Free Press, 1979), S. 144 bis 145.

4 Anne Ganley, Brief vom Dezember 1990.

5 Ganley.

6 Vgl. Susan Schechter, *Guidelines for Mental Health Practitioners in Domestic Violence Cases* (Washington, D. C.: The National Coalition Against Domestic Violence, 1987), S. 9.

7 Vgl. Teri Randall, «Domestic Violence Intervention Calls for More Than Treating Injuries», *Journal of the American Medical Association*, Bd. 264, Nr. 8 (Aug. 22/29, 1990), S. 939.

8 Vgl. Edward W. Gondolf und Robert A. Foster, «Wife Assault Among VA Alcohol Rehabilitation Patients», *Hospital and Community Psychiatry*, Bd. 42, Nr. 1 (Januar 1991), S. 74.

9 Vgl. Dobash, S. 144.

10 Gerald T. Hotaling und David B. Sugarman, «An Analysis of Risk Markers in Husband to Wife Violence: The Current State of Knowledge», *Violence and Victims*, Bd. 1, Nr. 2 (1986), S. 118, 120.

11 Evan Stark, Anne Flitcraft und William Frazier, «Medicine and Pa-

triarchal Violence: The Social Construction of a ‹Private› Event», *International Journal of Health Services*, Bd. 9, Nr. 3 (1979), S. 474.

12 Jim M. Alsdurf, «Wife Abuse and the Church: The Response of Pastors», *Response* (Winter 1985), S. 10.

13 Angela Browne und Kirk R. Williams, «Trends in Partner Homicide by Relationship Type and Gender: 1976–1987», Vortrag am Jahrestreffen der American Society of Criminology, Baltimore, MD, November 7–11, 1990.

14 Valli Kanuha, Brief vom April 1991.

15 Ganley.

Bibliographie

Gewalt gegen Frauen

Bernard, Cheryl/Schlaffer, Edit, *Im Dschungel der Gefühle*, Reinbek 1990.

Browne, Angela, *When Battered Women Kill*, New York 1987.

Brownmiller, Susan, *Gegen unseren Willen*, Frankfurt 1980.

Burgard, Roswitha, *Mißhandelte Frauen: Verstrickung und Befreiung*, Weinheim 1985.

Die Vergewaltigung und ihre Opfer: Eine viktimologische Untersuchung zur gesellschaftlichen Bewertung und individuellen Betroffenheit, Stuttgart 1982.

Dobash, R. Emerson/Dobash, Russell, *Violence Against Wives: A Case Against the Patriarchy*, New York 1979.

Dworkin, Andrea, *Woman Hating*, New York 1974.

Fedders, Charlotte/Elliott, Laura, *Shattered Dreams: The Story of Charlotte Fedders*, New York 1987.

Fortune, Marie M., *Keeping The Faith: Questions and Answers for the Abused Woman*, San Francisco 1987.

Frauen gegen Männergewalt, Berliner Frauenhaus für mißhandelte Frauen – erster Erfahrungsbericht, Berlin 1978.

Frauenhaus im ländlichen Raum, Schriftenreihe des BMJFFG, Band 198.

Gondolf, Edward W., *Man Against Woman: What Every Woman Should Know About Violent Men*, Blue Ridge Summit 1989.

Gondolf, Edward W./Fisher, Ellen, *Battered Women as Survivors: An Alternative to Treating Learned Helplessness*, Lexington 1988.

Haffner, Sarah, *Gewalt in der Ehe*, Berlin 1976.

Helmken, Dirk, *Vergewaltigung in der Ehe*, Heidelberg 1979.

Hilfen für mißhandelte Frauen, Schriftenreihe des BMJFFG, Band 124, Stuttgart 1981.

Jones, Ann, *Frauen die töten*, Frankfurt 1986.

Kelly, Liz, *Surviving Sexual Violence*, Minneapolis 1988.

Komitee für Grundrechte und Demokratie e. V. (Hg.), *Frauenhäuser-Bestandsaufnahme*, Sensbachtal 1987.

Lobel, Kerry (Hg.), *Naming the Violence: Speaking Out About Lesbian Battering*, Seattle 1986.

Martin, Del, *Battered Wives*, San Francisco 1981.

NiCarthy, Ginny, *Getting Free: A Handbook for Women in Abusive Relationships*, Seattle 1986.

NiCarthy, Ginny, *The Ones Who Got Away: Women Who Left Abusive Partners*, Seattle 1987.

NiCarthy, Ginny/Davidson, Sue, *You Can Be Free: An Easy to Read Handbook for Abused Women*, Seattle 1989.

Rouse, Linda, *You Are Not Alone: A Guide for Battered Women*, Holmes Beach 1984.

Schechter, Susan, *Women and Male Violence: The Visions and Struggles of the Battered Women's Movement*, Boston 1982.

Trömel-Plötz, Senta (Hg.), *Gewalt durch Sprache. Die Vergewaltigung von Frauen in Gesprächen*, Frankfurt o. J.

Verbesserung der Wohnsituation von mißhandelten Frauen und ihren Kindern nach Verlassen des Frauenhauses, Schriftenreihe des BMJFFG, Band 213, Stuttgart 1987.

Vergewaltigung als soziales Problem – Notruf und Beratung vergewaltigter Frauen, Abschlußbericht der Projektgruppe, Schriftenreihe des BMJFFG, Band 141, Stuttgart 1983.

Walker, Lenore E., *The Battered Woman*, New York 1979.

White, Evelyn C., *Chain Chain Change: For Black Women Dealing with Physical and Emotional Abuse*, Seattle 1985.

Yllö, Kersti/Bogard, Michele (Hg.), *Feminist Perspectives on Wife Abuse*, Newbury Park 1988.

Zambrano, Myrna M., *Mejor Sola que Mal Acompanada: Para La Mujer Golpeada/ For the Latina in an Abusive Relationship*, Seattle 1985.

Zweiter Bericht der Bundesregierung über die Lage der Frauenhäuser für mißhandelte Frauen und Kinder, BT-Drucks. 11, 2848 vom 1.9.88.

Frauen und Rechtsprechung

Baumgarten-Weymar, Sigrid/Tewes, Uwe/Wolff, Gustel, *Vom Recht am Kind, Leitfaden für familienrechtliche Auseinandersetzungen*, Reinbek 1993.

Goy, A., «Über den Stand der deutschen Rechtskultur – Bericht über die Anhörung im Bundestag zur Strafbarkeit der Vergewaltigung in der Ehe», in: *Streit* – feministische Rechtszeitschrift, 1986, S. 147.

Lucke, Doris/Berghahn, Sabine (Hg.), *Rechtsratgeber Frauen*, Reinbek 1992.

Rechtsalltag von Frauen, Frankfurt 1988

Scheidungsratgeber von Frauen für Frauen, vollständig überarbeitete Neuausgabe, Reinbek 1993.

Schneider, Ursula, *Körperliche Gewaltanwendung in der Familie – Notwendigkeit, Probleme und Möglichkeiten eines strafrechtlichen und verfahrensrechtlichen Schutzes*. Münsterische Beiträge zur Rechtswissenschaft, Band 28, Berlin 1987.

Triere, Lynette/Peacock, Richard, *Learning to Leave: A Women's Guide*, New York 1982.

Gewalt gegen Kinder

Adams, Caren/Fay, Jennifer, *Nobody Told Me It Was Rape: A Parent Guide to Talking with Teenagers about Acquaintance Rape and Sexual Exploitation*, Santa Cruz 1984.

Adams, Caren/Fay, Jennifer, *No More Secrets: Protecting Your Child from Sexual Assault*, San Luis Obispo 1981.

Als Kind mißbraucht, München 1983.

Armstrong, Louise, *Kiss Daddy Good-Night*, New York 1978.

Bass, Ellen/Davis, Laura, *The Courage to Heal: A Guide for Women Survivors of Child Sexual Abuse*, New York 1988.

Bass, Ellen/Thornton, Louise (Hg.), *I Never Told Anyone: Writings by Women Survivors of Child Sexual Abuse*, New York 1983.

Baumgardt, U., *Kinderzeichnungen – Spiegel der Seele. Kinder zeichnen Konflikte ihrer Familie*, Stuttgart, Zürich 1985.

Baurmann, Michael, *Kriminalpolizeiliche Beratung*, Wiesbaden 1978.

Brady, Katherine, *Father's Days: A True Story of Incest*, New York 1979.

Brocher, T., *Wenn Kinder trauern*. Reinbek 1993.

Burgard, Roswitha, *Die Harten und die Zarten*, Weinheim 1982.

Butler, Sandra, *Conspiracy of Silence: The Trauma of Incest*, San Francisco 1985.

Butler, Sandra, *Conspiracy of Silence*, San Francisco 1978.

Byerly, C. M., *The Mother's Book: How to Survive the Incest of Your Child*, Dubuque 1985.

Colao, Flora/Hosansky, Tamar, *Your Children Should Know: Personal Safety Strategies for Parents to Teach Their Children*, New York 1987.

Deutscher Kinderschutzbund Bundesverband e. V. (Hg.): *Sexuelle Gewalt gegen Kinder. Ursachen, Vorurteile, Sichtweisen, Hilfsangebote*, Hannover 1987.

Dorpat, Christel, *Welche Frau wird so geliebt wie du?*, Berlin 1982.

Finkelhor, D., *Child Sexual Abuse. New Theory and Research*, New York 1984.

Finkelhor, D., *Vortrag auf dem internat. Kongreß: Sexueller Mißbrauch von Kindern und Jugendlichen in der Familie*, Berlin 1990.

Fortune, Marie, *Sexual Abuse Prevention: A Study for Teenagers*, New York 1984.

Furniss, T., *Diagnostik und Folgen von sexuellem Kindesmißbrauch*, Monatsschrift für Kinderheilkunde 134: 335–340, 1986.

Furniss, T., *Vortrag auf dem internat. Kongreß: Sexueller Mißbrauch von Kindern und Jugendlichen in der Familie*, Berlin 1990.

Gil, Eliana, *Outgrowing the Pain: A Book for and About Adults Abused as Children*, San Francisco 1983.

Herman, Judith Lewis, *Father-Daughter Incest*, Cambridge 1981.

Justice, Blaire/Justice, Rita, *The Broken Taboo*, New York 1979.

Kavemann, B., Für Mädchen Partei ergreifen, in: *Sexueller Mißbrauch von Mädchen. Strategien zur Befreiung*, Berlin: Wannseeheim für Jugendarbeit, S. 33–35.

Kavemann, B./Lohstöter, I., *Väter als Täter – Sexuelle Gewalt gegen Mädchen*, Reinbek 1993.

Kavemann, Barbara/Lohstöter, Ingrid u. a., *Sexualität – Beschädigung statt Selbstbestimmung*, Leverkusen 1984.

Lechmann, K., *Sexueller Mißbrauch an Jungen. Ein Überblick*. Praxis der klinischen Verhaltensmedizin und Rehabilitation. 4: 91–96, 1991.

McNaron, Toni A. H./Morgan, Yarrow (Hg.), *Voices in the Night: Women Speaking About Incest*, Minneapolis 1982.

Miller, Alice, *Am Anfang war Erziehung*, Frankfurt 1980.

–, *Du sollst nicht merken*, Frankfurt 1981.

Moniková, Libuşe, *Eine Schädigung*, Berlin 1981.

Remus, C., *Therapeutische Arbeit mit sexuell mißbrauchten Kindern und Jugendlichen*. In: Pro Familia Magazin. 11–13, 1989.

Rush, Florence, *Das bestgehütete Geheimnis*, Berlin 1982.

Russell, Diana E. H., *Rape in Marriage*, New York 1982.

Russell, Diana E. H., *The Secret Trauma: Incest in the Lives of Girls and Women*. New York 1986.

Saller, H./Saller, R., *Sexueller Mißbrauch von Kindern*. Pädiatrische Praxis 33, 573–580, 1986.

Saller, H., *Voraussetzungen und Bedingungen professioneller Hilfen*. In: Sozialarbeit. 9: 28–32. Münsingen, Bern 1990.

Sebbar, Leila, *Gewalt an kleinen Mädchen*, Naumburg 1980.

Sexualität, Gewalt und die psychischen Folgen, BKA-Forschungsreihe Bd. 15, Wiesbaden 1983.

Shapira, Miriam, *Sexual Abuse of Children*, Auckland 1981.

Snowdon, Rich, *Working with Incest Offenders*, in Aegis 35/1982.

Steinhage, Rosemarie, *Sexuelle Gewalt an Mädchen. Der Anteil der Mütter*. In: Sozialarbeit. 7/8: 2–8. Münsingen, Bern 1991.

Steinhage, Rosemarie, *Sexueller Mißbrauch an Mädchen. Ein Handbuch für Beratung und Therapie*, Reinbek 1993.

Trepper, T. S. et al., *Inzest und Therapie. Ein (system)therapeutisches Handbuch*, Dortmund 1991.

Trube-Becker, Elisabeth, *Gewalt gegen das Kind*, Heidelberg 1982.

Weis, Kurt, *Die Vergewaltigung und ihre Opfer*, Stuttgart 1982.

Wildwasser Wiesbaden, *Sexueller Mißbrauch an Mädchen ist Gewalt. Dokumentation eines Öffentlichkeitsprojektes*, 1989.

Wildwasser Wiesbaden, *Tätigkeitsbericht* 1990.

Wildwasser Wiesbaden, *Tätigkeitsbericht* 1991.

Mit Kindern umgehen

Boston Women's Health Book Collective, *Ourselves and Our Children: A Book by and for Parents*, New York 1978.

Brusko, Marlene, *Living with Your Teenager*, New York 1986.

Faber, Adele/Mazlish, Elaine, *How to Talk So Kids Will Listen and Listen So Kids Will Talk*, New York 1980.

Fraiberg, Selma H., *Die magischen Jahre in der persönlichen Entwicklung des Vorschulkindes*. Psychoanalytische Erziehungsberatung, Reinbek 1992.

Gordon, Thomas, *P. E. T. Parents Effectiveness Training: The No-Lose Programm for Raising Responsible Children*, New York 1975.

Porterfield, Kay Marie, *Keeping Promises: The Challenge of a Sober Parent*, San Francisco 1984.

Alkohol und Drogenmißbrauch

Appel, Christa, *Frauen, Alkohol, Gesellschaft. Zur Relevanz und Aktualität der amerikanischen Temperenzbewegung*, Freiburg 1991.

Black, Claudia, *It Will Never Happen to Me: Children of Alcoholics*, Medical Administration Company, Denver 1981.

Burr, Alison, *Alkohol in der Familie. Wege zur Selbsthilfe*, München 1985.

Feuerlein, Wilhelm, *Alkoholismus, Mißbrauch und Abhängigkeit. Entstehung, Folgen, Therapie*. Stuttgart 1989.

Fichter, Manfred M./Frick, Ulrich, *Therapie und Verlauf von Alkoholabhängigkeit. Auswirkungen auf Patient und Angehörige*, Berlin 1992.

Harsen, Helmut, *Hilfe für Alkoholiker und andere Drogenabhängige*, München und Mainz 1991.

Johnson, Vernon, *Intervention: How to Help Someone Who Doesn't Want Help. A Step by Step Guide for Families and Friends of Chemically Dependent Persons*, Minneapolis 1987.

Kaufman, E./Kaufman, P. (Hg.), *Familientherapie bei Alkohol- und Drogenabhängigkeit*, Freiburg 1983.

Ketcham, Katherine/Gustafson, Ginny L., *Living on the Edge*, New York 1989.

Krause, Gerhard, *Alkoholismus. Ein Ratgeber*, Reinbek 1993.

Peluso, Emanuel/Peluso, Lucy Silvay, *Women and Drugs: Getting Hooked, Getting Clean*, Minneapolis 1988.

Sandmaier, Marian, *The Invisible Alcoholics: Women and Alcohol Abuse in America*, New York 1980.

Schmidt, Lothar, *Alkoholkrankheit und Alkoholmißbrauch. Definition, Ursachen, Folgen, Prävention*, Stuttgart 1992.

Wanke, Klaus/Täschner, Karl-Ludwig, *Rauschmittel: Drogen, Medikamente, Alkohol*, Stuttgart 1985.

Gesund leben

Barbach, Lonnie/Levine, Linda, *Shared Intimacies: Women's Sexual Experiences*, New York 1980.

Brown-Doress, Paula/Laskin-Siegel, Diana/The Middle and Older Women Book Projekt u. a., *Unser Körper – Unser Leben – Über das Älterwerden. Ein Handbuch für Frauen*, Reinbek 1993.

Kitzinger, Sheila, *Sexualität im Leben der Frau*, München 1984.

The Boston Women's Health Book Collective. *Unser Körper – Unser Leben. Ein Handbuch von Frauen für Frauen*, Reinbek 1992.

Ein neuer Start:
Berufsmöglichkeiten und Netzwerke

Assig, Dorothea, *Mut gehört dazu. Informationen für Frauen, die beruflich selbständig sind oder werden wollen*, Reinbek 1993.

Dick, Ulla, *Netzwerke und Berufsverbände für Frauen. Ein Handbuch*, Reinbek 1992.

Dörpinghaus, Eva, *Was Frauen über Geld wissen sollten*, BRIGITTE-Buch, München 1992.

Hennig, Margaret/Jardin, Anne, *Frau und Karriere, Erwartungen, Vorstellungen, Verhaltensweisen*, Reinbek 1991.

Karos, E., Frauenförderung und Aufstiegschancen für Frauen in Banken, in: *Bankkaufmann*, Nr. 9, S. 136–140.

Katzenich, Susanne, *Versicherungs- und Rentenratgeber für Frauen*.

Kück, Marlene (Hg.), *Der unwiderstehliche Charme des Geldes. Vom Umgang mit Geld aus der Sicht von Frauen*, Reinbek 1993.

Markel, Ruth, *Karriere ist weiblich. Wegweiser für Frauen in ein erfolgreiches Berufsleben*, Reinbek 1993.

Scharnhorst, Julia, *Zurück in den Beruf. Ein Ratgeber für Mütter*, Reinbek 1991.

Sichtermann, Barbara/Sichtermann, Marie/Siegel, Brigitte, *Den Laden schmeißen. Ein Handbuch für Frauen, die sich selbständig machen wollen*, Frankfurt 1988.

Wenz, M., *Frauenförderung in der Privatwirtschaft. Eine Bestandsauf-nahme*, Bergisch Gladbach 1988.

Zwätz, D., Aktionärinnen. Drei Teile, in: *Handelsblatt*, 19.2., 22.2., 24.2.1988.

Für gewalttätige Männer
und ihre Berater

Frauen verändern Vergewaltiger, Frankfurt 1987.

Gondolf, Edward W., *Men Who Batter: An Integrated Approach to Stopping Wife Abuse*, Holmes Beach 1985.

Gondolf, Edward W./Russell, David, *Man to Man: A Guide for Men in Abustive Relationships*, Brandenton 1987.

Hlawaty, AnnChristine/Lempert, Joachim: *Gestaltorientierte Beratung. Ein Curriculum*. Unveröffentlichtes Manuskript, Hamburg 1991.

Honig, Michael Sebastian, *Verhäuslichte Gewalt. Sozialer Konflikt, wissenschaftliche Konstrukte, Alltagswissen, Handlungssituationen. Eine Explorativstudie über Gewalthandeln in der Familie*, Frankfurt 1986.

Lempert, Joachim, *Konzept für ein «Hamburger Modell» zur Arbeit mit gewalttätigen Männern*. Unveröffentlichtes Manuskript, Hamburg 1988.

Lempert, Joachim: *Trainingsprogramm für Männer. Wohin mit meiner Wut? Wie man Konflikte in der Familie gewaltlos löst*. Unveröffentliches Manuskript, Hamburg 1988/92.

Lütjen, Hans-Peter, *Ending Men's Violence. Ein Bericht aus den USA über Beratungsprojekte für Männer zur Überwindung ihrer Gewalt-tätigkeit*, Hamburg 1986.

Lütjen, Hans-Peter, Männer gegen Männergewalt, Hamburg. In: Jörg Ehrenforth, Herwarth Ernst (Hg.), *Gegenstimmen. Männerlesebuch*, Reinbek 1991.

Lütjen, Hans-Peter, «Männer gegen Männergewalt, Hamburg». In: *Vorgänge 77*, September 1985, Heft 5.

Lütjen, Hans-Peter, Wenn Männer gegen Gewalt gegen Frauen sind. In: *Vorgänge 90*, Heft 6, November 1987, 78–87.

McNaron, Toni A. H./Morgan, Yarrow, Hrsg., *Voices in the Night: Women Speaking About Incest*. Minneapolis 1982.

Pence, Ellen/Paymar, Michael, *Power And Control: Tactics of Men Who Batter*, Duluth 1990.

Rimmler, Uli/Slüter, Ralf, *7 Jahre «Männer gegen Männergewalt»*, Hamburg. Entstehung, Entwicklung, Erfahrungen und Perspektiven. In: Verhaltenstherapie und psychosoziale Praxis/Mitteilungen der

DGVT (Schwerpunktthema: Psychosoziale Arbeit mit Männern), Heft 1, März 1992, 27–52.

Sonkin, Daniel Jay/Durphy, Michael, *Learning to Live Without Violence: A Handbook for Men*, San Francisco 1982.

Frauenhäuser und Beratungsstellen in Deutschland

Diese Liste soll allen betroffenen Frauen die Telefonnummern von Beratungsstellen, Frauenhäusern und Notruftelefonen in ihrer Umgebung nennen, an die sie sich hilfesuchend wenden können. Da es aus Platzgründen nicht möglich war, alle bekannten Telefonnummern eines Ortes aufzunehmen, bitten wir Sie, sich von den genannten Anlaufstellen weitervermitteln zu lassen. Um möglichst viele Orte zu verzeichnen, wurde auf eine ausführliche Namens- und Adressenangabe verzichtet. Am Schluß der Liste finden Sie eine Aufstellung der Landesarbeitsgemeinschaften *Autonome Frauenhäuser* und der für Frauenfragen zuständigen Stellen der Länder. Dort können Sie weitere Adressen und Telefonnummern erfragen.

Aachen
Frauenhaus 02 41 / 2 85 91 – 93

Alney
Notruf 0 67 31 / 72 27

Alsfeld
Frauenhaus 0 66 31 / 73 53 34

Ansbach
Frauenhaus 09 81 / 9 59 59

Apolda
Frauenhaus 0 36 44 / 55 48 48

Arnsberg
Beratung 0 29 31 / 20 38
Frauenhaus 0 29 31 / 67 91

Arnstadt
Frauenhaus 0 36 28 / 75 1 19

Aschaffenburg
Frauenhaus 0 60 21 / 2 44 55

Aschersleben
Frauenhaus über
Gleichstellungsbeauftragte
0 34 73 / 5 70

Aue
Frauenhaus über
Landratsamt 0 37 71 / 2 00 41

Auerbach
Frauenhaus über Kreisverband
des DRK 0 37 44 / 25 43 15

Augsburg
Frauenhaus 08 21 / 79 34 50

Aurich
Frauenhaus 04941/4121

Bad Frankenhausen
Frauenhaus 034671/326769

Bad Kreuznach
Frauenhaus 0671/44877

Bad Oldesloe
Notruf 04531/2277

Bad Salzungen
Beratung/Frauenhaus
03695/604699

Bad Segeberg
Notruf 04551/3818

Bad Wildungen
Frauenhaus 05621/3095

Baden-Baden
Frauenhaus 07221/23040

Balingen
Frauenhaus 07433/8406

Ballenstedt
Frauenhaus 039483/8685

Bamberg
Frauenhaus 0951/58280

Bautzen
Frauenhaus 03591/45120

Bayreuth
Frauenhaus 0921/21116

Bergen
Frauenhaus 038391/8130

Bergisch Gladbach
Beratung 02204/57330
Frauenhaus 02202/42683

Berlin
Beratung 030/3914947
Frauenhaus 030/3733008

Bernau
Frauenhaus 03338/65136

Bernburg
Frauenhaus über das
Diakonische Werk
03471/311135

Bersenbrück
Frauenhaus der SKF
05439/1773

Biberach
Frauenhaus 07351/17623

Bielefeld
Frauenhaus 0521/177376

Bochum
Frauenhaus 0234/501034

Bonn
Beratung 0228/659500
Frauenhaus 0228/635369

Brandenburg
Frauenhaus 03381/301327

Braunschweig
Notruf 0531/43302
Beratung 0531/126282
Frauenhaus 0531/343474

Bremen
Notruf 0421/15100
Beratung Frauentherapiezentrum
0421/76405
Frauenhaus 0421/349573
Notaufnahme für ausländische
junge Frauen 0421/239962

Bremerhaven
Frauenhaus 0471/83001

Brunsbüttel
Notruf 04852/7027

Burg
Frauenhaus 03921/2140

Burghausen
Frauenhaus 08677/7007

Buxtehude
Beratung 04161/501285

Celle
Frauenhaus 05141/25788

Chemnitz
Beratung 0371/302678
Frauenhaus 0371/414075

Coburg
Beratung 09561/24286
Frauenhaus 09561/90155

Coswig
Frauenhaus 0340/213926

Cottbus
Frauenhaus 0355/712150

Darmstadt
Notruf 06151/45511

Delmenhorst
Frauenhaus 04221/14107

Dessau
Beratung 0340/2206924

Diepholz
Frauenhaus/Beratung
05441/2105

Dinslaken
Frauenhaus 02064/13646

Dorsten
Frauenhaus 02362/41055

Dortmund
Beratung 0231/521008
Frauenhaus 0231/800081

Dresden
Frauenhaus über Sylvia Müller
0351/2817788

Duisburg
Beratung 0203/22563
Frauenhaus 0203/62213

Düsseldorf
Frauenhaus 0211/7103488

Eberswalde
Notruf/Frauenhaus 03334/33408

Eckernförde
Notruf/Beratung 04351/3570

Eggesin
Frauenhaus 039779/27106

Eisenhüttenstadt
Frauenhaus 03364/43786

Elmshorn
Notruf/Beratung 04121/6628
Frauenhaus 04121/25895

Emden
Frauenhaus der AWO
04521/24022

Erfurt
Frauenhaus 0361/6430631

Erlangen
Beratung 09131/25878
Frauenhaus 09131/25872

Espelkamp
Frauenhaus 05772/6555

Essen
Beratung 0201/786568
Frauenhaus 0201/668686

Esslingen
Frauenhaus 0711/371041

Eutin
Notruf/Beratung 04521/73043

Forst
Frauenhaus 03562/99606

Frankfurt/Main
Notruf 069/495400
Beratung 069/7391003
Frauenhaus 069/439541

Frankfurt/Oder
Frauenhaus 0335/62137

Flensburg
Notruf 0461/29001
Frauenhaus 0461/46363

Freiberg
Frauenhaus 03731/22561

Freiburg
Frauenhaus 0761/492872

Freising
Frauenhaus 08161/91212

Fulda
Notruf/Beratung/Frauenhaus
0661/56722

Fürth
Frauenhaus 0911/7906063

Gelsenkirchen
Frauenhaus 0209/201100

Genthin
Frauenhaus/Beratung
03933/801841

Gera
Frauenhaus 0365/200549

Gießen
Notruf/Beratung/Frauenhaus
0641/31438

Göppingen
Frauenhaus 07161/72769

Gotha
Frauenhaus 03621/53196

Göttingen
Notruf 0551/44684
Frauenhaus 0551/48320

Greifswald
Frauenhaus 03834/500656

Greiz
Frauenhaus 03661/3168

Groß-Gerau
Frauenhaus 06152/39977

Güstrow
Frauenhaus 03843/683186

Hagen
Beratung 02331/15888
Frauenhaus 02334/4845

Halberstadt
Frauenhaus 03941/601525

Halle
Beratung 0345/2029028
Frauenhaus 0345/41414

Hamburg
Notruf 040/255566
Beratung 040/4394150
Frauenhäuser 040/197-02, -04,
-10, -14
Frauenhaus Harburg 04184/8285

Hameln
Frauenhaus 05151/25299

Hamm
Frauenhaus des Diak.
Werkes 02381/53061

Hanau
Frauenhaus 06181/21690

Hannover
Notruf 0511/332112
Beratung 0511/323233
Frauenhaus 0511/664477

Hanstedt
Frauenhaus 04184/8285

Havelberg
Frauenhaus über DRK
039387/88238

Heide
Frauenhaus 0481/61021

Heidelberg
Frauenhaus 06221/833088

Heilbronn
Frauenhaus 07131/507853

Heiligenstadt
Frauenhaus 03606/4250

Herford
Beratung 05221/51006
Frauenhaus 05221/23883

Herne
Beratung 02325/34923
Frauenhaus 02325/49875

Herten
Frauenhaus 02366/31099

Herzogtum Lauenburg
Notruf 04151/81306

Hettstedt
Frauenhaus 03475/602973

Hildesheim
Notruf 05121/514998
Beratung 05121/37787
Frauenhaus 05121/515546

Homberg
Notruf 05681/6170
Frauenhaus/Beratung
05681/6160

Hoyerswerda
Frauenhaus 03571/78202

Husum
Notruf/Beratung 04841/62234

Idar-Oberstein
Beratung 06781/31144
Frauenhaus 06781/1522

Ingolstadt
Beratung 0841/309125
Frauenhaus 0841/77787

Itzehoe
Frauenhaus 04821/61712

Jena
Frauenhaus 03641/24388

Kaiserslautern
Frauenhaus 0631/17000

Kamen
Beratung 02307/82202
Frauenhaus 02307/71388

Kamenz
Frauenhaus über Landratsamt
03578/81210

Karlsruhe
Beratung 0721/22986
Frauenhaus 0721/592624

Kassel
Beratung 0561/7878019
Frauenhaus 0561/898889

Kempen
Frauenhaus 0831/18018

Kiel
Notruf/Beratung 0431/911144
Frauenhaus 0431/681825

Kleve
Frauenhaus 02821/12201

Koblenz
Notruf/Beratung 0261/35000
Frauenhaus 0261/2000

Köln
Beratung 0221/421282
Frauenhaus 0221/7406464

Königsbrück
Frauenhaus über Simone
Fritzsche 035795/2327

Köthen
Frauenhaus 03496/214162

Konstanz
Frauenhaus 07531/75661

Kröpelin
Frauenhaus (LK Bad Doberan)
038292/656

Landau
Frauenhaus 06341/89626

Landshut
Frauenhaus 0871/274900

Langenhagen
Notruf 0511/240505

Leer
Frauenhaus 0491/83264

Leipzig
Frauenhaus 0341/4512171

Lemgo
Frauenhaus 05261/2900

Lensahn
Frauenhaus (Ostholstein)
04363/1721

Leverkusen
Beratung 02171/28320
Frauenhaus 0214/49408

Limburg/Lahn
Notruf/Beratung 06431/24050

Lingen
Frauenhaus des SKF
0591/8006246

Löbau
Frauenhaus 03585/3425

Lörrach
Frauenhaus 07621/49325

Lübeck
Notruf/Beratung 0451/704640
Frauenhaus der AWO
0451/705185

Lüchow
Beratung/Frauenhaus
05841/5450

Lüdenscheid
Frauenhaus 02351/860043

Ludwigsburg
Beratung 07141/32188
Frauenhaus 07141/901170

Ludwigsfelde
Notruf 03378/870139
Frauenhaus 03378/2939

Ludwigshafen
Frauenhaus 0621/521969

Luneburg
Frauenhaus 04131/61733

Magdeburg
Beratung 0391/2515417
Frauenhaus 0391/5611325

Mainz
Notruf/Beratung 06131/221213
Frauenhaus 06131/221010

Mannheim
Frauenhaus 0621/744242

Marburg
Beratung 06421/161516
Frauenhaus 06421/14830

Markkleeberg
Frauenhaus über Stadtverwaltung
0341/3912610 (App. 216)

Meerane
Frauenhaus über Stadtverwaltung
03764/54207

Meiningen
Frauenhaus 03693/2026

Meppen
Frauenhaus 05931/7737

Merseburg
Beratung/Frauenhaus
03461/211005

Moers
Frauenhaus 02841/504531

Mönchengladbach
Beratung 02161/23237
Frauenhaus 02166/16041

Mosbach
Frauenhaus 06292/78302

Mühlhausen
Frauenhaus 03601/2031

München
Frauenhaus 089/645169

Münster
Frauenhaus 0251/374488

Naumburg
Frauenhaus der AWO
03445/703167

Neubrandenburg
Frauenhaus 0395/5822019

Neuhaus
Frauenhaus 03679/3144

Neumünster
Notruf 04321/42303
Frauenhaus 04321/46733

Neunkirchen
Frauenhaus der AWO
06821/13303

Neustadt
Beratung 05032/7898

Neustadt/Holstein
Notruf/Beratung 04561/9197

Neustadt/W
Beratung 06321/2329
Frauenhaus 06321/2603

Neu-Ulm
Notruf/Beratung 0731/73737
Frauenhaus 0731/73746

Nienburg
Beratung 05021/61163
Frauenhaus 05021/18847

Norderstedt
Frauenhaus 040/5278877

Nordhausen
Frauenhaus 03631/40369

Nordhorn
Beratung 05921/77779
Frauenhaus 05921/14027

Nürnberg
Frauenhaus 0911/333915

Oberhausen
Beratung 0208/209707
Frauenhaus 0208/804512

Oberursel
Beratung/Frauenhaus
06171/51768

Offenbach/Main
Notruf 069/8001313
Beratung/Frauenhaus
069/816557

Offenburg
Frauenhaus 0781/34311

Oldenburg
Beratung 0441/16656
Frauenhaus 0441/47981

Oschersleben
Frauenhaus über Landratsamt
039 49 / 42 60

Osnabrück
Beratung 05 41 / 2 93 00
Frauenhaus 05 41 / 6 54 00

Osterburg
Frauenhaus 039 37 / 8 02 02

Osterholz
Beratung 04791 / 51 19

Osterrode / Harz
Notruf 055 22 / 31 24 08

Otterndorf
Beratung / Frauenhaus
04751 / 39 20

Paderborn
Beratung 05251 / 2 13 11
Frauenhaus 05251 / 51 51

Parchim
Frauenhaus 038729 / 2 15 21

Passau
Frauenhaus 0851 / 8 92 72

Peine
Beratung 05171 / 1 55 86
Frauenhaus 05171 / 5 55 57

Pforzheim
Frauenhaus 0 72 31 / 46 72 60

Pinneberg
Frauenhaus 041 01 / 20 49 67

Pirmasens
Frauenhaus 063 31 / 9 26 26

Pirna
Frauenhaus über das
Diakonische Werk
035 01 / 5 60 10

Plauen
Frauenhaus 037 41 / 3 13 57

Potsdam
Frauenhaus 03 31 / 2 14 75

Preetz
Frauenhaus (Kreis Plön)
043 42 / 8 26 16

Prenzlau
Frauenhaus der AWO
039 84 / 68 94

Radebeul
Frauenhaus über Sozialdienst
kath. Frauen 03 51 / 7 47 43

Rastatt
Frauenhaus 072 22 / 69 1 66

Rathenow
Frauenhaus 033 85 / 50 36 15

Ravensburg
Notruf 0751 / 2 24 19
Frauenhaus 0751 / 1 63 65

Recklinghausen
Frauenhaus 023 61 / 2 30 04

Regensburg
Frauenhaus 09 41 / 2 40 00

Regis-Breitingen
Frauenhaus 034343 / 9 24 89

Remscheid
Frauenhaus 02191 / 6 49 89

Rendsburg
Frauenhaus 043 31 / 2 27 26

Reutlingen
Frauenhaus 071 21 / 30 07 78

Rheine
Frauenhaus 05971 / 1 27 93

Ribnitz-Damgarten
Frauenhaus / Beratung
038 21 / 81 35 78

Rosenheim
Frauenhaus 08031/381478

Rostock
Notruf 0381/4005246
Frauenhaus 0381/454406

Rotenburg/Wümme
Beratung 04261/63263
Frauenhaus 04261/75233

Rüsselsheim
Notruf/Beratung 06142/57171

Saarbrücken
Beratung 0681/36767
Frauenhaus der AWO
0681/71044

Saarlouis
Frauenhaus der AWO
06831/2200

Salzgitter
Beratung 05341/15600
Frauenhaus 05341/13033

Salzwedel
Frauenhaus 03901/24859

Sangerhausen
Frauenhaus/Beratung
03464/515197

Schleswig
Notruf/Beratung 04621/25544

Schönberg
Frauenhaus der AWO
038828/24344

Schwäbisch-Gmünd
Frauenhaus 07171/2426

Schwäbisch Hall
Beratung 0791/72001
Frauenhaus 0791/72002

Schwanewede
Frauenhaus 04209/1275

Schwarzenbek
Notruf/Beratung 04151/81306

Schwedt
Frauenhaus 03332/411967

Schweinfurt
Beratung 09721/185233
Frauenhaus 09721/16598

Schwerin
Beratung 0385/5202334
Frauenhaus 0385/321033

Selb
Frauenhaus 09287/77111

Siegen
Beratung 0271/21887
Frauenhaus 0271/24063

Sindelfingen
Beratung 07031/222066
Frauenhaus 07031/804199

Singen
Frauenhaus 07731/31244

Soest
Frauenhaus 02921/17585

Solingen
Beratung 0212/55470
Frauenhaus 0212/54500

Sondershausen
Frauenhaus 03632/8474

Speyer
Notruf/Beratung 06232/28833
Frauenhaus 06232/28835

Stade
Frauenhaus 04141/12242

Stadthagen
Beratung 05721/91048
Frauenhaus 05721/5044

Stavenhagen
Frauenhaus des DRK
03 99 54 / 2 22 06

Stendal
Frauenhaus 03931 / 71 52 49

Stralsund
Frauenhaus der AWO
03831 / 29 28 31

Straßfurt
Frauenhaus über Landratsamt
039 25 / 61 49 35

Stuttgart
Beratung 07 11 / 6 49 45 50
Frauenhaus 07 11 / 54 20 21

Suhl
Frauenhaus 03681 / 2 10 70

Trier
Notruf / Frauenhaus 06 51 / 7 44 44

Tübingen
Beratung 07071 / 2 64 57
Frauenhaus 07071 / 6 66 04

Uelzen
Frauenhaus 0581 / 7 79 99

Uetersen
Notruf 04621 / 2 55 44

Ulm
Beratung / Frauenhaus
07 31 / 61 99 06

Vechta
Frauenhaus 04421 / 8 38 38

Verden
Beratung 04231 / 44 23
Frauenhaus 042 31 / 8 15 82

Viersen
Frauenhaus 021 62 / 81 43 42

Villingen
Beratung / Frauenhaus
07721 / 44 76

Walsrode
Frauenhaus 051 91 / 1 57 41

Waren / Müritz
Frauenhaus 039 91 / 23 67

Warendorf
Beratung 025 81 / 6 09 75
Frauenhaus 025 81 / 7 80 18

Wedel
Frauenhaus 04103 / 1 45 53

Weißenfels
Frauenhaus 034 43 / 80 26 47

Wernigerode
Frauenhaus 03943 / 3 42 93

Westerburg
Notruf / Beratung 02663 / 86 78

Wetzlar
Beratung / Frauenhaus
064 41 / 4 63 64

Wiesbaden
Beratung 06 11 / 80 60 50
Frauenhaus der AWO
06 11 / 5 99 03 39

Wildeshausen
Beratung / Frauenhaus
044 31 / 8 52 60

Wilhelmshaven
Frauenhaus der AWO
044 21 / 2 22 34

Wismar
Frauenhaus 038 41 / 28 29 92

Witten
Frauenhaus 023 39 / 62 92

Wittenberg
Frauenhaus 0 3491 / 23 93

Wittenberge
Frauenhaus 0 38 77 / 36 84

Wolfen
Frauenhaus / Beratung
0 34 94 / 4 51 69

Wolfsburg
Frauenhaus 0 53 61 / 2 38 50

Wolfratshausen
Notruf / Beratung / Frauenhaus
0 81 71 / 1 86 80

Wolgast
Frauenhaus 0 38 36 / 20 12 99

Wolmirstedt
Frauenhaus 03 92 01 / 2 97 04

Worms
Frauenhaus 0 62 41 / 40 07 22

Wuppertal
Beratung 02 02 / 31 88 55
Frauenhaus 02 02 / 71 14 26

Würzburg
Frauenhaus 09 31 / 1 42 38

Wurzen
Frauenhaus über Stadtverwaltung
0 34 25 / 26 70

Zeitz
Frauenhaus 0 34 41 / 21 27 68

Zeven
Beratung 0 42 81 / 58 72
Frauenhaus 0 42 81 / 83 67

Zittau
Frauenhaus 0 35 83 / 51 05 15

Zwickau
Frauenhaus 0 3 75 / 29 48 88

Autonome Frauenhäuser
Die aktuellen Adressen der
autonomen Frauenhäuser
erfahren Sie bei der Zentralen
Informationsstelle für autonome
Frauenhäuser (ZIF) in Hamburg
0 40 / 4 39 37 62

Landesarbeitsgemeinschaften und
Koordinationsstellen der
autonomen Frauenhäuser:

Baden-Württemberg, Stuttgart
Koordinationsstelle der
autonomen Frauenhäuser
Baden-Württemberg
Frauen helfen Frauen e. V.
07 11 / 54 20 21

Bayern, Schweinfurt
Landesarbeitsgemeinschaft der
autonomen Frauenhäuser
Bayern
Frauenhaus e. V.
0 97 21 / 16 5 98

Hessen, Limburg
Landesarbeitsgemeinschaft der
autonomen Frauenhäuser
Hessen
Verein Frauenhaus
0 64 31 / 2 32 00

Niedersachsen, Göttingen
Landesarbeitsgemeinschaft der
autonomen Frauenhäuser
Niedersachsen
Frauen helfen Frauen e. V.
0 5 51 / 48 3 20

Nordrhein-Westfalen, Telgte
Landesarbeitsgemeinschaft der
autonomen Frauenhäuser
Nordrhein-Westfalen
Frauenhaus Telgte
c/o D. Köllner, H. Bardy
02504/5155

Rheinland-Pfalz, Frankenthal
Landesarbeitsgemeinschaft der
autonomen Frauenhäuser
Rheinland-Pfalz
Frauenhaus Frankenthal
06233/9695

Schleswig-Holstein, Flensburg
Landesarbeitsgemeinschaft der
autonomen Frauenhäuser
Schleswig-Holstein
Frauenhaus Flensburg
0461/46363

Stadtstaaten
(Berlin, Bremen, Hamburg)
Landesarbeitsgemeinschaft der
autonomen Frauenhäuser
in den Stadtstaaten
1. Hamburger Frauenhaus
040/19702

Für Frauenfragen zuständige Stellen der Länder

Baden-Württemberg
Ministerium für Familie, Frauen,
Weiterbildung und Kunst des
Landes Baden-Württemberg
Rotebühlplatz 30
Postfach 103443
70178 Stuttgart
0711/6440

Bayern
Bayerisches Staatsministerium
für Arbeit und Sozialordnung,
Familie, Frauen und Gesundheit
Postfach 430132
80797 München
089/1261-01

Berlin
Senatsverwaltung
für Arbeit und Frauen
des Landes Berlin
Klosterstr. 47
10179 Berlin
030/42140

Brandenburg
Ministerium für Arbeit, Soziales,
Gesundheit und Frauen
des Landes Brandenburg
Heinrich-Mann-Allee 107
14473 Potsdam
0331/8660

Bremen
Bremische Zentralstelle für
die Verwirklichung der
Gleichberechtigung der Frau
Knochenhauerstr. 20–25
28195 Bremen
0421/361-3133

Hamburg
Senat der Freien und
Hansestadt Hamburg
Senatskanzlei
Senatsamt für die Gleichstellung
Alter Steinweg 4
20459 Hamburg
040/3504-3320

Hessen
Hessisches Ministerium
für Frauen, Arbeit und
Sozialordnung
Gustav-Freytag-Str. 1
65189 Wiesbaden
0611/817-0

Mecklenburg-Vorpommern
Ministerium für Arbeit,
Gesundheit und Soziales
des Landes
Mecklenburg-Vorpommern
Abteilung Frauenpolitik
Postfach 544
Werderstr. 124
19048 Schwerin
0385/5880

Niedersachsen
Niedersächsisches
Frauenministerium
Hamburger Allee 26–30
30161 Hannover
0511/120-1

Nordrhein-Westfalen
Ministerium für die Gleichstellung
von Frau und Mann
Breite Straße 27
40213 Düsseldorf
0211/837-05

Rheinland-Pfalz
Ministerium für die Gleichstellung
von Frau und Mann
des Landes Rheinland-Pfalz
Postfach 3308
Bauhofstr. 4
55116 Mainz
06131/16-1

Saarland
Ministerium für Frauen, Arbeit,
Gesundheit und Soziales
Franz-Josef-Röder-Str. 23
66119 Saarbrücken
0681/501-00

Sachsen
Staatskanzlei der Sächsischen
Landesregierung
Staatssekretariat für die
Gleichstellung von Frau und Mann
Archivstr. 1
01095 Dresden
0351/5641050

Sachsen-Anhalt
Staatskanzlei des Landes
Sachsen-Anhalt
Leitstelle für Frauen- und
Gleichberechtigungsfragen
Am Domplatz 1a
39104 Magdeburg
0391/56701

Schleswig-Holstein
Ministerium für Frauen, Bildung,
Weiterbildung und Sport
des Landes Schleswig-Holstein
Gartenstraße 6
24103 Kiel
0431/5992600/5992700/
5992706

Thüringen
Staatskanzlei des Landes
Thüringen
Leitstelle für Frauenfragen
– Landesfrauenbeauftragte –
Johann-Sebastian-Bach-Str. 1
99096 Erfurt
0361/579207

Männerberatungsstellen

Die genannten Beratungsstellen setzen sich mit männlicher Gewalt in Beziehungen auseinander und bieten den betroffenen Männern Hilfen, ihr Verhalten zu ändern.

Aachen
Sexual- und Partnerschafts-
beratung 0241/534407

Berlin
Mannege – Information und
Beratung für Männer e.V.
030/20821

Bielefeld
man-o-mann Männerberatung
0521/68676

Frankfurt
Informationszentrum für
Männerfragen e.V.
069/4950446

Hamburg
Kontakt- und Beratungsstelle
Männer gegen Männergewalt
040/221260

Heidelberg
Männer gegen Männergewalt e.V.
06221/10101

München
Informationszentrum
für Männer e.V.
089/5439556

Neuss
Treff-PUNKT für Männer,
Väter und Jungen
02131/274074

Schwerte
Referat für Männerfragen –
Männerarbeit der EKvW
02304/755273

Ulm
Männerbüro 0731/206340

«Die Liebe hat nun einmal dieses Übel, daß Krieg und Frieden immer wechseln.» *Horaz, Satiren*

Lonnie Barbach
Mehr Lust *Gemeinsame Freude an der Liebe*
(rororo sachbuch 8721)

Cheryl Benard / Edit Schlaffer
Männer *Eine Gebrauchsanweisung für Frauen*
(rororo sachbuch 8820)
Im Dschungel der Gefühle *Expedition in die Niederungen der Leidenschaft*
(rororo sachbuch 8783)

Barbara Gordon
Jennifer-Fieber *Der Männertraum vom jungen Glück*
(rororo sachbuch 9159)

Marty Klein
Über Sex reden *Heimliche Wünsche, verschwiegene Ängste*
(rororo sachbuch 8824)

Suzan Lewis / Cary L. Cooper
Karriere Paare *Mehr Zeit für uns*
(rororo sachbuch 8858)

Tina Tessina
In guten wie in schlechten Tagen *Anregungen für homosexuelle Paare*
(rororo sachbuch 8782)
Dieses einfühlsame Buch trägt den besonderen Möglichkeiten und Problemen homosexueller wie lesbischer Beziehungen Rechnung und gibt praktische Anregungen vom ersten Flirt bis zur Goldenen Hochzeit.

Diane Vaughan
Wenn Liebe keine Zukunft hat *Stationen und Strategien der Trennung*
(rororo sachbuch 8818)

Judith Sills
Liebe nach dem ersten Blick *Handbuch für Romantiker*
(rororo sachbuch 9134)
«Dies ist kein Buch über hoffnungslos unglückliche Beziehungen, sondern eines über potentiell glückliche.»

Ethel S. Pearson
Lust auf Liebe *Die Wiederentdeckung des romantischen Gefühls*
(rororo sachbuch 9304)

Béatrice Hecht-El Minshawi
Zwei Welten, eine Liebe *Leben mit Partnern aus anderen Kulturen*
(rororo sachbuch 9141)

Das gesamte Programm der Taschenbuchreihe «zu zweit» finden Sie in der Rowohlt Revue. Jedes Vierteljahr neu. Kostenlos in Ihrer Buchhandlung.